KB154059

유체도시를 구축하라!

아우또노미아총서33

유체도시를 구축하라! 流体都市を構築せよ!

지은이 이와사부로 코소
옮긴이 〈서울리다리티〉

펴낸이 조정환
책임운영 신은주
편집부 김정연
홍보 김하은
프리뷰 권범철·이인

펴낸곳 도서출판 갈무리 등록일 1994. 3. 3. 등록번호 제17-0161호
초판 1쇄 2012년 1월 21일
초판 2쇄 2014년 7월 7일
종이 화인페이퍼 출력 경운출력·상지출력 인쇄 중앙피앤엘·예원프린팅
라미네이팅 금성산업 제본 은정제책

주소 서울 마포구 서교동 375-13호 성지빌딩 101호
전화 02-325-1485 팩스 02-325-1407
website http://galmuri.co.kr e-mail galmuri94@gmail.com

ISBN 978-89-6195-044-2 94300 / 978-89-6195-003-9 (세트)
도서분류 1. 사회과학 2. 문화 3. 예술 4. 건축학 5. 미학 6. 철학 7. 역사학 8. 인류학 9. 사회운동

값 22,000원

이 책은 실로 꿰매는 사철 방식으로 제책되어 오랫동안 견고하게 보관할 수 있습니다.

이 도서의 국립중앙도서관 출판시도서목록(CIP)은 e-CIP 홈페이지(http://www.nl.go.kr/ecip)에서 이용하실 수 있습니다.(CIP제어번호: CIP2012000098)

流体都市を構築せよ!

유체도시 를 구축 하라!

이와사부로 코소 지음
Sabu Kohso

<서울리다리티> 옮김
Seoulidarity

세계민중의 꿈과 욕망은
어떻게 도시공간을 형성하는가?
건축, 예술, 이민을 통한,
움직이는 신체, 뉴욕의 생성

일러두기

1. 이 책은 高祖岩三郎, 『流体都市を構築せよ!─世界民衆都市ニューヨークの形成』, 青土社 (2007)을 완역한
   것이다.
2. 지은이 주석과 옮긴이 주석은 같은 일련번호를 가지며, 옮긴이 주석에는 [옮긴이]라고 표시하였다.
3. 단행본, 전집, 정기간행물에는 겹낫표(『』)를, 논문, 논설, 기고문 등에는 홑낫표(「」)를, 단체명, 행사
   명, 영상, 전시, 공연물, 법률, 조약 및 협약에는 가랑이표(〈 〉)를 사용하였다.
4. 인명, 도서명 등은 필요한 경우 한 번만 원어를 병기하였다.
5. 사진 설명은 다음과 같은 형식에 따랐다 : "사진 내용에 대한 설명(큰 지명, 작은 지명)"

새로운 '유체도시'가 구축되기 시작했다!

이 책은『뉴욕열전』의 속편으로 간주될 수도 있지만, 한편으로는 독립된 책이기도 하다. 2004년 12월부터 2006년 7월까지 월간『현대사상』지誌(青土社)에 연재했던 글을 각각의 주제 아래 모아 두 권의 책으로 엮었다. 민중투쟁의 불멸성, 혹은 그 보편성에서 도시공간을 사고하는 것이 이 기획의 핵심이다.『뉴욕열전』이 주제별로 분류한 계보를 따라 뉴욕 형성사의 흔적을 더듬어 간다면,『유체도시를 구축하라!』는 뉴욕의 물질적인 조성을 다양한 몽상, 요컨대 '유토피아적인 기획'이라는 관점에서 분석하고 있다. 특히 이 책의 토대를 이루고 있는 것은 반드시 가시적인 현실로 흔적을 남기지는 않는 집합신체의 운동인데, 나는 이를 (넓은 의미에서 예술을 포함하는) 다양한 차원에서 벌어지는 투쟁으로 파악하고 그러한 투쟁을 통해 형성되는 공간을 '유체도시'라고 불렀다. 이 책이 간행된 2007년 가을 이후, 세계의 상황은 커다란 변동을 겪었다. 한편으로는 지구 전역에서 진행된 도시화와 함께 메가 슬럼, 혹은 반#도시라고 부르는 현상이 그 누구도 무시할 수 없는 지점까지 진행되었으며, 다른 한편에서는 금융위기가 세계경제를 그 근저에서부터 뒤흔들면서 세계민중의 궁핍과 생존의 위기가 뚜렷이 드러났다. 이에 대응하여, 이 책에서부터 뻗어나온 가느다란 길을 따라 나는 도시, 사회, 세계, 그리고 지구를 사고했으며, 그 변화의 과정은『죽음을 향하는 도시 ─ 회귀하는 거리』(以文社, 2010)에 기록되어 있다.

그러나 2011년도에 이르러 전혀 새로운 두 개의 차원이 나의 사고에 더해졌다. 뉴욕과 동경에 모두 친숙한 내게 있어서는 정말로 양극으로 분열된 '유체도시'이다. 하나는 3·11 이후의 절망적인 유체도시이며, 다른 하나는 9·17 이후의 희망적인 유체도시이다. 바꿔 말하자면 현재 나의 사고와 실천은 '방사선'과 '점거운동' 사이를 오가고 있다. 원자력 재해 후 일본 열도에서는 후쿠시마 원전에서 유출되는 보이지 않는 방사능을 둘러싸고, 정보와 공간의 조작을 통해 죽음의 가능성을 관리/통제하는 '죽음의 정치'necro-politics가 새로운 통치형태로 출현하였으며, 한편 북미에서는 금융자본주의의 중추 월스트리트에서 시작된 '점거운동'이 보여 주듯이, 공식 정치나 경제에 희망을 거는 대신 자율을 추구하는 집합신체가 새로운 도시공간을 창조하고 있다. 원자력 재해와 민중봉기는 너무나도 동떨어진 현상으로 보이지만 전 세계의 사람들은 모두 같은 형태로 생존의 위기와 투쟁의 희망이라는 양극단을 살아가고 있다. 바꿔 말하면 오늘날 지구상의 99%는 극단적인 절망과 극단적인 희망이라는 분열적 징후를 살아가고 있다.

도시라고 불리는 것은 언제나 그러한 충돌의 무대가 되었다. 방사능은 차별을 모른다. 그러나 그 효과와 감응성에는 언제나 차이와 차별이 깃든다. 유아, 노숙자, 원전노동자, 농민, 야외에서 일하는 노동자들 …… 에게는 피폭의 효과가 가장 강하게, 또 광범위하게 나타날 것이다. 가족의 건강과 삶을 지켜야 하는 재생산 노동자들은 더없는 부담으로 어깨가 무거워질 것이다. 많은 사람들이 저피폭低被曝 지대에서 병들거나 죽어 간다고 해도, 아니 바로 그렇기 때문에 거기에는 정치/사회적 요인이 개입할 것이며, 신체적 공생을 토대로 한 단결, 그것을 가능케 하는 장소의 단독성, 즉 공통재commons로서의 '거리/치마타'가 필요한 것이다. 현재 북미에서 점거라는 형식으로 실천되고 있는 것이야말로 바로 거리를 되찾기 위한 행위이다. 이러한 상황에서 필자인 나와 독자 여러분 모두는 각기 다른 문맥에서 '유체도시'에 대해 생각해야 한다. 그 결과가 태평양을 넘어 공유되기를 바란다.

　　이 책을 한국어로 옮겨준 진보적 번역가 모임 〈서울리다리티〉Seoulidarity의 디디, 소량, 하지메에게 감사한다. 번역은 사랑의 작업이다. 이 책의 내용이 그 사랑을 배신하지 않기를 기원한다. 『뉴욕열전』에 이어 이 책을 간행해 주신 갈무리 출판사의 동료들에게도 감사한다. 나의 작업에 대한 조정환 님의 신뢰, 신은주 님, 김정연 님과 오정민 님의 노력과 배려가 없었다면 이 두 권의 책이 한글로 번역되어 두 번째 삶을 누리는 일은 없었을 것이다.

2012년 1월

이와사부로 코소

유체도시를 구축하라!

차례

유체도시를 구축하라!

Judy에게 바친다.

뉴욕 5구 [모든 지도 : 알도 샘피에리(Aldo Sampieri) 제공]

프롤로그

도시와 유토피아

한 도시의 정초(定礎) 내지 골렘(Golem)의 제작과 같은 숭고한 작업을 위해 사람들은 원환을 그리며, 때로는 어린애같이 원무를 하며 그 원의 주위를 따라 돈다. 그리고 사람들은 한 유기체의 분화된 부분들만큼이나 창조의 내적인 힘에 대응하여 리드믹한 자음과 모음을 결합시킨다.
— 들뢰즈 · 가타리[1]

거리^{巷2}의 조직론

2007년 1월 현재, 뉴욕은 대규모 개발의 두 번째 전성기를 맞고 있다. 1차 개발 시기에는 파리의 오스만 남작에 비견할 만한 독재적

---

1. ジル・ドゥルーズ／フェリックス・ガタリ, 『千のプラトー』, 宇野邦一ほか訳, 東京 · 河出書房新社, 1994年, p. 359 [질 들뢰즈 · 펠릭스 가타리, 『천의 고원』 제2권, 이진경 · 권혜원 외 옮김, 연구공간 '너머' 자료실, 미출간자료, 89쪽].

인 시 관료 로버트 모제스Robert Moses, 1888~1981의 주도 하에 엄청난 양의 자본과 노동력이 투입되어, 주요 고속도로, 다리, 터널, 관청과 문화시설, 공원, 집단 주택 등이 건설되었다. 요컨대 지금 있는 이 거리의 **토대 및 외형** 대부분이 건설된 것이다. 시대적으로는 1930년대 뉴딜정책 이후부터 1960년대까지의 일이다. 한편, 현재 일어나고 있는 건설 붐은 중·고급주택, 오피스빌딩, 문화시설 등에 초점을 맞춘 것으로, 그 내용은 1차 때와 다르다. 하지만 주민의 생활환경 및 거주조건을 그 뿌리부터 바꾸어 놓고 있다는 의미에서는 1차 개발과 동일하다. 1차 개발은 수많은 슬럼 주민을 강제로 이동시킨 방약무인傍若無人한 방식으로 인해 지금까지 비판받아 왔다. 그러나 제2의 개발 붐은 1차 개발을 이데올로기적으로 재평가함으로써 자신의 기획project의 정당성을 주장하려는 계기를 내포하고 있다.3

내가 사는 곳은 웨스트 22번가와 6, 7애비뉴 사이로, 맨하튼 섬의 중심부에서 약간 남쪽에 위치해 있다. 이 일대는 원래 주로 섬유업종

---

2. [옮긴이] 거리(치마타, 巷)란 일본어로 시중의 거리, 교차로 혹은 민중이 사는 세상을 지칭하는 말이다. 이 책에서의 치마타는 미국의 하위문화에서 사용하거나 활동가들이 말하는 street에 대응하는 듯하다. 『뉴욕열전』(갈무리, 2010)에서는 이 단어를 번역 없이 한글로 음역했지만, 이 책에서는 '거리'로 표기하려 한다. 저자는 거리라는 말을 통해 도시민중의 교통공간과, 그들이 그러한 공간을 형성하고 구축하는 과정 속에 드러나는 것을 표현하고, 이를 공공(public)과 공통 혹은 공유지(the commons)라는 사유의 전통과도 연결시킨다. 독자들이 '거리'라는 단어에서 이런 의미와 번역의 흔적들을 읽어 주었으면 한다.

3. 모제스에 대한 재평가의 경향을 보여 주는 예로는 2007년 2월 이후 콜롬비아 대학, 뉴욕시 미술관, 퀸즈 미술관 등 세 시설에서 개최된 "Robert Moses and the Modern City"라는 제목의 전시회 및 이와 함께 출판된 동명의 책이 있다. 이 일련의 기획은 지금까지도 커다란 영향력을 가진 모제스에 대한 뛰어난 비판서 Robert A. Caro, *The Power Broker*, New York : Vintage Books, 1975에 대한 반(反)비판을 포함하고 있다.

계통의 소규모 산업용으로 지어진 건물 내부를 입주자들이 직접 개조DIY하여 변형시킨 거주공간, 일명 로프트loft 시대를 거쳤으며, 현재는 그 건물들이 고급아파트condo 4로 개축되는 추세다. 요컨대 산업지구가 주택지구로 변해 가는 과정에 있는 것이다. 그러나 여기서 지향하는 주택은 길을 매개로 주민들 사이에 공동체를 형성하지는 않는다. 그것은 주로 유리와 금속 프레임으로 구성된 깔끔한 건물로서 그 상층은 아파트이며, 1층은 세련된 점포나 레스토랑이 점유하게 된다. 새로 지어진 건물 앞 보도步道에서 최우선으로 여겨지는 것은 보안이므로 거리의 교류는 점점 더 어려워진다. 이는 '탈산업화'에서 '젠트리피케이션'으로 이어진 뉴욕 전반의 역사적 변천이 가져온 결말이다. 1990년대 초, 내가 파트너와 함께 이스트빌리지East Village에서 이곳으로 이사 왔을 무렵만 해도 이러한 경향이 지금처럼 가시적이지는 않았다. 그러나 우리의 뒤를 쫓듯이 주변이 변하기 시작했다. 우리는 의도치 않게 이러한 추세의 선봉을 맡은 셈이었다.

이곳은 늘 애매한 구역zone이었다. 남북으로 살펴보자면, 북쪽 엠파이어스테이트 빌딩 일대의 비즈니스 지구地區와도, 남쪽 그리니치 빌리지 같은 학교/문화/주택지구와도 다르다. 동서로는 동쪽 5애비뉴에서 6애비뉴 방면의 북적거리는 상점가라든지, 서쪽의 조용한 아파트 거리인 첼시와도 다르다. 산업지구에서 주택지구로 변하는 과

---

4. [옮긴이] 한국에서 콘도는 객실 단위로 분양을 하여 구입자가 사용하지 않는 기간에는 관리 회사에 운영권을 맡기고 임대료 수입을 받는 형태의 호텔을 의미하지만, 미국에서는 한국의 아파트에 해당하는 공용주택을 콘도라고 부른다. 즉 건물 내의 개별 주거 단위는 개인이 소유하지만 엘리베이터나 중앙난방 시스템, 건물의 외부 환경 등을 공유하며 입주자 대표 회의에 의해 통제되는 주택 형태를 일컫는다.

정에서 주워 담은 여러 가지 잡다한 요소들을 모두 끌고 와 지금에 이르렀다. 상점, 다양한 형태의 다양한 계층을 위한 거주공간, 창고, 소극장, 정신 장애인을 위한 거주시설(세인트 프랜시스 레지던스Saint Francis Residence)까지 있다. 요컨대 이곳에서 거주, 영업, 모임을 하는 사람들의 종류도, 건물의 크기나 스타일도 천차만별이라는 것인데, 결과적으로 이 잡거성雜居性이 개발의 단일한 방향성이 만들어 내는 고급아파트와 상점가 형성에 저항하는 것처럼 보인다. 이러한 잡거성에 기인하는 '노상사회'路上社會 혹은 '거리'의 형성에 대한 고찰을 통해 이 책의 기획을 소개하고자 한다.

이 블록의 동쪽 편에 남북으로 뻗어 있는 6애비뉴는, 19세기 후반 23번가 일대에 뉴욕 최초의 백화점들이 들어서면서 상점가로 번창했다.[5] '엘'el이라고 불리는 초기 고가철도도 운행되었다. 그러나 그 후로 점차 쇠퇴하여 1980년대에서 1990년대 초반에 이르면, 밤에 혼자 걷는 것이 불안할 정도였다. 그 후 1990년대 중반부터 반즈앤노블 서점, 베즈배스앤비욘드 가정용품점, 베스트바이 전기기구점 등 거대 체인점들이 보자르Beaux-Arts 양식인 백화점용 건물을 개축하여 상점을 열면서, 다시 대중상점가로 북적이게 되었다. 6애비뉴에서 서쪽으로 들어서면 모습을 드러내는 이 블록은 오래전 복식 산업용 공장 및 창고 거리였으나, 초기 상점가가 쇠락한 후에도 의류 및 장식품 가게와 관련된 공장, 창고, 인쇄소, 완구점, 화학약품 취급점 등이 조업해

---

5. 예를 들어 6애비뉴의 16에서 25번가 일대에는 남쪽에서부터 B. Altman(1877), Siegel-Cooper(1896), Simpson Crawford & Simpson(1900), Hugh O'Neil(1875), Adams Dry Goods Co.(1900), Ehrich Brothers Emporium(1889), McCreery's Department Store(1883) 같은 백화점들이 있었다. 괄호 안은 창립연도.

왔다. 1960년대부터 1970년대 이후, 이들 산업의 이동 및 쇠퇴와 더불어 건물 상층을 중심으로 로프트를 지어 생활하는 사람들이 늘어나기 시작했고, 1층의 점포 공간에는 전위적인 소극장이나 대단히 와일드한 스트립극장이 출현했다.6 23번가의 7과 8애비뉴 사이에는 대항문화counter culture, 예술, 록음악계에서 유명한 첼시 호텔과 1980년대 실험연극 팬 사이에서 한 시대를 풍미한 스콧 씨어터Squat Theater가 있었다.7 그들은 느슨한 연대를 맺으며 검소한 보헤미아를 형성했다.

이곳에 로프트를 짓고 살기 시작한 사람들은 대부분 예술가를 지향하는 이들이었다. 그러나 로프트 거주는 그들의 예술활동과는 별 상관이 없는 일이었다. 사용이 중지된 채 버려진 크고 저렴한 산업용(=비주거용)공간을 원하는 대로 주거용으로 개축할 수 있다는 점에서, 로프트 제작에는 오히려 생활공간의 획득이라는 필요성이 깔려 있었던 것이다.

그들은 퇴락한 건물을 빌려 스스로 벽을 세우는 것은 물론, 때로는 수도, 가스, 전기시설도 정비해서 거주 가능한 공간으로 만들고, 시와 교섭해서 거주용으로 인가를 받아냈다. 그런 다음에는, 주택공동조합co-op을 설립하고 시세의 10분의 1 이하 가격으로 건물을 공동구매하여 로프트의 소유주가 되었다.

---

6. 전위극장으로 Linda Mussman 주최의 Time and Space Limited Theater, 스트립 극장으로는 Harmony Theater가 유명했다. 그 후 두 곳 모두 다른 곳으로 이동했다. 로프트 공간에서는 회원제 SM클럽 등 다수의 대안적 성(性)의 실험장이 거점을 이루고 있었다.

7. 나 자신도 스콧 씨어터의 팬이었다. http://squattheatre.com. 첼시 호텔은 앤디 워홀의 영화나 시드 비셔스(Sid Vicious)[펑크 록과 펑크스타일을 세간에 알린 전설적인 그룹 섹스 피스톨즈(Sex Pistols)의 베이시스트 — 옮긴이]의 동반자살로 유명하며, 그곳에는 지금도 많은 예술가들이 살고 있다.

당시 이처럼 사용법이 변해가는 과도기의 건물 관리를 맡은 것은, 대부분 그러한 노동을 조건으로 집세를 면제받고 사는 사람들이었다. 지금처럼 관리회사에 관리를 맡기는 것이 아니라 그곳에 살던 사람 중 한 명이 비공식적으로 관리를 담당하고 있었던 것이다. 그런 사람들은 단칸방이나 (보통 창고로 쓰이는) 지하실, 혹은 옥탑방에 살았다. 이전에는 히피로서 세계를 여행하다가 뉴욕에 거처를 마련한 사람들인 경우가 많은 것 같다. 예를 들어, 무엇이든 해결해 주는 심부름센터처럼, 내가 살고 있는 건물의 간단한 수리를 맡고 있던 조나단이 그러한 입주 관리인이었다. 그는 베트남 전쟁 때, 징병을 피해 유럽과 중근동 각지를 방랑하다가 뉴욕으로 돌아왔고, 이 건물의 로프트화에 참가하여 거주하면서 관리와 수리를 책임지게 되었다. 하지만 초기 입주자들이 공동조합을 조직하고 임차인에서 소유주로 변하는 과정에서 그는 이러한 과정에 함께하는 대신 뉴욕시 북방의 캣츠킬 산지로 이주하는 것을 선택했다. 이후에도 그는 그 동네에서 이곳으로 수리를 하러 다니고 있다.

우리 집은 길 북측에 있는데, 남측에 있는 건물들은 1990년대 말까지 대부분 산업과 거주가 혼재된 잡거상태였다. 그중 우리 집에서 대각선 방향에 있는 건물 옥상의 작은 옥탑방에 프랭크라는 관리인이 살고 있었다. 내가 사는 건물 8층 창문 너머 바로 코앞에 그의 방이 있기 때문에 아침에는 프랭크가 방 밖에서 몸을 씻는 것을, 밤에는 요리하는 것을 보았다. 도시 한복판에서 마치 캠핑하듯 생활하는 그가 즐거워 보였다. 원래 그의 직업은 노점상으로, 주워 모은 책이나 잡지를 — 이른바 '잡동사니를 벌려놓은'lay shit out 스타일로 — 그의 집과 가까운 6애비뉴 위에 늘어놓고 팔고 있었다. 그에게서 낡은 스페인어 사전을 한 권 산 것을 계기로 나는 아침저녁 창문 너머로 그와 인사를 주고받았다. 캘리포니아 출신인 프랭크는, 오랫동안 미 대륙 각지를 걸어서 돌아다니다가 마지막으로 뉴욕에 정착했다고 한다. 조나단과 마찬가지로 초로의 백인 남성인 프랭크는 반체제파이며 인생경험이 풍부해, 요컨대 세상의 재미난 이야기들을 얼마든지 가지고 있는 인생의 숙련자였다. 하지만 그가 거주하면서 관리하던 건물은 개발업자에게 팔려 고급아파트로 개축되었고 그 과정에서 프랭크는 쫓겨났다. 그 후로 한동안은 6애비뉴 길 위에서 장사를 하는 그의 모습을 볼 수 있었다. 밤에는 노숙자 숙박시설shelter에서 머물면서 노점상을 계속하고 있었지만 곧 날씨가 좋은 고향 캘리포니아로 돌아가고 싶다고 그는 말했다. 이것은 9·11 사태가 일어나기 이전의 이야기다. 그 이후 꽤 오랫동안 그를 보지 못했다.

예전에 뉴욕에는 무수한 프랭크와 조나단이 존재하고 있었다. 특히 이스트빌리지나 소호처럼 건물의 거주조건이 큰 폭으로 변한 지구의 경우 어디에나 비공식적인 관리·거주자homesteader들이 있었다. 그중에는 비트닉8으로부터 히피로 계승되어 온 대안적인 생활방식을 실험했던, **인간유산**이라고도 할 수 있는 사람들도 많이 포함되어

---

8. [옮긴이] beatnik : 잭 케루악, 닐 캐서디, 엘렌 긴즈버그, 윌리엄 버로즈 등, 2차 세계대전 후 뉴욕과 샌프란시스코를 중심으로 활동한 문학가들. 격식이나 권위를 거부하고 즉흥적이고 발산적인 표현을 지향했다. 동/양성애, 약물사용, 동양 철학과 정신세계의 탐구 등을 추구하였으며, 사회적 운동으로서 문학을 실천했다. 케루악이 비트 세대(Beat Generation)라는 말로 자신들을 지칭한 이후, 당시 언론에 의해 (소련이 발사한 세계 최초의 인공위성 스푸트닉(Sputnik)과 비트의 합성어인) 비트닉이라는 용어가 주류 사회에서 벗어난 공산주의 지지자들이라는 부정적인 뉘앙스로 사용되었다. 히피는 물론 펑크(punk)에도 큰 영향을 주었으며, 현대의 세계적 대항문화, 반세계화, 반권위주위 운동에서도 계속해서 참조되고 있다.

있었다. 그러나 때마침 초로의 나이로 정착을 시도했던 그들 대부분은 1990년대 중반에서 후반, 그때까지 방치되어 있던 건물들이 황금열매를 맺는 나무로 변신하면서 개발업자와 시市에게 흠씬 두들겨 맞고 사라져 갔다.

조나단과 프랭크의 공통점은 그들이 **거리/치마타적 존재양태**라는 점이다. 그들은 이 웨스트 22번가, 6과 7애비뉴 사이의 블록에 살면서, 장사를 하고, 그곳에 모여드는 온갖 계층의 사람들과 교류하며 다양한 사람들 사이의 중개자 혹은 돌보미가 되어 주었다. 건물 관리인들, 6애비뉴 모퉁이의 커다란 의류·장식품 가게의 창고에서 일하는 사람들, 극장 관련 노동자, 스트리퍼, 23번가에 있는 식료품점의 남측 운반용 뒷문에서 일하는 사람들, 트럭을 세우고 아침부터 밤까지 물건을 배달하는 운송업 노동자, 오래 전부터 7애비뉴 모퉁이에 있는 낡은 아파트에서 살아온 노인들, 세인트 프랜시스 레지던스의 거주자들, 그리고 야간에 사람들의 출입이 두절된 창고 옆에서 야영하는 노숙자들까지. 조나단과 프랭크는 이들과 교류하며, 이 블록에서 벌어진 일과 벌어질 일 등 온갖 정보를 입수하여 여러 사람들과 공유하고 있었다.

세인트 프랜시스 레지던스의 사람들 또한 독자적인 '연락위원'이다. 특별히 할 일이 없는 이들은 하루의 대부분을 이 일대를 돌아다니거나 입구의 돌계단에 앉아서 보낸다. 그들의 시선은 이 블록에서 일어나는 일들을 샅샅이 찾아낸다. 그들 중 몇몇은 지역주민에게 친숙한 7애비뉴의 소박한 델리deli나 신문 가판대에서 짬짬이 가게를 보거나 운반을 돕는 등의 일로 용돈을 벌거나 소소한 물건을 얻기도 한다. 그들 역시 이 일대의 노숙자들 대부분과 안면이 있다.

이처럼 어디에나 있을 법한 동네 길거리에 느슨하지만 확실하게 존재하는 거리의 네트워크, 혹은 일종의 비공식 '연락회의'가 의외로 풍요로운 노상사회를 형성하고 있다. 또한 이러한 네트워크야말로 개발이 주도하는 거리 죽이기에 맞서 버티고 있는 힘이다. 제인 제이콥스는 『미국 대도시의 죽음과 삶』에서 대도시의 블록과 보도sidewalk가 제대로 자기통치를 하기 위해 반드시 필요한 것으로서 — 공식적으로 임명받은 공공관리가 아닌 — '자기 자신을 공인으로 임명한 인물, 즉 자기임명적인 공인'self-appointed public figure 9의 존재를 얘기하고 있다. 이 일대에서 이러한 존재에 해당하는 것이 바로 프랭크와 조나단, 세인트 프랜시스 레지던스의 사람들이다.

지금은 고전이 된 『미국 대도시의 죽음과 삶』의 1부는 바로 이러한 '거리 기능'의 모형matrix을 파악하려는 시도라고 할 수 있다. 제이콥스는 대도시의 특정 근린공간의 노상, 보도, 대로 등에 존재하는 교통 혹은 운반 이상의 것 — 주민의 생활, 외래자를 포함한 사람들의 교류, 사회관계의 형성 — 즉, 내가 '거리'라고 총칭하는, 도시민중의 존재성에 있어서 핵과 같은 것을 인지하고 있다. 물론 제이콥스에겐 상호감시 시스템에 의한 주민생활의 보안을 지나치게 강조하는 측면이 있다. 하지만 그녀는 범죄나 위험이 반드시 소수자나 하층계급 혹은 노숙자에 의해 일어나는 것이 아니라는 점, 그들의 공동체야말로 매우 훌륭한 자기통치 체계를 가지고 있는 경우가 많다는 점, 공동체의 황폐화와 범죄는 오히려 교외나 녹음이 풍성한 뉴타운에서 자주 볼

9. Jane Jacobs, *The Death and Life of Great American Cities*, New York : Vintage Books, 1961, p. 68 [제인 제이콥스, 『미국 대도시의 죽음과 삶』, 유강은 옮김, 그린비, 2010].

수 있다는 점을 강조하는 데 주저하지 않는다. 그녀가 거듭 주장하는 것은 거리의 안전을 그 근저根低**에서부터** 지키고 있는 것은 국가체제가 아니라는 점이다. '이해해야 할 것은 도시의 공공안전 — 보도와 거리 안전 — 은 일차적으로 경찰이 지켜 주지 않는다는 점이다. 물론 경찰이 필요하기는 하지만 말이다. 이 안전은 일차적으로 사람들 스스로 만들고 집행하는 얽히고설킨, 거의 무의식적인 자발적 통제와 규범의 망에 의해 지켜진다.'[10] 여기서 가장 중요한 것은 거리를 지켜보는 (=구성하는) '시선'인데, 그 기능은 다원적이다. 요컨대 그것은 감시를 위한 것이라기보다 주민들이 서로 함께 관여하고 상호 점검하는 시선이다. 그것은 우선적으로 타자의 존재양태를 보는 즐거움이며, 결과적으로 근린공간의 이상 사태를 알아차리는 눈이 된다. 거기에서는 외부자도 제외되지 않는다. 제이콥스는 자신이 살던 그리니치 빌리지의 근린공간에 옛날부터 있던 (시인 딜런 토머스Dylan Thomas가 단골손님으로 드나들었다고 알려진) '화이트 호스' 주점White Horse Tavern을 예로 들어, 지역주민과 외래자 쌍방이 중합적重合的으로 사용하는 공공공간의 이점에 대해 언급하고 있다. 길모퉁이에 바가 있기 때문에 거리가 위험해지는 것은 아니다. 적당한 사람들의 교통이 밤거리에 오히려 활기를 불어넣는다. 제이콥스는 이러한 현상을 강조하며, 당시 미국에서 지배적으로 생산되기 시작한 교외의 전원주택 특유의 배타적 이데올로기와 싸우고 있었다.

'거리의 운영'에서 일종의 **기적**을 보고 있다는 점에 그녀의 훌륭함이 있다. 그곳에서 믿기 어려운 일이 일어나고 있다! 우리들은 그것

---

10. 같은 책, pp. 31~2.

에 놀랄 수밖에 없다! 이러한 분석은 말하자면 '거리의 존재론'이라고 부를 수 있을 만한 관점을 제시한다. 제이콥스가 마지막에 포착하고자 하는 것은 어떤 도시계획도 계획할 수 없는 '거리의 생성'이다. '제대로 기능하는 오래된 거리라면 어디나, 외견상의 무질서 아래에 거리의 안전과 도시의 자유를 유지시키는 불가사의한 질서가 존재한다. 그것은 복잡한 질서이다. 이 질서의 본질은 끊임없는 얽히고설킨 보도 이용과 그 결과물인, 보는 눈의 끊임없는 연속이다'[11] 그녀는 이러한 운동을 '춤'에 비유한다. 구성원들이 각자의 입장에서 자신의 역할을 다하는 한편, **어떤 방식으로인가** 그들이 서로를 강화해 **기적적으로** 하나의 전체를 형성하고 있다. 그것은 바로 '도시적 예술형식'이다. '훌륭한 도시 보도의 발레는 결코 여기저기서 되풀이되지 않으며, 어느 장소건 항상 처음 보는 즉흥 공연으로 가득 차 있다.'[12]

제이콥스가 거리를 관찰한 것은 1960년 이전이며, 그녀가 관찰 대상으로 삼았던 빌리지의 근린공간은 그 이후에 커다란 변화를 겪었다. 가장 커다란 변화는 개발에 의해 노동자계급과 소수자를 중심으로 하는 민중들의 커뮤니티[13]가 내몰린 것이다. 그 결과, 많은 블록

---

11. 같은 책, p. 50.
12. 같은 책, 같은 곳.
13. [옮긴이] 미국에서 '커뮤니티'는 기본적으로 지역사회 공동체를 상기시키는 단어이다. 이러한 의미작용은 청교도들의 입식(入植)부터 독립전쟁으로 이어지는 역사 속에 그 뿌리를 갖는다. (남부에서는 남북전쟁 시의 북부 공업자본주의에 대한 '저항'의 역사도 여기에 가미된다.) 현대사회에서는 지방 마을이나 도시의 민족적 소수자 공동체를 가리키는 측면이 강하다. 요컨대 우파의 경우 커뮤니티라는 단어를 통해 전자, 즉 백인의 역사를 강조하고, 좌파는 후자의 다양한 의미와 친화적이지만 둘 다 커뮤니티를 국가 혹은 연방정부(Washington)와는 다른 것, 혹은 그에 대립하는 것으로 상상한다. 덧붙여, 대선에서 후보자들이 전국을 유세하면서 토론하는 관습은 이러한 공동체들을 연방국가로 포섭하기 위한 과정으로 이해할 수 있다.

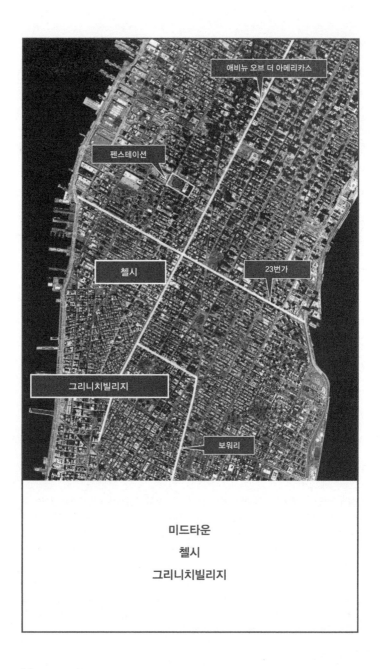

애비뉴 오브 더 아메리카스

펜스테이션

첼시

23번가

그리니치빌리지

보워리

미드타운

첼시

그리니치빌리지

에서 다양한 건물과 다종다양한 사람들의 잡거상태가 계급적인 분리 상태로 이행한다. 중·상류계급이 주 거주자가 되고, 민중은 오직 **거리만의 존재**가 된 것이다. 거꾸로 말해, 이러한 새로운 상황 속에서 근린공간의 거리를 형성하는 것은 점점 더 정주자가 아닌 '지나쳐 가는 자들', 요컨대 건물을 출입하는 노동자들, 길모퉁이 상점에서 일하는 사람들, 각종 노점상이나 길거리의 상인들, 걸인, 노숙자들이 되어 버렸다. 바로 내가 사는 웨스트 22번가에서도 인근의 주민들이 아파트 앞에 모여 있는 제이콥스적인 광경은 사라졌다. 이제 일상의 풍경이 된 것은, 거리와 관계하고 싶지 않다는 자세로 바쁘게 출입하는 여피14 주민과 길 위의 존재자들 사이의 냉혹한 단절이다.

『사이드워크』(1999년)를 쓴 사회학자 미첼 더네이어Mitchell Dunier는 제이콥스적인 관점을 이러한 새로운 문맥 속에 이어받아 '거리의 형성'을 주시하고 있다.15 저자는 6애비뉴와 8번가(그리니치빌리지) 일대에서 가게를 열고 있는 노점 책방의 견습생이 되어, 그 내부에서부터 '노상사회'를 관찰했다. 그가 관계 맺은 사람들은 (흑인 민족주의black nationalism계의 서적을 파는 블랙북스16 상인을 포함해) 각종 책을 파는 노점상, 프랭크처럼 주워온 '잡동사니를 늘어놓은' 스타일로 파는 상인들, 현금지급기 전용 무인은행의 자발적 문지기, 걸인

---

14. [옮긴이] yuppie는 'young urban professionals'의 줄인 말이며, 1980년대 레이건 정권 하에 출현한 부유하고 도시적인 젊은 엘리트들을 가리킨다. 주로 그들의 소비를 과시하는 생활 스타일을 비꼬는 뉘앙스가 강하다.

15. Mitchell Duneier, *Sidewalk*, New York : Farar, Strauss, and Giroux, 1999.

16. 블랙북스(Black Books)는 교육시스템에서 제외된 젊은 흑인들을 주 대상으로, 그들 고유의 역사, 정치/사회 문제를 아프로 아메리칸(Afro-American)의 관점에서 이야기하고 자각심을 높이기 위한 장르의 책이다. 뉴욕에는 할렘을 중심으로 이것을 전문으로 판매하는 노점상이 많다.

그리고 노상생활자들이다. 그들 대부분은 아프로 아메리칸이다. 노상생활자들 중 많은 이는 1980년대에 33, 34번가 그리고 7, 8애비뉴 블록 전체에 걸쳐 존재했던 거대한 철도역 펜스테이션Penn Station의 생활자들이었다. 하지만 이후, 이 역을 소유한 철도회사 암트랙이 대대적인 노숙자 단속을 시작하면서 그들은 차례로 거리로 쫓겨나 각지로 흩어졌다. 몇 퍼센트인지는 확실치 않지만 그중 일부가 이 6애비뉴 일대에서 노상생활을 시작했다.

더네이어가 노상사회에 적극적으로 몸을 던져 획득한 관점에 의하면, 거리에는 노상생활자들 중 많은 이들이 노숙자용 숙박시설이나 보워리Bowery의 싸구려 여인숙 대신 굳이 노상에서 밤을 보내는 걸 선택하게 만드는 적극적인 요인이 있다. 그것을 그는 '거주환경habitat의 논리' 혹은 '도시적 생존survival의 논리'라고 부른다. 이는 노숙자들이 각자의 입장에 따라 '자기임명적인 공인'으로서 상승적相乘的으로 거리를 형성하는 양태와도 관련된다. 가령, 블랙북스 계열 노점상은 이 일대의 상점에서 일하는 흑인 젊은이들에게 책에 대한 정보를 줄 뿐 아니라, 많은 경우 문제를 안고 살아가고 있는 그들에게 조언이나 상담의 역할도 종종 해 주곤 한다.

많은 노상생활자들이 **돈벌이를 위해**, 다른 볼일로 가게를 비우는 노점상 대신 가게를 봐주거나, 밤에 그들의 점포 장소를 확보해 주기도 한다. 그것이 노숙의 적극적인 의미인 것이다. 또한 전 재산을 현금으로 가지고 다니는 그들에게 있어서는 날씨가 좋은 시기에는 동료들이 많이 모이는 노상이 숙박시설보다 훨씬 안전한 장소이기도 하다. 한편, 일반가옥의 거주자(전부는 아니겠지만) 다수가 경험하듯이, 인기척이 없는 야간이나 휴일에 무인현금지급기 앞에 비공식적

블랙북스 노점상 (할렘)

인 문지기가 있어 쾌활하게 말을 걸어온다면, 그것은 심리적으로 큰 도움이 된다. 더구나 그 사람과 안면이라도 있다면 그곳에 훌륭한 거리 사회가 출현하는 것이다. 우리들 중 다수는 마침 가지고 있던 잔돈을 그에게 기꺼이 팁으로 지불한다. '지금까지 살펴봤듯이 시의 블록은 생존을 위한 다양한 방법을 짜낼 수 있는 장소이다. 거리의 일꾼들은 여기서 생활의 양식을 얻는다. 그들이 살기 위해 하는 일과, 거기에서 형성되는 복잡한 사회적 조성이 6애비뉴의 길 위에서 살아가는 사람들의 생활 형태를 결정짓는다.'[17] 그들은 무자비한 개발의 폭풍이 불어 닥치는 현대에서 스스로를 전면적으로 거리에 드러내놓고 있는 존재이다. 그렇기 때문에 그들 사이의 네트워크야말로, 제

---

17. Mitchell Duneier, *Sidewalk*, p. 162.

이콥스가 발견한 기적적인 생명으로서의 거리의 '카오스적 질서'를 가장 강력하게 형성하고 유지하고 있다. 더네이어는 그것을 '비공식적 사회통제기구'[18]라고 부른다. 그것은 국가나 경찰에 의한 공식 통제기구와 명백하게 구분되는, 거리사회의 자율적 생성이라고 부를 수 있을 것이다.

이러한 '거리'가 바로 우리의 출발점이며 회귀점이다. 물론 그곳은 양의적兩義的인 장소이다. 범죄, 사고, 그리고 갖가지 불행이 일어나는 장소인 동시에, 인간사회를 구성하는 온갖 종류의 사람들의 교류가, 엇갈리는 희비 속에서 울부짖으며 태어나는 장소이기도 하다. 그곳에는 가장 음험한 감시 시스템이 사람들의 행동을 통제할 가능성과 자율적인 공간이 다채롭게 발생할 가능성이 공존한다. 그곳은 그 공간을 수단으로 삼아 힘과 돈을 증식시키고자 하는 계획자의 꿈과 욕망이, 그곳에서 생존하고 있는 사람들의 꿈과 욕망과 부딪쳐 격렬하게 투쟁을 벌이는 전장이다. 요컨대 사람들의 꿈이나 욕망이라는 환상적 현실이 도시공간의 물질적인 현실로서 가장 직접적으로 현전現前하는 장소인 것이다. 그곳에서 일어나는 자기통치기구 혹은 제이콥스의 '춤' — 덧붙여 앙리 르페브르Henri Lefebvre의 '리듬'[19], 들뢰즈 · 가타리의 '리토르넬로'[20] — 의 형성은 한없이 덧없는, 찰나적인의 사건이지만, 이 일과성의 집단예술이 이곳저곳에서 일어나, 우리가 도시

---

18. 같은 책, p. 159.

19. Henri Lefebvre, *Rhythmanalysis*, translated by Stuart Elden and Gerald Moore, London, New York : Continuum, 2004.

20. ジル・ドゥルーズ／フェリックス・ガタリ, 『千のプラトー』, 11장[질 들뢰즈 · 펠릭스 가타리, 『천의 고원』, 11장].

라고 부르는 현상의 줄기를 기적적으로 형성한다. 그것이 도시의 최소단위, 혹은 민중적인 본체이다.

『뉴욕열전 2』라고도 말할 수 있는 『유체도시를 구축하라!』는 『뉴욕열전』[21]의 속편으로 『현대사상』지誌에 연재한 논문들을 재구성하고 글을 보태어 완성한 책이다. 두 책은 기본적으로 **동일한 하나의 주제** — 세계이민도시 뉴욕에서 '민중의 투쟁'은 어떻게 도시공간을 형성하고 있는가 — 를 대상으로 하고 있다. 그 '투쟁'은 '거리'에서 출발하며 그곳을 거점으로 생성하고 변이한다. 그것은 결국, 생활이 곧 문화생산이자 세계변혁운동인 '세계민중'의 존재양태를 드러내는 지표이기도 하다. 두 책 모두, 인간 세상이 계속되는 한 절대 끝나지 않을 그러한 '투쟁'에 대한 찬가로서 쓰였다. 이러한 취지에서, 두 책의 시선은 다른 방향으로 나뉜다. 『뉴욕열전』은 도시에서 발생한 주요한 운동의 역사를 살피고 그 '형태'를 분석함으로써 그 운동들의 승리와 패배의 서사시를 읊었다. 이 책은 그러한 운동들의 토대가 되어 온 '꿈과 욕망'의 영역이 어떻게 '유토피아적 기획'이 되어 도시공간을 형성하는지에 주목하고자 한다. 이에 앞서 '몽상'의 실현을 목표로 하는 '유토피아적 기획'과 도시 사이의 결코 끊을 수 없는 인연에 대해 한마디 하고 싶다.

---

21. 한국어판 : 이와사부로 코소, 『뉴욕열전』, 김향수 옮김, 갈무리, 2010.

부서진 천사의 집 (클린턴힐, 브룩클린)

유토피아, 신체, 도시

도시의 유토피아가 그 희망찬 약속을 실현할 수 없었던 것은 도시의 성공 자체가 억제할 수
없는 엄청난 권력의 공상을 더욱 더 고무시켰기 때문이다.
— 루이스 멈퍼드[22]

　　자전거를 타고 돌아다니는 것을 즐기는 내가 종종 들리는 장소
중 하나는, 브룩클린Brooklyn의 클린턴힐Clinton Hill 근처에 있는 기묘

22. Lewis Mumford, "Utopia, the city and the machine," included in *Utopia and
Utopian Thought*, edited by Frank E. Manuel, Boston : Beacon Press, 1967, p. 18.

한 건축물이다. 이 건물을 처음 발견한 것은 1980년대 초반, 그 블록이 심하게 황폐해 있을 때이다. 건물 대부분이 불타서 폐허가 되어버린 ㄱ자형 골목 모퉁이에 그 '꿈의 탑'이 우뚝 서 있었다. 난 엉겁결에 환성을 질렀다. 그 후 가끔씩 들러 그 건물이 무사한지 확인하곤 했는데, 기쁘게도 마치 생명체처럼 볼 때마다 모습이 변하고 있었다. 하지만 그 변화가 무엇인지, 누구 때문에 생기는 변화인지는 전혀 알 수가 없었다. 그러던 중 2006년 10월에 일어난 작은 화재로 인해 시로부터 퇴거 명령을 받으면서 그 건물의 내력이 밝혀졌다.

'부서진 천사의 집'Broken Angel House이라고 불리는 이 4층짜리 탑은, 1972년부터 그곳에 살고 있는 아서 우드Arthur Wood라는 인물(현재 75/6세)이 자신의 손으로 개조해 온 '건축 작품'이다. 그는 이전에 육군 기사였는데, 당시 익혔던 건축기술의 기본 지식을 바탕으로 이른바 '민가건축'vernacular architecture의 전통 및 제작법에 따라 이 건물을 만들었다고 한다. 그것은 목재, 기와, 유리 등 손에 들어온 소재들을 전부 자기의 몽상vision에 따라 브리꼴라쥬bricolage 23적으로 합성하여 쌓아올린 건축공간이다. 이 민속미술folk art적인 구성물은, 로스앤젤레스의 유명한 와츠타워와 비교되기도 한다. 뉴욕시는 몇 가지 건축기준 위반을 근거로 퇴거를 요구했지만, 그는 이 건축의 합법성을 호소하며 시에 맞서 싸울 태세이다.24

---

23. [옮긴이] 프랑스어로, 원래는 일상생활에서 손재주를 요구하는 작업을 가리키는데, 사용하는 재료가 가진 본래의 목적과 상관없이 손에 닿는 대로 활용하는 작업방식을 뜻한다. 현대사상의 문맥에서는 구조주의 인류학자 레비스트로스가 『야생의 사고』에서, 종래의 서구중심적인 관점에서는 비논리적이고 열등하다고 여겨져 왔던 비서구인의 사고방식이 가진 다양하고 뛰어난 논리성의 양상들을 비유적으로 표현한 말이다.

24. Robin Pogrebin, "Brooklyn Art House is Ruled Hazardous," *The New York*

1964~5년 만국박람회 기념비 (퀸즈, 플러싱 메도우)

이는 단 한 명의 주민이 만든 '꿈의 건축'의 예이다. 하지만 이러
한 건축은 개인에 의해서만이 아니라 다양한 공동체나 국가에 의해
서 보다 커다란 스케일로 실현되기도 했다. 예를 들어 현재 퀸즈의
플러싱 메도우Flushing Meadows 공원의 한 부분을 차지하는 2회에 걸친
'만국 박람회'(1939년과 1964년) 유적은 국가적인 유토피아 기획의
한 예로 들 수 있다. 이 기획은 과학기술과 자동차가 만드는 미래생
활이라는 꿈을 구현했는데, 국가와 자본에 의한 이런 개발을 추진하
기 위해서 민중의 '몽상' 또한 광범위하게 조직되었다. 중요한 것은
뉴욕에서 역사적으로 실험된 마천루는 물론, 개발붐이 한창인 지금

Times, 2006, October 18을 참조.

설계·건설되고 있는 새로운 건축물들의 경우도 '몽상의 실현'이라는 관점을 빼고는 설명할 수 없다는 점이다. 거꾸로 말해 이는 '몽상' 혹은, '유토피아'적인 요소야말로 건축이나 도시 구축에 있어 본질적인 부분임을 가르쳐 준다.

'부서진 천사의 집'이 보여 주는 또 하나의 건축적 요소는 '신체성'이다. 그 수작업적인 성격은 신체의 개입을 두드러지게 보여 주는데, 이는 거대건축과 반대되는 극소건축의 방향성을 시사한다. 요컨대 이것은 국가기획의 거대한 '꿈=건축'의 반대에 있는 '민가건축', 혹은 그것보다도 더 작은 것으로 나아가는 방향성이다. 도식화해 보면, 노마드적인 텐트형식의 주거가 있고, 공식적인 거주공간이 없는 사람들의 '판잣집'이 있으며, 더욱 궁극적인 예로는 개인의 신체를 건축의 모듈로 삼는 형상들figure과 그것들을 포함한 다양한 문화장치cultural apparatus가 있다. 이러한 의미에서 '신체성'은 동시에 '가동성'이며 인간의 존재양태(혹은 계급성)와 관련된다. 이 책에서 광범위하게 제시하듯이, 도시공간을 '가진 자'는 부동의 거대 건축을 세우는 반면, '갖지 않은 자'는 스스로의 신체 그 자체에 다양한 형태로 전통, 부, 지성 등의 문화유산을 기입하고 그것과 더불어 이동한다. 이처럼 도시공간은 부동에서 가동까지 다양한 '건축'을 양성하고 포함한다. 그리고 이 점이 앞에서 말한 '거리의 문제의식'과 공명한다.

도시에 대한 우리의 기본적인 관점은 '유토피아적 구축'과 그곳에 작동하고 있는 '신체성의 정도' 혹은 '가동성의 정도'이다. 요컨대 '유토피아'와 '신체'가 이 책의 기본 개념이다. '신체'라는 개념에 대해서는 이후 각 장에서 다양한 형태로 살펴보겠지만 '유토피아'라는 개념에 대해서는 프롤로그에서 조금 더 설명하고자 한다. 여기서 유토피아라는 것은 '이룰 수 없는 몽상'이 아니라 어디까지나 '기획으로서의 유토피아'다. 그것은 대략 두 가지 전형적인 방법으로 인류사에 존재했다. 바로 '도시의 구축'과 '혁명운동'이다. 이 둘이 서로 겹치면서 '유토피아 기획'의 두 극을 형성해 왔다고 말할 수 있다.

루이스 멈퍼드1895~1990는 '유토피아 연구'를 토대로, 유명한 '도시론'과 '테크놀로지론'을 구축했는데, 여기서 흥미로운 것은 그의 양의적인 유토피아관이다. 그는 '거의 모든 유토피아는 그 배경인 문명에 대한 잠재적인 비판인 동시에, 현존하는 제도들이 관습이나 습관의 오래된 껍데기 밑에 묻어버리거나 무시해 온 잠재력을 파내려는 시도이다'[25]라는 말로 유토피아의 비판적이고 생산적인 힘을 지적했다. 하지만 동시에 그는 도시에 대한 역사적인 연구를 통해 (그리스보다 오래된) 이집트나 메소포타미아의 원형적인 도시에서 '유토피아의 원조'를 찾아내고 유토피아의 권위적인 측면, 거꾸로 말해 '원原국가'의 발생에 늘 붙어있는 것으로서의 유토피아를 인식해야만 했다.[26]

이러한 유토피아의 실현을 위해 필수불가결한 요소가 '거대기계'mega machine, 바로 들뢰즈·가타리의 사고가 『앙띠 오이디푸스』에서 『천의 고원』으로 나아가는 데 단서를 제공해준 개념이다. 『앙띠 오이디푸스』는 인류 역사상 3대 사회기계인, 대지기계, 전제군주기계, 자본주의기계가 각각 코드화, 초코드화, 탈코드화에 대응한다고 설명한다.[27] 멈퍼드의 원형도시는 '전제군주기계=초코드화'로서, 군

---

25. Lewis Mumford, *The Story of Utopias*, New York : The Viking Press, 1922, p. 2 [루이스 멈퍼드, 『유토피아 이야기』, 박홍규 옮김, 텍스트, 2010].

26. Lewis Mumford, "Utopia, the city and the machine" 참조.

27. ジル・ドゥルーズ／フェリックス・ガタリ, 『アンチ・オイディプス―資本主義と分裂

사와 노동 쌍방에 걸친 '기계적 노예화 체계'를 형성하고, 거대 유적으로 남은 '공간=유토피아'를 구축했다. 그것은 거대한 권력의 절대주의적 지배이며, 유토피아의 부정적 형태인 '디스토피아'가 거기 달라붙어 있다. 그 후 인류사에서 왕권제와 그것의 신화가 붕괴한 후에도 도시는 다양한 방식으로 여러 기계들의 집중을 오늘날까지 계승해 왔으며, 다른 한편에서 고대도시는 '유토피아=이야기' 속에서 이상理想적인 형태의 '잔상'으로 인간의 마음속 깊이 각인되어 있다.

멈퍼드는 '플라톤으로부터 [에드워드] 벨러미에 이르기까지 유토피아적 사고가 도시 형태로 시각화되어 온 이유'를 묻고, 위에서 말한 잔상과 형식화를 그 답으로 제시한다. 플라톤은 실제로 목격되는 정치적·사회적 혼란 — 혹은 '사회의 생성' — 을 혐오하며 영구불변의 본질을 추구했다. 그가 이상으로 삼는 전체주의적 국가란 자기충족적인 도시사회로, 우연성에 의한 변화(대재앙과 같은catastrophic 자연과정의 침입)를 받아들이지 않는다. 그 토대가 된 것은 '이상적 도시형태=이상적 통치형태'로서 도시와 사회의 합일이다. 이 '이상적인 모델'은 '삶을 부정하든 긍정하든 그것을 구속하려는 성질을 가진다. 그렇다면 인간사회에 있어서 그 이상을 획득해 버리는 것만큼 치명적인 것은 없다.'[28] 다시 말해, 멈퍼드는 플라톤주의를 프로토파시즘[29]으로서 읽고 있는 셈이다.

症』上·下, 宇野邦一訳, 東京·河出書房新社, 2006年 [질 들뢰즈·펠릭스 가타리, 『앙띠 오이디푸스』, 최명관 옮김, 민음사, 1994].

28. Lewis Mumford, "Utopia, the city and the machine," p. 7.

29. [옮긴이] protofascism : 후대에 파시즘이라고 불린 정치적 사상이나 활동의 원형적인 성격을 가졌다는 뜻.

멈퍼드는 이에 반대하여 아리스토텔레스의 유토피아적 이상을 평가한다.[30] 아리스토텔레스는 도시와 정치체政治體 간의 조응 가능한 형태를 경험적인 조사에 근거하여 보다 구체적으로 고찰했다. 도시에 대한 그의 사유는 생명체에 대한 사유에서 비롯되었다. 요컨대 아리스토텔레스는 생명체든 도시든 그 도달점에 있는 이상형, 즉 가능성의 실현이야말로 그것의 성장과 변용의 과정을 통제한다고 생각했다. 그에게 있어 정치학은 '가능성의 과학'이며, 도시국가polis는 구축과 생성의 합체, 요컨대 '예술'이다. 멈퍼드에 의하면, 아리스토텔레스는 '이상 그 자체가 정치적 동물인 인간의 자연사에 속해 있다는 감성'[31]으로 유토피아적 사고에 공헌했다. 멈퍼드는 플라톤과 아리스토텔레스로 대표되는 그리스적 사고 안에서 유토피아적 사고에 대한 서로 다른 스펙트럼을 보고 있었다.

하지만 '도시형태와 통치형태'의 합일에 근거하여 격리된 공간을 구축하고 안정된 질서를 획득한다는 안이한 유토피아의 기획이 계승되기에는 더 쉬웠다. '일단 이러한 전통이 확립되면서 토머스 모어Thomas More를 비롯한 후대의 [유토피아] 사상가들은 [이 원리]를 따라 쉽게 사고하기 시작한다. 도시에, 인간적인 스케일을 존중하는 틀 안에서 사회라는 복합체를 투영시킬 수 있는 이점이 있었기 때문이다.'[32] 통상 유토피아적 사고의 출발점으로 간주되는 토머스 모어의 『유토피아』(1516년) — outopia(어디에도 없는 장소)=eutopia(좋은 장소) — 의 주안점은 현실에 존재하는 16세기 유럽사회와 이상사회의

---

30. 멈퍼드는 이 문맥에서 특히 아리스토텔레스의 『정치학』을 참조하고 있다.
31. 같은 책, p. 9.
32. 같은 책, p. 3.

대비였다.[33] 하지만 기본적으로 '왕권제 유토피아'를 추구하는 이 이상상理想像의 목표는 섬이라는 격리된 공간 속에서의 통제된 질서와 조화 이상이 아니었으며, 그 안에 사회의 생성과정에 관한 사고는 없었다. '여기서 인간은 긍정적인 이상과 부정적인 이상 사이의 거리가 유토피아를 주장하는 사람이 생각하는 것처럼 멀지 않다는 것을 불현듯 이해하게 된다.'[34] 이상을 좇는 것은 억압받고 있는 민중만이 아니다. 통치를 목표로 하는 권력 또한 이상을 꿈꾼다.

다양한 도구(동물이 끄는 짐차, 직조기, 도르래, 선반, 수차, 풍차 등)가 발생함에 따라, '거대기계'는 다종다양한 기계로 분해되고 원형도시에 집적된 거대한 부富를 분산시키며 다양한 도시를 형성해 왔다. 탈코드화가 일어난 것이다. 그럼에도 불구하고 원형기계인 군대는 사라지지 않았으며, 위로부터의 완전통제/아래로부터의 절대복종은 유토피아의 음화적陰畵的 형태로서 여전히 남아 있다. 근대국가와 공장은 군대기계와 노동자기계를 단호하게 유지했다. 들뢰즈·가타리가 강조하듯이 '기계'는 은유가 아니다. 그것은 욕망의 작동으로서 인간의 사회적 현실을 물질적으로 형성하고 있다. 하지만 이와 동시에 민중의 자유의지와 자발적인 연합으로 (지금까지 원형도시의 구축에 집중되었던) 자연 조건과 관습적 실천을 변혁하려는, 그러한 디자인과 힘을 획득하려는 지향 또한 광범위하게 싹트고 있었다. 말하자면 세계 각지에 늘 존재해 온 민중적 실천의 경험에 근거하여 평등한 사회를 구축하기 위한 방법을 개발하려는 시도가 확대되었다.

---

33. Thomas More, *Utopia*, edited by Geroge M. Logan and Robert M. Adams, Cambridge University Press, 1975.
34. Lewis Mumford, "Utopia, the city and the machine," p. 9.

샤를르 푸리에Charles Fourier나 윌리엄 모리스William Morris 등이 시도했
던, 이른바 '유토피아주의'에서 '혁명운동'으로의 전개이다.

공간 디자인을 통한 '이상사회' 구축의 시도는, 도시계획과 건축의
영역에서 점점 더 활발해졌다. 만프레도 타푸리Manfredo Tafuri는 『건축
과 유토피아』Architecture and Utopia(1973년)에서, 계몽주의 시대부터 근
대까지 '프로젝트'로서의 건축 유토피아주의가 밟아온 험난한 여정을
추적한다.35 이 문제적인 과정에서 건축은 도시로부터 분리되고, 그
유토피아적 지향은 사회적 문맥을 상실한 채 오로지 '형태' 속으로 도
피했다. 이와 동시에 도시의 전체성과 재회하고자 하는 노력 속에서,
건축의 유토피아적 지향은 자본주의 이데올로기와 동화되어 갔다.

18세기 후반부터 19세기 초반에 걸친 계몽주의 시대의 도시에 대
한 담론 속에서 우리는 '이상주의자로서의 건축가'의 역할을 엿볼 수
있다. 하지만 그러한 현상은 어디까지나 전체성이나 보편성이라는
관념의 위기를 가리키는 것이었다. 피라네시36의 도시상이 보여 주
듯 원형적 질서는 이미 거기에 없으며 각각의 건축들은 '이성이 자신
의 불합리를 드러내'듯이 반란을 일으키고 있었다.

독립전쟁 후의 미국에서는 두 개의 대조적인 도시계획이, 유럽에
는 존재하지 않았던 방식으로 도시공간을 분절화하고자 했다. 우리
가 음미하게 될 뉴욕적인 도시공간이 형성되는 데 그 기초를 만든 것

---

35. Manfredo Tafuri, *Architecture and Utopia*, translated by Barbara Luigia La
    Penta, Cambridge, London : The MIT Press, 1976. 원전은 *Progetto e Utopia*, Bari :
    Guis. Latezza & Figli, 1973 [만프레도 타푸리, 『건축과 유토피아』, 신석균 외 옮김, 태
    림문화사, 1991년].
36. [옮긴이] Giovanni Piranesi (1720 ~ 1778) : 18세기 이탈리아의 건축가, 판화가. 동
    판화로 표현한 고대 로마의 유적이 유명하다.

은 미국적인 금융자본과 산업자본의 발전을 최우선으로 생각했던 정치가 알렉산더 해밀턴Alexander Hamilton, 1755~1804의 실리주의였다. 이에 비해 수도 워싱턴 D. C. 계획의 기초를 만들었던 토머스 제퍼슨Thomas Jefferson, 1743~1826은 이 새로운 국가에 걸맞은 도시형태 추구에 있어서 계몽주의 이후의 유럽 사조를 그 모범으로 하였다. 그는 방약무인한 자본주의의 개입에 의한 새로운 전제정치를 경계하여 유동하는 가치와 부동의 원리 사이에서 조화를 추구했는데, 그것은 '오염되지 않은 이성'의 이상을 표현하는 고전주의와 복고주의적 전원 스타일의 절충이라는 결과로 나타났다. 민주주의를 목표로 하고 있는 국가의 수도가 유럽적인 절대주의 혹은 전제주의를 모델로 삼으면서 어딘가 모르게 기묘한 절충적 도시풍경이 출현한 것이다. 이는 유럽을 모델로 하여 거친 모양새의 미국 도시를 단장하겠다는 '도시미화운동'City Beautiful Movement으로 이어졌다.

사회적 생성의 문맥에서 볼 때 19세기 여러 선진산업국가들의 중대한 전환점은 역시 노동자계급에 의한 혁명운동의 발흥이다. 이런 관점에서 맑스와 엥겔스는 격리된 공동체에서 이상사회를 구축하고자 하는 '공상적 사회주의'의 유토피아 지향을 비판했는데, 특히 맑스는 혁명적 운동이 목표로 삼아야 하는 구체적인 사회의 모습을 명시하는 대신 세계변혁운동을 위한 자본주의 분석으로 초점을 이동시켰다. 하지만 그는 명시적이든 그렇지 않든 이상사회를 구현하고자 하는 '희망=신념'의 불꽃을 깊은 내면에 간직하고 있었다. 구체적인 사회의 모습을 내세우지 않은 이러한 맑스의 무언無言을 우리는 '구축적 유토피아'에 대응하는 '운동체적 유토피아'의 출현으로 간주할 수 있을 것이다.

당시는 사회 모순이 도시공간을 통해 집중적으로 표현된 시대이기도 했다. 근대산업, 자본주의적 생산과 소외, 노동력의 도시집중, 게토, 비위생, 질병, 공해, 범죄 등. 윌리엄 모리스의 유토피아 사상은 이와 같은 현대사회문제에 대한 진지한 비판으로 나타났다. 맑스의 영향과 실천적인 건축·예술운동 속에서 그는 '사회주의', '자연과의 조화', '소외되지 않은 노동'이라는 세 가지 원리를 스스로의 '유토피아'에 담으려 했다. 다시 말해, 그에게 있어서 사회주의 혁명이란 풍경과 사회관계 쌍방의 변용을 동반하는 것이어야 했다. 윌리엄 모리스가 '격리된 공간의 몽상가들'과 다른 점은, 그가 『에코토피아 뉴스』 *Notes from Nowhere*(1890년)에서 자신이 그리고 있는 사회상이 문자 그대로 실현되어야만 하는 것이 아님을 강조할 때 분명히 드러난다.[37]

사회주의운동과 현대적인 도시계획의 절충안으로, 도시로부터 벗어나 전원에 격리된 도시=이상사회를 만들고자 하는 시도 또한 계승되었다. 이는 결국 전원지구 개발로 이어졌는데, 영국에서 에버네저 하워드Ebenezer Howard, 1850~1928가 벌인 '가든 시티운동'이 그 전형이다. 그의 기획은 당시 누구나 공감하고 있었던 근대산업도시에 대한 혐오로부터 출발한 것으로서, 이성이나 근대에 대한 신뢰를 기반으로 하는 '회복적 유토피아'를 지향했다. 거기에는 테크놀로지와 전원생활의 조화, '도시와 시골의 결혼'이라는 측면과 계층적이지 않은 지대zoning구현이라는 측면이 병존하고 있었다. 초기에 협동조합운영의 새로운 공동체를 목표로 했던 그의 기획은, 후기로 갈수록 점차

37. William Morris, "News from Nowhere," included in *Three Works by William Morris*, New York : International Publishers, 1968. [윌리엄 모리스, 『에코토피아 뉴스』, 박홍규 옮김, 필맥, 2004].

교외전원지구의 시초가 될 법한 주택지대 개발로 전향해 갔다.

하워드는 윌리엄 모리스가 격렬히 비판했던 에드워드 벨러미의 공상소설 『뒤를 돌아보면서』*Looking Backward* (1888년)의 영향을 받았다.[38] 이 소설에는 집중적인 관리와 계획 하에 정부가 모든 산업을 통괄, 관리, 운영하는 사회주의 사회가 등장하는데, 여기서 사람들은 산업병사, 즉 도시라고 하는 대기계의 부품으로만 존재한다. 하워드가 주장하는 도시=사회계획에서 간과할 수 없는 측면은 그가 모델로서 제시한 생체조직과 그것에 선행하는 사상이 결국에는 우생학적 요소를 내포할 뿐 아니라 특정 사회그룹을 배제하려 한다는 점이다. 이러한 사상의 실천이 바로 교외 주택계획의 기초가 되었다. 하워드는 도시계획과 사회변혁의 '친화'와 '괴리'를 스스로 체현해 버린 셈이다.

중앙 유럽과 북미에서는 1920년대부터 1930년대에 걸쳐 노동자를 위한 집합주택계획settlements이 활발히 진행되었다. 가령, 뉴욕 브롱크스에는 노동조합의 주도하에 연합주택Amalgamated Houses을 비롯한 몇몇 (유대계를 중심으로 하는) 협동조합경영의 거대한 거주시설이 세워졌다.[39] 그러한 시설에는 거주뿐만 아니라 아동 양육, 교육 및 문화를 위한 시설들이 설치되어 자율적인 노동자 문화를 양성하고자

---

38. Edward Bellamy, *Looking Backward*, included in *Journey through Utopia*, edited by Marie Louise Berneri, London : Freedom Press, 1950. 원전은 Edward Bellamy, *Looking Backward-If Socialism Comes, 2000~1887*, Boston, 1888 [에드워드 벨러미, 『뒤를 돌아보면서 2000~1887』, 손세호 옮김, 지만지고전천줄, 2008].

39. Amalgamated Houses, Farband Houses, Sholem Aleichem Cooperative, United Workers Cooperative Colony(Allerton Coops) 등이 있다. *Story of a Co-op Community — The First 75years*, published by the Herman Liebman Memorial Fund, 2002 참조.

했다. 창설 당시인 20년대 초에는 공산주의자와 아나키스트 등 급진적인 세력이 다수 참가했으며, 공황시대에는 그러한 시설들을 거점으로 조합의 조직화, 임차인의 권리주장, 인종차별반대, 반파시즘전선을 위한 자금모금 등 왕성한 활동이 벌어지기도 했다. 이는 노동자계급의 조직에 의한 대안적인 도시 발전의 가능성을 보여 주었다. 하지만 많은 구성원들이 뉴딜정책에 참가하거나 2차 세계대전에 참전하면서 점차 고유의 급진성이 사라졌다.

뉴욕을 포함하는 현대의 도시개발계획에 압도적인 영향력을 과시한 '몽상적 도시계획가'는 역시 르 코르뷔지에Le Corbusier, 1887~1965였다. 20세기 대도시의 무질서를 공격한 이 유능한 건축가는 의학적인 언어로 '파리는 병들어 있다'고 한탄하면서, 건축과 도시계획으로 요컨대 '도시의 외과수술'을 감행함으로써 사회위기를 해결하겠다고 선언했다. 그는 '건축인가? 아니면 혁명인가?'라는 선택지에서 건축이 잘 행해지면 '혁명은 피할 수 있다'[40]고 믿었다. 그는 도시문제는 도시가 기계시대 산업의 필요성에 호응하지 못해서 발생하는 것이라고 보았기 때문에, '청소, 정돈, 순화'를 도시 문제 해결의 방법적인 원칙으로 삼았다. 그는 다른 전위건축가들이 도모하던 건축-블록-도시로 이어지는 연속성을 잘라내고, 도시의 고유영역을 개발했다고 일컬어진다. 요컨대 도시를 단일한 이미지로 파악하려 한 것이다. 건축적 생산의 순환을 재편하고 '인류지리학적 풍경'anthropogeographic landscape

---

40. Le Corbusier, *Towards a New Architecture*, translated by Frederick Etchells, London : Architectural Press, 1946, p. 289. 원전은 *Vers une architecture*, Paris : Editions Vincent, Fréal et Cie, 1923 [르 코르뷔지에, 『건축을 향하여』, 이관석 옮김, 동녘, 2007].

을 구축하고자 한 그의 기획에 의해 해안선은 거대한 레디메이드[41]
로서 디자인되었다. 조감도에 대한 집착, 회화=평면적 감성으로 모
든 것을 형식화하려는 그의 사고습관과 관계된 이러한 풍경은 벤담
Bentham의 파놉티시즘Panopticism [42] 혹은 '스펙터클화'의 극한을 보여
준다. 뉴욕의 도시이론가 마샬 버만에 의하면 도시적 경험의 문맥에
서 이러한 변화는 '보행자'의 도시에서 '자동차 운전자'의 도시로 패러
다임이 바뀌는 일종의 지각변환이었다.[43]

　유럽의 건축가 르 코르뷔지에에게 있어 뉴욕 체험은 특별한 것이
었다. 마천루가 나란히 서 있는 맨하튼을 처음 보고 '아름다운 파국'
이라고 표현했듯이, 그는 뉴욕에 사랑과 혐오의 양가적인 감정을 가
지고 있었다.[44] 렘 콜하스Rem Koolhaas는 『광기의 뉴욕』Delirious New
York에서 르 코르뷔지에가 '기계문명의 요구에 답해 그 잠재적인 아
름다움에 걸맞은 새로운 도시를 발명하고 건설'하고자 했을 때에, 그
의 불행은 이미 그런 도시가 실재하고 있었다는 것이다. 그것이 맨하

---

41. [옮긴이] readymade는 '기성품'이라는 뜻. 1913년에 마르셀 뒤샹이 임의로 선택한 대
　량생산 제품을 예술작품으로 전시하면서 '레디메이드'라는 단어가 예술적 측면에서 깊
　고 다양한 철학적 의미를 갖게 되었다.
42. [옮긴이] 파놉티콘(Panopticon) : '모두'를 뜻하는 pan과 '본다'라는 뜻의 opticon 합
　성어. 원형으로 된 감옥으로, 중앙에 위치하는 감시탑에서 그것을 둘러싼 독방들에 수
　감된 죄수들을 효율적으로 감시할 수 있도록 공리주의 사상가 제러미 벤담이 구상했
　다. 철학자 미셸 푸코는 『감시와 처벌』에서 파놉티시즘이라는 말을 쓰면서 이러한 감
　시로 이루어지는 권력의 양상이 학교, 군대, 병원, 공장 등을 비롯하여 근대 사회를 관
　통하고 있다고 주장했다.
43. Marshall Berman, *All That is Solid Melts Into Air*, New York : Penguin Books,
　1982년, 3부 5장을 참조 [마샬 버만, 『현대성의 경험』, 윤호병 외 옮김, 현대미학사,
　2004].
44. 이와사부로 코소, 『뉴욕열전』, 김향수 옮김, 갈무리, 2010의 「서문」 참조.

튼이었다[45]고 말한다(뉴욕에서 르 코르뷔지에를 대신해 '모더니스트 건축가의 유토피아'를 극한까지 밀어붙인 것은 다름 아닌 로버트 모제스였다).

타푸리에 의하면 '근·현대 건축'의 변천 과정이 보여 주는 것은 바로 자본주의에 의한 유토피아 기획의 '포섭'subsumption이다. 계획 이데올로기로서의 건축에서 계획이 그 유토피아적인 차원을 넘어서서 조작 메커니즘이 될 때, 건축은 '현실화된 계획' — 우리의 언어로는 '기계들' — 에 편입된다. 현대의 건축비평 또한 디자인에 얽힌 위기의 진정한 원인을 분석하지 않은 채 디자인의 세부적인 문제에 주의를 집중하기 시작한다. '그리하여 도시는 이제 상부구조로 인식되고, 예술은 그 상부구조의 외관을 마련하기 위해 요청된다.'[46]

지금까지 조감해 온 다양한 '유토피아 기획'을 간명히 분류하는 데 데이비드 하비David Harvey의 '공간형식의 유토피아'와 '사회적 과정의 유토피아'라는 구별이 유효하다.[47] '공간형식의 유토피아'는 사회적인 과정을 어딘가에서 무시하고, 사회적 변화의 역동성을 배제한 채 '공간조작=스펙터클'로 향하는 경향이다(모어나 벨러미 등의 공상사회로부터 클로드 니콜라 르두Claude-Nicolas Ledoux, 하워드, 르 코르뷔지에 등 대부분의 건축적 기획이 이 방향으로 향했다). 이러한

45. レム・コールハース, 『錯乱のニューヨーク』, 鈴木圭介訳, 東京・ちくま学芸文庫, 1999年, p. 412. [렘 콜하스, 『광기의 뉴욕』, 김원갑 옮김, 세진사, 2001].

46. Manfredo Tafuri, *Architecture and Utopia*, p. 137 [만프레도 타푸리, 『건축과 유토피아』].

47. David Harvey, *Spaces of Hope*, Berkeley, Los Angeles : University of California Press, 2000, 8장 참조 [데이비드 하비, 『희망의 공간 : 세계화, 신체, 유토피아』, 최병두·이상율·박규택 옮김, 한울, 2009].

경향의 철학적 원형은 바로 플라톤이다. 그에 반해 '사회적 과정의 유토피아'는 (원래 스펙터클을 형성하고 있는) 인간관계가 형성되는 영역에서 그것을 변혁하려는 정열=몽상이다. 일반적으로 '공간형식의 유토피아'는 권력의 유토피아에 점유되기 쉽다. 반면 혁명운동은 궁극적으로 '사회적 과정의 유토피아'이기 때문에 가시화되거나 담론화되기가 어렵다. 무엇보다 '사회적 과정의 유토피아'는 상품처럼 생산하거나 건축처럼 계획할 수 없다. 사빠띠스따가 말하듯이 '걸으면서 묻는 것' 이외엔 없다. 이것이 맑스가 침묵하고 모리스가 유보하는 이유이다.

이미 밝혔지만, 역사적으로 볼 때 '공간형식의 유토피아'는 유토피아적 사고가 전제군주기계에 의해 실현된 구축물의 추억·시각표상에 근거하여 형식론적으로 사고되어 왔다는 사실과 관련된다. 그 '시각성'은 '기하학적 정합성'으로서 (플라톤을 필두로 하는) 초기의 유토피아 기획에 분명히 나타나 있다. 이상적인 기하학 형태와 이상적인 도시의 조응, 완벽한 질서와 감시체제의 조응, 혹은 수적 균등과 평등주의의 조응 등. 이에 반해 사회적 과정의 영역은 가시적 표상으로부터 빠져나가 버리기 때문에 현대도시에 존재하지 않는 것처럼 느껴진다. 그것은 (건축의 가시성과 촉지성觸知性)에 대한 거리의 비가시성과 비촉지성에 대응하고 있다. 이미 알겠지만 이 책의 기획은 후자를 도시의 본체로 간주한다. 그러나 단순하게 가시적으로 존재할 수 없는 사회적 과정을 파악하기 위해서는 상상적 영역에 기대지 않을 수 없다. 그것은 철학적이고 비판적이며 최종적으로는 운동으로서만 접근할 수 있는 영역이다.[48]

물론, 권력의 몽상은 '사회적 과정'의 영역에도 그 손을 뻗는다.

또한 그 몽상은 이념의 구축/철학적 기획으로 나타난다. 그것은 '공간형식'을 시각적인 정합성으로 포획하는 것과 마찬가지로 시간적 과정을 선線적 운동으로 간주하고 사회적 과정을 예정조화적인 것으로 합목적화하려 한다. 이는 권력의 욕망기계로서는 불가피할 것이다. 하비에 의하면 권력의 몽상은 시장을 통제하는 아담 스미스의 '보이지 않는 신의 손'이며 헤겔의 '세계정신', '역사의 목적론', '변증법적 통일'로 표현된다. 현대 신자유주의 이데올로기에 의해 '역사의 종언론'으로 회귀한 그것은, 무엇보다도 사회적 과정의 통제 불가능한 비균질성과 생성적 요소를 지우고, 자본주의적 생산(과 그 순환) 자체를 '사회적 과정'과 동일화하며, 그것을 공간의 생산에 폭력적으로 적용한다. 현대의 개발 붐 속에 있는 도시공간과 연관해서 생각해 볼 때 이는 계속되는 건설행위(구축 과정)를 통해 사회적 과정을 통제하려는 것으로 드러난다. 건축은 계속해서 재건되는 거대도시(=자본)기계의 부분일 수밖에 없다. 이것이야말로 무한정 개발로서의 '젠트리피케이션'gentrification이다.

9·11 이후 뉴욕에서는, 이미 진행하고 있던 젠트리피케이션에 철저한 보안이 추가되어, 도시공간은 더욱 심하게 추상화되고 균질화되었으며, 거리는 점점 더 관리 및 통제되고 있다. 개발에 주도적으로 사용되는 건축 디자인은 컴퓨터 그래픽을 사용해서 갈수록 더 많은 형태변용morph을 구사하며 스펙터클을 연마하고 있다. 하지만 건축 디자인이 세련되어질수록 (그 유체적流體的 형태가 '표상하는' 장소

---

48. 가라타니 고진은 '구축'과 '사회적 생성'에 관해 뛰어난 원리적 사고를 제출했다. Kojin Karatani, *Architecture as Metaphor*, translated by Sabu Kohso, Cambridge : The MIT Press, 1995 [가라타니 고진, 『은유로서의 건축』, 김재희 옮김, 한나래, 1998].

와는 상반되게) 공간 사용 속에서 '생성'적인 요소는 동결된다.

그럼에도 불구하고 우리는 이 도시에서 몽상하는 것을, 묻는 것을 멈추지 않는다. 그것은 사는 것을 멈추지 않는다는 것과 같다. 민중의 유토피아 기획은 어떻게 되었는가? 이 책, 『유체도시를 구축하라!』는 이러한 유토피아적 물음을 바탕으로, 1부에서는 '도시/건축', 2부에서는 '예술', 3부에서는 '집합신체/공동체의 형성' 등 세 가지 주제를 음미하려고 한다. 1부 '도시와 건축의 불화'는 구축으로서의 도시계획과 사회적 사건으로서의 도시의 생성 간의 관계를 고찰한다. 2부 '예술도시'는 도시공간과 예술의 복합적인 관계를 주제로 한다. 3부 '신체/공동체/역사'는 세계민중의 도시적 공동체 형성의 역사이다. 에필로그 '뉴욕에서 천의 아메리카로'는 뉴욕이야기의 결말로서 이 세계도시가 갖고 있는 외부와의 관계성에 빛을 밝힐 것이다.

『유체도시를 구축하라!』의 독자 중에는 『뉴욕열전』을 읽은 분도 읽지 않은 분도 있으리라 생각한다. 두 책의 관계에 대해서 한마디 하자. 앞의 책과 이 책 사이에는 어떠한 전후 혹은 상하 관계도 없다. 다만 주목하는 현상의 초점이 다를 뿐이다. 앞의 책에서 자세히 분석한 것을 본서에서는 간단히 설명한다. 반대로 본서에서 상세히 설명하는 것이 앞의 책에서는 일반적으로 처리되었다. 요컨대 두 책은 서로 마주보는 두 면의 거울처럼 서로 비춰 보며 참조하는 관계를 맺는다. 하지만 둘 중 하나만 읽어도 문제는 전혀 없다.

1부 도시와 건축의 불화

1장

메트로폴리스의 구성요소

존스 비치(Jones Beach)는 땅, 태양, 바다, 하늘과 같은 자연의 근본적인 형태를 수려한 경관으로 제공한다. 그러나 여기서 자연은 문화가 창조할 수 있는 추상적인 수평선의 순수함과 빛나는 명료함을 통해서만 드러난다.
— 마샬 버만[1]

가령 자동차를 타고 뉴욕 북부에서 국도 87호선을 따라 남쪽으로 내려가, 허드슨강 서안의 조지 워싱턴교를 건너 맨하튼으로 들어간다고 생각해 보자. 로버트 모제스 덕분에 가능해진 이 드라이브에서 우리의 시선은 맨하튼을 중심으로 한 뉴욕의 풍경을 대략 다섯 가지 기본적인 시각적 요소로 환원할 것이다. 허드슨강과 자동차 도로, 그

---

1. Marshall Berman, *All That Is Solid Melts Into Air*, p. 296 [마샬 버만, 『현대성의 경험』].

리드grid 2, 마천루skyscraper, 그리고 센트럴파크이다. 이러한 요소들은 자연과 인구를 모조리 휩쓸어 도시 전체를 점점 더 앙리 르페브르가 말하는 '추상공간'으로 조형하고 있다.3 허드슨강은 확실히 이 지형 전체를 통괄하는 단독성, 다시 말해 '절대공간'을 형성한다. 하지만 고속도로와 조지 워싱턴교는 허드슨강을 재문맥화하여 추상적인 구성의 한 요소로 만들어 버린다. 모더니스트 미학의 위력에 의해 구동된 자연과 기술력 그리고 사회적 힘의 상승相乘적인 생성이다.

이 다섯 가지 요소가 뉴욕의 모든 '건축' 혹은 '구축'의 기반을 이루고 있다. 요컨대 이 도시에서 '공공적인 것'의 모든 영역은 도시적 하부구조infrastructure의 정치적인 귀결로 형성되었다. 이 요소들을 '계획하고 구축'하는 문제는 뉴욕 공공공간의 문제와 포개어져 있다. 이 도시의 '공공권'公共圈은 위태로운 존망의 역사를 가지고 있는데, 이는 이러한 요소들의 기본적인 구조를 구축/관리하는 제도 자체가 지닌 공사公私관계의 애매함에 기인한다.

이 다섯 가지 요소에 대해 말하기 전에 반드시, 몇 번이고 거듭 확인해야 할 것이 있다. 그것은 뉴욕(아메리카)에 대해 고찰할 때 결코 망각해서는 안 되는 것, 즉 네덜란드(서양)인에 의한 식민 이전 과거의 말소에 대한 것이다. 1524년, 처음으로 허드슨강을 따라 뉴욕으로

---

2. [옮긴이] 격자무늬, 즉 바둑판 모양으로 균등하게 블록이 나뉜 거리를 말한다. 번역에서는 문맥에 따라 바둑판 모양의 블록과 그리드라는 용어를 병행해서 사용하기로 하였다.

3. Henri Lefebvre, *The Production of Space*, translated by Donald Nicholson-Smith, Oxford : Basil Blackwell, 1991. 특히 p. 48~49 그리고 p. 285~292 참조. 불어 원서는 *Editions Anthropos*, 1974. [앙리 르페브르, 『공간의 생산』, 양영란 옮김, 에코리브르, 2011].

들어 온 항해사 죠반니 다 베라짜노Giovanni da Verrazzano는 맨하튼을 관찰하고, 여기가 '인구가 많은' 장소임을 확인했다. **이것은 유명한 이야기이다.** 맨하튼에는 확실히 독자적인 문명이 번성하고 있었다. 그러나 이후 식민 사회 내부의 사관에 의해 그 사실이 말소되었다. '우리 선조pilgrim는 야생의 대지에 강림하사'라는 식의 역사를 쓰려 한 것이다. 2005년에 출판된 과학 저널리스트 찰스 C. 맨의 『1491』[4]은 이러한 신화를 붕괴시키는 계기를 제공하는 흥미로운 책이다. 맨은 과거 30년간 고고학자들과 인류학자들이 발견한 것을 토대로 서양의 식민주의적 개입 이전의 남북 아메리카 대륙에 관한 통설을 뒤집고자 했다. 그의 논지는 다음과 같다.

미 대륙에는 유럽보다 인구가 많았다. 특히 아즈텍의 수도 테노치티틀란Tenochtitlan 등 몇몇 도시는 대도시라 부를 수 있을 법한 규모였다. 그곳에는 치수治水 같은 뛰어난 문명의 산물이 존재하고 있었으며, 식용으로 개발된 옥수수는 인류 최초의 '유전공학'이라 부를 수 있을 정도로 품질이 개량된 종이었다. 인적 없는 땅이라고 여겨졌던 아마존 열대우림 각지에서도 많은 부족들이 자연과 공존하며 작물을 키우고 있었다. 야생의 삼림으로만 보이는 장소에 더없이 세련된 인공의 손길이 스며들어 있었다는 것이다. 강의 흐름이나 언덕, 석호潟湖와 사주沙洲 등, 무수한 남미의 자연적 풍경들이 사실 인공적으로 조성된 것이었다. 이 책에서 다루고 있는 내용들은 말하자면 '환경사'environmental history의 영역이지만, 가슴이 두근거릴 만큼 놀라운 사실들을 근거로 들며 자연과 문명의 관계에 대한 우리의 사고를 바꾸

---

4. Charles C. Mann, *1491*, New York : Alfred A. Knopf, 2005.

도록 다그친다.

현대도시를 고찰할 때조차 우리는 더 이상 자연과 문명이라는 이분법적 사고를 취하지 않는다. 가령 도시론자 매튜 간디의 '도시적 자연' 개념은, 생물/물리학적인 물질로서의 자연과 상징적인 힘을 갖는 문화적 표상으로서의 자연 사이의 상호 구성적 관계를 밝혀내려 한다.5 다나 해러웨이Donna Haraway의 유명한 은유 '사이보그'를 통해, 우리의 관점은 도시공간을 형성하는 사회적 과정과 생물/물리학적인 과정의 상호관계로 나아간다. 여기서 중요한 것은 이러한 개념들이 기술적 이성의 요청과 사회적 통제의 경계가 애매해지는 위험한 영역을 가리키고 있다는 점이다. 그것은 프롤로그에서 문제로 삼은 루이스 멈퍼드, 혹은 들뢰즈·가타리가 말하는 '기계'의 영역이기도 하다. 이러한 문제의식을 지니고 뉴욕의 물질적 구성요소에 대해 조감한 후, 다음 장에서 '공공공간'의 문제로 나아가고자 한다.

허드슨강은 거대한 유적처럼 양쪽으로 우뚝 솟은 계곡 사이를 넘실거리며 흐르는 아름다운 강이다. 캐나다 방면, 뉴욕주 북부의 캣츠킬 산지에서 흘러내려 오는 물이 유유한 흐름을 만들어 내는데, 이 흐름이 하나의 '유역'basin이 되어 이 지역의 대동맥을 이루고 있다. 이 강은 오랜 동안 뉴욕시의 생명의 근원이었으며 지금도 그 사실에는 변함이 없다. 하지만 허드슨 강은 물리적인 기능에서는 물론 상징적인 의미에서도 큰 변화를 겪어 왔다. 그 변화가 뉴욕시의 역사와 포개어진다.

---

5. Matthew Gandy, *Concrete and Clay — Reworking Nature in New York City*, Cambridge, London : The MIT Press, 2002, p. 7.

이 땅에 살아온 알곤킨Algonquin어족계 마히칸Mahican족의 언어로 이 강은 '양방향으로 흐르는 강'Muh-he-kun-ne-tuk이라 불린다. 강 하구에서는 조수 간만의 차에 따라 물 흐름이 변하기 때문이다. 또한 빙하의 마멸에 의해 형성된 하안이며, 지리상으로는 피오르드fjord로 간주되는 이곳은 예부터 알곤킨계 부족들의 중요한 통상로였다. 서양인들이 거주하기 시작한 후부터는 보다 집중적으로 운반에 이용되었다. 계절에 따라 수량이 급격하게 변하기 때문에, 때에 따라서는 바다에서 들어 온 원양항해용 대선박이 상류인 트로이Troy시 부근(284킬로미터 상류)까지 항해할 수도 있었다. 북방 산악지대에서 구한 모피를 맨하튼 남단의 식민지까지 운반하고, 대서양에서 잡은 고래를 허드슨시까지 그대로 끌고 와서 해체했다. 독립전쟁 시기에는 이 강

을 제압하는 것이 독립군 측의 생명선이 되었기 때문에 허드슨강은 가장 주요한 전장이 되었고 전체 전투의 3분의 1이 이 강가에서 벌어졌다고 한다. 19세기 초반에는 증기선이 운행을 개시하였고 양쪽 강가를 따라 철도가 개통되었다. 19세기 중반에서 후반에 걸친 기간에는 미국적인 풍경화로 유명한 유파 중 하나인 '허드슨리버스쿨'이 활약했다. 토머스 콜Thomas Cole이나 프레드릭 처치Frederic Church 같은 화가가 팰리세이드Palisades 혹은 허드슨 고지 부근의 풍경을 이상화된 자연으로 로맨틱하게 그려냈다. 이들이 만들어 낸 표상으로서의 무구한 자연(=아메리카)이라는 신화는 맨하튼뿐 아니라 유럽으로까지 수출되었다.

그러나 현재 이 강이라는 요소는 자동차 도로, 다리, 마천루 등의 근대적 구축물들에 의해 재문맥화되어 추상화된 풍경의 한 단위로 환원되어 버렸다. 게다가 물 공급이라는 기능을 수행하는 **반쯤 가려진 또 하나의 요소인 상수시설이** 그것의 분신처럼 추가되었다. 바로 19세기 전반부터 시의 모든 생활과 사회영역에 혁명적인 변화를 일으킨 '크로튼 수도'가 그것이다.

18세기 후반부터 19세기 초반, 이민자들의 급격한 유입으로 인한 인구과다로, 뉴욕은 사회적으로나 경제적으로나 붕괴 직전의 상태였다. 열악한 급수설비 때문에 황열이나 콜레라 같은 질병이 창궐하였지만, 세균학에 대한 연구가 이루어지기 이전인 그 당시에 급수와 역병의 인과관계는 알려져 있지 않았다. 깨끗한 물을 사용하는 것이 위생상 필수사항으로 여겨지는 것이 아니라 **세련된 문화**로만 취급되던 당시의 상황이 바뀐 것은, 인체 순환 시스템이 발견되고 그 원리가 도시 시스템에 적용되면서부터이다. 생태계로서의 도시라는 사상이 발생한 것이다.6 이는 충실한 급수 및 하수 시스템의 설치를 촉구했다.

크로튼 수도는 1842년에 완성되었다. 자연을 대규모로 개조함으로써 캐츠킬 산지에서 뉴욕시로 물을 끌어오는 인공적인 수도시설을 만들어 낸 것이다. 뉴욕주 북부의 크로튼댐에서 할렘강에 걸친 하이브리지를 경유해, 현재는 센트럴파크의 잔디밭이 되었지만 그 당시 79번가에서 86번가 지역에 있었던 저수지로 물을 보낸 다음, 다시 그곳에서 현재 공공도서관 본관이 있는 42번가 주변의 공급용 '크로튼 집수지'까지 물을 보내는 시스템이었다. 집합주택tenement에 거주하는 하층민은 이 수도시설의 혜택에서 제외되었지만, 중류층 이상의 시민들은 크게 환영했다. '미국 독립'에 버금가는 대규모 퍼레이드까지 개최되었을 정도이다.

하지만 이 급수시스템은 정비가 잘 이루어지지 않은 허술한 하수 시스템에 압력을 가하기 시작했다. 부유한 가정들은 풍부한 급수를 이용해서 수세식 화장실을 설치했지만, 거기서 나온 구정물은 그대로 빗물 수로로 흘러나갔고, 흘러넘친 하수가 민중의 공중위생을 악화시키는 지경에 이르렀다. 1849년, 크로튼 수도국은 결국 하수시스템 개량에 착수했고 이후 이 사업은 메트로폴리탄 보건위원회에 의해 이어졌다. 그 후로도 거의 항상적으로 급수설비 확장을 위한 공사가 계속되고 있다. 특히 뉴딜시대에는 앞서 말한 캐츠킬 시스템에 덧붙여, 델라웨어강 쪽에 별도의 대규모 시스템이 정부의 융자를 받아

---

6. Richard Sennett, *Flesh and Stone*, New York, London : W. W. Norton & Company, 1944, 8장을 참조 [리처드 세넷, 『살과 돌』, 임동근 외 옮김, 문화과학사, 1999].

건설되기 시작했다.

근대적인 급수시설의 구축은 자연을 도시의 관점에서 재정의하고, 도시의 사회적·경제적 구조를 재정립하는 대사건이었다. 이는 물질적인 차원에서 '시가지'urbs와 '시민'civitas을 결합시켜, 보다 물리적인 '동원체제'가 가능한 도시계획의 길을 열었다. 이후 도시주민의 신체는 그들의 생명선을 도시적 시스템에 대폭 의존하는, 본성적으로 '메트로폴리스적인 신체'로 개조된다.

급수 및 치수는 도시의 생명선이 되고, 이것이 망가지면 도시 전체가 붕괴하는 상황이 만들어진다. 매튜 간디에 의하면 도시 안의 물의 흐름을 쫓아감으로써 우리는 근대사회의 복잡하게 얽히고설킨 기능을 밝힐 수 있다. 물의 흐름은 도시 내부의 모든 기능과 모든 공간을 연결한다. '물은 다종다양체이다. 고유한 생물·물리적인 법칙과 속성을 가지고 있는 한편, 인간 사회와의 관계에서는 정치적·문화적·과학적인 요인에 의해 형성된다.'[7] 크로튼 수도는 신체적·물질적인 차원에서 '공공성'을 구축하는 커다란 한 걸음이었다. 공공성은 '인체 + 도시=생명'이라는 사상을 기반으로 했다. 그러나 이러한 공공성에서 제외된 거주구역과 주민이 있었다는 사실을 잊어서는 안 된다. 모제스의 뉴욕 대★개조에서 분명히 드러나듯이, 공공시설이 시민 모두에게 평등한 편의를 제공하도록 배치된 경우는 거의 없다고 해도 과언이 아니다.

단번에 시대를 건너뛰어 살펴보자면, 그 후 1990년대에 크로튼 설비의 수질이 대폭 악화되어 커다란 문제를 일으켰다. 오염염화이

---

7. Matthew Gandy, *Concrete and Clay*, p. 22.

온의 양이 몇 배나 증가한 것이 발견된 것이다. 이는 줄리아니Rudy Giuliani 시정市政에 커다란 두통거리를 안겨 주었다. 하지만 당시에는 이미 세계적으로 도시급수 시스템의 민영화가 진행되고 있었다. 뉴욕시는 당연히 그러한 경향에 동참하여 사기업의 투자에 기댐으로써 이 문제를 넘어가려 했다. 재미있는 점은 시판 생수의 사용이 큰 폭으로 증가한 것도 바로 이맘때쯤부터라는 사실이다. '에비앙' 물통을 손에 들고 걸어가는 것이 거리에 유행하였다. 뉴욕의 메트로폴리스적 신체가 허드슨강에서 온 물 이외에 세계적으로 '상품화된 물'에 기대기 시작한 것이다. 이는 기호로서의 허드슨강이 가지는 의미작용이 모든 '생명의 기원'에서 '운반용 통로'와 '자연 경관'으로 전환되어 가는 경향을 대표적으로 보여준다.

하지만 강은 역시 물질적인 힘이다. 그곳에는 운반이라는 기능과 경관이라는 표상 이상의 존재성이 있다. 보이건 보이지 않건 간에 도시 주민의 신체는 그 영향 아래에 있다. 그런 의미에서 꼭 지적해야만 하는 것이 바로 원자력발전소의 존재이다. 1974년에서 1976년 사이, 뉴욕시에서 어림잡아 56킬로미터 상류의 피크스킬Peekskill근처 동쪽 강가에 인디언 포인트 에너지 센터Indian Point Energy Center가 건설되었다. 1979년 펜실베니아주의 쓰리 마일 아일랜드Three Mile Island 원자력 발전소에서 대사고가 일어난 이후, 반원전 운동을 하는 단체가 이곳을 봉쇄하기 위한 운동을 계속해 왔다. 특히 9·11 이후에는 테러리즘의 가능성을 근거로 원자력발전소 정지운동들이 다시 활성화되고 있다. 그러나 뉴욕시 전체를 내려다보는 강 상류 지점에 원자력발전소가 설치되어 있다는 사실은 의외로 잘 알려져 있지 않다.

센트럴파크는 시의 153개의 블록을 점하는 크기의 영국식 정원

센트럴파크에서 보이는 엘도라도. 의사(疑似) 자연에서 거꾸로 주위의 문명세계를 바라보는 풍경이 '역차경'(逆借景)[8]을 만든다.

이다. 시민이 집합할 수 있는 대광장이 없는 뉴욕에서, 센트럴파크를 '인민광장'에 상당하는 것으로 만들려는 움직임이 있다. 그러나 공원이 위치한 주변의 영향도 있고 해서인지, 내 인상에 센트럴파크는 부유층의 조깅장, 혹은 관광객용의 산책로라는 뉘앙스가 강하다. 개인적으로 대중적인 공원, 혹은 '공공공간'(에 보다 가까운 것)을 뽑으라

---

8. [옮긴이] 借景, appropriative landscape : 멀리 바라보이는 자연의 풍경을 경관 구성 재료의 일부로 이용하는 수법을 일컫는 단어. 여기서 저자는 마천루가 공원경관의 배경으로 구성된 것을 역차경이라 표현하고 있다.

면, 단연코 브룩클린의 프로스펙트 파크Prospect Park를 고르겠다. 아무튼 의미작용으로서의 센트럴파크가 도시적인 문맥에서 **표상하는** 것은 바로 '자연' 그 자체이다. 미술사가 위베르 다미쉬Hubert Damisch는, 센트럴파크는 계속해서 발전하는 그 주변 지구가 자연과 자신과의 거리를 측정하기 위해 만든 '자연의 박제'와 같은 것이라고 말했다.[9]

이 '자연의 박제' 혹은 '만들어진 자연'의 주요한 정치적 기능은, 공원이 존재하기 전에 그곳에 거주했던 사람들의 역사와 함께 공원을 만드는 데 동원된 기술과 노동을 은폐하는 것이다. 레이몬드 윌리엄스Raymond Williams가 영국식 정원의 기원에 대해서 말하였듯이, 그것은 '인클로저'[10]에서 파생된 (전원의 노동자뿐만 아니라 노동도 삭제한) 귀족용 전원풍경이며, 생산에 관련된 사실이 소실된 회화나 시에 가깝다.[11] 요컨대 그것은 농민사회가 양성해 온 '공유지 혹은 공통의 영역'the commons과는 관계가 없다. 그럼에도 불구하고 '공공성'을 주장하려면, 센트럴파크는 그 '에워싸진 전원풍경' 안에, 그것과 역사적으로 대립해 온 '공유지'의 요소를 어떻게든 도입해야만 한다. 이것이야말로 센트럴파크를 둘러싸고 일관되게 벌어진 정치 · 사회적 문제이다.

센트럴파크에 관한 아주 드문 연구서, 『공원과 사람들』의 표현에

9. Hubert Damisch, *Skyline — The Narcissistic City*, translated by John Goodman, Stanford : Stanford University Press, 2001, p. 111.

10. [옮긴이] enclosure : 인클로저 혹은 인클로저 운동(Enclosure)은 목축업의 자본주의화를 위한 경작지 몰수로, 산업혁명 때 영국에서 공용지에 말뚝을 박아 사유화한 것을 뜻한다. 이로 인해 토지에서 쫓겨난 농민들은 도시로 이주해 하층 노동자로 일하게 된다.

11. Raymond Williams, *The Country and the City*, New York : Oxford University Press, 1973, 12장과 13장 참조.

의하면, 센트럴파크의 모순적인 요소는 '사유지로서의 정치적 성질과 열린 공간의 문화적 성질'로 계승되었다.[12] 비록 '시'市의 소유물이라 할지라도 사유지는 '공유지'와는 역시 다르다. 이상적 관념에서 공공은 전통적인 공동체의 '공유지'를 가리키고 있다. 하지만 시의 공공시설에는 그곳을 사용할 권리가 누구에게 어떻게 있는지, 사용자는 그곳에서 어떻게 행동해야 하는지를 결정하는 관리와 통제가 개입되어 있다. 다음 장에서 다루겠지만, '공공'과 '사유'는 소유권에 근거한 '절대적인 구분'으로 간주되고 있음에도 불구하고, 실제로는 구분하기에 애매한 구석이 있다.

센트럴파크가 출현하기 이전에는 시의 '공공공간 사용'에 두 가지 방법이 있었다고 전해진다. 첫 번째는 부유계급이 소유한 광장이나 정원이었다. 이들 계급의 경우 공간의 공공적인 사용을 어느 정도 인정했지만 많은 경우 주저하고 마땅찮아 했다. 두 번째는 주로 시의 노동자계급이 피크닉이나 축제를 즐긴 시 주변의 공터이다. 요컨대 공식적으로 인정된 공공공간은 없었던 것이다. 19세기 중반의 뉴욕은 인구밀집과 공해, 불안정한 질서로 인해 위협받고 있었는데, 크로튼 수도를 설치할 즈음인 1840년대 이후부터 '공공공간'의 필요성에 대한 목소리가 높아지기 시작했다. 그러나 당시에는 '공공공간'에 대한 사고 자체가 엘리트주의에 의해 뒷받침되고 있어서 '공공공간'이란 '무지한 대중에게 문화교육을 실시하는 곳' 또는 '유럽도시와의 경합'을 지향하는 곳을 의미했다.[13] 이런 움직임 속에서 미적인 모델이

---

12. Roy Rosenzweig & Elizabeth Blackmar, *The Park and the People*, Ithaca, London: Cornell University Press, 1992, p. 5.

13. Matthew Gandy, *Concrete and Clay*, 2장 2를 참조.

된 것은 영국식 경관picturesque이었다. 그런 와중 프레드릭 로 옴스테드Frederick Law Olmsted, 1822~1903가 센트럴파크의 조성을 위한 초안을 제출했고 결국 그 안이 실현되었다. 그 정치적 의도는 '공공의 이익'이라는 슬로건을 내세워 불안정한 요소를 포함한 '도시적 생성'을 통제하는 것이었다. 그리고 거기에는 공원 부지 안에 있던 소외된 사람들의 커뮤니티를 몰아낸다는 목적도 숨겨져 있었다. 이는 또한 이 지구의 땅값을 상승시키려는 경제적인 요청과도 연결되어 있었다. 뉴욕시와 개발업자는 앞서 언급한 대로 자연의 아름다움과 도시공간 디자인을 연결하는 세련된 전략을 구사함으로써 땅값 인상을 실현시켰다. 그 일대 한 블록의 상품가치는 천문학적으로 급상승했다. 1847년에 센트럴파크에 접한 5애비뉴와 86번가의 한 블록의 가격은 5백 달러에 불과했는데 1868년에는 무려 2만 달러로 뛰었다. 결과적으로 센트럴파크는 뉴욕시 지배계급의 의도대로 뉴욕시에 '정통의 상징적 질서'를 부여하는 역할을 맡은 '자연'의 표상이 되었다. 여기에는 애초부터 계급성이 깊이 새겨져 있었다.

이 인공적인 전원풍경을 구축하는 과정에서 두 가지 중대한 요소가 은폐된다. 바로 공원이 들어서기 전 그곳에 거주하던 사람들, 그리고 공원을 만드는 데 동원된 노동이다. 그곳에 존재했던 커뮤니티 중 가장 큰 규모를 자랑했던 것은 뉴욕 최초의 아프로 아메리칸 소유 거주구인 세네카 빌리지Seneca Village이다. 당시엔 매우 드물게 존재했던 흑인자산가들과 세 개의 교회가 1825년경부터 농민의 토지를 구입하기 시작해 커뮤니티 구축에 이르렀다. 남북으로는 82에서 88번가, 동서로는 7에서 8애비뉴 사이에 위치했던 이곳에 아일랜드계, 독일계에 아메리카 선주민계 주민들까지 혼재해 있었다고 한다. 파이브 포인츠Five Points의 경우와 마찬가지로 이러한 다인종잡거상태 때문에 이곳 주민 모두가 차별어린 시선을 받는 경향이 있었다.

세네카 빌리지 이외에도, 공원이 만들어지기 전에 존재했던 거주지들은 '피그타운'Pigtown이라 불렸으며, 주민들은 대체적으로 '스콰터'squatter(점거자)로 간주되었다. 하지만 『공원과 사람들』의 조사에 의하면 그러한 인식은 잘못된 것이었다. 세네카 빌리지의 경우 주민들은 분명히 토지를 소유하고 있었으며, 그 외 아일랜드계나 독일계 농민 거주구에서도 사람들이 무허가 점거를 하고 있었던 것은 아니었다. (전부라고 말할 수는 없어도) 그들 대부분이 공식적이건 비공식적이건 지주와 계약을 맺고 지대地代를 지불하고 있었다.14 그들은 농작물을 기르고 가축을 키웠다. 1849년에 콜레라가 발병하면서 다운타운에서 가축을 키우는 것이 금지되었기 때문에, 유럽에서 이민 온 농민들 대부분이 이 지구로 이주했던 것이다. 그럼에도 불구하고 공원 조성을 앞둔 1855년, 대략 1,600명의 땅주인과 세 곳의 교회, 한 개의 학교가 쫓겨나고 말았다.15 나는 센트럴파크 내에 이들 공동체와 주민의 존재를 어떤 형태로든 기록하는 기념관이나 기념비를 설치해야만 한다고 생각한다.

1860년부터 1873년까지 이어진 공원조성에 대략 이만 명의 노동자가 동원되었다. 지역 석공들, 뉴잉글랜드에서 온 엔지니어들, 아일

---

14. Roy Rosenzweig & Elizabeth Blackmar, *The Park and the People*. 이 책에 의하면 1857년 5월 6일자 *New York Sun* 지는 그들 대부분이 지주에게 지대를 지불하고 농작물을 경작하는 등 생산에 종사하고 있는 것을 칭찬하고 있다. p. 77.
15. 두 개의 흑인계 감리교회(Zion과 African Union)와 인종적으로 혼합된 미국의 성공회 교회, 그리고 Colored School No.3 학교이다.

랜드계 노동자들, 독일계 정원사들 등등. 자연스런 미관을 연출하기 위해 공원 내 대부분의 구역에 경사를 만들었으며, 자연적인 배출 시스템을 대신하기 위한 배수구가 지하에 설치되었다. 이를 위해 처음 5년간 망치나 삽으로 땅을 고르는 것 외에 다이너마이트를 대량으로 사용해서 암반을 파괴했다. 1857년, 한 보건회사의 도산을 계기로 뉴욕에 경제공황이 덮치자, 직장을 잃은 노동자들이 거리를 배회했다. 그들과 가족에게 센트럴파크는 '유원지'가 아닌 '일자리'를 의미했다. 그들은 일자리를 요구하며 옴스테드의 사무소에 몰려들었다. 그 후에도 공원이 완성될 때까지 몇 번이고 자금난이 발생했으며, 그 때마다 노동자 해고와 노동쟁의가 반복적으로 일어났다. 바로 그 투쟁이야말로 센트럴파크를 둘러싸고 노동자가 '공중'으로서 자기를 표현한 순간들이었으며, 그 순간마다 '공공공간'이 형성되었다.

그 후 1934년, 공원과果 부장에 취임한 모제스는 뉴딜기금을 사용하여 뉴욕시의 모든 공원을 대상으로 정비사업을 추진했다. 모제스의 '공원사상'은 산책하며 아름다운 경관을 즐기는 식의 우아한 것이 아니라, 시민을 단련시키는 '체육관'gymnasium과 같은 것이었다. 그는 '건강한 환경이 민중의 행동에 사회적으로 좋은 영향을 준다'고 믿었으며 뉴욕 내 모든 공원을 운동시설로 바꾸었다. 경기장, 야구장, 테니스 코트, 수영장, 유원지 등이 마구 지어졌다. 원래는 크로튼 수도 시스템의 일부분으로서 만들어졌지만 점차 필요성이 감소하기 시작한 공원 내의 저수지도 부수어서 다양한 운동을 할 수 있는 잔디밭으로 만들었다.

그 동안에도 이민도시 뉴욕의 최대 공원인 센트럴파크의 '공공성'은, 주로 이민 민중의 개입에 의해 형성되고 있었다. 1940년 이후, 센트럴파크의 주 사용자는 아프로 아메리칸계와 푸에르토리코계 주민들이었다. 특히 할렘에 접해 있는 센트럴파크 북단에서 그들과 백인 사용자 사이에 사회적 긴장이 야기되었다. 1956년에는 어머니들을 중심으로 한 공원 서쪽의 주민그룹이, 공원 내에 어린이 놀이터를 부수고 '태번 온 더 그린'Tavern on the Green이라는 고급레스토랑의 주차장을 건설하려는 모제스의 계획에 맞서 승리했다. 1970년대에는 매년 6월마다 이곳에서 푸에르토리코계 주민이 성대한 산후안San Juan 페스티벌을 개최했다. 이리하여 센트럴파크의 공공성은 항상 계쟁(係爭)으로 형성되어 이어져 왔다.

1970년대에는 재정난을 맞은 뉴욕시가 결국 젠트리피케이션으로 이어지는 보수적 정책들을 강화하면서 공원의 민주적 사용이 위기를 맞는다. 1970년대 후반에, 각계의 유력자들과 공원 주변의 부유계급을 출자자로 한 민영 자선사업체 '센트럴파크 관리위원회'가 발족되었다. 이 조직은 이후 공원의 경비강화, 정비, 경관의 충실화 등 모든 측면에서 센트럴파크의 운영을 총괄해 왔다. 1980년대 초반에 개최된 이 조직의 자금마련 만찬회에서 80만5천 달러가 조달된 반면, 할렘의 마커스 가비 공원Marcus Garvey Park을 위한 모금만찬회에서 모은 금액은 겨우 7천 달러에 불과했다고 한다. '공공시설 간의 계급차'를 여실히 보여 주는 사례이다.

이와 같은 역사적 배경 속에서, 뉴욕민중의 센트럴파크 사용은 크게 변화해 왔다. 공원에서 민중은 무엇을 할 수 있는가, 혹은 할 수 없는가. 그 기준은 언제나 불안정하게 유동하는 것이었다. 1968년, 센트럴파크 잔디밭에서 개최된 베트남전쟁 반대 집회/데모에는 40만 명이라는 역사적인 인원이 모였다. 그러나 21세기에 들어오면서

로버트 모제스가 제작한 뉴욕시의 파노라마 (1963년 제작)

이라크 전쟁을 반대하는 대규모 집회가 이곳에서 허가받지 못하고 있다. 덧붙여 2005년에는 센트럴파크의 남쪽 5애비뉴에 있던 플라자 호텔이 영업을 정지하고 고급아파트로 탈바꿈했다. 이 상징적인 장소에 호텔(비록 그것이 고급호텔이라 할지라도) 대신에 고급아파트가 생긴다는 것은, 이미 약해져 가는 이 주변의 '공공성'에 파멸적인 타격을 안겨 주는 사건이었다.

모제스가 벌인 첫 번째 사업은 공원도로와 고속도로의 구축이었다. 공원도로는 대략 1924년부터 1950년대 중반, 모제스가 공원과의 부장으로 근무하던 시기에 뉴딜 자금을 사용해 대량으로 건설되었

이스트강에서 본 맨해튼의 마천루

다. 고속도로는 모제스가 트라이보로 브리지 오소리티[16] 회장에 취임하면서, 이후 걷어 들일 도로사용료에 기대어 건설했다. 공원도로의 경우, 자연 미관과의 조화를 위해 길모어 클라크Gilmore Clarke 같은 조경건축가를 기용하는 등 깊은 주의를 기울여 만들었지만 고속도로를 지을 때는 외관보다 기능과 실현 속도에 방점을 두었고, 그 결과 우리에게 익숙한 메마른 풍경이 도시주변부로 펼쳐져 갔다.

1939년 라가디아La Guardia 시장은 모제스를 만국박람회 집행위원장으로 임명했다. 여기서 화제의 중심이 된 두 개의 시설은 제너럴

---

16. [옮긴이] 정식 명칭은 Tribourough Bridge and Tunnel Authority. 뉴욕 항만에 있는 일곱 개의 다리와 두 개의 터널을 관리하는 기관이다. 1933년에 설립되었으며 1968년에 수도교통국(MTA)에 편입되어 현재는 수도교통국의 소속 기관이다.

모터스의 말 그대로 미래를 파노라마식으로 보여 주는 전시관인 '퓨쳐라마'Futurama와 만국박람회의 중심으로 간주된 직경 약 60미터의 거대한 구체건물 '페리스피어'Perisphere였다. 두 시설 모두 오로지 자동차만이 존재하는 도시적 비전, 요컨대 (그 외의 공공 교통기관이 존재하지 않는) '자동차 유토피아'를 표현하는 것이었다.

1920년대부터 1930년대에 걸쳐, 당시 완전히 새로운 요소였던 '자동차 교통'을 위해 공원도로가 도시공간과 그 외부(교외)를 연결하는 파이프라인으로서 도입되었으며, 물(허드슨강) 그리고 하늘에 이은 세 번째 요소로서 도시풍경의 중추가 되었다. 이 영향으로 건축 스타일 역시 변했는데, 그때까지 주류였던 보자르식 절충주의도, '도시미화운동'도, 옴스테드의 '영국식 경관' 스타일도 차차 배경으로 후퇴하고, 보다 사회적이고 기능적인 미적 요소로 풍경을 구성하는 근대도시가 전경前景을 차지하게 되었다. 자동차는 이후 새롭게 형성되는 '생산', '소비', '레저'의 패턴을 전담하는 주도적인 요인이 된다. 자동차로만 갈 수 있는 장소에 리조트가 잇달아 개발되었다. 앞서 언급한 롱아일랜드의 존스 비치가 그때까지 가장 인기 있던 대중위락지대 코니아일랜드Coney Island를 대신하기 시작한다. 그 후에도 도로는 점점 증축되지만, 일단 자동차 사회가 시동을 걸면 아무리 도로를 증축해 봤자 늘어나는 자동차량을 따라갈 수 없다는 것이 명백해진다. 무슨 일이 있어도 고속도로를 둘러칠 수밖에 없는 시대가 도래한 것이다. 이에 모제스는 뉴욕 5구의 몇몇 소수자 거주구역을 파괴하고, 다른 한편에선 도시인구를 교외로 이주할 수 있는 자와 남을 수밖에 없는 자로 분할했다. 이민사회 내부의 경우 서양인 우선의 원리에 따라, 즉 '고참' 이주자 인종부터 선착순으로 다운타운에서 교외로 이주해 나갔다.

뉴딜 시기부터 모제스의 전성기까지의 시대를 '공공공간의 확대'와 연결하여 생각하는 입장이 지배적이다. 확실히 급수설비나 자동차 전용도로 등은 국가가 개입하여 자본을 집중시킴으로써만 실현가능한 것이며, 그러한 시설들은 도시주민의 집합신체를 보다 밀접하게 그리고 동적으로 도시공간과 재결합시켜 새로운 가동성과 행동의 차원을 부여했다. 그러나 그것이 주민들의 '공공권'을, 다시 말해 주민들 스스로가 도시사회에 정치적으로 개입할 수 있는 가능성을 확대시킨 것과 같은 가치를 갖는 것은 아니다.

앞에서 기술했던, 근대의 상징들이라고도 말할 수 있는 공공 프로젝트들이 1960년대 후반 이후 노후하여 퇴락하기 시작했다. 1970~80년대를 지나는 동안 다리, 터널, 지하철 및 기타 공공시설물이 갈수록 노후화되고 있었으나 도시는 자금난을 이유로 이 시설물들이 황폐해지도록 그냥 내버려 두었다. 이는 '부르주아적 공공공간'이 폐허로 변하는 것을 의미했으며, 한 시대의 종언을 고하는 것이기도 했다. 동시에 신자유주의적인 경제의 통제, 모든 사업의 사유(민영)화, 기업 공간의 만연 등 요컨대 젠트리피케이션의 시대를 본격적으로 준비하는 기간이 시작된다. 또한 4장에서 다루겠지만 이 시기는 근대주의적 건축에 대한 반성을 담은 건축이론들이 뉴욕을 무대로 활성화되는 시기이기도 하다.

다음으로 가장 뉴욕적인 두 개의 건축적/구축적 요소인 바둑판 모양의 블록 즉 '그리드'와 '마천루'에 대해 언급하자. 이 요소들은 도시와 '개개의 건축프로젝트'가 직접적으로 교차되는 접점이며, '뉴욕의 개발 이데올로기'가 개개의 건축에 부과한 '조건 혹은 프로그램'이다.

맨하튼은 여행자와 신참 이민자에게 대단히 편리한 도시이다. 거리가 바둑판 모양으로 되어 있기 때문에 도시유람을 즐기는 사람이 길을 잃어버리는 건 **설령 원한다 할지라도** 불가능하다. 생전에 몇 번 뉴욕을 방문하신 우리 어머니는 영어를 거의 못하셨음에도 불구하고 종종 혼자서 돌아다니셨다. 골목이 복잡하게 뒤얽힌 일본의 도시에서는 생각도 할 수 없는 일이다. 동서로 이어진 스트리트 이름의 수가 증가하는 방향이 예외 없이 북쪽이고, 남북으로 이어진 애비뉴 이름의 수가 증가하면 그곳이 서쪽이다. 애비뉴가 스트리트보다 폭이 넓어서 애비뉴 쪽에 접한 건물의 1층은 상점이나 사무실 등 상업용으로 사용된다. 애비뉴와 애비뉴의 사이 즉, 한 블록의 스트리트의 길이가 스트리트와 스트리트 사이 즉, 한 블록의 애비뉴의 길이보다 훨씬 길어서, 블록 하나하나는 정사각형이 아닌 옆으로 긴 직사각형이다. 14, 23, 34, 42, 57, 72, 86, 96 등 번화가(=상업지구)를 제외하면 스트리트는 대개 거주용 아파트들이 점유하고 있다고 말해도 좋다. 한 블록의 내부에 다양한 시기에 지어진 다양한 크기의 건물들이 밀집해 있는데, 기념비적인 대형 건축물들은 대부분 블록 바깥, 즉 스트리트와 애비뉴의 교점에 세워져 있다. 이 도시에는 워싱턴이나 유럽의 도시들에 있는 것과 같은 대광장이 없는 대신, 몇 군데의 작은 광장과 공원, 그리고 주요 애비뉴와 스트리트의 교점들이 상징적인 역할을 맡아 왔다.

그렇기에 장방형으로 배치된 애비뉴와 스트리트를 비스듬히 통과하는 유일한 대로인 브로드웨이는 한층 특수한 의미작용을 가진다. 맨하튼 남부의 배터리파크Battery Park에서 시작되어 북쪽의 브롱크스로 **빠져나가는** 이 기간基幹도로는, 애초에 섬 중앙의 능선을 따라

브로드웨이

맨해튼의 능선을 따라 만들어진 브로드웨이

선주민이 만든 오솔길이었다. 네덜란드인 식민주의자들이 이 오솔길을 허드슨강 상류의 항구와 연결하는 교역로로 개조했다. 독립전쟁 시기 이 도로는 영국군과 독립군 양측이 위아래로 오가며 공방전을 벌인 전장이었다. 그 후엔 국가적인 축전행사나 대규모 항의 데모에도 이용되었다. 하지만 '국가행사'라는 의미에서 이 길은 5애비뉴가 가지는 정통성과는 어쩐지 거리가 있다. 그것은 이 길이 타임스퀘어 Times Square 주변의 엔터테인먼트/극장가와 동일시되어 알려지게 된 역사 때문이다.[17] 요컨대, 뉴욕에서 유일하게 대각선으로 놓여 있는 이 대로는, 뉴욕의 '경향적 행위'[18]의 상징이 되었다.

프롤로그에서 기술했듯이, 미국적인 도시화에는 두 가지의 대조적인 전형이 있다. 하나는 워싱턴을 대표하는 정치가이자 대통령(1801~1809)이었던 토머스 제퍼슨의 사상이고, 다른 하나는 뉴욕을 대표하는 유력가이자 정치가인 알렉산더 해밀턴의 기호이다. 제퍼슨은 워싱턴 D. C.의 도시계획에 관여했지만 방약무인한 자본주의적 개발을 두려워했으며, 민주주의의 기초로서 농업경제와 지방분권주의를 중시했다. 그것은 수도의 유토피아적인 복고취미로 나타났다.

---

17. 브로드웨이와 타임스퀘어 주변의 대중 스펙터클의 도시론적 분석에 대해서는 Marshall Berman, *On the Town — One Hundred Years of Spectacle in Times Square*, New York : Random House, 2006을 참조.

18. [옮긴이] 원문에는 가부키 행위[傾き(かぶき)行爲]라고 쓰여 있다. 가부키(기울기)는 현재 일본의 전통극 가부키와 어원적 뿌리가 같은 동사의 명사형이다. 원래 가부키는 17세기 초 여성들이 칼을 든 남장을 하고 거리에서 노래하며 춤추던 것에서 기원하는데, 풍기문란을 이유로 남성에 의한 연극형태로 바뀌었지만 그 후에도 같은 이유에서 반복적으로 금지와 규제의 대상이 되었다. 물론 아이러니하게도 현재 가부키는 일본을 상징하는 전통극이다. 저자는 가부키(기울기)라는 단어에 이 책 전체에서 언급되어 있는 뉴욕 민중의 특이하고 다양한 예술, 정치, 정체성의 클리나멘(clinamen)적인 경향과 이 거리의 기울어진 모습을 중의적으로 담고 있는 듯하다.

이와는 정반대의 경향이 경제발전 중심주의가 이끈 뉴욕의 도시계획이다. 건축 스타일의 경우, 전자가 도시의 인구 과밀 문제를 해결하기 위해서 미국을 커다란 교외로 만들자고 주장한 프랭크 로이드 라이트Frank Lloyd Wright의 '프레리파'Prairie School에서 동반자를 찾아냈다면, 후자인 뉴욕의 경우 도시계획의 추진자들은 콜하스의 뉴욕론에 거듭해서 등장하는 '맨하튼주의자'인 '마천루 생산자'들이었다.[19]

리처드 세넷은 『시선의 양심』에서 후자의 도시계획에 집중적으로 나타난 도시 거리의 바둑판 모양 구성을 신화적 측면과 기능적인 측면에서 고찰한다.[20] 그 역사적 기원은 로마제국군의 숙영지castra의 종축/횡축구성에서 찾을 수 있는데, 종축decumanus은 태양의 궤도에 맞춰 설정되었고 횡축cardo은 하늘의 추축에 맞춰 설정되었다고 한다. 이는 상징적 우주론을 바탕으로 한 발상이며, 세계 정복의 의지가 기능적인 '즉시성'에 대응하여 '무한성'으로 표현되었다고 볼 수 있다. 이는 윌리엄 펜William Penn, 1644~1718의 필라델피아를 비롯한 미국 북동부 도시계획에 영향을 주었다. 이 도시계획에는 우선 즉시적 도시instant cities라는 설정, 바깥 세계와는 완전히 무관한 추상적 구성, 그리고 그것의 무한한 확대라는 지향성이 계승되었다. 그 후 뉴욕(1811년)에 이어 시카고(1833년), 샌프란시스코(1856년)가 이 프로그램을 이어받았다. 이미 말했지만 이러한 구성은 필연적으로 대광장 등의 공공적인 중심(=고전적인 공공공간)을 축소, 혹은 삭제한다. 도시공간에서 중심이 소멸되고 그 전체가 중성화되는 것이다. 대신 주요 교

---

19. レム・コールハース, 『錯乱のニューヨーク』 [렘 콜하스, 『광기의 뉴욕』].
20. Richard Sennett, *The Conscience of the Eye*, New York, London : W. W. Norton & Company, 1990, 2장 참조.

차점에 가치가 집중된다. 이는 고정된 중심과 이에 대응하는 주변이라는 고전적인 도시 구성을 부정하는 것이며, 개연적 가능성으로서의 모든 도시적 교점nodes을 등가화함으로써 그곳으로부터 어디까지나 확대/전진해 나가겠다는 '개척주의'frontier의 결정結晶이다. 세넷은 막스 베버의 『프로테스탄티즘의 윤리와 자본주의 정신』에 비춰 이를 해석한다. 이것이야말로 '이윤 추구의 사명화'에 어울리는 공간구성이자, '영리충동'에 의한 공간형성이다.

1811년의 '그리드 법제화'에 의해 워싱턴광장(그리니치빌리지) 북쪽의 모든 미개발 토지는 바둑판 모양으로 잘려져 투자를 기다리는 부동산 물건이 되었다. 지도를 작성할 때 발생하는 추상이 반대로 현실의 대지에 먼저 적용되기 시작한 것이다. 바로 도시의 균등한 상품화, '추상공간'의 급진적인 구현이다. 이는 맨 처음 (1811년 이후) 155번가까지 적용되었으며, (1870년 이후) 맨하튼 북단까지 전개되고 이후 뉴욕 5구로 확대된다.

바둑판 모양의 확장운동이 수평방향으로만 일어난 것은 물론 아니다. 돌연변이[21]로서 수직방향의 전개가 함께 찾아왔다. 여기서 획기적인 역할을 담당한 것은 엘리베이터의 개발/발전이다. 이것의 '프로그램'으로서의 중요성은 콜하스가 강조하는 그대로이다. (그리드에서 그렇듯이) 엘리베이터에 의해 연결된 층과 층 사이에는 더 이상

---

21. [옮긴이] catastrophe : 원래 파국이나 재앙이라는 뜻이다. 여기서 돌연변이라는 표현은 진화생물학에서 유력시되고 있는 진화의 가설, 즉 혹성 충돌 같은 지구 규모의 재앙이 생물들의 돌연변이, 즉 진화를 초래했다는 것을 연상시킨다. 본문에서는 건물의 수직방향으로의 돌연변이가, 자본이 주도하는 개발과 민중의 추방이라는 재앙을 가져온 것을 이 단어를 통해 표현하고 있는 듯하다.

어떤 유기적인 관계도 없다. 높은 층이건 낮은 층이건, 물리적으로 높이가 다르다는 점을 빼면 건축 디자인적으로 동일한 위상을 가진다. 그때까지 건축에 깃들어 있던 내부의 유기적 관계가 사라지고, 고딕 양식에서 정점에 달한 수직방향으로의 상징적 신성성神聖性은 순간적인 도달가능성에 의해 무화된다. '그곳에 층에서 층으로 상징체계의 침투는 일어나지 않는다.'[22] 상징공간에 대한 조작을 완전히 단념한 건축이 방법적으로 '돌연변이'를 도입함으로써 순수하게 실리적인 공간을 생산하는 방향으로 나아갔다고 말할 수 있다.

이러한 전개는 당연히 맨하튼 거주자의 '삶의 형태'에도 영향을 끼쳤다. 이제 도시는 고향을 상실한 채 '뿌리 없는 풀'[23]의 집이 되었다. 엘리베이터에 의한 건축형태는 거대집합주택(아파트)의 출현을 촉진시켰는데 이는 거주공간의 호텔화이기도 했다. 1911년, 복합주택법은 아파트와 호텔을 동일한 사회적 기능으로 간주했다. 그 후 1916년에는 수직방향의 확장을 규제하는 조닝zoning법이 실시되었다. 1811년, 거리를 바둑판 모양으로 그리드화하는 법이 제정된 이후 뉴욕의 구축체는 한 블록이 하나의 거대건축이 될 가능성 앞에 놓였다. 또한 이것이야말로 미래주의적인 상상력을 구사한 도시계획이 무성해진 이유이기도 하다. 이에 〈조닝법〉이 개입되어 건물의 높이와 면적을 통제

---

22. レム・コールハース, 『錯乱のニューヨーク』, p. 180 [렘 콜하스, 『광기의 뉴욕』, 126쪽. 한국어판에는 '층들 사이에는 어떠한 상징도 배어 나오지 않을 것이다'라고 번역되어 있다.]

23. [옮긴이] das Man : '뿌리 없다'는 뜻의 불어 déraciné는 고향상실에 대한 은유이다. 이 표현은 문학의 근대화와 함께 일반화되었다. das Man은 독일어에서 사람을 총칭하는 대명사지만 대중적인 일상 속에 매몰되어 본질을 잃은 현대인을 가리키기 위해 하이데거가 쓴 용어이다. 세인(世人)이라고 번역되기도 한다.

했다. 이 법은 뉴욕시 지구地區의 성질에 맞춰 높이의 한도를 정하고, 적당한 공기와 빛의 수용을 위해 건축 밀도를 통제할 것을 도모했다. 이 때, 장래 맨하튼의 인구 또한 5천5백만 명까지로 제한되었다.

리처드 세넷은 다음과 같이 말한다.

바둑판 모양으로 된 그리드의 도시를 형성하는 과정에서 '새로운' 미국 인들은, 아메리카 선주민과의 만남에서 그랬듯이, 식민지화하기 보다 는 타자의 존재를 소거하는 방식으로 도시화를 진행해 갔다. 장소의 의미를 확립함으로써 통제하는 것이 아니라, 장소에 대한 중성적인 의 식을 통한 통제였다.[24]

그리드나 마천루는 구축 프로그램인 동시에 사회적 통제의 한 형 태이다. 유럽도시와 비교할 때 여기에는 **순수**자본주의에 의해 구동된 '탈영토화'라는 측면이 관찰되지만, (다른) 통제의 측면도 무시할 수 는 없다. 이는 오스만 남작 시대의 파리와 같은 상징적/계층서열적인 공간 형성을 통한 '지배와 의존의 형성'은 아니다. 그러나 이 순수한 확장성 속에 보다 역동적이고 침략적인 통제가 개재되어 있다. 그것 은 현재 신자유주의적 경제의 전제專制 아래서 진행되는 젠트리피케 이션의 전례로서, 도시민중에게 개발의 추세에 올라탈 것인지 아니 면 탈락할 것인지 선택할 것을 불문곡직하고 다그치는 '동적인 통제' 이다. 그것은 '장소에 대한 중성적인 의식'을 통한 통제, 즉 아메리카 선주민을 몰아낸 것과 마찬가지로 장소의 역사를 박탈할 것을 강요 하는 '개척자 정신'frontier spirit에 의한 통제이며, 그러한 통제에 의한

---

24. Richard Sennett, *The Conscience of the Eye*, p. 62.

도시계획인 것이다.

이민사회 뉴욕은 바로 이러한 중성적인 확장의 역학에 근거해서 발전해 왔다. 그러나 각각의 소수자/거주자들에 관해 우리가 반드시 기억해야만 하는 것은 그들이 개발하는 측(맨하튼주의자)처럼 '장소에 대한 중성적인 의식'을 지니고 존재해 온 것은 아니라는 점이다. 그들은 언뜻 보기에 어딜 가든 똑같은 그리드 구조 내부에서, 거주할 수 있는 한 그것이 아무리 짧은 기간일지라도 그곳에 자신의 역사성을 기입하고 문화를 꽃피우며 커뮤니티의 공간을 구축해 왔다. 물론 그들 스스로가 도시를 계획하고 자신들이 거주할 건축의 디자인을 결정한 것은 아니다. 그러나 우선적으로 그들은 개발을 가능케 한 노동력이었고, 이에 결실을 맺어주는 소비자였으며, 궁극적으로 그곳에 도시와 건축의 **진정한 생명**인 '거주'를 새겨 왔다. 그리하여 각각의 커뮤니티들의 단독성이 생산된 것이다. 그러나 많은 경우, 그곳에 새로운 '중성적인 확장의 역학'이 개입해서 이들을 추방시켰다. 이것이 바둑판 모양의 그리드와 뉴욕민중의 기본적인 관계이며, 이 싸움은 아직 끝나지 않았다.

렘 콜하스는 유럽적인 전위주의에 대한 비판으로 이러한 맨하튼의 확장/발전의 역학에 주목했다. 어림잡아 1890년에서 1940년 사이에 맨하튼에서 일어난 도시형성을, 그는 적극적으로 긍정했다. 그것은 유럽적인 모더니즘에서 발전한 이론으로는 더 이상 포착할 수 없는 전위운동, 혹은 비정형이론의 전위건축운동으로서 새로운 도시적 발전양태의 실현을 가리키고 있었다. 그는 이것을 '맨하튼주의'Manhattanism라고 부른다.

맨하튼주의는 바람직한 현대 문화의 기초로서 결코 신뢰를 잃지 않는 거대 도시metropolis의 환경(초밀도) 속에서 그것의 찬란함과 비참함 등의 개념으로부터 양육되어진 하나의 도시적 이데올로기이다. **맨하튼의 건축은 밀집의 이용에 대한 패러다임**이다.[25]

'과밀'은 확실히 맨하튼의 힘이다. 그것은 뉴욕 민중의 열악한 위생조건과 거주조건으로 귀결되는 문제이자, 새로운 사회적 관계성을 출현시킨다는 점에서 자기형성을 위한 힘의 기반이기도 했다. 그 기능은 양의적이다. 또한 그것은 '사회적 응축기'social condenser 혹은 '사람들을 매료시키는 몽타쥬'로서의 그리드와 마천루의 기능이 베푼 은혜이기도 했다.[26] 그러나 메트로폴리스의 이야기는 이것으로 끝나지 않는다. '건축'은 그것을 사용하는 민중의 집합신체를 상정함으로써 계획되고 구축된다. 그러나 건축이 그 후 실제로 민중에 의해 사용됨으로써 드디어 생명을 가지게 되는 것이라면, 맨하튼주의라고 하는 개발/건축에 있어서의 주도자가 없는 '주의'는 건축을 이해하는 데 있어 단지 실마리에 지나지 않는다. '건축가의 사고'가 어디까지나 설계와 프로그램의 단계에서 정지할 수밖에 없다 할지라도, 그 이후 '과밀'이 도시와 건축에 어떤 영향을 되돌려 주었는지, 그 동안 '민중의 집합신체'가 어떻게 도시와 건축을 무대로 자신들의 생활공간/문화를 생산했으며, 다시 격화된 맨하튼주의에 의해 쫓겨났는지, 그리고 그 후 지금은 그곳에 무엇이 남아 있는지. 수많은 '메트로폴리스적 이야기'들이 아직 거기에 있다.

---

25. レム・コールハース, 『錯乱のニューヨーク』, p. 11 [렘 콜하스, 『광기의 뉴욕』, 12쪽].
26. ユベール・ダミッシュ, 『スカイライン』, 松岡 新一郎 訳, 東京 青土社, 1998年.

2장

계쟁(係爭)으로서의 공공공간

사실 공공 이데올로기는 자기 목적적이지 않다. 정확한 의미에서 그것은 생산적인 통일체로서의, 그리고 동시에 생산-분배-소비의 사이클을 조절하는 도구로서의 '도시라는 이데올로기'의 한 계기일 뿐이다.
— 만프레도 타푸리[1]

공공공간이란 어떤 것인가?

1장에서 우리는 뉴욕이라는 도시를 구성하고 있는 몇 가지 물질적 요인들과 그 요인들에 깃들어 있는 문제에 대해서 생각해 보았다. 이제 이러한 것들의 내부를 구성하고 있는 '관계구조'에 대해 고찰하

---

1. Manfredo Tafuri, *Architecture and Utopia*, p. 83 [만프레도 타푸리, 『건축과 유토피아』, 64쪽]. 작은따옴표는 인용자.

고자 한다. 그것은 보다 비물질적이며 비가시적인 영역, 요컨대 인간 사회의 관계성과 관련된 부분이다. 보다 비물질적이라 할지라도, 이 역시 도시적 관계성에 대한 것이므로 지역성이나 장소성(요컨대 공간성)이 관여하고 있다. 이러한 사유는 이른바 '공공'이라는 문제의식 속에 위치하고 있다.

'공공'이라는 개념이 많은 문제를 잉태하며 위태롭게 서 있듯이, 그것을 사회적 문맥에 위치지우는 '공공권'이나, 도시공간에 위치지우는 '공공공간' 같은 개념들 또한 흔들리고 있다. 특히 신자유주의 경제에 의해 통제되는 오늘날의 도시 생활에서는, 일찍이 근대에서 이러한 개념들이 담지하고 있던 신뢰와 희망의 폭이 점점 더 위축되고 있다. 그러나 '그런 것은 없다'고 결정해 버리기 전에 그것들이 지금까지 제기해 온 사고의 가능성에 매달려야 한다. '공공공간'이란 과연 무엇인가? 그런 것이 정말 존재하는가? 존재할 수 있는가? 존재한다면 어떻게 존재하고 있는가? 도시의 물질적 구성에 대해 서술해 온 그간의 과정에서 이미 대체적인 답은 나와 있다고 생각하지만, 현대 뉴욕의 문맥에서 이러한 질문을 다시 한 번 되짚어 보자.

'공공공간'에 관한 어느 총서의 서문에서, 도시 문제 분석가 세사로우Setha Low와 닐 스미스Neil Smith는 공공공간을 '거리, 공원, 미디어, 인터넷, 쇼핑몰, 유엔, 국민정부, 지역의 근린 지역 등이 제공하는 사회적 장소성의 폭'[2]이라고 **일단** 정의한다. 그러나 '공공공간'을 사고하기 위해서는 그것에 대응하는 '공공권'이라는 개념에 대해서도 고찰

---

2. *The Politics of Public Space*, edited by Setha Low and Neil Smith, New York, London : Routledge, 2006, p. 3.

해야만 한다. '공공권'은 **우선** '정치적인 심의와 참가의 장소'라고 정의 내릴 수 있지만, '공공공간'에 관한 논의가 여전히 부실한 토대 위에서 막연하게 이루어지고 있기 때문에 '공공권'에 대한 고찰 또한 필수불가결하다. 서로 짝을 이루는 개념인 '공공공간'과 '공공권'은 원래 '민주주의적인 사고방식'의 근간에 관련되어 있다. 각각의 모형은 그리스적 도시국가polis(=공공권)와 광장agora(=공공공간)에서 찾을 수 있다고 여겨진다. (여기서는 그리스 도시국가에서 구현된 민주주의의 질에 대해서는 문제로 삼지 않겠지만, 아무튼) 이러한 연상에 깃들어 있는 것은, '도시적인 공공공간의 공간성과 공공권의 정치성을 곧장 동일시할 수는 없더라도 둘 사이에 어떠한 관련성이 있다'는 신념이다. 바꿔 말하자면 '도시공간의 타당한 형태와 민주주의적 통치의 타당한 기능 사이에는 관련이 있다'[3]는 신념이다. (이는 프롤로그에서 문제로 다룬 '공간형식의 유토피아'와 '사회과정의 유토피아'의 대응에도 관련된다.)

분명한 것은 역사 속에서 '공공공간'이 '시민사회'의 고유한 표현으로 물질적으로 출현했었다는 사실이다. 그러나 그것이 제도 내에서 안락하게 보호받은 것은 아니었다. 공공공간은 건축물 혹은 광장의 '공간성'이라는 식의 물질적/촉지적觸知的인 대상으로 남아 있는 것이 아니다. 그것은 늘 자율을 향한 민중의 투쟁과 더불어 등장했다. 민중에 의한 자율적인 정치의 형성, 요컨대 '공공권'의 획득과 더불어만 나타난 것이다. 로우와 스미스에 의하면 공공공간에 깃들어 있는

---

3. David Harvey, "The Political Economy of Public Space," included in *The Politics of Public Space*, p. 17.

문제 혹은 한계는 봉건제로부터의 이탈을 지지했던 근세의 여러 '자유주의 사상'에 이미 집중적으로 표현되어 있었다. 그들은 봉건제의 멍에로부터 신흥부르주아를 해방시키는 한편, '공통의 대지'라는 유구한 전통을 희생시켜 사유재산의 원리를 보편성으로 일으켜 세워버렸다. 말하자면 한편으로는 '이윤창출을 위한 공간사용은 자연권이다'라는 로크John Locke의 생각이, 다른 한편으로는 '만인에 대한 만인의 전쟁'을 통제한다는 홉스Thomas Hobbes의 리바이어던과 그 '무관용zero tolerance정책'이 만인의 '공공공간'이라는 개념을 본질적인 위기에 몰아넣은 것이다.

이후 '공공공간'은 '시민사회와 국가 사이'[4]에서 민중 스스로가 획득해야 하는 '공공권'으로서 위치하게 되었다. 요컨대 공공공간의 실현은 **물질적으로 좀 더 불안정한 대신** 보다 유연한 집단신체의 관계성, 커뮤니케이션의 형태, 연합의 형태로서 추구되었다. 실제로 이상적인 도시공간과 이상적인 민주주의가 합치되는 상태는 드물다. 프롤로그에서 다루었듯이 그 둘을 동일하게 간주하는 자세는 권력에 의한 '공간형식의 유토피아 기획' 속에서 자주 발견된다. 물론 이러한 사고방식은 도시공간에서 거리를 민중에게 되돌리기 위한 투쟁 속에서도 확실히 하나의 지표가 되어 왔다. 하지만 실제적인 목표로 추구되었다기보다 눈에 보이지 않는 '사회적 관계'를 구축하려는 형태로 추구되었다. 이는 어느 정도 성공하는 경우에도 결코 영속적인 것은 아니었으며, 대부분 일정 기간이 지나면 소멸하여 다른 시도에 그 길

---

4. Jürgen Habermas, *The Structural Transformation of the Public Space : In Inquiry into a Category of Bourgeois Society*, Cambridge, MA : MIT Press, 2001을 참조.

을 양보하는 것이었다.

1장에서 보았듯이 유럽의 도시 모델을 기준으로 보았을 때 뉴욕의 도시공간에서는 '공공공간'의 실현이 거의 불가능하다. 자본주의적 토지개발에 가장 이상적인 '그리드'와 '마천루'라는 프로그램을 출발점으로 선택하고 발전했기 때문이다. 전통적 광장은 거의 존재하지 않는다. 이를테면 뉴욕의 도시공간은 신자유주의 경제가 도래하기 이전에 이미, 사적 소유(부동산 분양)야말로 다른 모든 것에 우선한다는 것을 물질적으로 구현하고 있었다. 따라서 뉴욕에서는 그리스=유럽 모델처럼 '도시적 공공공간의 물질성과 공공권의 정치성'이라는 두 개의 개념이 합치될 수 없다. 그럼에도 불구하고, 오로지 야만적인 영리 추구를 위해 운동해 온 이곳에서 우리는 '공공권=공공공간'은 가능한가라는 물음에 직면한다.

도시민중인 우리는 '도시화된 신체'를 가지고 있다. 도시의 거주자로 등록되어 살아가기 위해 우리의 신체는 수도, 전기, 하수, 도로와 같은 도시 하부구조와 음식을 비롯한 생활필수품의 공급망을 받아들여야만 하며, 우리의 사고는 미디어가 만들어 내는 스펙터클을 받아들여야만 한다. 하지만 그러한 '공공적인 것'들은 애초부터 모든 주민에게 평등한 접근가능성을 제공하지 않는다. 연이어 도래하는 이민 사이에는 언제나 인종=계급적 차별이 존재했다. 그리하여 도시에서는 보다 적절한 '도시적 신체'를 형성할 수 있는 위치에 스스로를 두는 것이야말로 계급투쟁이었으며, 제도는 민중으로 하여금 이 계급투쟁에 참가할 것을 강요해 왔다. (미비한 건강보험과 교육제도가 보여 주듯이) 미국은 역사적으로 자신을 형성하는 원천(노동력 + 소비력=물질적 실체)인 세계민중에게 충분한 사회보장을 제공하는 것에 거의 관심을 기울이지 않는 국가이다. 역사적으로 볼 때, 이 나라의 — 사회보장으로서의 — '공공성'은 다른 어느 곳보다도 천박한 것이었다. 그럼에도 불구하고, 그 불충분한 공공권 안에서 사는 것을 거부하는 것은 도시 거주자로서의 시민권을 포기하는 것과 마찬가지였다.

이제 현대 뉴욕의 '아슬아슬한 공공성'을 살펴보자.

로고가 붙은 공공공간

하지만 분명한 것은, 사유재산법의 관례적인 적용과 정부의 규제만을 결정요인으로 간주해서는 여기서 정의되는 '사유(私有)화된 공공공간'이 존재할 수 없다는 점이다. 소유자들은 그들의 재산에 대한 접근과 사용법을 계속해서 통제할 수 있다. 여기에는 공중을 제외시키는 것도 포함된다. 공중이라는 전체성은 사유화된 공공공간에 접근할 권리를 가지고 있지 않으며, 소유자가 굳이 허가하지 않는 이상 그곳을 사용할 수 없다.
— '사유화된 공공공간'의 설명서로부터[5]

도시의 공공공간을 지탱해 온 '거리, 공원, 광장, 미디어, 상점가' 등이 점차 주식회사나 개인의 소유/통제 아래 들어가는 것은 젠트리피케이션의 커다란 특성 중 하나다. 이와 동시에 도시의 역사를 북돋아 온 이민 커뮤니티의 추방이 진행되었고, 전체적으로 **기업 소유의 공공공간**이 널리 퍼지기 시작했다. 이것은 위의 인용문이 '비관례적'unconventional이라고 부르는, 어쩐지 애매하고 기분 나쁜 중간적 공간이다. 이러한 공간들은 한편으로 20세기 이후 뉴욕에 오피스 건축/상업 건축들이 들어서기 위한 조건이 되었고, 다른 한편에서는 뉴욕

---

5. Jerold S. Kayden, *Privately Owned Public Space*, New York, Chichester, Weinheim, Brisbane, Singapore, Toronto : John Wiley & Sons, INC. 2000, p. 21.

에 '의사疑似 공공공간'이 만연해지는 것에 공헌했다. 이 '의사 공공공간'은 그 교묘한 의태擬態, mimicry로, 우리가 자율적으로 구축하는 공공권과 주어지는 공공권의 구별을 한없이 애매하게 얼버무리려 한다.

점심때면 관청·오피스 거리에서 일하는 사무원/직원들이 나무와 분수가 있는 야외 공간, 혹은 거대한 건물 내 공간의 벤치나 테이블에 앉아 점심식사를 한다. 관광객들도 여행 중 휴식처로 그 곳을 이용한다. 많은 경우, 이러한 공간의 디자인은 인공적인 오피스 건축에 (물의 흐름이나 식물 등) 자연과 투명성을 도입한 것으로 거기엔 반드시 공공예술Public Art 프로젝트가 포함되어 있다. 그 한편에서는 늘 방범 카메라나 경비원이 눈에 불을 켜고 수상한 인간은 없나, 누군가 수상한 행동을 하지는 않나 감시한다. 정치집회는 물론이고 전단지를 살포하는 행위, 노래를 부르는 등의 퍼포먼스는 일절 금지된다. 경우에 따라서는 비판적/도발적인 슬로건이 적힌 티셔츠를 입고 있는 것조차 문제가 된다. 언뜻 '공공공간'처럼 보이지만 이곳은 어디까지나 그 '짝퉁'에 불과하다.

이런 '사유화된 공공공간'이 발전하게 된 발단은 앞서 다룬 1916년의 〈신조닝법〉이다. 1811년, 그리드를 제정한 후 1916년까지의 발전경향은 한 블록이 하나의 거대 건축이 될 가능성에 열려 있었다. 당시에 미래주의적인 도시상/도시계획의 상상력이 퍼졌던 까닭이다. 그런데 새로운 〈조닝법〉이 제정되어 건물의 높이와 면적을 통제하기 시작했다. 이 종합적인 규제 속에서 건물과 거리, 건물과 건물 사이의 공간이 물질적으로 확보되었다. '공공공간'이 발전할 여지가 확보되었던 것이다. 하지만 1961년에 이르러 이를 재사유화하려는 움직임이 일어난다. '타워 인 더 파크tower-in-the-park=조닝'이라고 불리는 법규가 그것이다. 원래 이 법규는 건물을 지을 경우, 연면적을 부지의 12배로 제한하지만, 만약 아케이드나 광장 등 대중에게 열린 공간을 만드는 경우에는 개발업자에게 더 넓은 연면적의 허가를 준다는 예외적인 규정을 두는 것이다. 즉 '개인 개발업자가 적극적으로 공공공간을 생각하도록 장려한다'는 명목 하에 고층건물을 지을 수 있는 허가를 준 것이다. 이른바 '인센티브 조닝'이라고 불린 이 정책은, 개발업자들이 공공공간의 통제자로 행동하는 것을 공인한 셈이다. 공공공간의 가능성으로서 개방된 도시의 여백이 다시, 기본적으로는 주식회사 소유의 공간으로 재영토화된 것이다.

이것이 '애매한 공간'의 유래이다. 이 '사유화된 공공공간'에 이상형을 제공한 것은 인센티브 조닝이 생기기 대략 2년 전에 지어져 오피스 빌딩의 걸작이라고 칭송받은 시그램 빌딩Seagram Building(루드비히 미에스 반 데어 로헤Ludwig Mies van der Rohe 설계)의 광장이라고 알려져 있다.[6]

실은 보다 상징적인 '사유화된 공공공간'의 유형이 있다. 교묘하게 '짝퉁 공공성'을 연출하는 '미술관 공간'이다. 미국의 많은 미술관(그리고 박물관 등의 문화시설 일반)은 공공시설이라 할 수 있지만, 역사적으로 개인 자산가나 기업의 자금에 의해 운영되어 왔으며, 그 대표들이 운영위원회를 구성하고 있다. 사업가들이 어느 정도 성공하고 사회에 권세를 떨치게 된 후, 예술이나 문화 혹은 자선사업에 투자하는 것은 '명예'로 간주되었다. 그것은 세금 공제의 한 방편이기도 했으나, 굳이 말하자면 지나치게 노골적인 자기 현시가 아닌 겸손

---

6. 같은 책을 참조.

시그램 빌딩 앞의 광장

한 행동으로 여겨져 왔다. 그러나 근래 들어 그것은 점점 더 노골적으로 되었다. 명예가 사회적 지위의 상징으로 전환되었을 뿐 아니라 미술관 운영이 기업이나 재단 그리고 개인의 선전에 이용된다. 문화인(영화배우, 예술가, 건축가)과 더불어 미술관을 운영하는 대기업 최고경영자나 대부호가 화려한 사진과 함께 패션잡지를 비롯한 각종 간행물을 장식한다. '미술관의 사유화'는 이 같은 '기업화된 문화' 찬양과 상보적으로 일어나는 현상이 되었다.

　뚜렷한 예로 최근에 개축된 뉴욕현대미술관MOMA을 들 수 있다. 다른 대형 미술관들과 마찬가지로 이 미술관에는 기증받은 개인 소장품들이 가득한데, 소장품관마다 전시실 입구와 벽 위에 기증자들의 이름이 '진열'되어 있다. 이전에는 소유에 대한 표기가 **비교적** 눈에 덜 띄는 형태로 행해졌다. 그러나 작품을 위한 중성적인 공간이었던 흰 벽이, 이제는 로고를 위한 공간으로 변하고 있다.

이러한 '짝퉁'들은 어디까지나 '공공공간'이라는 '시각적인 환영'을 만드는 것에 불과하다. 도시민중은 이러한 문화적 환경에 참가할 수 있음을 감사히 여기며, 비로소 스스로가 '시민'이라는 환영幻影을 향유하게 된다.

뉴욕현대미술관(MOMA)의 벽

20달러라는 비싼 입장료를 내고 '예술'을 감상할 기회를 얻음으로써 현대미술의 도시 뉴욕의 시민임을 겨우 확인하는 것이다. 그러나 이러한 장소에 '작품'은 있을지언정 그것을 보고 무언가를 발견할 계기는 존재하지 않는다. 본래적으로 아슬아슬하고, 그 판단을 둘러싼 계쟁이 끊이지 않으며, 그 계쟁 자체가 본질이어야 할 '예술작품'의 가치를 우리 개개인이 스스로 발견하고 논의할 기회가 여기에는 더 이상 없는 것이다. 관중은 이미 '로고가 붙어 있는 가치'를 뒤따라 인정할 뿐이다. 이로써 예술작품의 가치를 결정하는 것은 민중도 비평도 아닌, 그것을 천문학적 가격으로 구입한 주식회사와 부유한 개인들이 되었다.

이미 분명해졌다고 생각하지만, 뉴욕의 공공시설은 기본적으로 모두 '의사疑似 공공공간'이다. 거기서 어떤 질적인 '공공권'을 획득할 수 있는가 ─ 이것은 매순간 관계자와 사용자의 행동양식, 그들의 자세에 달려 있다. 이러한 점에서 비교적 성공한 사례가 바로 뉴욕 공공 도서관이다. 이 도서관은 1895년에 아스터 도서관Astor Library 7, 레녹스 도서관Lenox Library, 틸던 재단Tilden Trust 도서관, 이렇게 세 도서관의 합병으로 출발하여, 1921년에는 43개의 분관을 가진 대규모 도서관이 되었다. 3부에 등장하는 푸에르토리코 출생의 역사가 아서 숌버그 Arthur Schomburg, 1874~1939가 수집한 아프로 아메리칸에 관한 방대한 자료도 1926년에 통합되어 할렘분관의 주요한 내용을 이루고 있다.8

이러한 배경을 가진 뉴욕 공공도서관은, 현재 뉴욕에서 보기 드문 풍부한 '공공성'을 가지고 있다.9 누구에게나 무료로 개방되며, 누구나 자유로이 서적을 열람할 수 있다. 방대한 양의 컬렉션을 보유하고 있지만 요청하면 10분도 되지 않아 원하는 책이 눈앞에 놓인다. 이전에는 아무것도 요구받지 않고 책을 열람할 수 있었는데, 2년 전쯤부터는 사진이 붙은 신분증이 필요하게 되었다. 그 이후 이 도서관을 이용하는 것을 그만둔 지인도 있다. 하지만 나의 경우 아직까지는 이 시설이 마음에 들어 일주일에 두 번은 들린다. 도서관 직원도 고교생 자원봉사자도 모두 열심히 일하는 게 보기 좋다. 도서관 직원 중에는 정열적인 활동가들activist도 있다. 42번가의 본관 3층에 있는 대열람실의 커다란 공간은 실로 압권이며, 이 공간을 다종다양한 사람들이 공유하고 책을 보고 있는 광경은 참으로 흥미롭다. 공부를 하

---

7. 아스터 도서관을 설립한 존 제이콥 아스터(1763~1848)는 독일 태생의 상인이다. 그는 뉴욕 북방에서 구한 모피를 중국에 파는 일을 시작으로 아편에도 손을 대어 국제적인 대상인이 되었다. 그렇게 모은 재산으로 뉴욕에 부동산 대국을 건설했다.

8. Schomburg Center for Research in Black Culture : http://www.nypl.org/research/sc/sc.html.

9. New York Public Library : http://www.nypl.org/index.html.

뉴욕 공공도서관의 대열람실

는 학생이나 대학원생들, 시간을 때우는 회사원들, 관광객, 밤에는 쉼터에서 자고 낮에는 이곳에서 편안히 책을 보는 노숙자들, 덧붙여 꽤 별난 '독학자'autodidact나 (나처럼) 비非아카데믹한 지식인, 맑스나 바쿠닌을 연상시키는 텁수룩한 수염의 할아버지 학자가 무언가를 찾아보고 있기도 하다. 이미 말했듯이 이 공간도 제도적으로 순수한 공립은 아니다. 하지만 도서관 직원의 정열에 의해, 또 이곳을 사랑하는 사람들에 의해 일정한 '공공성의 범위'가 유지되고 있다. 도서관 직원과 일반 지지자들의 협력 아래 일 년에 몇 번씩이나 시장에게 진정서를 보내는 일을 조직하며, 신자유주의의 공세 아래 늘 위기에 처해 있는 '공공성의 범위'를 가능한 한 지켜 왔다.

현재 뉴욕에서 제일 문제가 많은 '의사'疑似 공공기관 중 하나는 대학일 것이다. 9·11 이후 보안문화에 가장 크게 영향을 받아, 외부인이 대학 부지에 들어가기 위해서는 예외 없이 신분증을 제시해야만 한다. 학교 행사에 초대 받은 경우에도 신분증이 없으면 바로 문전박대를 당한다. 이는 학생들의 '표현의 자유'에도 악영향을 주고 있다. (일본 대학도 비슷한 사정이라고 하지만) 교내에 전단지를 붙였다는 이유로 학교 측이 학생을 범죄자로 취급하고 경찰을 부르는 사건까지 일어나고 있다[10].

개인적으로, 오늘날 미국에서 최악의 '의사 공공성'을 자랑하는 것은 텔레비전 미디어라고 생각한다. FOX뉴스나 CNN은 절대적인 영향력으로 이후 기술할 (TV 관중 + 구매자라는) 이상적인 도시 시민의 이미지를 전파하는 한편, 다른 한편에서는 (특히 9·11 이후) 정부의 관점과 일체화된 관변적인 보도체제를 펼쳐왔다. 일부 활동가들은 이제 더 이상 이러한 미디어와 정부를 구분하지 말고 본격적인 항의행동의 대상으로 삼아야 한다고 주장하고 있다. 한편, 정부와 대자본으로부터 완전히 독립한, 공공적인 미디어의 전통을 지키고자 하는 WBAI 라디오나 인디 미디어들이 있다. 이들은 자금 확보를 위해 힘겨운 싸움을 계속 벌이면서 활동하고 있다.[11]

---

10. 가령, 1960년대 미국의 신좌파 운동을 중심적으로 담당하였으나 이후 분파투쟁에 의해 막을 내린 학생운동조직 〈민주사회를 위한 학생연합〉(Students for a Democratic Society)이 최근 재결성되어 눈부신 활약을 하고 있다. 뉴욕의 가장 강력한 지부인 페이스대학(Pace University)의 그룹은, 공공공간으로서 학내에서의 '표현의 자유'(free speech)를 요구하는 운동을 벌이며 힘을 키우고 있다.

11. WBAI : http://www.wbai.org/. Indymedia NYC : http://nyc.indymedia.org/en/

9·11 직후 줄리아니 시장은 '뉴욕시민의 의무는 가능한 한 일상을 유지하는 것'임을 거듭 강조했다. 당시 권력이 가장 두려워한 것은 경기가 후퇴하는 것이었으며, 시장이 강조한 내용은 결국 **쇼핑을 계속 하는 것, 텔레비전을 계속 시청하는 것**이었다. 이것이야말로 신자유주의 도시 뉴욕의 애국적 주민이 지켜야 할 2대 의무이자, 국가가 국민에게 요청하는 '공공성'public의 본질이다.

9·11 직후, 거리에는 실제로 시민에 의한, 시민을 위한 공공권이 출현하고 있었다. 비극이 일어난 직후, 거리 모퉁이에서는 매일같이 비일상적인 광경이 펼쳐졌다. 다운타운 일대에서 솟아오르는 거대한 매연, 코와 목구멍을 찌르는 매캐한 연기냄새, 사이렌을 울리며 돌아다니는 위장 순찰차, 거리 모퉁이마다 기관총으로 무장하고 서 있는 경찰특수부대, 요소요소를 철통같이 지키고 있는 국방군 병사들과 장갑차. 맨하튼섬을 연결하는 다리는 전부 봉쇄되고 해안에는 해상보안국의 무장 보트가 바삐 돌아다니고 있었다. 이곳저곳에 설치된 검문소에서는 누구나 심문의 대상이 되었다. 그 시점에 집을 떠나 있었던 맨하튼 주민은 그 후 일주일이나 귀가를 허락받지 못했다. 캐널 스트리트Canal Street 남쪽의 현장 근처에 살던 대부분의 주민들은, 길든 짧든 일정 기간 집으로 돌아가는 것을 금지 당했다. 그라운드 제로12에서는 소방대원과 청소국 직원들이 중심이 되어 구조와 정비

---

index.html.

12. [옮긴이] 그라운드 제로(ground zero)는 폭발이 있었던 지점을 뜻하는 용어. 폭심(爆心)이라고도 한다. 이 표현이 처음 쓰인 것은 맨하튼 계획 및 히로시마와 나가사키 원폭 투하 때였는데 9·11 사태 이후 뉴욕 세계무역센터 붕괴의 지점을 가리키는 말로 많이 사용되고 있다.

등 힘든 작업을 계속하고 있었다. 그들을 태운 트럭이 지나는 장소마다 성조기를 흔들며 큰소리로 응원하는 (근교에서 온) 애국자들의 모습이 있었다.

여기까지는 잘 알려진 사실일 것이다. 거의 알려지지 않은 것은 주민들의 모습이다. 직장에 갈 수 없는 사람들이, 평소에는 있을 수 없는 모습으로 길모퉁이에서 만나 멈춰 선 채 이야기를 나누었다. 모든 바는 점심때부터 들썩거렸다. 친구들은 서로 안부를 확인했고, 재난 당한 친구들을 집에 묵게 하는 사람들도 많았다. 나의 경우, 일본의 많은 지인들이 안부를 물어 준 것이 기쁜 추억이기도 하다. 몇몇 큰 병원 앞에는 헌혈 신청자들이 길게 줄을 지어 서 있었다(안타깝게도 결국 '모든 부상자 = 사망자'가 되었기 때문에 이것은 효과가 없었지만). 몇몇 레스토랑은 이재민들과 구조/정비대원들을 위해 무료로 식사를 공급했다. 이 도시의 사회/정치운동과 역사적으로 깊은 인연을 가진 유니언 스퀘어Union Square에는 죽은 사람들을 위해 애도의 꽃다발 등을 든 사람들이 모여들었다. 여기서도 사람들은 이 사건의 해석과 보복전쟁의 시비를 둘러싸고 이런저런 대화를 시작했다. 전쟁을 시작하려는 부시 정권의 움직임을 눈치 챈 활동가 단체는 대규모 대책회의를 소집했다. 이것은 국가가 선포한 비상체제, 군대에 의한 통제의 틈을 뚫고 자생적으로 형성된 주민들의 '공공권' 혹은 '자율권'自律圈이었다.

그러나 정부는 시민의 자율적 행동을 좋아하지 않는다. 정부는 주장한다. 시민은 제멋대로 행동할 필요가 없다. 아니, 그렇게 행동해서는 안 된다. 그러한 행위는 테러리즘으로 간주하겠다. 아무것도 하지 말 것. 대신 매일매일 애국주의적/호전주의적 메시지가 흘러넘치는 텔레비전 프로그램을 계속해서 시청하고 쇼핑만큼은 멈추지 말도록.

구조적 도시 죽이기 Structural Urbicide

지붕 위에도, 물 위에도, 시야의 중앙에는 모두에게 동경의 대상인 맨하튼의 마천루와 그 능선이, 어떤 때는 햇빛에 반짝이면서, 어떤 때는 네온 불빛에 빛나며 우뚝 솟아 있었다. …… 이 도시적 경관은 바벨탑과 같은 후안무치(厚顔無恥, chutzpah)를 보여 주기도 했다. '이곳에서 함께 도시를 짓자, 하늘까지 닿는 탑이 있는 도시를!' …… 그러나 그 밑에는 여기저기 움푹 패인 웅덩이와 구멍투성이인 브롱크스의 황색 벽돌 도로가 있다.
— 마샬 버만[13]

내 기억이 틀리든가 꿈이 아니라면, 애국주의적 할리우드 영화 〈인디펜던스데이〉에는 브롱크스에서 바라 본 맨하튼의 풍경이 효과적으로 사용되었다. 공군 조종사인 윌 스미스가 아침에 출근하기 위해 집을 나설 때, 지평선 너머 맨하튼의 마천루 위로 외계인의 거대한 우주선이 하늘을 뒤덮는 위압적인 장면이다.

위에서 인용한 마샬 버만의 글이 시사하듯이 맨하튼 근교에서 자란 젊은이들에게 있어서 지평선 위로 반짝이며 우뚝 솟아 있는 마천루는 항상 동경의 대상이었다. 하지만 그것은 손에 넣을 수 없는 대상으로서만 존재했다. 그곳에 보이는 바벨탑은 높으면 높을수록 멀리서도 누구나 볼 수 있는 '공공적인 것'이다. 하지만 그것은 특정 자본의 소유물이며, 높으면 높을수록 게토의 소년 소녀들을 소외시키는 배타적인 힘일 수밖에 없다. 동시에 이 바벨탑들, 다시 말해 그 거

---

13. 마샬 버만이 쓴 무제의 논문(*Urban Mythologies : The Bronx Represented Since the 1960s*에 게재).

대한 구축은 이렇게까지 해 버려도 좋은가라는 **위험한 매력**을 어디엔가 품고 있는 것이기도 했다(그런 의미에서 '9·11'에서 실제로 일어나 버린 붕괴는 이미 모두의 가슴 속 깊은 곳에 존재하고 있었던 '가능성'이라고도 할 수 있다). 대부분의 젊은이들이 가진 희망은 그 자리에서 허물어져 버린다. 황금빛으로 반짝이는 맨하튼의 화려한 가시성과 접근불가능성 사이의 모순을 가장 잔혹하게 경험해 온 것이 바로 브롱크스와 그곳의 주민들이다.

버만은 그의 책『현대성의 경험』에서 근대의 양의성兩義性에 대해 이야기한다. 그는 이 책의 마지막 장에, 로버트 모제스 주도의 브롱크스 횡단 고속도로Cross-Bronx Expressway 건설에 의해 파괴되어 버린 자신이 자란 커뮤니티와 그 후의 브롱크스의 모습을 기술했다.[14] 그의 어린 시절은 생생한 '물질적 도시공간의 변용'으로서 뉴욕의 근대화가 이루어진 시기였다. 정말로 유토피아가 실현되고 있는 것만 같았던 약진의 시대. 그곳에 늘 로버트 모제스라는 인물의 이름이 찍혀 있었다. 트라이보로 브리지Triborough Bridge, 웨스트사이드 고속도로West Side Highway, 웨스트체스터Westchester와 롱아일랜드Long Island의 공원도로, 롱아일랜드 비치Long Island Beach, 존스 비치, 오차드 비치Orchard Beach, 헤아릴 수 없는 공원과 집합주택, 아이들와일드 공항Idlewild Airport(현재 케네디공항), 나이아가라폭포 근처의 댐과 발전소 시스템. 이에 더해 1939년부터 1940년까지 퀸즈의 플러싱 메도우에서 개최되었던 만국박람회는 버만의 세대에 영웅적인 미래상을 안겨

---

14. Marshall Berman, *All That Solid Melts Into Air*, Penguin Books, 1988 [마샬 버만, 『현대성의 경험』].

주었다. 모제스라는 이름은 발전하는 메트로폴리스의 힘과 꿈의 진정한 형상이 되었다.

그러나 1953년부터, 13세의 소년 버만의 가슴속에서 모제스의 이름에 그림자가 드리워지기 시작한다. 그가 태어나고 자란 커뮤니티의 심장부를 직격하는 대규모 고속도로 계획이 발표된 것이다. 처음엔 어느 누구도 이것을 믿지 못했다. 특히 유대인이 같은 유대인의 커뮤니티를 파괴한다는 것은 있을 수도 없는 일이라고 믿고 있었다. 게다가 뉴딜정책에 대한 기억으로 인해 사람들은 '정부가 **최종적으로는** 민중을 위한 기획이 아니면 실시하지 않을 것'이라는 신뢰를 갖고 있었다. 그러나 파괴는 시작되었다. 1950년대 후반부터 1960년대 초반까지 공사가 계속되었다. 그는 자주 친구와 함께 174번가와 그랜드 콩코스Grand Concourse의 교차점에 가서 '지극히 평범한 근린공간이 숭고하게, 인상 깊은 폐허로 변해가는' 과정을 바라보곤 했다. 그 후 청년이 되어 콜롬비아 대학에 다니기 시작했을 때, 그는 어떻게든 이 사건을 자신의 마음속에서 조정해 보려고 고군분투했다. 도시의 폐허를 보여 주는 피라네시의 에칭etching 시리즈나 괴테의 『파우스트』를 발견하기도 했지만, 브롱크스에서는 끝내 '그 파괴를 상쇄할 만한 인간적 승리 따위' 찾아낼 수 없었다. 그리고 '그 건설이 끝났을 때, 브롱크스의 진짜 폐허화가 시작되었다.'[15] 유토피아에서 디스토피아로의 극적인 전락이 시작된 것이었다. (『뉴욕열전』에서 이야기했듯이) 맨하튼의 다운타운에 고속도로를 도입하려던 계획이 다운타운 주민연합의 반대운동으로 인해 실패한 것과 반대로, 브롱크스에 고속도

---

15. 같은 책 p. 293.

로가 도입되었다는 사실은, 그 자체로 이 땅이 배제된 사람들의 땅이라는 것을 증명했다. 브롱크스는 버려진 것이다.

뉴욕의 모든 땅에서 진행되어 온 젠트리피케이션 앞에서, 그것에 압도당한 쓰디쓴 패배감을 감싸 안으면서 인식되기 시작한 것이 있다. 이 추세가 보여 주는 것은 역사의 필연이나 자본주의적 발전의 필연 혹은 근대의 필연 따위가 아니라, 극히 특수한 보수반동혁명이 계속해서 승리를 거둬 왔을 뿐이라는 것이다.16 그것은 신자유주의라는 보다 세계적인 흐름의 일부분이지만, 그 신자유주의조차 특정 단체에 의한 극히 의도적인 반동적 집행의 집적集積이었을 뿐 세계화라고 총칭되는 역사적 발전은 아니다. 그것은 차라리 '세계 자체'를 계속해서 생산해 내고 있는 '집합신체'에 대한 기생寄生적 개입이다.

뉴욕은 처음부터 늘 세계민중의 도시였다. 유럽을 필두로 세계 각지에서 이곳으로 온 이민자들이 사는 도시이며, 이민이 만든 도시였다. 적어도 초기의 뉴욕에는 그곳에 사는 사람들이 그 공간을 만든다는 자율성의 회로가 가시적으로 존재하고 있었다. 그것은 미국의 다른 모든 땅에도 적용되지만 이 도시에서 집중적으로 표현되었다. 신참 이민이 고참 이민에게 고용되는 형태로 계급관계가 재생산/갱신되고 있긴 했지만, 이 도시를 만든 것은 물리적으로든 정신적으로든 그들의 노동력이었다. 바로 그런 이유에서 뉴욕은 세계민중의 도시였다. 그런데 어느 시점부터 금융계/재계와 정계 등 지배적인 그룹의 개입에 의해 이 도시가 점차 탈바꿈되기 시작했다. '탈산업화'라는

---

16. 이 문제에 대해서는 David Harvey, *A Brief History of Neoliberalism*, Oxford University Press, 2005 [데이비드 하비, 『신자유주의 : 간략한 역사』, 최병두 옮김, 2007]을 참조.

이름으로 시작된 그 계획은 1929년에 이미 구상되어 그 이후 착착 실현되었다. 같은 해에 정부기관인 지역계획협회Regional Plan Association가 '뉴욕시 전체구상'을 발표했다. 이것은 맨하튼 전역 및 브룩클린과 퀸즈의 일부 지구에서 공장이나 제작소 같은 생산의 공간을 추방하고, 그 자리에 금융기관이나 고급아파트를 짓겠다는 것이었다. 노동자가 직장 근처에 거주하는 것이 아니라, 지하철이나 전철, 자전거로 교외나 근린지구에서 통근하게 되는 거주구의 재배치 또한 구상되었다. 도시공간에 자동차 교통의 도입을 추진한 모제스의 계획이 이 구상의 한 페이지를 차지했다.

이 도시를 만들어 온 대부분의 이민 노동자를 내쫓고, 뉴욕을 금융 엘리트와 문화 엘리트의 도시로 만드는 것이야말로 1929년 이후 지배계급이 도모해 온 도시정책의 일관된 목표였다. 그 영향으로 뉴욕 시내의 산업은 금융, 정보, 서비스계통으로 점차 이행했으며, 다운타운에 사는 흑인이나 푸에르토리코계 이민자들은 일자리도 주거도 잃어버리게 되었다. 이러한 변화의 영향으로 인해 1960년대에는 전국적인 빈곤화가 일어났으며, 슬럼가에는 폭동이 난무했다. 일명, '도시 위기'urban crisis였다. 이에 공공사업 확장에 의한 충실한 고용프로그램이 계획되고 얼마간 집행되는가 싶더니, 1970년대 초반 닉슨 대통령은 돌연 '도시 위기'의 종언을 선언한다.[17] 그 후 다시 경기가 후퇴하면서 금융계 조직들이 시 재정의 세입과 지출의 틈을 메우고자 했으나 그것은 1975년에 또다시 갑작스럽게 중지되었다. (시티은행의 월터 리스턴Walter Wriston을 중심으로 한) 유력 투자자들의 결사

---

17. 같은 책, p. 45.

대cabal가 시정부의 빚을 대신 갚아줄 것을 거부함으로써 시를 파산 직전으로 몰고 간 것이다. 그 후 다시 시작한 재정원조에는 시의 예산을 통괄하는 새로운 조직들의 결성이 그 조건으로 끼어있었다. 그 조직들이 최초로 결정한 사항은, 회수한 세금에서 채무증권bond 소유자에 대한 지불을 우선으로 하겠다는 것, 나머지를 중요 경비에 제한해서 사용한다는 것이었다.18

1970년대의 뉴욕시 재정위기는 분명, 부동산개발을 위한 자금조달 때문에 일어난 것이었다. 그것은 전례를 찾아보기 힘든 폭거였다. 다른 도시들은 단 한 푼도 빌리지 않는 장기주택론 조달을 위해, 단기금융에 기댄 것이다. 인구수로는 미국 전체 인구의 3퍼센트에 불과한 뉴욕이 단기금융에 있어 전국 액면가의 약 반에 달하는 금액(3조 달러)을 차관했다. 재계의 원조거부를 뒤쫓듯이 1975년에는 결국 포드 대통령조차 뉴욕시에 대한 재정원조를 보류했다. '포드, 뉴욕시에 통고 : 꺼져'Ford to City : Drop Dead라는 유명한 헤드라인이 『데일리 뉴스』Daily News를 장식했다. 시 재정이 투자자들에 의해 장악된 상태에서 이 여파는 고스란히 민중의 몫이 될 수밖에 없었다. 시 공무원들의 임금과 연금은 제자리걸음을 시작했다. 복지정책을 위한 자금은 3분의 1로 줄었다. 무료였던 뉴욕시립대학CUNY이 학생에게 학비를 청구하기 시작했다. 그러나 한편에서는 주식 매매에 대한 세금이 폐지되고, 개인세가 반액으로 감소되었으며, 부동산세는 사상 최저로 조정되었다.

금융계에 의해 통제되는 뉴욕시의 개발을 분석한 로버트 핏치

---

18. 같은 책, p. 45.

Robert Fitch는 다음과 같이 말한다. '뉴욕의 재정위기는 세계 정상급의 정치적 무책임으로 인한 것이었다. 엘리트들은 당치도 않은 과오를 저질렀다. 그런데 그 정치적 책임을 지기는커녕 오히려 새로운 긴축적 윤리의 추진자로서의 명성을 획득한 감마저 있다.'[19] 우리는 이 일련의 재정위기가 대체 어디까지 '계산된 음모'였는지조차 알 수 없다. 확실한 것은, 어리석음이 빚어낸 이 '위기'를 계기로 시의 재정/개발이 금융계/재계의 손에 완전히 장악되었다는 사실이다. 이후 '민중의 복지'는 삭감되고 '기업의 복지'는 증대했다.

결국 뉴욕의 노동자가 역사적으로 구축해 온 유산 (공동체, 문화, 운동)은 그 밑바닥부터 약탈당했다. 과거 30년간 노동조합과 노동자 계급이 구축해 온 영향력은 소실되었으며 (지하철로 대표되는) 시의 하부구조는 자금부족으로 인해 점점 썩어들어 갔다. 그럼에도 불구하고, 혹은 바로 그렇기 때문에, 시의 지배계급은 뉴욕을 '문화의 중심'으로 전 세계에 팔아 여행객을 끌어 모으기 위한 획책을 벌였다. 아무런 내용도 없는 빨간 하트의 'I Love New York' 캠페인이 등장하였다. 뉴욕의 미술이 그때까지 다른 선진적인 예술과 상보적으로, 그러나 독립된 기반을 가지고 작으나마 힘차게 번창해 왔다면, 이제는 경제적으로 탄탄해진 제도 안에서 오직 덩치만 키우는 소위 '아트 붐'의 시대가 도래했다. 2부에서 분석하겠지만, 도시공간 전체에 영향을 끼친 '미술계와 부동산의 끊을 수 없는 악연惡緣' 또한 이러한 경향을 끌고 간 톱니바퀴 중의 하나였다.

사우스 브롱크스는 이 전체적 전략도戰略圖 속에서 제외되었다.

---

19. Robert Fitch, *The Assassination of New York*, London, New York : Verso, 1993, X.

분명히 희생양이 되었던 것이다. 도시의 생태학적 파괴에 관한 훌륭한 연구서를 쓴 데보라 월리스Deborah Wallace와 로드릭 월리스Rodrick Wallace에 의하면 게토의 '화재'가 정말 '오염'처럼 번지며 '도시적인 것'을 파괴해 갔다[20]. 사우스 브롱크스는 뉴욕 5구 중에서 인구밀도가 가장 높은 지역인 동시에 거주조건은 최악이었다. 1960년에서 1968년 사이에는, 원인불명의 화재가 극단적으로 증가했다. 1966년에는 시 전체의 화재건수가 증가해, 16개의 소방 분서를 신설하라는 명령까지 떨어졌다. 그러나 1970년에 겨우 13개의 분서가 신설되었을 뿐이며 이것이 효과를 발휘한 것도 잠시, 경보의 양은 계속해서 증가했다. 이에 린제이John Lindsay 시장은 〈랜드 연구소〉에 상황 분석을 의뢰했지만 〈랜드 연구소〉가 주장한 것은 오히려 소방서의 수를 줄이는 것이었다.

랜드 코퍼레이션Rand Corporation 연구소는 단순한 연구기관이 아니라 독자적인 반동 이데올로기를 가지고 움직이는 **화약 냄새를 풍기는** 기관이다. 미국 유수의 군사 씽크탱크로서 베트남 전쟁 중에는 (사망자 수 등) 허위 보고서를 작성한 것으로 악명 높다. 브롱크스에서 일어난 화재에 대한 분석에서도 다양한 속임수를 사용하여, 소방서를 줄이고 열악한 화재탐지기 설치를 장려하는 등 화재에 의한 파괴를 조장했다.[21] 월리스는 이를 병원균을 이용한 인체실험에 비유하고 있다.

1969년에서 1976년 사이, 〈랜드 연구소〉와 (이 연구소에 의해 영

---

20. Deborah Wallace & Rodrick Wallace, *A Plague on Your Houses*, London, New York, Verso, 1998.
21. 같은 책, 2장 참조.

향을 받은) 주택·도시개발부HUD는 뉴욕 내의 건축물이 오래되었거나 낡고 혼잡한 근린지구의 소방력을 고의적으로 삭감했다. 이 '실험'의 표적이 된 것은 빈곤지역과 그 주변이었는데, 이로 인해 노숙자가 증가하고 폭력과 다양한 전염병이 시 전체에 창궐한 것은 물론, 시 주변의 교외로까지 그 영향이 확대되었다. 이러한 불씨들은 곧 주요한 루트를 통해서 미국의 다른 주요 도시권으로 날아가 불을 붙였다.[22]

사우스 브롱크스와 센트럴 브롱크스는 1970년에서 1980년 사이에 80퍼센트의 주거 공간과 인구를 잃었다. 전체 130만 명의 백인 인구가 시를 떠났다. 주거 공간의 파괴로 인해 6백만 명의 게토 생활자들이 이주해야만 했다. 전체 인구의 10퍼센트에 해당하는 도시권 생활자 2백만 명이 어떤 형태로든 거처에서 쫓겨났다. 윌리스는 이처럼 폭력적인 거주지와 커뮤니티의 파괴를 '느린 재해'라고 부른다. 그곳의 이재민들에게서는 '빠른 재해'의 피해자들과 똑같은 몇 가지 징후들이 발견된다. 비통, 불안, 분노, 적의, 원망, 부부나 가족의 불화, 중독의 증가, 아이들의 학교에 대한 무관심. 이러한 징후들은 신체적인 병을 유발했다.

랜드와 주택·도시개발부가 굳이 이러한 실험을 감행한 이유는 무엇일까? 그것은 '탈산업화'로 인해 부족해진 산업부지를 확보하기 위한 것이었다. 산업부지의 확보를 위해서 이 지역을 선택한 것이다. 노스 브롱크스의 포드햄 대학Fordham University 도시연구소는 1967년에 정리한 발표문에서 실업률을 줄이기 위해서는 '브롱크스에 산업을 부흥시키는 것'이 반드시 필요하다고 밝혔다. 이를 위해서 주거보

---

22. 같은 책, xi.

황무지에서 저 너머로 보이는 맨하튼 (브룩클린, 윌리엄스버그)

다 산업을 우선시할 것, 사우스 브롱크스를 재개발지구로 지정할 것을 주장했다. 그러나 브롱크스에는 그럴 만한 부지가 거의 없었다. 따라서 사우스 브롱크스에서 2천5백 명 정도를 공공주택으로 이주시킨 다음 토지를 산업부지로 만드는 것이 필요했고, 이를 위해 지대설정법(〈조닝법〉)과 건축기준을 완화시켜야 한다는 식으로 일이 진행되었다. 뉴욕시의 주택·도시개발부 또한 이러한 사고방식을 답습하며 1969년의 개발계획을 추진했다.[23] 이러한 지향성에 음으로 양으

───────────────

23. 같은 책, pp. 26~7.

로 휘둘리면서 브롱크스는 계속해서 불타도록 내버려졌고, 실제로 그렇게 불타버렸다. 말하자면 뉴욕시의 지배계급이 1929년부터 시작한 '탈산업화'가 낳은 산업 결여의 문제를 메우기 위해 사우스 브롱크스가 희생된 것이다.

그러는 동안에도, 맨하튼과 그 근교에서는 개발이 진행되었다. 개발된 것은 위기적 상황에 처해 있는 민중의 거주지구가 아니라 중·상류층의 거주지구였다. 예를 들어 최근 개봉했던, 일본 괴담영화 〈검은 물밑에서〉의 미국판 리메이크인 〈다크 워터〉는 뉴욕의 루즈벨트 아일랜드Roosevelt Island를 무대로 한다. 전혀 뉴욕적이지 않으며 오히려 묘하게 **디즈니적인** 이 맨션지대는 시의 재정난이 최고조에 이르렀을 때 고육지책으로 조직된 도시개발회사UDC가 고액의 빚을 들여 건설한 것이었다. 그 직후 도시개발회사는 파산했다. 세계무역센터 건물의 서쪽 고급맨션지대를 건설한 배터리파크 시티오소리티BPCA의 경우, 애초에는 '국가의 자금'을 이용하여 저·중소득층을 위한 주택을 짓고 그것을 세금공제에 이용하거나 일정액의 집세로 임대해 주는 조직이었다. 하지만 1970년대의 재정위기 속에서 이 계획을 포기하고 난 후부터 배터리파크 시티오소리티의 모습은 점점 변해 갔다. 1980년대를 지나 1990년대까지 '국가의 자금'은 부자들을 위한 맨션 개발에 유용되었다.[24] 그것이 현재의 배터리파크 시티이다. 그곳은 호화맨션지대인 동시에 공원지대이다. 고급주택지 + 공원이라는 이 조합이 '공공공간의 사유화' 혹은 '사유공간의 공공화'라는 뉴욕시의

---

24. Margaret Kohn, *Brave New Neighborhoods — The Privatization of Public Space*, New York, London : Routledge, 2004, 7장 참조.

개발이데올로기를 표현한다. 이곳이야말로 전형적인 '의사 공공공간'이라 할 수 있을 것이다.

맨하튼 남서쪽 끄트머리의 해안가 일대는 깨끗하게 정비되어, 각종 식물이 자라고 많은 공공예술 프로젝트가 설치되어 있다. 물론 24시간 경비체제가 이곳을 감시한다. 그러나 우리가 이 '아름다운 공간'을 방문하고 즐기는 것은 그 자체로 끝나지 않는다. 그곳에는 '불타는 슬럼'이 눌어붙어 있다. 이 **디즈니적인 디스토피아**에는 사우스 브롱크스, 로어이스트사이드Lower East Side, 브룩클린의 베드포드-스타이브슨트Bedford-Stuyvesant, 브런즈위크Brunswick 등 불탄 들판이 되어 버린 슬럼의 망령이 **구조적으로** 달라붙어 있다.

만약 '공공성'이라는 말이 '정부의 민중에 대한 지원'을 하나의 의미로 함축하고 있다면 위에서 기술한 공공주택/공원계획은 그 지원을 누리는 자와 그렇지 않은 자가 있다는 것을 잘 보여준다. 거기에는 불평등 혹은 차별이 있다. 진정으로 도움을 필요로 하는 '미운 오리새끼'에게 주어져야 할 지원이, 별다른 도움을 필요로 하지 않는 '아름다운 백조'에게로 가는 것이다. 브룩클린이나 브롱크스의 황무지에서 맨하튼을 보면서 자란 소년 소녀들은 그 스펙터클을 마냥 기뻐할 수 없다. 그들이 투쟁을 결의할 때, 우리는 그들을 지지할 수밖에 없다.

공공공간公共空間과 공통공간共通空間

인간 진보의 본질은 모든 사람들에게서 공통의 이해(利害)와 의지의 전체성을 발견하는 데 있다. 그것은 단결과 동일하다.
— 엘리제 르클뤼[25]

민중이 실제로 존재하는 '의사 공공공간' 속에서, 혹은 그 공간들에 대해, 자신의 자율성을 '정치적'으로 그리고 '공간적'으로 쟁취하고자 하는 행위야말로 우리가 정당하다고 주장하는 '공공권'의 구축이며, 그러한 실현의 물질적인 과정이 '공공공간'으로 나타난다. 우리는 그 예를 세계민중의 다양한 투쟁 속에서 찾을 수 있다. 『뉴욕열전』에서 보았듯이 그러한 투쟁은 무수한 형태로 나타난다. 현대 뉴욕에서 이러한 투쟁에 큰 공헌을 하고 있는 예로는 '다목적 이벤트 스페이스'를 어떤 특수한 지역에 구축하는 일종의 '활동적 예술', 혹은 '예술'의 영역을 포함해 실천하는 '액티비즘'이 있다. 이 '예술=활동'은 오직 상품화된 작품의 질만을 문제시하는 그런 타입의 작품제작이 아니다. 오히려 도시공간 속에서 '공공권'을 형성하고 '공공공간'을 굳건히 세우고, '공통된 것의 영역'을 개발해 나가는 행위이다. 이러한 '예술=활동'에서는 작품을 전시하는 문맥context의 구축과 작품을 만드는 행위가 일치하게 된다.

이를 보여 주는 하나의 예로 『뉴욕열전』에서는 〈에이비씨 노 리오〉[26]를 살펴보았다. 이는 로어이스트사이드의 지역 커뮤니티와 활

---

25. Elisée Reclus, *Anarchy, Geography, Modernity*, edited by John P. Clark and Camille Martin, London, Boulder, New York, Toronto, Oxford : Lexington Books, 2004, p. 239.

26. [옮긴이] 원래는 ABC Notario라는 간판에서 t가 빠진 것을 그대로 사용. notario는 공증사무소(notary)라는 뜻의 스페인어이다. 멕시코의 경우 자격을 가진 변호사만 법률자문 등 공증인으로서의 일을 맡을 수 있지만 미국의 경우 공증인은 변호사가 아니며 그와 같은 일을 할 수 없다. 하지만 미국에서 종종 notary라는 간판을 내걸고 이러한 차이를 모르는 스페인어권 이주노동자들에게 허위로 변호사 역할을 하며 돈을 뜯어내는 사례가 있다고 한다. 〈에이비씨 노 리오〉에 대한 보다 자세한 내용은 『뉴욕열전』(갈무리, 2010) 105~113쪽 참고.

동가=예술가 사회를 연결하려는 시도였다. 이에 조응하는 운동체가 일시적으로 브롱크스에 존재했는데, 바로 사우스 브롱크스의 힙합문화와 다운타운 예술계를 연결하기 위해 설립된 〈패션모다〉Fashion Moda이다. 비엔나에서 온 예술가 스테판 아인쯔Stefan Eins가 지역의 젊은이들과 협력해서 이 조직을 만들었다. 1978년, 예전부터 더 허브The Hub라고 불리던 브롱크스의 번화가 근처 147번가와 3애비뉴의 1층짜리 점포 공간을 빌려서 시작한 이 팀은 10여 년간 다운타운과 사우스 브롱크스의 문화를 연결하는 데 공헌했다.[27]

1980년대에 나는 5애비뉴와 57번가 부근의 부르주아적인 화랑에서 근무하고 있었는데, 신진 예술가를 찾을 의도도 있고 해서 〈패션모다〉의 오프닝 행사에 몇 차례 드나들었다. 정말이지 폭탄이 터져서 불타버린 것처럼 보이는 들판에 우뚝 솟아 있던 그 공간은 여전히 내 기억 속에 깊이 각인되어 있다. 다양한 후원금을 모아 그 공간을 그럭저럭 운영하고 있던 아인쯔는 내게 있어 부러움과 경외의 대상이었다. 어떻게 이런 것이 가능할까? 당시에는 이런 초인적인 노력을 하는 사람들이 많이 있었다.

이 공간을 매개로 예술가와 힙합세대의 합동작품들이 제작되었다. 이를테면 개념예술가 제니 홀처Jenny Holzer와 그라피티 라이터인 레이디 핑크Lady Pink가 팀을 이뤘고, 존 에이헌John Ahearn과 리고베르토 토레스Rigoberto Torres는 할렘과 사우스 브롱크스 '지역민의 석고상을 떠서 채색한 (후에 크게 호평 받은) 조각상'을 만들기 시작했다. 브

---

27. 〈패션모다〉에 대해서는 다음 링크를 참조하라. http://dlib.nyu.edu:8083/falesead/servlet/SaxonServlet?source=fashion.xml&style=saxon01f2002.xsl

롱크스 중학교에서 미술을 가르치던 백인 예술가 팀 롤링스는 자신이 맡은 특수 학급 학생들과 함께 고전문학을 바탕으로 한 콜라주 회화를 제작했는데, 이 그룹은 팀 롤린스 + K. O. S.Tim Rollins + K. O. S.(K. O. S.는 Kids of Survival의 약자이다)라는 이름으로 주류 미술계에서도 얼마간 명성을 떨쳤다.28 1980년대 전반기에는 이러한 이종교합의 시도들이 이스트빌리지의 새로운 흐름과 더불어 미술계 전체를 활성화 시키고 있었다. 아마도 뉴욕의 예술씬29에서 벌어진 가장 중요한 사건 중 하나일 이러한 사건들은 틀림없이 '공공권 구축'의 한 양태였다. 그러나 이러한 기획은 사우스 브롱크스, 다운타운, 주류 미술계 각각이 속한 사회적 위치가 어긋나기 시작하면서 어느 시점부터 끝을 향해 나아갔다. 이와 동시에 주류 예술계는 점점 젠트리피케이션에 편승하여 (2부에서 전면적으로 분석할) 점점 더 거대화시킨 '흰 벽'white wall을 도시공간에 흩어놓기 시작했다. '공공성'의 위상이 흔들리기 시작한 것이다.

1982년도에, 이후 도시공간을 둘러싼 보수혁명에 커다란 공헌을 하게 되는 악명 높은 논의가 등장한다. 사회학자 제임스 Q. 윌슨James Q. Wilson과 형법학자 조지 켈링George Kelling의 '깨진 유리창'broken window이론이다.30 그 논지는 '공공공간의 무질서가 공포를 불러일으켜 커뮤니티를 파괴하고 범죄로 이어진다'는 것인데, 하나의 '깨진 유

---

28. 이에 대해서는 앞에서 기술한 마샬 버만이 쓴 무제의 논문을 참조.
29. [옮긴이] Scene : 음악, 연극, 미술 등 관객을 수반하는 문화 예술 활동에서 그러한 활동이 특정 지역이나 스타일과 연관되어 하나의 조류를 형성할 때 이를 지칭하는 말. 예를 들면 뉴욕의 클럽 씬.
30. James Q. Wilson & George L. Kelling, "Broken Windows", *The Atlantic Monthly*, March 1982, pp. 29~38.

리창' 때문에 다른 많은 유리창들이 연달아 깨지듯이 술주정뱅이, 매춘, 포르노, 걸인들로부터 온갖 범죄가 일어난다는 주장이다. 그러므로 '생활의 질적 향상'이라고 불리는 것을 강제하거나 '근린공간의 감시체제'를 강화하자고 제창^{齊唱}한다. 이것이 젠트리피케이션에 이데올로기적 기초를 마련해 모든 측면에서 통제된 '의사 공공공간'을 확대시키는 구동력이 되었다.

이를 쫓듯이 '공공공간'을 둘러싼 법적 투쟁이 연달아 발생하였다. 미국 각지의 쇼핑몰에서는 (슬로건이 적힌 티셔츠를 입는 것을 포함한) 정치적 어필이 불법으로 간주되었다. 뉴욕에서는, 1998년 중앙우체국 앞 광장에서 벌인 서명 받기가 금지되었다. 2001년에는 호텔종업원 조합이 링컨센터 광장에서 시위를 벌이고자 허가를 신청했지만 거절당했다. 최근 기억으로는 이라크 전쟁 발발 후인 2004년, 최대의 반전 단체 〈유나이티드 포 피스앤 저스티스〉United for Peace and Justice가 시에 센트럴파크의 반전 집회 허가를 요청했으나 계속해서 거부당했다. 바로 얼마 전인 2007년 2월에는 뉴욕에서 새로운 〈집회법〉Assembly Law이 실시되었다. 이 법에 의하면 이제 50인 이상의 무허가 집회는 (자전거를 타든, 걸어가든) 예외 없이 처벌의 대상이 된다. 이는 당시까지 미약하게나마 존속해 왔던 공공성에 대한 전면 공격인 셈이다.

이러한 전면공격을 두고 법적 해석은 일관되게 다음과 같은 논지를 펼쳤다. 공공공간은 기본적으로 **정부 소유의 사유공간**이므로, 그 공간에 대해 책임을 지는 관료 개인의 판단에 의해 시민의 사용여부를 제한한다. 이게 무슨 궤변이란 말인가! 이 논법에 따라 정부는 **무언가를 소유하는** 개인이 되어 버린 것이다. 또한 이 시점에서 모든 공공공간은 공식적으로 '의사 공공공간'이 되었다. 이후 맨해튼에서 눈에 자주 띄게 되는, 앞으로도 계속 증가해 갈 공간들은 이미 언급한 기업의 정원이나 루즈벨트 아일랜드, 배터리파크 시티의 '디즈니적[的] 디스토피아' 같은 것들이다. 이들을 '디즈니적'이라고 말하는 이유는 유리와 금속만으로 지어진 이 인공적인 건축모델에는, 세월의 흐름에 따라 공간적이고 창조적인 변이를 도입하는 것이 불가능하기 때문이다. 그곳에는 시간이 멈춰 있다. 그곳에서 가능한 '창조적 행위'는 유리창을 깨는 것, 혹은 그곳에 상처를 내는 '스크래치티'scratchti뿐이다. 공간은 항상적으로 일정한 규범과 균일한 모델에 근거해 관리되고, 민중의 '신체성의 개입'이 결코 불가능하다는 점에서 그곳은 '디스토피아'이다. 제도적으로 그 장소를 '공공공간'으로 간주한다 해도 그곳에는 이미 계급적/인종적 분리정책이 깃들어 있다. 이 공간을 사용하는 것은 이미 국가의 지령에 따라 '공중=public'이 된 집단일 뿐, 민중이 자기 스스로 조직한 '무리'는 아니다.

가장 일반적으로 유포된 자유주의 사상에 따르자면, '공공'은 우선적으로 '개인'에 대립하는 것이다. 어떤 경우 이 이분법은 '국가/가족'과 동일화되었으며 다른 경우에는 '국가/시장경제'와 동일화되어 왔다. 하지만 지금껏 봐 왔듯이 신뢰할 수 있는 제도적 '공공'이 부재하는 상황에서 이러한 이분법은 붕괴된 지 오래다. 그 대안으로 한나 아렌트Hannah Arendt는 경제로부터도 가족으로부터도 국가의 관리기구로부터도 분리된 '정치적 공동체'를 상정하고 그것을 '공공'이라 불렀다[31]. 더 나아가 근래의 문화비평가들은, 우리가 타자에게 자기주

---

31. Hannah Arendt, *The Human Condition*, Chicago : The University of Chicago

장을 하는 사회적인 환경 전체를 '공공권'으로 간주한다. 여기에는 '정치적인 것'을 어떻게 생각하느냐의 문제는 물론, 상업적으로 스펙터클한 공간과 정말로 공동주관적인inter-subjective 표현의 공간 또한 구별해야 한다는 (상황주의자들로부터 자극받은) 논의도 관련될 수 있을 것이다. 정치학자 마가렛 콘Margaret Kohn은 '공공공간'을 단일한 문맥에 의해 고정된 개념으로 정의하지 말고 계쟁 전체를 고려함으로써 보다 복합적이고 유동적인 '개념의 묶음'cluster concept으로 사용할 것을 제안한다.32 그녀에게 '공공'이란 '소유', '접근가능성', '간주관성'inter-subjectivity 등 여러 가지 계기가 관여하고 있는 개념이다. 그러므로 그것들의 모순/대립/항쟁/조정이 '공공공간'이라는 개념에 포함되어야만 한다. 말하자면, '사회적 공간'과 '사회적 과정'이 '공공'이라는 개념에 상정되어야만 하는 것이다.

미술이론가 중에서는 거의 유일하게 뉴욕의 공공공간과 예술의 관계를 문제 삼아 온 로잘린 도이치Rosalyn Deutsche는 한스 하케Hans Haacke, 크르치토프 보디츠코Krzysztof Wodiczko, 고든 마타-클라크Gordon Matta-Clark 같은 예술가들의 작품 속에 나타난 도시공간에 대한 급진적인 개입, 도시공간에 대한 힙합문화의 개입의 경험을 근거로 하여 '공공공간은 우리가 만드는 것'이라는 주장을 편다. 그녀는 클로드 르포Claude Lefort의 '사회는 제도화되어 있지만 그 토대는 늘 위기에 처해 있다'라는 인식을 받아 안고, 그 위에서 '민주주의를 요구하는 행위 자체가 공공공간'이라고 정의 내린다.33

Press, 1958, pp. 22~78 [한나 아렌트, 『인간의 조건』, 이진우 · 태정호 옮김, 한길사, 1996].

32. Margaret Kohn, *Brave New Neighborhoods*.

분명히 말할 수 있는 것은 이러한 주장의 기저에 앙리 르페브르가 말하는 '도시에 대한 권리'가 관련되어 있다는 사실이다. 또한 다종다양성이 혼재된 채 공존하는 도시사회의 기본적 윤리가, 이제껏 존재한 적 없는 독단적/폭력적인 방식으로 유린되고 있는 젠트리피케이션의 상황에서, 이 '기본적인 권리'의 탈환은 대단히 전투적인 것으로 나타날 수밖에 없다. 하긴, 르페브르가 '도시에 대한 권리'와 함께 시사하고 있는 것은 '권력은 공간을 점령하지만 공간은 그 아래에서 요동치고 있다'[34]라는 것이었다. 여기서 르페브르가 말하는 '공간'은, 뉴욕시가 주도하는 개발이 밀어붙이는 '디스토피아적' 건축공간에 대항할 뿐 아니라, 실은 그러한 공간조차 그 아래에서 떠받치고 있는 민중의 집합적 신체로 이루어진 '거리를 형성하는 운동'이다. 혹은 '공간 형식의 유토피아 기획'에 대한 '사회적 과정의 유토피아 기획'의 개입이라고 말할 수도 있다. 그와 같은 투쟁을 통해서 발견되는 것은 '공공공간'의 토대가 본래적으로 그것을 떠받치고 있는 '공통공간'이라는 점이다.

아나키스트 지리학자 엘리제 르클뤼가 말했듯이 '지리는 절대적으로 불변하는 것이 아니다. 그것은 늘 스스로를 만들고 또 고쳐 만들고 있다. 그것은 인간의 행위에 의해 계속해서 변용되고 있다.'[35] 그렇다면 우리가 문제시해 온 끝없는 도시적 계쟁은 이 '지리를 변용

33. Rosalyn Deutsche, "The Threshole of Democracy," *Urban Mythologies : The Bronx Represented Since the 1960s* 에 게재.

34. Henri Lefebvre, *The Survival of Capitalism*, London : Alison & Busby, 1976, p. 86. Rosalyn Deutsche의 위 논문에서 재인용.

35. Elisée Reclus, *Anarchy, Geography, Modernity*, p. 191.

하는' 권리를 둘러싼 계쟁이기도 하다. 개발은 누가 무엇을 위해 지리를 변용하는가의 문제다. 구조적으로 완전히 유린당한 배제된 땅, 브롱크스가 던지는 문제의식은 이러한 의미에서 도시의 생태학ecology을 포함한 거대한 연관관계를 명시한다. 그것은 콘이 말하는 '사회공간'이며 아나키스트가 말하는 '공통공간'이다. 그것은 좋든 싫든 간에 우리 모두가 공유하고 있는 지구환경의 문제와 연결된다 — 북극의 빙하, 아마존의 밀림, 대기권. 그리하여 '공통공간'은 우리가 짊어진 부채의 '궁극적인 대상'을 지시한다. 그러나 이조차도 현실 속에서 벌이는 우리 개개인의 사소한 투쟁/생산을 빼고서는 말할 수 없다. 도이치가 말했듯이 '공공공간이 우리가 싸워 획득하는 것'이라면 '공통공간'은 어디까지나 '사회적 과정의 유토피아 기획'의 '투쟁 속에서' 찰나적으로 그 모습을 드러내는 것이리라.

3장

건축과 그 외부

신체들(bodies)은 '건축'에 있지 않다. 하지만 그 신체들이[야말로]건축의 암묵적 조건이다.
— 엘리자베스 그로츠[1]

건축이론 혹은 건축가의 외부의식

'건축'에 있어 뉴욕은 착한 도시가 아니다. 이곳이 건축가에게 영예로운 무대가 된 적은 별로 없었다. 유럽의 도시들처럼 국민국가적인 상징으로서의 대광장이 있는 것도 아니고, 도시를 둘러싼 요소요소에 주요기관을 상징하는 다채로운 건축 양식의 기념비적인 명작이

---

1. Elizabeth Grosz, *Architecture from the Outside*, Cambridge, The MIT Press, 2001, p. 14. 괄호 안은 이와사부로 코소가 덧붙임.

세워진 적도 없었다. 거대한 광장 대신에 생긴 것은 오히려 방문자의 시선을 분산시키는 의사疑似 자연경관인 센트럴파크였다. 공원을 둘러싼 그리드는 각각의 건축을 도시적 조성의 멍에로부터 풀어주었지만 동시에 개개의 건물이 자유롭게 확장/발전하는 것을 제한하는 역할도 했다. 어떤 건축이 설계될지라도 그리드에 흡수됨으로써, 줄줄이 늘어선 한 무리의 건물 중 일부로만 남아버린다. 혹 거리의 모퉁이에 위치한다면 간신히 양면으로 스스로를 과시할 기회를 갖게 되지만, 그렇지 않으면 단 한쪽 면façade만 무대에 서게 된다. 수직으로 뻗은 마천루 또한 건축적 표현으로서의 가능성을 시도하기엔 (중력과 조닝법규라는) 너무나 엄격한 원리들에 의해 규정되고 있다. 렘 콜하스가 그의 뉴욕론에서 말했듯이 맨하튼을 건축적으로 표현하고 싶다면 그 관점을 '디자인'의 원리로부터 도시적 기능이 개별 건물에 폭력적으로 힘을 가하는 '프로그램'으로 옮기는 편이 적당하다.[2] 뉴욕이라는 도시는, 모든 것을 그 자신의 발전역학 속으로 끌어들이는 기계다. 도시를 위한 도시의 발전, 순수한 도시의 유토피아 ― 그것이 콜하스가 본 맨하튼이었다.

이런 까닭에 이 도시는, 고유한 사고에 바탕을 둔 디자인의 실현을 추구하는 건축가에게 있어서는 오랫동안, 건축을 실현하기보다 건축에 대해 사고하고 논의하며 책을 쓰는 장소였다. 후에 세계적인 개발붐이 시작되면서 그들 중 몇 명의 건축가들은 세계를 무대로 활약하는 글로벌 스타가 되었다. 그리고 9·11과 함께, 마침내 뉴욕에서도 유례를 찾기 힘들 만큼 엄청난 기획을 실현할 수 있는 기회를 손

---

2. レム・コールハース, 『錯乱のニューヨーク』 [렘 콜하스, 『광기의 뉴욕』].

에 넣었다. 그러나 그러한 기획이 뉴욕 도시사회에서는 물론이고 건축 그 자체로서도 좋은 결과를 성취했다고는 말할 수 없다.

20세기 후반의 북미에서는 뉴욕을 중심으로, '건축에 관한 사고'가 마치 '물리적인 건축물 그 자체'인양, 다른 이론적 영역들을 집어삼키는 '그릇'receptacle 혹은 '숙주'host로서 기능하고 있었다. '건축이론'은 거의 독립된 학과였다. 이러한 경향이 대략 1960년대 후반부터 시작되어 포스트모던 붐이 일어난 1980년대를 지나 9·11 전까지, 다시 말해 20세기가 끝날 때까지 계속되었다고 볼 수 있다. 대공황 후의 뉴딜정책을 시작으로[3] 기술혁신 혹은 모더니스트 미학과 연동하여 자동차 도로, 다리, 고층빌딩 등의 대규모 건설을 통해 지표地表를 대폭 수정한 '구축의 시대(모제스의 시대)' 후 반성기反省期에 들어서면서 이러한 '이론의 시대'가 찾아왔다고 말할 수 있다. 이러한 이론 지향적 분위기에서는, 어떤 프로젝트가 실현이 불가능할 때조차, 아니 오히려 불가능하기 때문에 비판적인 '건축적 사고'로서 평가받는 기풍이 생겼다. 이론적 저널리즘과 전람회를 축으로 '건축 담론'은 풍요로워졌으며 이러한 이론적 실천들은 '생각하는 건축가'와 기술 중심의 건축가 간의 분리를 촉구했다.

1967년에 건축가 피터 아이젠만Peter Eisenman을 중심으로 건축과 도시론을 다루기 위해 창설된 독립학교/연구기관/전람회시설 〈건축도시 연구소〉Institute for Architecture and Urban Studies는 그러한 경향의 출발점이다.[4] 〈건축도시 연구소〉는 국제적인 건축가들에게 교류의 장

---

3. 뉴딜정책 영향 아래에서의 뉴욕의 구축에 대해서는 *The WPA Guide to New York City* (초판 1939 by The Guides Committee for Federal Writers, Publications, Inc.), New York : The New Press, 1992를 참조.

이었으며, 비록 학위를 취득할 수는 없었지만, 학생들은 그 곳에서 통상적인 훈련을 훨씬 능가하는 양질의 교육과 경험을 얻을 수 있었다. 1974년에 이 조직은 수준 높은 이론지인 『어포지션』Oppositions을 발간하기 시작했다. 그 후 1984년에 문을 닫았지만, 〈건축도시 연구소〉로부터 시작된 이론적 관심은 주위의 몇몇 건축가 그룹에 뿌리내렸다. 이러한 추세는 1990년 이후 일본인 건축가 이소자키 아라타磯崎新가 적극적으로 관여했던, 국제회의를 중심으로 기획된 총서 시리즈 'ANY'로 계승된다.5 현재 세계 각지에서 활약 중인 '이론적/진보적' 건축가 다수가 바로 이러한 계보 속에서 나왔다.

무엇이 건축가로 하여금 이론적인 열정에 눈 뜨게 했을까? 여기에 아이젠만이나 이소자키의 개인적인 자질이 한몫을 한 것은 분명하다. 그러나 보다 중요한 계기는 '건축'이라는 영역이 현실 세계에서 물질적으로 차지하는 조형적인 힘의 크기, 그것과 동시에 — 혹은 그럼에도 불구하고 — 그것이 학과discipline로서 갖고 있는 '폭넓음=애매함'이었을 것이다. 그러한 애매함은 '근대화에 기인하는 문제들'이 도시공간에서 물질적으로 두드러지게 드러난 시대에 집중적으로 표현되었다.

1990년대 후반부터 ANY회의에 참여했던 철학자 엘리자베스 그로츠Elizabeth Grosz는 건축이라는 영역이 언제나 그 스스로를 어디에

---

4. 사이버 링크 http://www.institute-ny.org/.
5. ANY는 1년에 한 번 모이는 회의를 바탕으로 만들어진 총서로서 미국에서는 The MIT Press에서, 일본에서는 NTT출판사에서 간행되었다. 자세한 내용은 사이버 링크 http://www.anycorp.com/ 및 http://www.aguni.com/hon/back/gogatu/18.html 을 참조.

위치시켜야 할지 (그 정체성/동일성identity이) 불확실한 영역이었다고 말한다. 과학? 기술체계? 예술? 아니면 미학적 생산일까? 이러한 불확실성은 건축을, 다른 학과나 영역에서는 불가능한 방식으로 철학 혹은 비판적 이론에 접근시켰다. 말하자면 건축은 계속해서 자기 규정을 하는 학과로서, 이를 위해 다른 학과의 언설에 자신을 적극적으로 개방했다. 이는 매우 건강한 일이었다. 그로츠는 이에 덧붙여 자신이 전공한 철학도, 아니 어쩌면 철학이야말로, 건축처럼 '스스로를 만든다'는 관점에서 사고하는 것이 가능해지길 염원한다고 말한다.[6]

이러한 경향/계보에 대한 관심 속에서 정열적으로 읽힌 이론에는, 건축의 영역을 다양한 측면에서 접근하되 건축 '외부의 관점'을 보여 주는 사고가 널리 포함되어 있다.[7] 그 일부를 소개하면 다음과 같다. 모더니즘(과 포스트모더니즘)에서의 자율적 형태의 전개를 자본주의적인 이데올로기로 보고 비판한 만프레도 타푸리의 관점, 건축을 초월한 도시적 역사의 형식화 혹은 '역사철학'으로서의 '공간의 생산'을 사고했던 앙리 르페브르, 이성의 유토피아와 그 실패가 공존하고 있는 마시모 카치아리Massimo Cacciari의 메트로폴리스론, 폴 비릴리오Paul Virilio에 의한 공간의 정치학Geopolitics에서 시간의 정치학Chronopolitics으로의 전환, 사대주의적인 모더니즘에서 벗어나 상황에 의거한 우연성에 좀 더 자신을 열어두는 지안니 바띠모Gianni Vattimo의 '약한 사고'weak thoughts, 프레드릭 제임슨Frederic Jameson의 대단히 복합적인 포스트모던론, 구축에 대한 철저한 의지로 역설적인

---

6. Elizabeth Grosz, *Architecture from the Outside*, 1장을 참조.
7. 예를 들어, 이에 대한 몇 가지의 전형적인 예가 *Architecture Theory Since 1968*, edited by K. Michael Hays, Cambridge, The MIT Press, 1998에 실려 있다.

생성을 여는 가라타니 고진柄谷行人의 '은유로서의 건축'론, 그리고 데리다와 들뢰즈 ······ .

이러한 이론들을 참조한 건축가들은 건물을 설계하는 일에 결코 직접적으로 도움이 되지 않을 '건축개념'의 가능성에 개방적으로 다가갔다. 하지만 이와 동시에 건물을 지어야만 한다는 요청이 다른 모든 것을 능가하는 차원이 틀림없이 존재한다. 거기에는 고객이나 스폰서가 있으며, 그것이 모든 것의 전제조건이다. 완전히 자율적인 활동으로서의 건축, ─ 그것이야말로 유토피아 중의 유토피아일 것이다. 자신이 선택한 학과의 정체성을 찾아내려는 건축가들이, 무상 실천을 하는 '사회운동가'를 모델로 선택하기는 역시 어렵다. 건축이 꿈의 실현을 목표로 한다면, '사회적 과정의 유토피아'는 자연히 보류되고, '공간 형식의 유토피아'의 실현을 향해 갈 수밖에 없다. 그러한 이유로 위의 이론들이 참조될 때도, 이 이론들이 본래 어딘가에 품고 있었던 '세계를 인식=변혁하는 사고'는 '형태의 창출을 지향하는 사고'로 환원되어 간다. 최종적으로 대부분의 건축가들은 이러한 '이론'을 공간 형태를 쇄신하는 차원, 즉 작가로서 자신의 '기표'signature를 만드는 차원에서 도입했다. 결국 많은 건축가들이 지향하게 된 것은 '예술가' 모델이었다. 이는 20세기 후반부터 전 세계적으로 진행된 예술계의 팽창과도 관련되어 있다. 많은 건축가들이 적극적으로 그 수요가 늘어나고 있는 미술관을 설계했다. 그것은 세상에 존재하는 다양한 예술작품들을 전시하기 위한 배경context을 만들어 내는 용기로서의 미술관을 구축하는 것, 다시 말해 메타 아트를 구축/기획하는 실천이기도 하다. 이를테면 그럼으로써 이들은 메타 아티스트이고자 했던 것이다.

2000년 6월에 개최된 마지막 ANY회의 이후, 뉴욕에서 '이론에 대한 정열'은 약해져 갔다. 그룹 내의 많은 '생각하는 건축가'들이 건축설계의 내재적인 문제에 좀 더 관심을 가지기 시작했다. 세계적인 차원에서 진행되는 개발붐이나 다양한 시공 기술, 소재의 쇄신을 목격하면서 그들은 현실에서 건물을 짓지 않으면 안 된다는 초조함에 쫓기고 있었던 것이다. 그런데 이 '예술적 건축'은 9·11에 의해 화장火葬된 세계무역센터와 트윈타워의 재건(=프리덤 타워Freedom Tower)을 위해 참여했던 현상설계 공모competition에서 자신의 한계를 고스란히 드러내고 말았다. 이 프로젝트에는 개별 건물에 대한 접근방식을 초월한 문제들 — 도시와 그 주민의 문제, 공공공간의 문제, 대재앙 후의 처리에 관한 윤리적 문제 등 — 이 포개어져 있었다. 이는 건축가들에게 쉽게 만나기 힘든 엄청난 규모를 가진 구축의 기회를 안겨주었다. 동시에 이것은, 20세기 후반부터 '건축의 이론화'에 정열을 바쳐온 건축가들이 얼마만큼이나 '건축 외부'라는 문제에 대응할 수 있는가, 혹은 대응할 수 없는가라는 시련 또한 안겨주었다.

지금까지 본 '건축과 건축이론의 문제'를 염두에 둔 채, 이제 세계무역센터와 그 재림인 프리덤 타워의 설계에 얽힌 일화를 풀어가겠다. 이제까지 고찰해 온 것의 계속으로서 근대 이후 뉴욕의 건축 혹은 '구축의 문제'와 '도시적 생성'을 주제로 삼는다. 도시적 생성은 구축의 전제 조건으로 존재하며 구축의 핵이 되어 구축을 만들지만 그로부터 항상 빠져나간다. 따라서 앞으로의 관심은 개개 '건축 작품'을 음미하는 것이 아니다. 여기서 보고자 하는 것은 도시 안에서의 건축의 위상 — 그 희망, 절망, 불가능성과 가능성이다.

'9·11' 혹은 건축적 비극

'발명'이 실은 사물을 바라보는 하나의 방식 즉 '우연'(accident)을 기호(記號)로 혹은 기회로 파악하는 것이라면, 지금이야말로 우리의 전시장을 즉흥성으로, 요컨대 과학과 테크놀로지의 '간접적인 생산'인 재해와 (산업적인 혹은 그 외의) 돌연변이(catastrophe)에 열어놓아야 할 때이다. 아리스토텔레스가 말했듯이 '우연성이 실체를 보여 준다'면 '실체'의 발명은 '우연성'의 발명이기도 하다. 그렇다면 난파는 배의 미래주의적 발명이고 추락은 초음파 비행기의 발명이며 체르노빌의 용해는 원자력발전소의 발명이다.

— 폴 비릴리오[8]

이 같은 사건accident 중심의 사고를 따를 때, 거의 수직방향으로 일어난 세계무역센터 건물의 와해는 초고층 빌딩의 발명이라고 할 수 있다. 시각적으로 그 막대한 무게, 용량, 사이즈를 느낄 수 없게 만들던 중성적인 은빛의, 세로로 긴 사각형 구조의 반복은 파괴됨으로써 그 물질적인 내용 전부를 우리에게 보여 주었다. 중량을 가지고 있던 물체는 불타고 부수어지고 무너졌지만, 코를 찌르는 산성 매연과 구조를 이루고 있던 가루들, 서류로 사용되었던 엄청난 매수의 복사용지가 한참동안이나 맨하튼 하늘을 날아다녔다. 자본주의 사회를 지탱하고 있는 기업 간의 그물망 조직network은, 세계무역센터 건물의 파괴와 동시에 단숨에 물체성으로 환원되었다. 어떤 수고나 시간도 들지 않은 폐허의 생산이었다. 멈추지 않고 북서쪽에서부터 불어오는 바람 때문에 연기는 브루클린으로 흘러갔다. 브루클린 하이츠의 주택지에 매일매일 희뿌연 가루가 날아와 쌓였다.

빌딩이라는 거대한 구축체를 구성하고 있던 물체 중 가장 취약한

---

8. Paul Virilio, *Unknown Quantity*, Thames & Hudson + Foundation Cartier pour 1, art contemporain, 2003, p. 6.

것은 역시 인체였다. 그 내용은 다양했다. 영국계 경영자, 아일랜드계, 이탈리아계, 유대계, 그리고 동아시아계의 주식 중개인, 인도계, 파키스탄계의 컴퓨터 기술자, 카리브계의 보안경비원, 멕시코계의 요리사/잡부 등이다. 중/상류계급의 기업가만이 아니었다. 미국 시민과 그린카드(영주권)를 가진 노동자만도 아니었다. 비교적 소수이긴 했지만 미등록 노동자도 포함되어 있었다. 요컨대 그곳에 이민사회 뉴욕이 통째로 들어가 있었다. 건물 안에 있던 대략 5천 명의 사람들 중 3천 명이 사망했다. 부상자는 거의 없었다.

트윈타워가 존속하는 동안에 나는 그곳을 수차례 방문했었다. 대부분, 일본에서 온 지인과 함께였다. 특별히 이 건물을 좋아한 것은 아니었지만 그 높이에서 바라보는 야경에는 독특한 묘미가 있었다. 통상 키 높이에서 보던 거리의 현실이 미니어처로 환원된다. 거리를 위에서 아래로 내려다보는 트윈타워의 높이는 때론 현실처럼, 때론 환상처럼 느껴졌다. 하늘이 맑고 따뜻한 날이면 언제나 아침 일찍 자전거를 타러 나가는데, 맨하튼 남단을 동쪽에서 서쪽으로 돌면서 그 두 개의 마천루를 가까이서 올려다볼 때면 '왠지 불안한 마음'이 들어 가슴이 뛰곤 했다. 경이로울 정도의 높이로 우뚝 솟아 있기 때문이었다.

그것은 '마천루를 연기演技하는 마천루'라 해도 될 것이다. 그 근처에서는 모든 도시적/건축적 기능이 지하에 묻히고, 지상에는 미니멀한 순수 형태만이 두 번 반복되어 드러났다. 이 순수 형태의 반복은 북쪽에서 '유일성'을 강조하며 솟아 있는 엠파이어스테이트 빌딩과는 대조적으로 마치 대량생산 시대를 구현하고 있는 듯이 보였다. 말하자면 그것은 '오피스 빌딩을 연기하는 오피스 빌딩'이었다.

건축 이론가 마크 위글리Mark Wigley의 말을 빌리면, 두 개의 타워

없어진 부두의 흔적

에는 앞도 뒤도 옆도 없었다. 어느 면이건 똑같았다. 게다가 이 건물들에는 깊이가 없기 때문에 원근법적 시점을 가질 수 없었다. 그 주변을 에워싼 작은 건물들이 트윈 타워를 올려다볼 수 있는 시계視界를 가로막았다. 상점이 밀집한 지하상가 위에 얹힌 광장에는 바람이 사납게 휘몰아쳐 인적이 거의 없었다. 트윈타워는 멀리서 바라볼 때, 순수한 파사드façade로 보이게끔 지어졌다. 건축가의 설계도에 드러나듯이 이 건물들은 평면적으로 보이도록 만들어진 것이다.9

9. Mark Wigley, "Insecurity by Design," included in *After the World Trade Center*, edited by Michael Sorkin and Sharon Zukin, New York, London : Routledge,

바꿔 말하자면, 이 거대한 물체는 그 물체성을 없애기 위해 애쓰고 있었다. 마치 세계금융 비즈니스가 물질세계와 아무런 관련도 없이 초월적으로 존재함을 주장하는 것과 흡사하다. 건축평론가 폴 골드버거Paul Goldberger가 말하듯이, 트윈타워는 좋은 의미에서든 나쁜 의미에서든 거의 모든 사람들에게 '근대'를 표상하고 있었다.[10] 건축가 마이클 소킨Michael Sorkin의 말처럼 그것은 '끔찍한 것이면서 동시에 훌륭한 것이기도 했다.'[11]

트윈타워의 설립배경은 대략 이러하다. 시의 지도자들은 1930년대 이후 남부 맨하튼이 경제적으로 만족스럽게 발전하지 못하고 있다는 느낌을 가졌다. 거기엔 고급주택, 상점, 오락, 문화가 결여되어 있는 것 같았다. 많은 비즈니스가 미드타운으로 이동해 버린 후 이 지역에 전혀 손을 대지 않았던 것이다. 다른 곳이 개발된 후, 이 도시의 발상지임에도 불구하고 맨하튼 남부는 오히려 교통이 불편한 장소가 되어 버렸다. 1950년대 후반부터 록펠러 형제를 필두로 한 시의 지배계급 사이에서, 중요한 주식시장이 있는 월스트리트 주변의 장래를 걱정하는 목소리가 높아졌다. 국제적인 무역센터를 지어 이 지역을 단번에 활성화시키자는 방안이 제출되었다. 최초의 후보지는 월스트리트에 근접한 맨하튼 동남쪽 브룩클린교의 남쪽이었다. 뉴욕주지사 넬슨 록펠러Nelson Rockefeller는 주의 재정에 부담을 주지 않기 위해서 이를 시의 다리, 터널, 공항의 건설을 통괄하는 항만청과 논의했다. 항만청은 뉴욕과 뉴저지New Jersey 두 개의 주에 의해 운영되

2002, p. 80.

10. Paul Goldberger, *Up From Zero*, New York : Random House, 2004, p. 19.

11. Michael Sorkin, *Starting from Zero*, New York, London : Routledge, 2003, p. 10.

는 기관이므로 뉴저지주의 이해도 고려해야만 했다. 이에 뉴저지 주지사가 내건 조건은, 당시 파산 직전에 있었던 뉴저지주와 뉴욕시를 연결하는 통근전차회사 H&M^{Hudson and Manhattan Railroad}을 원조하는 것이었다. 결국, 항만청이 H&M을 사들여 재투자 및 확대/쇄신할 것을 조건으로 두 주 사이에 합의가 성사되었다. 이것이 지금 뉴욕과 뉴저지를 연결하고 있는 통근지하철 PATH^{Port Authority Trans-Hudson}의 발족이다. 뉴저지에서 출발하는 노선이 연결되는 맨하튼 남서쪽의 허드슨 터미널역과 국제무역센터를 통합시키자는 제안에 따라, 무역센터 부지는 이전 후보지였던 맨하튼 동남쪽에서 맨하튼 남서쪽으로 옮겨졌다. 세계무역센터 빌딩 건설이 마무리되었을 때, 이를 주도했던 항만청의 이사 오스틴 토빈^{Austin Tobin}은 세계무역센터를 '수직의 항구'라고 불렀다. 세계무역센터의 건설이, 뉴욕이 세계적인 해운 항구 도시로서 그 막을 내린 시기와 함께 했기 때문이다.[12]

이러한 대규모 기획이 어떻게 만들어졌는가를 설명할 때, 언제나 무시되는 요소가 있다. 원래 그곳에서 살고 있었던 커뮤니티이다. 이 땅은 '로어웨스트사이드'^{Lower West Side} 혹은 '시리아인의 거리'^{Syrian Quarter}로 불리고 있었다. 1880년대에 형성된 아랍계, 터키계, 아르메니아계, 그리스계 이주민들의 잡거지구^{雜居地區}가 거기에 있었다. 이국적인 식료품점이 줄지어 선 상점가와 집합주택 거주구가 모여 있었다.[13] 당연히, 상점주인들을 중심으로 한 반대운동이 있었지만, 결

---

12. Eric Darton, "The Janus Face of Architectural Terrorism : Minoru Yamasaki, Mohammed Atta, and Our World Trade Center," included in *After the World Trade Center*, edited by Michael Sorkin and Sharon Zukin, New York, London : Routledge, 2002를 참조.

국 그들은 쫓겨나고 말았다. 그 후 몇 개의 상점들은 현재 브룩클린의 애틀랜틱 애비뉴Atlantic Avenue 지구로 이주하여 아랍계 상점가를 형성하고 있다.

트윈타워의 설계는 디트로이트에서 활동하던 일본계 건축가 미노루 야마사키Minoru Yamasaki가 맡았다. 당시 그는 30년 남짓한 역사를 가지고 있었던 엠파이어스테이트 빌딩의 체면을 구기지 않고 그 건축 디자인으로부터 적당한 거리를 두기 위해 세심한 주의를 기울였다고 한다. 트윈타워 정도로 높은 마천루를 짓기 위해서는 당연히 역학적인 기술에 대한 궁리도 필요했다. 해결책은 하나의 구조물을 만드는 대신 전체 높이의 3분의 1에 이르는 통일된 구조를 세 개 겹쳐 쌓는 것이었다. 따라서 이곳을 방문하는 사람들은 엘리베이터를 몇 번 갈아타야만 최상층에 도달할 수 있었다. 골드버거는 비행기가 트윈타워와 충돌했던 9·11 당시 이 건물의 구조적 가벼움이 건물의 붕괴에 얼마나 영향을 끼쳤는지는 확실치 않지만, 건물 중심부에 건물을 떠받치는 기둥 대신 계단과 엘리베이터가 집중되어 있었다는 점은 분명한 약점이었다고 말한다.

사고 4개월 후, 사람들이 여전히 이 대재앙이 남긴 트라우마로 괴로워하고 있던 와중에, 뉴욕 미술계에서 거의 유일하게 건축가의 작품을 취급하는 맥스 프로테치Max Protech 화랑이 125명의 건축가에게 트윈타워/세계무역센터의 재건축을 의뢰했다. 반 이상의 건축가가 이를 거절했지만 60여 명은 이에 응했다. 그 전람회는 찬반양론을 불러일으켰다. 이 제안에 응할 것인가 말 것인가. '아픔'과 '윤리적 판단'

---

13. *The WPA Guide to New York City.*

그리고 '정열' 사이의 갈등을 불러일으켰을 이 제안에 어떻게 답할 것인가는 건축가들에게 분명 어려운 선택이었을 것이다. '건축에 대한 의지'의 측면에서, 이 정도 규모의 구축에 관여할 기회란 거의 참기 힘든 매력이 아니었을까. 당시 나의 개인적인 질문에 대해 이소자키 아라타는 '자기라면 이곳에 (기념비 말고는) 어떤 건물도 짓지 않을 것이다'라고 확실히 대답했다. 지금까지도 우리의 마음에는 '건물을 지을 것인가/짓지 않을 것인가', '그곳에 새로운 건물을 지을 것인가/그곳을 (기념비로서) 남겨 둘 것인가'라는 절실한 고민이 남아 있다. 하지만 시시각각 변하는 상황 속에서 (기념비적인 것 이외의) 건물을 짓지 않겠다는 건축가들은 계획안의 현상설계 공모에서 떨어져 나갔다. 그 후 질문은 새로운 건축물이 '상업중심적인 건물이 될 것인지/상징적·문화중심적인 건물이 될 것인지'의 범주로 이행했으며, 나아가 '상업중심주의'의 범주 안에서 어떤 의장意匠을 택하는가라는 문제로 수습되어 버렸다.

맥스 프로테치 화랑에 제출된 안 중 기억에 남는 제안이 두세 가지 있다. 마이클 그레이브스Michael Graves는 이 일대를 세계무역센터 빌딩이 세워지기 전의 바둑판 모양 거리로 되돌려, 마치 무역센터 건물이 존재하지 않았던 것과 같은 상태에서 재출발하자는 안을 내놓았다. 비록 현실적이지는 않았지만, 이 제안은 세계무역센터 빌딩의 구축, 존재, 파괴를 모두 '나쁜 기억'으로 말소해 버리고 뉴욕적인 도시공간의 본래성을 재주장하고자 하는 명료한 자세를 보여 주었다.[14] 후일 공식적인 현상설계 공모에서 젊은 건축가 그룹 〈유나이

---

14. Max Protech, *A New World Trade Center*, New York : HarperCollins, 2002, pp.

티드 아키텍츠〉United Architects를 대표하는 그렉 린Greg Lynn의 〈그렉 린 폼〉Greg Lynn FORM은 대단히 문제적인 안을 제출했다. 그 안에 의하면 '9·11'은 세계화된 현실에서 세계 군사 분쟁과 일상생활의 경계가 붕괴했음을 증명하는 사건이었다. 따라서 지금이야말로 건축에 군사방위를 위한 디자인과 테크놀로지를 도입해야만 한다는 것이다. 그 제안은 르네상스 이후의 건축사에 뚜렷이 존재하고 있던 군사적인 영향을 재인식하고 그 시대로 돌아갈 것을 주장했다.[15] 이러한 상황 추종적 사고에는 윤리적인 판단이 빠져 있다. 여기에는 의도치 않았더라도 '건축디자인'은 국가가 직면하는 상황에 따를 뿐이라는 협조주의協調主義가 표명된 것이다. 내가 깊은 흥미를 느낀 것은 앞으로 고찰할 마이클 소킨의 안이다. 이에 대해서는 폴 골드버거와 사카이 다카시酒井隆史도 평가하고 있지만, '9·11 이후'라는 물음에 도시론적 관점에서 정면으로 도전하고 있는 유일한 기획이었다.[16]

9·11 사건 이후 재건 계획을 통괄한 남부 맨하튼 개발회사Lower Manhattan Development Corporation(이하 LMDC)는 세계무역센터 부지와 그 부근에 가능한 한 빨리 많은 오피스 공간을 회복시키고자 했다. (이러한 요청이 프리덤 타워라 불리게 될 트윈 타워의 재구축 결정 과정 및 건축가 선정과 어떻게 연결되었는지에 대해서는 골드버거가 그의 저서 『업 프롬 제로』에서 자세히 보여 주고 있다.[17]) 이 기획에

52~3.

15. 같은 책, pp. 90~1.

16. 「公共圏の解体と創出」酒井隆史 + 髙祖岩三郎対談, 『現代思想』 2005年, 5月号 〈公共性を問う〉, 東京・青土社, p. 85. Paul Goldberger, *Up From Zero*, p. 56.

17. Paul Goldberger, *Up From Zero*.

서 LMDC는 로버트 모제스식의 전제권력을 가졌는데, 그 주된 업무는 놀랍게도 글로벌 금융업계와 지역 부동산업 사이의 이해를 통합시키는 것이었다. 재건 위원회의 구성원들은 다음과 같다. 3명의 줄리아니 시정부 집행위원, 4명의 월스트리트 유력가, 부시 대통령의 친구가 1명, 그리고 가까스로 포함된 1명의 조합 지도자(그것도 건축업계의), 단 1명의 흑인, 단 1명의 다운타운 거주자, 도시계획가 0명, 건축가 0명, 문화계의 지도적 실천가 0명, 교육자 0명, 놀랍지만 이재민 가족도 0명. 결과적으로 뉴욕주와 항만청 사이의 세력 다툼이 되어 버린 건축안 선정은 (순수한 현상설계 공모라고 말하기 힘든) 편 가르기 경쟁이 되어, '기술적 건축가'와 '예술적 건축가' 사이의 대립 구도로 발전했다. 끝내 사태는 건축가, 정치가, 경영자, 일반주민, 재난을 당한 사람과 그 가족, 순직한 직원과 그 가족, 그리고 후유증으로 고통 받는 직원과 그 가족 중 누구 하나도 만족시킬 수 없는 이상한 지경으로 내달려갔다. 이 조악하기 그지없는 게임은 '대大비극'의 후일담이라고는 도저히 생각할 수 없는 종류의 것이었다. 결론을 말하자면 이것은 '도시민중의 감정'에 대한 자본주의적 개발의 완전한 승리였다. 지금도 이 다툼은 계속되고 있다.

'프리덤 타워'의 공식 현상설계 공모에서 일곱 팀의 건축그룹이 최종 심사대상에 남았다. (1) 피터 아이젠만, 리처드 마이어Richard Meier, 스티븐 홀Steven Holl, 찰스 과트메이Charles Gwathmey 등 뉴욕을 대표하는 베테랑 건축가 그룹, (2) 고층빌딩을 많이 다뤄 온 영국인 노먼 포스터Norman Foster 경卿, (3) 대형 오피스 빌딩 전문 건축회사 스키드모어 오윙즈 메릴Skidmore, Owings & Merrill, (4) 라파엘 비뇰리Rafael Viñoly가 이끄는 〈THINK〉 그룹, (5) 젊은 건축가 그렉 린, 벤 반 버켈

Ben van Berkel, 제시 라이저Jesse Reiser, 케빈 케논Kevin Kennon 등이 결성한 〈유나이티드 아키텍츠〉, (6) 최종적으로 그의 디자인이 '원안으로' 선정된 다니엘 리베스킨드Daniel Libeskind, (7) 피터슨/리텐버그 팀 Peterson & Littenberg. 이 중에서 (1), (5), (6)번 팀이 뉴욕의 '이론적 건축가'의 계보에 속한다.

(1)번 팀은 이 그룹의 건축가들이 각자 오랫동안 추구해 온, 복잡하고 정교한 기하학적 형태의 조작을 연장시킨 듯한 거대한 마천루를 제안했다. 건축가들의 표현에 따르면 그것의 형태는 '서로 맞물려 무언가를 만지려고 하는 손가락의' 양태를 시사하는 입체적인 그리드였다. 그들은 스스로를 '드림팀'dream team이라고 부르며 자화자찬했다. (5)번 팀의 건축가들은 '21세기의 마천루'라는 이름으로 거의 공중에 떠 있는 시 블록 — 세계 최대의 오피스 빌딩의 구축을 선보였다. 이 그룹의 멤버들은 컴퓨터 그래픽을 이용하여 형태조작morph을 구사하는 건축가들이었다. 이러한 기술을 충분히 응용시켜 2단으로 구성된 스테이지에 여러 개의 건축 단위를 중첩시킴으로써, 최종적으로는 대성당과 같은 '성스러운 공간', 이른바 '하늘의 성지'를 구축하고자 했다. (6)번 팀의 기획안은 이후 뉴욕시 경찰청의 보안 관련 요청에 의해 큰 변화가 생기긴 했지만, '원안'으로 뽑힌 디자인이다. 중심이 되는 타워에서 뉴욕의 다른 기념비적인 고층 구축물인 엠파이어스테이트 빌딩이나 자유의 여신상과의 조응을 의식한 흔적을 발견할 수 있다. 이 디자인에서 인상적인 것은 '기억의 초석'memory foundations인데, 애초에 허드슨 강물의 범람으로부터 세계무역센터를 지켜내기 위해 지어졌으며 심지어 9·11의 믿기 힘든 파괴력도 버텨낸 '콘크리트 벽'을 보존한다는 발상이었다.

위에서 말한 세 프로젝트의 공통적인 방향성은, 기능적으로는 '사상 최대의 비즈니스 센터'를 지향하되 거기에 표상으로서의 '9·11 기념비'를 덧붙이는 것이었다. 이러한 기획을 통제하는 담론 속에는 '애국', '긍지', '성스러움', '안전' 등이 슬로건으로서 강조되고 있었다. 이러한 슬로건은 추상적인 형태의 상징적인 의미 작용과 실제로 설치되는 기념비라는 두 가지 차원에서 강조되어 '9·11'이라는 기호와 연결되었으며, 동시에 건물 대부분의 공간은 비즈니스에 바쳐졌다. 이 계획들 중 어느 것도 '9·11'을 경험한 도시 뉴욕의 문제와 그에 대한 해결안을 제시하며 경합한 것은 아니었다. 단지 '예술가'로서의 건축가가 가지고 있는 조형욕구를 최대한으로 발산했을 뿐이었다. 제시된 모든 기획에서 현실에 존재하는 도시는 부차적인 것이었을 뿐, '작자'作者로서 '공간형태의 유토피아'를 구현하는 것이 유일한 관심사였다고밖에 여겨지지 않는다. 이 현상설계 공모는 방약무인한 개발에 대한 욕동(혹은 콜하스가 말한 '맨하튼주의')이 어떻게 '건축적 욕동'을 끌어들이는가에 관한 예시가 되었다. 그런 의미에서 이 중 어떤 기획안도 '자본주의적 이데올로기로서의 순수형태 추구'라는 타푸리의 비판을 피할 수 없다. 그것이 컴퓨터 테크놀로지를 이용해 형태변용을 구사하고, 다양한 외적 데이터의 도입으로 근대주의적인 순수형태의 논리를 초월했다고 주장하더라도 본질적인 것은 같다. 예전에 〈건축도시 연구소〉나 ANY와 관계하면서 '건축의 외부를 사고'하는 것에 도전했던 이론적인 건축가들이 지금은 미국 국기가 그려진 배지를 가슴에 달고 애국주의 미사여구를 늘어놓으며 오로지 **조형욕구로 한정된 구축으로의 의지**에 한결같이 매진하게 되었다.

공식 현상설계 공모 밖에 위치했던 마이클 소킨의 기획안은 제대로 고찰할 만한 유일한 문제제기였다. 그의 안은, **일단** 트윈타워 부지를 에워 싸 그 상태 그대로 기념비로서 보존하는 한편, 이 지구地區 전체를 커다란 '공공공간'으로 변환시키고자 했다. 대담하게도 그는 '세계무역센터의 기능'을 맨하튼 남서부에 위치한 이 공간에서 뉴욕 각지로 분산시킴으로써 각 지역의 발전을 도모하자는 발상을 내놓았다. 더욱이 이와 관련해 세계무역센터 지하에 묻혀 있는 지하철 각 노선의 연결체계 계량을 고안해 냈다. 또한 여기에 학교나 문화시설을 신설하고 공공공간으로서의 공원지대를 만들기 위해, 세계무역센터 지구와 서쪽 해안의 배터리파크 지구를 분리하는 격심한 교통체증의 웨스트 스트리트West Street를 지하에 묻을 것을 제안했다. 덧붙여 그는 배터리파크 북서쪽에 위치한 허드슨 강변의 산책로를 새로 매립해서 허드슨 강의 흐름에 따르는 유선형 강변을 만들고 그곳을 녹지화할 것을 제안했다. 그는 기념비로서 둘러싸인 트윈타워 터에 대해서는, 장래에 계획이 변이/발전할 것을 고려해 **일단 그 상태로** 둘 것을 규정하고 있다.[18] 이것이야말로 분명 '조형욕구 + 비즈니스'를 넘어선 도시주의urbanism로서 조율된 유일한 기획안이었을 것이다.

'9·11' 전후 건축가의 지위는 점점 상승했다. 온갖 패션 잡지나 신간 잡지에 '건축의 미'가 소개되면서 건축은 대중적인 인지도를 얻기 시작했다. 이것은 예술제도가 갈수록 미술관을 중심으로 세계적으로 확대되고 대중화하여 디즈니적인 엔터테인먼트=스펙터클의 영역에 접근하고 있는 것과 상승적相乘的으로 맞물린다. 그 제도의 중심에 있는 미술관을 설계함으로써 건축가는 예술 세계를 총괄하며 군림하는

---

18. Michael Sorkin, *Starting from Zero*.

'메타 아티스트'로 여겨지게 되었다. 미술관이라는 비주거적 '건축'을 대할 때 건축가는, 도시의 사회적 과정에서 비롯된 제약으로부터 비교적으로 자유로운 '거대한 조형적 실험'을 시도할 수 있다. 그러한 기회는 이론적인 '건축가'이든 아니든, 건축가라면 거절하기 힘든 커다란 매력임에 틀림없다. 그러한 엔터테인먼트적인 시설이 양산되고 있는 오늘날, '건축적 문제'는 거대한 스펙터클의 형식과 새로운 테크놀로지의 문제에 집중되고, 그러한 경향 속에서 도시적인 문제는 무시된다. 이런 식의 '건축개념'에서는, 건축이 갖는 학과로서의 애매함이 '외부의 사고'를 촉발하기는커녕, 반대로 '내부의 사고'가 확대된 형태로 '만능자로서의 건축가'를 증식시킨다. 이 만능자의 언어는 외부의 문맥을 잃고 어디까지나 독립적인 '순수형태'라는 신의 언어에 가까워진다. '9·11'의 현상설계 공모는 많든 적든 그러한 배경 속에서 진행되었으며, 그 경향을 상징하는 사건이었다.

프롤로그에서 살펴보았듯이, 9·11 이후 뉴욕의 도시공간에서는 전반적으로 '혼합적 지역정책'mixed-use zoning이 사라지기 시작했다. 혼합적 지역정책은 다양한 유형의 주민, 방문자, 장사, 산업이 혼재함으로써 발생하는 '공공성'을 추구하고 유지하기 위한 정책, 바꿔 말하면 '거리'를 유지하기 위한 정책이다. 이러한 정책의 상실은 '탈산업화'와 젠트리피케이션의 연속적인 과정에서 이미 진행되어 왔지만, 9·11 이후 단숨에 가속화된 것 또한 틀림없다. 보복전쟁을 일으킨 미국과 이 전쟁을 허락해 버린 미국 국민은 지금까지도, '9·11'이라는 경험이 주는 중요한 메시지를 받아들이고 그것에 대해 사고할 기회를 놓치고 있다.

세계도시론자 사스키아 사센Saskia Sassen은 9·11 다음날인 9월 12

세계무역센터가 있던 터. 건축, 그리고 휘날리는 성조기.

일, 전에 없던 강렬한 어조로 한 문장을 썼다.

이 공격은 최후의 말이었다. 억압받고 학대받은 자들은 지금까지 다양한 언어로 우리에게 말을 걸어왔다. 하지만 우리는 결국 그 의미를 번역하지 못했다. 때문에 이 두세 명의 인간들이 이제는 번역을 필요로 하지 않는 언어로 말할 것을 결정하였다.[19]

그들의 행동은 이슬람교의 근본주의적 주장에 의해 실행되었다.

---

19. Saskia Sassen, "A Message From the Global South," *Guardian of London*, September 12, 2001, http://www.newsdirectory.com/go/?f=&r=eu&u=, www. guardianunlimited.co.uk/GWeekly/front/0,3936,181083,00.html.

여기엔 의심의 여지가 없다. 하지만 여기에는 틀림없이 위에서 말한 지구 남반구의 문제 또한 (구조적으로) 내포되어 있다. 그것을 무시한 채 이 문제를 순전히 이슬람 근본주의에 의한 테러리즘이나 그것에 대한 보복전쟁으로 환원시킬 수는 없다. 그것으로는 어느 것 하나 해결할 수 없다. 미국이나 다른 선진 자본주의 국가는 자신들의 자본과 그 영향이 세계에 만들어 내는 불평등과 불균형, 그로 인한 여러 문제를 앞에 둔 채 '평화와 풍요로움'이라는 방어벽 뒤에 숨어 있을 수만은 없게 되었다. 이제 뉴욕은 자신의 번영이 지닌 (구조적) 책임을 인식하고 그것과 직면하지 않으면 안 된다. 우리 스스로가 번역을 통해 진짜 문제와 만나지 않으면 안 된다. 그렇지 않으면 번역을 필요로 하지 않는 언어가 점점 더 쓸데없이 많은 말을 하기 시작할 것이다.

2부 예술도시

4장 반(反)흰 벽론

5장 예술과 액티비즘 사이에서

6장 '그 이름'을 공공권에 써넣어라!

반(反)흰 벽론

들어가며 : 예술계의 노동에 대해서

자본주의를 형성하는 계급들의 힘의 구성 속에서 예술가는 늘 양의적이며 비밀스러운 위치를 점해 왔다. 19세기 초반 이후 변덕스러운 예술시장은 예술가들에게 변화에 복종할 것을 강요했지만, 맑스가 자본주의 사회의 '이데올로기적 계급'이라 부른 각 직종(학자, 법률가, 의사 등)과는 달리 이 시장에서 예술가들의 위치 — 직인? 지배계급의 이익에 봉사하는 문화생산자? 새로운 세계상을 탐사하는 반역자? 사회혁명의 전위? 단지 보헤미아적인 일탈자? — 는 땅위에 발을 붙이고 서 있어 본 적이 없다.
— 데이비드 하비[1]

'예술'art은 확실히 뉴욕을 대표하는 주요한 얼굴이 되었으며, 이를 두고 셀 수 없이 많은 해석이 생산되었다. 뉴욕에서 시작된 '현대

---

1. David Harvey, "Forward" to *Loft Living*, by Sharon Zukin, New Brunswick, New Jersey : Rutgers University Press, 1988, X-Xi.

예술'contemporary art은 세계 각지로 불붙듯 퍼져나가 일종의 글로벌한 사교계를 형성했다. 한편, 지금까지 현대예술의 다양한 조류를 형성하는 토대였던 풍부한 '근린공간' 혹은 '보헤미아적 사회성'은 점점 지워지고 있다. 그럼에도 불구하고 '예술계' 자체는 전 세계를 끌어들이며 경제적으로도 제도적으로도 보다 강고해져 어디까지라도 확장해 나갈듯한 기세이다. 예술가는 물론이고 화랑, 미술관, 평론가, 잡지조차 예컨대 1970년대와 비교해 도대체 몇 배나 불어난 것일까? 이 엄청난 기세 앞에서 예술 애호가connoisseur도 냉소가cynic도 다들 어찌할 바를 모르고 있는 것은 아닐까?

예술은 '기묘한 것'이다. 특히 오늘날 그 내부에서는 '거의 뭐든 할 수 있을'듯한 급진적인 틀을 제공하는 동시에, 사회/경제적 제도로서는 점점 더 자본주의적인 세계화 및 국가 중심의 국제교류와 유대를 강화하고 있다. 권위와의 유착과 급진주의가 뒤얽혀 있는 이 현상을 어떻게 해석해야 할까? 한편으로는 점점 더 비대해지고 있는 예술계의 제도를 검증하고, 다른 한편으로는 다시 그 토대를, 즉 도시공간에서 '예술이라는 것'의 생성적인 근거를 생각해 볼 시기가 된 것은 아닐까. 2부는 그 단서를 보여 주기 위한 시도이다.

외람되지만 개인적인 일화로 이야기를 시작해 보자. 예술에 대한 나의 복합적인 관점은 예술과 나 자신의 지극히 모순으로 가득 찬 인연으로부터 나온다. 이 모순적인 인연에서부터 '예술과 도시의 문제의식'에 대한 답을 찾아 나가려 한다. 예전에 나는 예술가의 어시스턴트였다. 예술가이자 화랑건물의 관리인이기도 했다. 화랑의 일꾼(육체노동자)이었으며 큐레이터/화상이었다. 자랑할 만한 이야기는 아니지만, 극동에서 태어난 한 청년이 어떻게든 여기 뉴욕의 예술업계에서 살아남기 위해 발버둥 치며 이것저것 직업을 전전했던 것이다. 1980년대와 1990년대 초반에 걸쳐 대략 10년 남짓, 아무튼 나는 예술 업계에서 일했다.

나는 먼저 루치오 포찌Lucio Pozzi라는 밀라노 출신 예술가의 어시스턴트가 되어 그의 스튜디오를 관리하거나 그가 참가/조직하는 전시회 준비 등을 했다. 이 노동은 '예술'이라는 특수한 가치의 생산에 종사하기 때문에 그 신원이 모호하지만, 사실 그 유형은 순수한 육체노동이었다. 결혼 후, 이 일만으로는 생활이 어려워서 (일찍이 소호로 이주한) 루치오 포찌가 소유하고 있던 5층짜리 화랑 건물(그린 스트리트 142번지)의 관리도 맡게 되었다. 당시 이 건물에는 레오 카스텔리Leo Castelli의 별관, 스페로네 웨스트워터Sperone Westwater, 존 웨버John Weber 같은 대형 화랑들이 입주해 있었기 때문에, 사람들로 북적거리는 이 건물을 유지하고 관리하는 것은 (앞서 말한 어시스턴트 일에 더해서) 제법 체력을 소모시키는 노동이었다. 포찌는 꽤 독특한 인물이었는데 백과사전적인 관심에서 비롯된 방대한 장서를 소유하고 있었으며, 다양한 예술가들 및 지식인들과 환環대서양적인 교류를 맺고 있었다.[2] 특히 펠릭스 가타리Felix Guattari의 친구였던 그는 출판에도 관심이 있어서 당시 막 창설된 『세미오텍스트』Semiotext(e)지誌에 관여하는 한편, 스스로도 게스트 에디터제制로 뉴욕의 선진적 문화를 소개하는 잡지zine[3] 『뉴 옵저베이션즈』New Observations 를 출판하고

---

2. 그는 1975년과 1976년에 일본에서도 아트 에이전시 도쿄 화랑에서 개인전을 개최했다.
3. [옮긴이] 주로 소규모 출판의 독립잡지를 일컬으며, 개인이나 단체가 자신의 관심분야에 대해 직접 제작하는 방식을 따른다. 인쇄 형태를 취하는 대신 복사기를 이용해 만들기도 하며 유료 혹은 무료로 유통된다.

있었다.

　때마침 역사적인 이민노동자의 거리 이스트빌리지에 몇 개의 화랑과 클럽, 이벤트 스페이스가 생기며 새로운 씬이 일어나려고 하고 있었다. 소규모이긴 했지만 각각 개성이 강한 공간들이었다. 이미 확립된 소호의 화랑과 이스트빌리지의 신진화랑 사이에 일종의 교류가 생겼고,[4] 나는 낮에 소호에서 일한 뒤 밤이면 걸어서 올 수 있는 이 이스트빌리지에 와서 놀았다. 이스트빌리지의 문화는 보다 급진적이고 마음이 편해지는 구석이 있어서, 소호 스타일의 이른바 '순수예술주의'의 굴레에서 해방되는 듯한 느낌을 받았다. 말하자면 그곳은 5장의 주제인 '예술과 액티비즘 사이의 횡단'을 가능케 하는 보헤미아였다. 힙합, 브레이크 댄스, 그라피티, 펑크, 게이문화, 스쾃 운동 등에 큰 영향을 받은 이 씬은 인종, 젠더, 표현에 있어 지극히 다양하고 화려했다.

　포찌의 스튜디오는 자극적인 직장이긴 했지만 사회적인 보장이 전혀 없어서, 어시스턴트와 빌딩 관리라는 이중 노동에 대한 불만이 내 안에 누적되고 있었다. 1980년대 중반, 나는 그의 스튜디오를 떠나기로 했다. 주류와 타협하게 된 스스로의 반동화를 인정하면서도 나는 보다 나은 노동 조건을 찾아 1950년대부터 미드타운(5애비뉴 724번지)에서 영업해 온 그레이스 보게니트Grace Borgenicht 화랑이라는 유서 깊은 화랑에서 일하기 시작했다. 이곳은 이스트빌리지는 물론이고 — 이미 확립된 팝아트, 미니멀 아트, 개념예술, 대지예술earth art과

---

4. 예를 들면, 소호의 유명 화랑이 이스트빌리지 화랑에 소속된 예술가의 전시회를 개최하고 작품을 팔기 시작했다. 또 카스텔리 화랑의 기획으로 앤디 워홀이 장 미셀 바스키아, 키스 해링과 공동으로 작품을 제작했다.

동일화되던 — 소호보다도 오래된 세대의 미드타운에 위치하고 있었으므로, 나의 행보는 마치 화랑계의 역사적 전개를 역행하는 듯한 것이었다. 유대계 여걸인 사장 그레이스 보게니트는 당시 이미 70대 초반이었다. 예전에 잭슨 폴록Jackson Pollock의 연인이었는데 술에 취한 폴록이 휘두르는 폭력에 시달렸다고 한다. 세 번의 이혼경력이 있는 노련한 강자強者인 그녀는, 결혼생활이 붕괴하기 시작해 우울해 하는 나를 보고 깔깔 웃으며, '이혼할 때마다 인간은 성장한다'는 둥의 말로 위로를 해 주었다. 이 화랑은 소호에서 볼 수 있는 예술보다는, 추상표현주의보다 대략 2세대 정도 오래된 (스튜어트 데이비스Stuart Davis나 밀턴 에이버리Milton Avery 등의) 미국적 모더니즘을 주로 다루는 한편, 추상표현주의보다 새로운 세대의 작품도 함께 소개하고 있었다. 나중에 말하겠지만, 소호에서 산업용 건물인 '주철건축'Cast Iron Building을 개조한 (로프트loft식) 거대한 전시공간에서 일했던 나에게, 미드타운 화랑의 (부르주아의 거실과 비슷한) 작은 전시공간에서의 노동은 아주 수월했다. 게다가 여기는 노동조건(월급, 노동시간, 유급휴가 등)은 물론 건강보험 등의 사회보장도 충실했기 때문에 나의 생활수준은 단숨에 비약했다. 그러나 다른 고민거리가 생겼다. 바로 보수성과 격식으로부터 오는 억압이었다.

이곳을 지배하는 건 다운타운 특유의 '잡다한 민중성'이나 '보헤미아적 공기'와는 거리가 먼, 일종의 전통적인 '미국주의'였다. 사장은 물론 직원 대부분이 일본을 포함한 아시아 전체에 대해 몇 가지 스테레오 타입의 관념을 제외하고는, 어떤 관념도 관심도 없었다. 더구나 나와 같은 극동 아시아인이 서양(미술/사상)에 대해서 그들보다 **훨씬** 잘 알고 있다고 하는 **이 틀림없는 사실**을 절대로 인정하지 않았다. 나는 (오만한 컬렉터에 의한) 인종적/계급적 차별부터, 보다 미묘한 뉘앙스가 담긴 (화랑 동료의) '오리엔탈리즘'까지 체험하며, 남몰래 광분하고 있었다. 일이 끝나면 매일 밤 레게와 간자5로 상처 받은 마음을 달랬다. 그런데 일본 거품경제가 해외로 진출하면서, 이 소수자적인 상황은 — 결코 해소된 것이 아니라 오히려 — 묘한 방향으로 빗나가기 시작했다. 일본인이 엔화를 끌어와 맨하튼의 부동산을 사들이고, 예술품에 대한 애호라기보다 그러한 투자의 연장선에서 현대예술에 주목하여 화랑가에 출몰하기 시작하면서부터였다. 자기가 구입하는 것이 무엇인지 제대로 알려고도 하지 않은 채 천문학적인 금액을 지불하고 드 쿠닝Willem de Kooning이라든지 워홀Andy Warhol 등을 사가는 사람들도 있었다. 아이러니하게도 이러한 상황을 계기로 화랑에서 나의 '사용가치'는 상승했다. 청소부로부터 작품 포장, 전시, 작품목록 담당, 그리고 큐레이터로의 점차적인 상승이었다. 하지만 이러한 경위의 지위상승은 납득이 가지 않는 것이었다.

미드타운이건 소호건, 화랑의 노동은 대충 두 가지로 나뉜다. 육체노동(청소, 작품포장, 전시)과 관리직(작품목록 담당, 큐레이터/디렉터, 사장)이 그것이다. 이것은 예술에 관련된 사람 스스로의 자기규정을 반영하는 동시에 화랑내의 계급서열을 보여준다. 기본적으로 육체노동은 '예술가가 되고자' 하는 사람들의 일이다. 화랑과 계약을 맺지 않은 예술가, 혹은 계약을 맺었지만 생활비를 충분히 벌지 못하

---

5. [옮긴이] ganja : 학명 Cannabis sativa. 세계적으로 여러 명칭이 있는데 간자는 산스크리트어에 기원을 둔 명칭이다. 레게와 밥 말리에 의해 세계적으로 알려진 범아프리카주의 영적 해방 운동 라스타파리(Rastafari)에서 신성시되는 약초이다. 우리나라에서는 대마초라고 불린다.

는 예술가들이 육체노동에 종사한다. 관리직은 장래 자신의 화랑을 갖고자 하는 야심가들의 몫이다. 물론 후자가 전자의 보스가 된다. 예술가의 자의식과 화랑인의 자의식 사이에는 커다란 단절이 있기 때문에 전자로부터 후자로의 전향/상승은 거의 일어나지 않는다. 거기에는 분업과 관련된 예술계의 암묵적인 규칙이 개입한다. '예술가 지향=육체노동자', '화랑인 지향=관리직'이라는 분업이 먼저 있고, 소수의 영웅적인 예술가들만이 살아남아 최종적으로 이 계층서열을 초월하는 (유명 예술가의) 왕좌에 오른다. 그런데 당시 새로운 사태가 출현하고 있었다. 바로 큐레이터라는 존재의 부상이다. 그것은 3장에서 언급한 건축가와는 다른 의미의 '메타 아티스트'로, 요컨대 작품을 전시하는 문맥을 지적知的으로 구축하는 존재로 부상하고 있었다. 오늘날 '독립 큐레이터'는 일종의 스타와 같은 존재지만, 당시는 큐레이터라는 직업이 막 생기기 시작했을 때이다. 나는 큐레이터적인 실천에 관심을 갖기 시작했다. 여기에는 물론 **적나라한** 상승지향의 욕구가 작용하고 있었지만, 다른 한편에서는 예술계의 토대가 된 '예술가 지향=육체노동자', '화랑인 지향=관리직'이라는 계급적인 구분 자체가 터무니없는 억압으로 느껴져, 또 다른 제3의 방법으로 그것을 극복하고 싶었다.

또 하나 놀라운 것은 화랑계에는 노동조직이 거의 존재하지 않는다는 사실이다.[6] 이 또한 위에서 언급한 노동의 계층서열적인 분업과 관련이 있다. 요컨대 육체노동을 담당하는 자들은 화랑이라는 직장

---

6. 예를 들면, 2000년에서 2002년, 뉴욕현대미술관의 노동쟁의를 조직한 〈PASTA〉 (Professional and Administrative Staff Association)는 그 드문 예이다. 또한 미술계의 운송회사에는 조합이 존재한다.

에서 계급적으로 상승하는 것을 원하는 대신, 언젠가 관리자에 의해 '예술가'로 승격되기를 원하고 있기 때문에 직장에서의 계급투쟁을 내던져 버린다. '예술가=육체노동자'는 노동쟁의를 할 여유가 있다면 차라리 '예술가=초超, meta노동자'로서의 작품제작에 힘썼다. 이처럼 기대와 현실이 뒤섞인 관계 속에서 대항적인 계급의식의 형성은 어디까지나 뒤로 미뤄져, 최종적으로는 현장에서는 좀처럼 일어날 수 없게 되었다.

계급의식 형성의 이러한 지연은 화랑 제도에서만이 아니라 예술가들이 종사하는 웨이트리스, 웨이터, 기타(프리랜서 디자이너 등) 도시의 '비공식/비정규 노동'informal labor 속에 전반적으로 나타난다. 뉴욕에는 예술가나 댄서, 배우, 뮤지션을 목표로 지방에서 온 젊은이들이 많이 살고 있으며, 그들 대부분은 아르바이트를 해서 돈을 벌고 있다. 이 **프리타적** 인구는 포스트포드주의 경제에서 일어난 탈산업화, 그리고 자본의 주요 투자의 대상이 — 정보산업, 부동산, 예술업계 등등 — 서비스 부분으로 이행함에 따라 꾸준히 증대되어 왔다. 그들은 일상적으로 저마다의 '비공식/비정규 노동'에 종사하지만, 자의식 속에서는 어디까지나 단순한 '알바생'이 아니다. 그들 대부분은 — 작품제작행위 자체의 만족감이나 그 영역에서 굳게 품고 있는 희망에 더해 — 스스로를 '예술가'라고 자기 규정하는 것으로 가혹한 하루하루를 간신히 헤쳐 나가고 있다. 여기에 예술이라는 '기묘한 것'이 갖고 있는 절실한 기능의 일부가 있다. 요컨대, 그것은 뉴욕에서 '정동적 노동'(혹은 '비물질적 노동')의 형성을 가능케 하고 있다.

1980년대 중반에서 후반에 걸쳐, 역사적으로나 공간적으로나 3개의 층으로 형성되어 있던 뉴욕의 화랑계 — 미드타운, 소호, 이스트빌리지 — 는 서로 협력하면서 엄청난 호경기를 맞이한다. 내걸기만 하면 정신 나간 듯이 전부 팔려나가는 시즌도 있었다. 그런 호경기가 붕괴하기 시작한 것은 1991년 1월, 1차 걸프 전쟁이 일어나면서이다. 예술 시장의 붕괴는 실로 놀랄 만한 것이어서, 그때까지 줄곧 상승 가도를 달리던 미술품 가격이 사상초유로 하락하기 시작했다. 이는 업계에 몸담고 있는 사람에게는 비극이었다. 수많은 신생 화랑이 문을 닫았다. 이 타격으로 인해 (젠트리피케이션 초기에 점포세가 오르면서 이미 축소되고 있던) 이스트빌리지의 화랑가는 거의 파멸한다. 거품시대의 장밋빛 공기는 역전되어 거리는 잿빛으로 물들고, 사람들의 얼굴은 검은빛을 띠게 되었다. 텔레비전에서 실황 중계한 바그다드의 공중 폭격 장면은 잊을 수가 없다. 모두 잠들지 못한 채, 몇날 며칠이고 밤을 새워 생중계되는 전쟁 장면을 주시하고 있었다. 이 스펙터클의 **섬뜩한 위력**은 그때까지 예술이 가진 이미지의 환기력喚起力을 어느 차원에서 완전히 능가하고 있었다. '스펙터클=권력'의 완전한 제패였다. 이후 나는 다른 정열/관심이 생겨 예술계를 떠났다.

1990년대 중반 즈음부터 예술씬의 새로운 부흥이 시작되었다. 대형 화랑들이 첼시지구로 이전하면서부터이다. 화랑들은 허드슨 강변 선착장에서 가까운 창고거리(웨스트 21번가에서 26번가 사이)에 자리를 잡았다. 일찍이 번창했던 해운업이 쇠퇴하면서 창고들이 오랫동안 폐허로 방치되어 있었는데, 바로 거기에 소호의 로프트 공간보다 더 커다란 '직사각형의 하얀 상자'가 몇 개나 나타났다. 전통적인 미술관과 화랑의 구분을 애매하게 만들만큼 거대한 설비를 뽐내는 공간들도 두세 개 나타났다. 작품의 크기가 소호시대보다 거대해진 것뿐만 아니라 작품 또한 외부세계外部를 많이 참조하고, 최신 미디어를 도입하여 '스펙터클성'을 강조하는 타입으로 나아가고 있었다. '물체로서의 작품'에 '정보로서의 작품'이 포개지기 시작했다. 이와 함께, 소호시대에는 작품군의 카테고리가 대체적으로 20~30명 남짓한 대가들의 주변에 형성되었다면 이제 작품들은 이스트빌리지의 백화요란百花繚亂조차 넘어서 거의 '무수'하다는 인상을 줄 만큼 '확장=미분화'되고 있었다. 화랑, 예술가, 투자자, 모두가 증가했다.7 그 와중에 도시공간에서는 예술계 스스로의 자기주장이 시작되었다. 지금까지 배경으로서 작품을 이끌어 주는 역할에 만족했던 '화랑 제도' 그 자체가 이제는 개별 예술가나 작품을 뛰어넘는 가장 가시적인 것이 되었다. 거기에서는 거대한 사이즈의 화랑 공간과 유리, 금속, 하얀 벽으로 구성된 인테리어가 불러일으키는 초월감에 더해, 유명 디자이너의 패션으로 무장한 화랑인들이 (작품을 살 것 같지 않은) 일반관중을 향한 오만불손한 자세로, 자신들이야말로 예술산업의 주역임을 알리고 있었다.

이것은 도대체 무엇을 뜻하는가? 소호의 산업공간 개조(=로프트)에서 하나의 전형을 물질적으로 완성시킨 사건의 틀로서의 뉴욕 예술은, 이제 첼시에서 그 제도 자체의 완성=한계를 보여 주기 시작했다는 것이다. 아래에서 먼저 예술계라고 불리는 '기묘한 것'과 그 물질적 조성에 대해 생각해 보자. 소호의 로프트화는 우선, 포드주의적인 산업세계로부터 탈출한 (혹은 추방된) 예전의 공장노동자가 '소외되지 않는 노동' 혹은 '자율적 노동'의 이상을 체현하는 '예술'을 지

---

7. 현재 첼시에는 230개 이상의 화랑이 영업하고 있다.

향했다는 의미에서, 그와 동시에 탈산업화에 의해 버려진 마을 공장/창고 공간을 개조해서 거기에 새로운 도시적 문맥을 부여했다는 의미에서 이중의 '탈출'exodus 혹은 '탈영토화'deterritorialization였다. 하지만 이는 빠르게 재영토화reterritorialize되고 말았다. 그 '노동력'은 위에서 말한 대로 (예술가라는 의식에 의해 계속적으로 자기구제를 하는) 도시 서비스 산업의 비공식/비정규 고용인이 되었으며, 예술가들이 스스로를 위해서 창조했던 '공간'은 '로프트 리빙'이라는 고급 부동산 물건이 되었다. 이는 자본과 권력에 의한 '노동력'과 '공간'의 교묘한 '재사용' 혹은 '충당'이다.

노동력과 공간의 재^{meta}사용에 대해서

이러한 되기(devenir), 이러한 출현을 예술(Art)이라고 부를 수 있을까? 영토는 예술의 효과다. 예술가란 경계석을 세우거나 표지를 만드는 최초의 사람이다. …… 소유(propriété)란, 집단적이든 개인적이든 거기서 연원한다. 그것이 전쟁이나 억압을 위한 것인 경우라도 말이다. 소유는 우선 예술적이다.
— 들뢰즈·가타리[8]

　　미국 북동부에는 '녹슨 지대'Rust Belt라고 불리는 것이 띄엄띄엄 펼쳐져 있다. 서쪽으로는 인디애나Indiana, 오하이오Ohio, 일리노이Illinois, 위스콘신Wisconsin, 펜실베니아Pennsylvania주에서부터 동쪽으로는 뉴욕, 또 남쪽으로는 웨스트 버지니아주에 이르는 아주 넓은 지대이다. 가령 뉴욕시에서 출발하여 북서나, 남서쪽으로 한두 시간 자동

---

8. ジル・ドゥルーズ／フェリックス・ガタリ, 『千のプラトー』, p. 365 [질 들뢰즈·펠릭스 가타리, 『천의 고원』, 제2권, 94쪽].

차를 타고 달리면 반드시 이 중 한 부분과 맞닥뜨리게 된다. 1960년대의 세계자유무역 확대로 인한 아웃소싱은 철강업을 제3세계로 이동시키는데, 그것은 1969년부터 1971년의 경기후퇴로 인해 이미 쇠퇴 중이던 이 중공업지대에 마지막 비수를 꽂았다. 그리하여 이곳에는 예전의 중공업지대가 문자 그대로 녹슨 잔재로 남아 있다. 거대한 공장과 노동자의 집합주택이 버려진 채 그대로 남아 있는 모습은 꽤 독특하다. 스케일이 큰 공업지대의 경우, 그 황폐함은 일종의 '숭고함'까지 환기시킨다. 1960년대에 로버트 스미드슨Robert Smithson, 1938~73을 비롯하여, 미술제도 내의 공간에 만족하지 못하고 '현실의 풍경'에 직접 손을 더해 공간을 조작했던 이른바 '대지 작품'earthwork의 실천자들은 '사용가치가 단숨에 죽은 이 산업 공간'으로부터 많은 착상을 얻었다.

이러한 상황에 대응하는 제조업의 붕괴가 대도시 내부에서도 진행되고 있었다. 어느 시점에서, 정부와 개발업자들은 그것을 불가피한 것으로 인지하고 도시경제의 방향성을 서비스 산업과 고급 거주공간으로 이전시킴으로써 ('탈산업화'의 보다 대대적인 계승인) 젠트리피케이션의 실마리를 만들었다. 이에 중심적인 역할을 담당한 것이 원래는 일부 예술가들의 창의성과 노력에 의해 실천되었던 '도시공간의 변용', 이른바 '로프트' 현상이다. 예술가들은 스스로의 손으로 이전의 공장/창고거리를 개조해 스튜디오 겸 거주공간을 만들었다. 이를 따라 화랑들이 로프트를 거대 전시공간으로 사용하기 시작했다. 결과적으로 뉴욕 시정市政과 개발업자가 이에 주목했으며, 로프트를 부동산 경기의 활성화에 충당했다. 이전에 '중소제조업' 지대였던 소호의 변용이야말로 그 전형이 되었다.9

1970년대 초반 이후엔 암스테르담의 운하지대, 런던의 부두지대 등 소호 이외의 세계 여러 곳에서 산업지대가 주택지로 변용되는 현상을 볼 수 있었다. 북미의 경우엔 필라델피아, 보스턴, 포틀랜드 등 여러 도시로 이러한 현상이 퍼져나갔다. 그러나 예술의 개입이 원래는 '착취공장'sweatshop이었던 공간을 우아한 생활공간의 전형으로 바꾼 식의 극단적인 예는 소호뿐이다. 덧붙이자면, 뉴욕 아파트의 평균 면적은 약 57㎡(17.24평)인데 비해 로프트는 약 195㎡(58.99평)에 달했다. 이러한 공간의 차이는 미국 현대미술이 독자적인 거대한 작품을 제작할 수 있는 여건을 제공했고, 전시공간의 전형을 확립시켰으며, 궁극적으로는 예술작품이 장식된 뉴욕적인 엘리트 주택의 거실을 탄생시켰다.

　　뉴욕의 젠트리피케이션에서 소호가 하나의 정점을 체현하게 될 때까지 몇 단계의 과정이 있었다. 그것은 하나의 연속적인 과정이 아니었다. 그곳에는 두 번의 '배제'(혹은 '몰수'expropriation)가 있었다. 우선은 예술가들이 소호로 이주하는 계기가 된, 제조업과 그 노동자의 배제이다. 두 번째는 로프트를 생산한 예술가들의 배제이다. 첫 번째 배제가 일어난 후에 작품제작을 할 수 있는 저렴하고 거대한 공간을 원하는 예술가들의 이주가 있었다. 이 예술가들(=민중)의 창의성이 만들어 낸 '단독적 사건들'singular event이 없었다면 뉴욕의 예술은 전혀 다르게 전개되었을 것이고 뉴욕의 젠트리피케이션 또한 전혀 다른 노정을 밟아나갔을 것이다. 내 생각엔 이것이야말로 미국 현대미

9. 이하의 로프트 형성에 관한 기술에서 부분적으로 Sharon Zukin, *Loft Living*, New Brunswick, New Jersey, Rutgers University, 1998 및 Richard Kostelanetz, *Soho*, New York, London : Routledge, 2003의 정보를 참조.

술사상 가장 중요한 '사건'이다. 심지어 가장 중요한 '작품' — '집단제 작'에 의한 '작품' — 이기도 하다.

소호 이전에도, 예술가들에겐 값싼 공간을 찾아 집단거주지 colony를 형성하는 경향이 있었다. 그러한 움직임은 역사적으로 늘 뉴욕시 안팎에 존재했다. 19세기 이후 롱아일랜드 남쪽에 위치한 (현재 게이 피서지로 유명한) 화이어 섬Fire Island이나 (히피운동과 록 콘서트로 잘 알려진) 캐츠킬 산지의 우드스턱Woodstock 등에 예술인 마을이 몇 개 존재했다. 19세기 중반 이후 시내에는 10번가와 5 애비뉴 부근에서 서쪽의 브로드웨이에 걸쳐 예술거리가 존재했다. 특히 웨스트 10번가 51번지엔 예술가들의 스튜디오로 가득 찬 커다란 공동생활공간이 있었다. 그 후 2차 세계대전이 일어나기 전, 10번가에 생긴 많은 화랑들이 추상표현주의의 기반을 만들었다. 유니버시티 플레이스University Place와 10번가의 교차로 부근에는 지금도 영업 중인 시더 태번Cedar Tavern이라는 아일랜드풍 선술집이 있다. 근처에 살던 윌렘 드 쿠닝이나, 잭슨 폴록, 마크 로스코Mark Rothko와 바넷 뉴먼Barnett Newman 등의 예술가들을 비롯하여 클레멘트 그린버그Clement Greenberg, 해롤드 로젠버그Harold Rosenberg 등의 비평가들이 매일 밤 이 선술집에 출몰해서 위스키를 마시며 이야기를 나누고, 때론 싸움을 벌였다고 한다. 이 부근과, 여기서 약간 북쪽에 있는 미드타운에 생긴 몇 개의 화랑이 소호가 출현하기 전 뉴욕에서 예술의 보헤미아였다.

소호의 올바른 표기법은 SoHo로, 휴스턴 스트리트Houston Street 이남 산업지대South Houston Industrial Area의 약자이다. 문자 그대로 남북으로는 캐널 스트리트에서 휴스턴 스트리트까지, 동서로는 브로드

소호의 주철(Cast Iron)건축

웨이에서 6애비뉴(혹은 Avenue of the Americas)까지 이어져 있다. 18세기 초반에 농장이었던 이 지구에, 『공간·시간·건축』에서 지그프리드 기디온Sigfried Giedion이 감탄했던[10] 대단히 미국적인 산업 빌딩인 '주철건축'이 세워지기 시작한 것은 대략 1840년부터 1880년경

---

10. ジークフリード・ギーディオン, 『空間・時間・建築』, 太田實訳, 東京・丸善株式会社, 第1卷, p. 248 [지크프리드 기디온, 『공간.시간.건축』, 김경진 옮김, 시공문화사, 2005] 참조.

이다. 주로 방적공장으로 사용된 이 건물들에는, 로어이스트사이드와 이스트빌리지에 사는 (이탈리아계, 폴란드계, 우크라이나계, 유대계) 이민노동자들이 매일 노면마차(후에는 노면전차)를 타거나 걸어서 통근하고 있었다. 그 후 섬유업과 방적업은 남부로 이동하고, 2차 세계대전 후에는 이 주철건축들이 주로 인쇄소나 창고로 사용되었다. 그러나 시대의 흐름과 함께 도시 내부의 소규모 제조업이 점점 쇠퇴했다. 1962년부터 1963년 사이에 소호의 공장은 651곳에서 459곳으로 줄어들었으며 이 지역에서 일하는 노동자의 수도 대략 1만3천 명에서 8천 명으로 감소했다고 한다. 이러한 상황 속에서 생활의 불편을 감수하고서라도 값싸고 넓은 공간을 찾는 예술가들이 이곳으로 이주하기 시작한다.

초기의 예로, 1960년대에는 예술가 그룹인 〈플럭서스〉[11]의 멤버 몇 명이 이곳으로 이주했다(요코 오노Yoko Ono도 포함되어 있었다). 이 그룹을 조직한 사람들 중 한 명이었던 리투아니아 출신 이민자 조지 마키우나스George Maciunas는 예술가의 이주를 장려/조직하여, 예술적 소호를 형성하는 데 선구적인 역할을 했다. 그는 세입자가 빠져 나갈 예정인 건물을 발 빠르게 알아내서 집주인을 설득하는 한편, 공동참가자를 모아 산업용 건물을 예술가의 공동경영관리건물co-op building로 변환시켜 나가는 작업을 정열적으로 추진했다. 그는 이러한 건물에 플럭스하우스 코퍼레이티브Fluxhouse Cooperative라

---

11. [옮긴이] Fluxus : 〈플럭서스〉는 1960~70년대에 주로 활동한 음악가와 예술가들의 국제적인 네트워크이다. '해프닝'(happening)이라 부르는 일회적인 작품을 만드는 등 흐름이나 변화를 강조했다. 대표적인 인물로 존 케이지, 요제프 보이스, 백남준 등이 있다. 참조 : 조정환·전선자·김진호, 『플럭서스 예술혁명』, 갈무리, 2011.

는 이름을 붙인다. 돈벌이와는 상관없는, 일종의 (목적불명의) '유토피아 기획', 혹은 '예술작품'artwork으로서의 실천이었다. 몇 개의 플럭스하우스 코퍼레이티브를 성공시켰으나 1969년에 한 공동조합 건물을 시에 등록하려다 실패하고 말았다. 이어 뉴욕시 사법관이 그의 부동산 개발 사업을 금지시킨다.

마키우나스는 독특한 행동원리 위에서 이른바 '비지니스'도 전통적인 '예술작품'도 아닌 활동을 벌였다. 그의 행위는 어디까지나 일종의 '조직화'였다. 하지만 회화나 조각 같은 물체의 생산에 일정한 기술을 투입한다는 형식에서 벗어나 다양한 사회적 실천을 끌어들이고 있는 현대의 예술적 실천에 비추어 생각해 보면, 그의 행동양식이야말로 가장 현대적인 의미에서 예술적이었다고 말할 수 있다. 그는 자신의 모든 행동을 '메타 노동(=예술)'으로 비약시키고자 했다. 그는 화랑을 운영하고 (화랑의 경우, 그다지 성공하지 못했지만) 많은 출판에 관여하였으며 유럽, 미국, 일본의 예술가들을 끌어들여 콘서트=전시회를 조직하기도 했다. 그 자신의 작품에서 가장 돋보이는 건 다양한 타입의 서적 디자인이다. 여기서 '디자인'이란 이미 있는 내용에 장식을 더하는 것이 아니라, 편집행위를 포함한 넓은 의미에서의 실천이었다.[12] 그는 또한 시인, 영상작가, 전위적/언더그라운드적인 영화를 보관/상영하는 조직인 〈앤솔로지 필름 아카이브〉Anthology Film Archive의 창시자로 알려진 (마찬가지로 리투아니아 이민자) 조나스 메카스Jonas Mekas와 절친했다. 마키우나스가 최초

---

12. *Mr. Fluxus : A Collective Portrait of George Maciunas(1931~1978)*, Thames and Hudson, 1997. 참조

초기 〈앤솔로지 필름 아카이브〉의 상영 공간 (사진제공 : 〈앤솔로지 필름 아카이브〉)

로 조직한 플럭스하우스 코퍼레이티브(웨스트 스트리트 80번지)의 1
층은 〈앤솔로지 필름 아카이브〉가 맨 처음 문을 연 곳이기도 하다.[13]

마키우나스가 상징적으로 연출한 이 창의적 행위들은 도시민중
에 의한 거대한 운동의 일부분이라고도 할 수 있을 것이다. '로프트
화'는 엄밀한 의미에서 예술가뿐 아니라 새로운 거주공간을 구하는
일반 민중의 요구를 대표하는 실천이었다. 소호에서 가장 집중적으

---

13. 그 외에 1960년대 후반 소호에는 전위연극 공간도 나타난다. 'The Performance
    Group'은 이전의 창고를 개조한 우스터 스트리트(Wooster St.)의 Performing
    Garage에서 작품을 상영하기 시작했다. 또 극작가이자 연출가인 리처드 포먼
    (Richard Foreman)은 자택 로프트에서 상연을 했다.

로 일어나긴 했지만 비즈니스들이 철수하고 있던 산업/창고건물을 무대로 뉴욕 5구 전체에서 일어나고 있는 일이기도 했다. 예술가 및 비예술가를 포함한 초기의 '로프트생활'은 많은 경우 '공동생활'의 측면을 내포하고 있다. 그곳에 '개인주의적 생활'에 맞서는 '코뮌'의 이상이 고동치고 있었던 것이다.

예술가들의 소호 이주는 하나의 조류가 되었다. 처음에는 반신반의하던 집주인들 또한 세입자가 점차 감소하는 비거주자용 건물을 (비록 불법일지라도) 예술가들에게 빌려주는 것이 이득임을 깨달았다. 예술가들은 아무 불만 없이 알아서 공간을 개축하기 때문에, 건물주가 개축 비용을 부담할 일도 없었다. 게다가 산업용 계약기간은 비교적 짧은 관계로, 건물주가 원할 경우 예술가들을 내보내는 것도 손쉬웠다. 물론 소호에 거주하는 예술가들 사이에서도 '운동'이 일어났다. 1960년대 초기에는 예술가 세입자 조합이 조직되었고, 특정 지구의 비거주자용 건물에서 예술가의 정식 거주허가Certificate of Occupancy를 요구하는 진정서를 로버트 와그너Robert Wagner시장에게 제출하기도 했다. 마침 이러한 상황들이 막바지에 이르고 있었고 시장에게 예술가 동생이 있기도 해서, 시는 거주자 2인을 한도로 건물의 입구에 AIR(Artist in Residence=예술가가 거주하는 건물)이라 쓰인 문패를 다는 것을 조건으로 하여 이를 인가했다.[14]

1960년대의 소호는 생활에는 불편한 장소였다. 목재상이나 철물점은 고사하고 생활용품, 잡화점, 식료품점 등도 거의 없었다. 야간

---

14. 이 문패는 법규상 화재 발생 시 소방대원에게 그곳에 거주자가 있음을 알리는 표시였다.

에는 교통이 아예 끊긴 어둡고 적막한 거리였다. 거주자가 없기 때문에 강도도 없었지만, 야간에 도로변에 주차한 차는 빈번히 해체되어 부품을 도둑맞았다. 건물의 엘리베이터는 대부분 (내부조작만 가능한) 운송용이었기 때문에, 엘리베이터를 이용한 사람은 다음 이용자에 대한 예의로 1층에 되돌려 놓아야만 했다. 상업용 건물의 경우 주말에는 난방이 멈추어 한겨울에는 두껍게 옷을 껴입고 다른 방법을 찾아야만 했다.

이즈음 소호의 주요산업은 전등 산업이었다. 당시 뉴욕시에 등록된 건물은 두 종류의 규약code을 가지고 있었는데, M1-5b는 1층 점포를 전등 산업이나 그 외의 도매상점으로만 사용할 수 있고, M1-5a는 1층 점포를 소매점이나 바, 레스토랑으로도 사용할 수 있었다. 이런 규약의 관점에서 볼 때 소호의 역사적 변천 혹은 예술화는 전자에서 후자로의 이행과 더불어 진행되었다. 가령 화랑의 경우 그 규모가 아무리 크더라도 소매점으로 정의된다. 대량생산물을 팔아 치우는 것이 아니라 소수의 상품을 소수의 고객에게 파는 가게이기 때문이다. 1970년대 초반의 주철건축물 중 몇 군데는 뉴욕시의 역사적 건축물로 지정되어 보호되었다. 소호 개발에 틀을 설정함으로써 이후 무원칙적인 해체=신축을 불가능하게 한 것이다. 그 후 (예술가의 이주에 이은) 소호변용의 제2단계로, 화랑들이 진출하기 시작한다. 그 기선을 잡은 것은 10번가 부근에서 이미 화랑을 경영하고 있던 레오 카스텔리, 폴라 쿠퍼Paula Cooper, 아이반 카프Ivan Karp 등의 베테랑 화상들이었다. 1970년대 중반에는 웨스트 브로드웨이 420번지에 최초의 화랑 건물이 들어섰다. 이곳에는 찰스 콜즈Charles Cowles, 일리아나 소나벤드Ileana Sonnabend, 존 웨버, 레오 카스텔리 등의 대규모 화랑이 입주했다. 이 시점에서부터 화랑의 공간은 점점 더 거대해지고 있었다. 화랑의 수가 증가함에 따라 매주 토요일이면 각지에서 관객들이 이 거대화랑에 설치된 거대예술을 보기 위해 모여들었다.

미국 현대미술=‘스케일과 물체성’이라는 기본 노선은 주로 1940 년대부터 미드타운에 위치한 뉴욕현대미술관에서 양성되기 시작한 후, 페기 구겐하임Peggy Guggenheim이 구겐하임미술관을 시작하기 이 전에 운영한 금세기Art of This Century 화랑이나 시드니 쟈니스Sidney Janis, 베티 파슨Betty Parsons 등이 경영하던 화랑의 시기를 지나 최종적으로 이 소호에서 정착하고 개화되었다. 현대미술의 이러한 거대화 경향 속에서 팝아트, 미니멀 아트, 개념예술, 대지예술 등의 주요작품들이 왕성하게 전시되었다.

소호 개발의 세 번째 단계는 바로 고급 거주구역으로의 변화이 다. 1970년대 중반, 로프트의 임대료는 마침내 넓이 대비 아파트에 필적할 만큼 올라버렸다. 평균적으로 방3개짜리 아파트 월세가 350~ 450달러라면 로프트는 400달러였다. 새로 계약할 경우 로프트는 더 이상 값싼 주거 + 작품제작의 장소가 아니었으며 그렇다고 전면적인 거주구역으로 바뀌기도 어려운 엉거주춤한 상황에 처해 있었다. 1975년까지 법적으로 로프트는 AIR 이외의 일반 거주공간으로 인가 되지 않았기 때문에 은행에서 융자를 해 주지도 않았고 건물주나 개 발업자의 입장에서 이를 일반 거주공간으로 개축하기 위한 비용을 마련하기도 힘들었다. 같은 해 뉴욕시 부동산위원회 보고서는, 이후 소규모 제작소가 로프트 건물을 사용할 가능성이 없음에도 불구하고 이를 대신할 새로운 타입의 세입자가 없다는 점, 세금체납과 차압 등 이 다수 발생하고 있다는 점을 강조하고 있다. 이 시점에서 로프트의 일반주거화를 제도적으로 인가할 필요성이 재거론 되기 시작하고, 결국 (공화당과 민주당의 합세 하에) 뉴욕 시정과 부동산 개발업자 간의 적극적인 협력이 도모된다. 지금도 『뉴욕 타임즈』*New York Times* 일요판의 부동산 섹션에서 자주 볼 수 있는 '거주공간으로서의 로프트'를 장려하는 기사가 등장한 것이 바로 이 무렵이다. 이를테면 '로프트 이데올로기'가 형성되기 시작한 것이다. 시는 예술가에게만 주던 로프트의 거주권을 확대적용하기 위한 방침을 만들었다. 그뿐 아니라 (J-51이라는 장려금을 발동시켜) 대규모 상업용 건물이나 산업용 건물을 일반거주자용으로 개축하는 개발업자와 건물주에게는 세금해제나 장기 감세를 적용할 것을 결정했다.

1978년 당시 소호의 거주자는 약 8천 명이었는데 그중 5천여 명이 예술가들이었다. 120여개의 협동조합Co-op건물이 존재하는 그곳에 화랑이 점점 늘어나면서 레스토랑이 생겼고 고급 식품점Dean & Deluca이나 미술·이론서점Jaap Reitman이 문을 열었다. 주말의 화랑 순례는 점점 혼잡해지기 시작했다. 1980년대에 들어 소호 거주자는 단숨에 5만 명으로 증가했다. 1960년대 말에 소호로 이주해 와서 스스로의 손으로 거주 및 스튜디오 공간을 개축했지만 공동경영자가 아니라 셋방살이를 전전했던 무수한 예술가들이 1980년대 초에는 소호를 떠날 수밖에 없었다. 엄청나게 상승한 월세는 그들을 이스트강East River 건너 브룩클린의 다른 지역이나, 허드슨강 건너편 뉴저지주의 저지시티Jersey City 혹은 호보켄Hoboken으로 내몰았다.[15] 한편 초기 로

---

15. 나는 1980년대 초반, (소호가 아닌) 웨스트 26번가의 로프트를 개축해서 살고 있었지만, 부동산 붐이 일기 시작하면서 조금 더 비싼 월세를 낼 세입자를 구하는 집주인에 의해 쫓겨나 브룩클린의 윌리엄스버그(Williamsburg)로 이주했다.

프트 참가자로 이미 공동경영자가 된 (소수의) 예술가들 중에는 1980년대, 부동산 시장이 최고조에 다다랐을 때 자신의 로프트를 천문학적인 금액에 팔아치우고 일찌감치 은퇴한 사람들도 있었다.

3단계로 진행된 소호의 변천에는 2번의 배제, 즉 두 층위의 젠트리피케이션이 포함되어 있다. 먼저, 소규모 제조업자와 그곳에서 일하던 노동자들이 쫓겨났다. 그 후 예술가가 들어왔지만 (집주인이 된 예술가 이외는) 그들 역시 쫓겨났다. 1980년대 이후 부자들과 기업이 이 공간을 매점하기 시작했다. 이와 함께 소호 근처의 브로드웨이 동쪽과 이스트빌리지에 새로운 화랑가가 출현하고 결국 소호를 중심으로 펼쳐진 예술의 시대는 종말을 고했다. 그 후 1990년대 초반 예술 시장의 정체기를 지나는 동안 대화랑들은 대부분 미드타운에 남거나 첼시로 이동해 지금 소호에는 화랑이 (두세 개의 예외를 빼곤) 거의 없다. 왕년의 소호가 지닌 (예술적) 위력에 기대어 장사를 하는 레스토랑, 바, 부티크, 그리고 화랑인 척하는 기념품 가게들이 있을 뿐이다.

어떤 의미에서 이것은, 정점을 찍은 후 세속화로 향하는 첫 발자국이다. 파리의 몽파르나스Montparnasse가 그렇듯이 화가들은 길에서 여행객을 위한 그림을 팔고 있다. 요즘에는 심지어 일본의 롯폰기六本木 같은 환락가가 형성되는 분위기까지 있다. 만물이란 끊임없이 생겨나고 끊임없이 변하며生生流轉 잠시도 같은 모양으로 머무르지 않는다諸行無常는 말을, 소호라는 도시의 변천이 여실히 보여 주고 있다.

소호와 그곳에서 형성된 미국 현대미술을 일군 것은 두 가지 도시적 요소의 변용이다. 첫 번째는 포스트포드주의 경제 속에서 공장으로부터 집단이동exodus(혹은 탈락)한 '노동력'이다. 두 번째 요소는 탈산업화에 의해 그 사용가치가 괄호 안에 묶인 채 버려진 제작소, 창고, 공장 등의 '공간'이다. 이러한 공간들은 종래의 '사용가치'가 괄호로 묶인 채 새로운 사용가치의 발견을 향해 나아갔다.

우선 첫 번째 요소를 살펴보자면, 예술적인 실천은 개인적인 감성을 갈고 다듬고자 하는 정열에 바탕을 둔다. 그런 의미에서 세상일과는 관계없는 특수한 차원의 개인적 생업으로 간주되는 경향이 있다. 그러나 흔히 말하는 선진자본주의 국가에서, 특히 1970년대 이후 젊은 노동력의 대다수가 예술뿐 아니라 정보, 디자인, 음악, 그 외의 다양한 '비물질적 생산'에 집중적으로 휘말려가고 있는 것은 현대 노동 일반의 문제이다. 여기에는 양의성이 있다. 이를 노동자의 자기해방이라는 거대한 흐름 속에서 발생한 사건으로 여길 수도 있다. 예술을 추구하는 도시 노동자의 관점에서 보면, '예술'은 '해방된 노동'이라는 궁극적인 이상의 가장 직접적이고 순진한 표명이었다. 이러한 표현의 뿌리에는 이를테면 '자율적인 노동'과 '소외되지 않는 노동'의 유토피아를 지금 여기서 단숨에 실현해 버리고자 하는 과격한 꿈이 깔려 있었다. 하지만 그것은 (예술업계라고 하는) 또 다른 억압기구에 말려들어 간다. 그리고 '예술가'로서의 자의식은 많은 경우 (실제 생계를 유지하기 위해서 하고 있는) 비공식/비정규적인 노동 현장에서 고달픈 매일매일을 끝까지 버티기 위한 희망의 좌표가 된다. 이런 상황은 노동력의 착취를 수월하게 해 주기 때문에 현대의 신자유주의적 자본주의의 입장에서는 매우 편리한 것이다. 하지만 동시에 이러한 착취의 '계기'는 액티비즘으로 연결되는 세계변혁에 대한 희망과 궁극적으로 그 뿌리를 같이 한다.

어쨌든 뉴욕 '예술가'의 대다수는 아르바이트생들이다. 늘 일정

비율을 지켜온, 웨이터/웨이트리스로 대표되는 서비스업을 별개로 하면 — 그 노동의 유형은 어림잡아 '건설 노동자'에서 '정보 노동자'로 바뀌고 있는 추세다. 현재 50세 이상 세대의 남성 예술가들은 주로 로프트 구축과 관계된 건설 쪽의 노동을 했다. 빌딩 내장 시공, 페인트, 배관, 전기설비 등. 그들은 자신을 위한 로프트를 개축했으며 동시에 주로 화랑 공간의 개조를 청부 받아 생계를 유지했다. 소호의 형성기에 작품 및 생활양식의 패러다임을 만들어 낸 것은 분명 이러한 타입의 노동이었다. 작품에 있어서도, 중량감이 있는 거대한 물체나 공간개조를 주제로 한 작품들이 주류를 이루었다. 소호 이후, 예술가의 아르바이트로 증가한 것은 컴퓨터 관련 프로그램이나 디자인과 관련된 각종 일거리이다. 작품에서도 '정보조작'과 '스펙터클의 생산'이 주축이 되었다. 이러한 변천은 엄청난 의미를 갖는다.

두 번째 요소인 '공간'의 경우, '산업용'에서 '예술용'으로, 다시 '호화로운 생활공간'으로 변했다. 예술 제작을 위해 만든 이 공간에서, 그 내부는 기본적인 뼈대만 두드러지게 남아 있는 '직사각형의 상자' 혹은 '흰 벽의 중성적 공간'으로 구성되었다. 회화, 조각, 오브제, 설치, 퍼포먼스 등, 거의 '모든 사건'이 그 곳에서 일어날 수 있도록 하기 위해서, 공간 자체는 '근대적 시각형식'이라는 문맥에서 '중성화된 존재'neuter, 즉 배경으로 남도록 만들어졌다. 그런데 기묘한 사태가 일어난다. 이것이야말로 호화로운 생활의 전형이 된 것이다. 이는 순전히 의도적으로 날조되어 위에서부터 내려온, 새로운 도시생활의 미적 이데올로기였다. 아트 컬렉터를 위한 주거. 이것이 어떤 이유에선지, 만인의 이상인양 퍼져나가기 시작했다. 동시에 이제 첼시로 이동한 예술계에서는 보다 거대해진 흰 벽을 배경으로 작품들이 재생산되고 전시된다. 이는 점점 더 '거대한 흰 벽, 혹은 상자'를 시각적인 전제로 추구하는 미국 현대미술의 '도달점과 한계'를 동시에 가리키고 있다.

앞으로도 예술이 우리에게 어떠한 형태로든 자극적인 것으로 남으려면 우리는 지금 이 '흰 제도'를 의심하고, 그 바깥에서 제작하고 전시할 가능성을 고안해야 한다. '외부 예술의 가능성'은 5장의 주제이지만 그 전에 이 '흰 직사각형의 공간'이 형성된 자취를 미술 제도사制度史의 차원에서 따라가 보자.

흰 벽의 확장

사물을 볼 때, 나는 항상 사물이 차지하는 공간을 본다. 그리고 언제나 그 공간이 다시 나타나기를, 되돌아오기를 원한다. 왜냐하면 그 안에 뭔가가 있을 때 그 공간은 상실된 공간이기 때문이다. 어떤 아름다운 공간에 놓여 있는 의자 하나를 본다고 하자. 그 의자가 얼마나 아름답든 간에 나에게는 평범한 공간만큼 아름다울 수 없다.
내가 가장 좋아하는 조각은 반대편 공간을 보여 주는, 구멍이 있는 견고한 벽이다.
— 앤디 워홀[16]

그런데 의미화는 자신의 기호들과 잉여성들을 등기하는 흰 벽(un mur blanc) 없이는 진행되지 않는다. 주체화는 자신의 의식과 정욕, 그 잉여성들이 머물 수 있는 검은 구멍[블랙홀]없이는 진행되지 않는다. 오직 혼성적인 기호계만이 있으며 지층들은 최소한 둘이 있어야 이루어지기 때문에, 그 양자의 교차점에 매우 특수한 장치(dispositif)의 몽타쥬가 있다는 점에 놀랄 것은 없다.
— 들뢰즈·가타리[17]

---

16. Andy Warhol, *The Philosophy of Andy Warhol*, San Diego, New York, London: A Harvest Books, 1975, p. 144 [앤디 워홀, 『앤디 워홀의 철학』, 김정신 옮김, 미메시스, 2007, 166쪽.]
17. ジル・ドゥルーズ／フェリックス・ガタリ, 『千のプラトー』, p. 193 [질 들뢰즈·펠릭

뉴욕 대형 미술관의 전시공간에는 크게 두 가지 유형이 있다. 메트로폴리탄 미술관은 첫 번째 유형의 전형적인 예다. 그것은 18~19세기 유럽 절대주의 왕권제의 산물로 형성된 소장 방식을 답습하고 있으며, 건축 또한 (정형화된 건축형태를 중시하는) 유럽 여러 도시에서 박물관의 스타일로 사용되어 온 '신고전주의 양식'을 따르고 있다.[18] 두 번째는 뉴욕현대미술관, 휘트니 미술관The Whitney, 구겐하임 미술관The Guggenheim 등, 근대 건축에 의한 미술관으로 그 소장품도 모던 아트 이후이다. 소호에서 형성되어 첼시에서 정점=한계에 이른 거대 화랑공간들의 경우 두 번째 카테고리의 연장으로 간주할 수 있다. 여러 가지 의미에서 큰 차이를 나타내는 이 두 유형을 되짚어봄으로써 유럽의 전통 미술에 대한 미국 예술의 제도적, 물질적, 존재론적 위상을 분명히 할 수 있을 것이다.

첫 번째 미술관 모델은 무엇보다도 근대 국민국가의 상징으로서 그 부동성과 영원성을 체현하고자 한다. 이곳에 들어간 작품은 **원칙적으로는** 매매의 대상이 될 수 없을 뿐만 아니라 이른바 '영구 소장품'Permanent Collection이 된다. 두 번째 미술관 모델은 구겐하임이 대표하듯이 (미국 자본을 중심으로) 세계자본과 함께 전 세계로 뻗어나가 각지에 그 '흰 벽'을 확장시키려는 운동이다. 이곳에, 불변하는 최종 가치라는 믿음은 존재하지 않는다. 이러한 미술관은 (특히 요즈음) 화랑들이 그러하듯이 작품을 방출하고 환매하면서 늘 새로운 가치를 영유하는 차이화의 기계가 된다. 네그리·하트 식으로 첫 번째 모델

스 가타리, 『천의 고원』, 제1권, 175쪽.

18. 하지만 제도적으로는 유럽이나 일본의 국립미술관과는 달리, 미국의 다른 미술관과 마찬가지로 유력한 기업이나 기업가로 구성된 관재위원회에 의해 운영된다.

을 '제국주의적' 미술관, 두 번째를 '제국적' 미술관이라고 부를 수도 있겠다.

말할 것도 없이, 박물관 혹은 미술관은 유럽 제국주의가 세계로 확장되면서 발생한 산물이다. 그 곳에서 전시물/수집물의 배치는, 가장 앞선 문명의 발전을 통해 세계 각지를 지배하겠다는 유럽정신(이를테면 헤겔의 '절대정신'[19])이야말로 인류의 이상이라는 이데올로기를 내포하고 있다. 오늘날 탈식민주의Post-colonialism적인 관점에서 유럽 중심주의로 비판받고 있는 이 '정신의 역사'에는 언제나 미개 상태, 요컨대 유아단계가 설정되어 있어 아시아나 아프리카가 바로 그 단계에 위치하고 있다. 반대로 유럽은 가장 '성숙한' 어른의 장소를 점한다는 도식이 제시된다. 이는 시간과 공간 모두를 포함한 차원에서 최고의 위치=서양이라는 결론을 만들어 내기 위해 세계의 분포도를 작성하려는 시도이다. 이와 같은 뮤지엄Museum은 오늘날 말하는 미술관이라기보다는, 고고학·인류학·자연과학까지 포함한 박물관으로, '미'의 영역, 시각예술은 그 일부분에 불과하다. 이것은 백과사전적인 책의 공간처럼 '하나의 전체'를 표상하려는 운동이었다. 이러한 전시공간=텍스트text에는 공간적으로 근경에서 출발하여 중심에 이르는 과정과, 시간적으로 유아기에서 성숙기에 이르는 과정이 중첩된 계층서열로서 제시된다. 많은 경우, 아프리카, 이집트, 중근동,

---

19. 덧붙여 말하면 헤겔은 유럽 근대 미술관의 초기 모델로 불리는 베를린의 알테스미술관(Altes Museum)을 설계하고 기획한 칼 프리드리히 쉰켈(Karl Friedrich Schinkel)과 친했다. 헤겔이 한창 미학강의를 하던 때에 그의 친구인 쉰켈이 이 미술관을 설계·건축하고 있었다. Douglas Crimp, *On the Museum's Ruins,* Cambridge, Massachusetts, London, England : The MIT Press, 1993, pp. 282~318 참조.

아시아의 문물이 1층 양 날개 쪽에 배치되고 상층 중심부에는 고전에서 현대에 이르는 유럽의 순수예술 — 회화·조각 — 이 전시된다. 이를테면 이곳에 헤겔적인 절대정신의 **직감적 표현**인 '예술'이, 끊기지 않는 시공간적 연속성으로 연결된 흰 직사각형의 방들 사이를 진보하면서 관통하고 있다.

건축적=물리적=지각적으로 생각해 볼 때, 이러한 타입의 '제국주의적 미술관'의 중심을 이루는 것은 고대 그리스·로마를 모델로 한 신고전주의 건축이다. 그것은 원래 왕의 사유물이었으나, 왕권제가 약화되고 부르주아 시민 사회가 발흥하는 과정에서 외교와 시민교육을 위한 '공공공간'으로서 다시 자리매김re-contextualize되었던 것이다. 그 내장=전시공간에서는 건축의 건축성 — 중후한 대리석 바닥이나 둥근 기둥, 다양한 장식 등 — 이 보다 잘 드러나며, 회화의 경우에 역사적·공간적 서열을 따라 전시되지만 기본적으로는 텅 빈 장소를 찾아내어 반은 임의적으로 거는 식의, 이른바 '살롱 스타일'의 설치installation형태를 띤다. 작품 외의 공간에 대한 이 같은 무관심은 작품의 '내향적'introvert인 존재양태와 관련되어 있다. 인상파의 어느 시기 이전 서양회화는 창문 안에 (그곳에 존재하지 않는) 세계의 환상illusion을 상정하듯이 자기중심적인 접점interface을 구성했다. 그것이 어디에 위치하든 간에, 그림은 일점 투시 원근법에 의해 무한한 공간으로 구성되는 '내부를 주시하는' 기구機構로서 존재했기 때문에 상대적으로 그 외부와의 관계성은 아무래도 좋았다.

근대 건축에 의한 미술관이 등장하면서 결정적인 변화가 일어난다. 이는 두 번째 모델='제국적' 미술관의 등장이며, 어떤 장식도 없는 '흰 직사각형의 상자'의 형성이다. 왕궁과 비교했을 때, 이 두 번째 모델은 미술작품을 감상하기에 이상적인 환경을 제공하고 있다고 **여겨진다**. 미술관 상부의 스카이라이트에서 쏟아지는 직사광선을 제외하곤 온화한 태양광선이 두루 퍼지도록 설계된 '직사각형의 흰 상자.' 빛을 두루 반사하는 이 상자는, 완전히 중성적인 환경을 구성하고 **있다는 듯** 작품을 두드러지게 만들면서 스스로는 '건축적 존재' 혹은 '비인지 대상'inattention인 배경으로 물러난다. 그러나 이는 인터내셔널 스타일로서의 근대건축이 역사적으로 개입함으로써 일어나게 된 일이었다.

건축이론가 마크 위글리는『흰 벽, 디자이너 드레스』라는 저작에서, 기능주의적인 근대건축을 말할 때 통상 사용되는 — 장식을 제거하고 복잡한 양식을 기본형으로 환원시켜버린 '순수형태'라는 — 수사법에 회의를 던진다.[20] 그는 이 흰 직사각형 공간의 기원이 역사적으로 중성적이지도 않으며 단순히 기본형으로 환원된 것도 아니라고 말한다. 실은 그것 자체가 일종의 건축적 패션='착의'이며 '화장'이고, 부가적인 것이라는 주장이다. 그는, 로프트 공간에서도 익숙한 이 극히 현대적=일상적인 행위인 '흰 페인트를 칠하는' 것의 부가적 성질을 강조한다.[21] 이 하얀=중성적이고 직사각형의=순수한 제도는 매우 성가신 것이다. 왜냐하면 이것은 단순한 미적 형식으로서의 환원, 즉 단순화가 아니기 때문이다. 이것은 건축적인 제도=형식의 문제인 동

20. Mark Wigley, *White Walls, Designer Dresses*, Cambridge, Massachusetts, London, England : The MIT Press, 1995.
21. 나 자신이 겪은 화랑 노동의 경험에서 말하더라도, 이 '흰 페인트를 칠하는' 행위는 대단히 귀찮은 일로서 그 '영원성'의 표상과는 반대로 얼마 되지 않아 더러워지기 쉬웠고 매일같이 다시 칠해야만 했다. 그것은 실제로 '화장'에 가까웠다.

메트로폴리탄미술관의 전시공간

첼시 화랑의 전시공간

시에 미술의 제도=형식의 문제이기도 하다. 그것은 쌍방간의 역사적인 필요성에서 도출되어 다시 쌍방이 교차하는 지점을 준비한 장치이다. 발터 그로피우스Walter Gropius에서 필립 존슨Philip Johnson에 이르는 인터내셔널 스타일로서의 근대주의 건축공간은, 특히 그 '하얀 분장'이 중성적으로 보일 때 바로 '제도'가 되었으며, '제도'가 됨으로써 중성적으로 보이게 되었다. 요컨대 우리의 지각에 있어 당연한 전제가 되었다. '흰 직사각형 공간'의 도입은, 근대건축과 근대미술의 형식=제도가 구체적으로 교차된 것으로서, 과거에 단순한 분류·해석·전시를 하던 뮤지엄의 기능에 더해 미술관을 현대예술을 끝없이 (재) 생산해 내는 적극적인 주체agent로 만들기 위한 조건을 준비했다.

덧붙여서 말하면, 마르셀 뒤샹Marcel Duchamp은 금세기 초반 뉴욕에서 일련의 예술적 개입을 통해 '예술제도'의 존재 자체에 조명을 비추었다고 일컬어진다. 유명한 예로 그는 '샘'(1917)이라고 제목붙인 변기에 R. 머트Mutt라는 가공인물의 서명을 하여 독립예술가협회 공모전에 출품함으로써 논쟁을 불러일으켰다. 이는 그 문맥 안으로 진입하기만 하면 무엇이든 '작품'이 되어 버리는 '예술제도의 틀'의 존재, 혹은 '유명론적 기구'nominalist machine를 부상시킨 것으로 평가된다. 그러나 이미 그곳에 존재하던 것을 뒤샹이 밝혀냈다는 해석은 오해를 부르기 쉽다. 오히려 이 작품이 만들어진 상황에 따라 보다 '발견적으로'heuristic 말하면 뒤샹이야말로 '예술제도의 틀 안으로 들어온 것이라면 무엇이든지 음미해서 작품으로 만들어 버리는 예술형식'을 만들어 버렸다. 아니, '예술형식'을 다양한 '규범의 굴레'로부터 해방시키고 그러한 '개념규정이 정해지지 않은 장소, 혹은 예술개념을 자기반성하는 장소'로 만들어 버렸다고 말하는 편이 낫다.[22] 그 이전의

'예술제도'는 그처럼 무슨 일이든지 일어날 수 있는 장소는 아니었다. 당시 뒤샹의 개입을 두고서도 모두가 그것을 '예술'이라고 합의했던 것은 아니다. 그 후에, (사진가 알프레드 스티글리츠Alfred Stieglitz 등이 적극 참여한) 다양한 논의가 있었으며 그러한 논의자체가 오히려 '예술의 담론' 혹은 '담론형성으로서의 예술'을 만들어 냈다.

20세기 초부터 자본주의 경제의 확장과 다양한 전위운동의 발흥 속에서 예술작품의 가치를 둘러싼 상황은 불안하고도 역동적으로 변하고 있었다. 20세기 초반에서 중반에 걸쳐, 뒤샹의 개입을 뒤쫓듯이 건축에서도 전위적이고 기능주의적인 '흰 직사각형의 상자'가 '예술제도'에 삽입되어, 예술의 제도적 가치를 물질적으로 완성시키는 요인으로 자리 잡았다. 그것은 흡사 거대한 액자처럼 그곳에 들어온 모든 것을 '예술개념'과의 관계 속에서 음미하도록 만드는 자장磁場이 되었다. 그리고 이 두 번째 모델의 미술관 형성에는, 새로이 발흥하고 있던 (근대건축의 광범위한 후원자가 된) 미국적 자본주의(=제국)의 개입이 있었다.

브라이언 오도허티Brian O'doherty라는 예술가는 '화랑공간의 이데올로기'라는 부제가 달린 기서奇書 『하얀 입방체 안에서』Inside the White Cube 에서, 이러한 '흰 제도', '흰 상자'에 초점을 맞추며 미국 현대의 화랑과 미술관의 점점 더 거대해지는 '흰 벽' 현상과, 그것에 대한 비판으로 나타난 이른바 장소 특정적site specific인 설치작품(이브 클라인

---

22. 뒤샹 작품의 '발견적'(heuristic)인 분석에 대해서는 Thierry De Duve, *Pictorial Nominalism*, translated by Dana Polan with the author, Minneapolis, Oxford : University of Minnesota Press, 1991 및 Thierry De Duve, *Kant and Duchamp*, Cambridge, London : The MIT Press, 1996을 참조.

Yves Kline, 앨런 카프로Allan Kaprow, 클래스 올덴버그Claes Oldenburg, 마이클 애셔Michael Asher, 크리스토Christo 등의 작품)에 대해서 분석하고 있다.23 이 책에 의하면 '흰 상자'는 무엇보다도 '예술'의 가치를 고정시켜 좋은 투자 대상으로 바꿔내는 장치인데, 그것이 물리적으로 양성하는 '중성/순수'라는 비유적 형상으로 '영원성'을 표상한다. 그는 이 특수한 격리공간의 기원을 이집트 파라오의 관/석실에서 찾는다. 요컨대 이 상자에 들어가는 것은 모두 '죽은 것'이다. 영원성은 그러한 격리에 의해서만 획득된다. 파라오의 석실에 들어갈 때는 관객조차 자신이 오감을 가진 신체라는 사실을 망각하고 '순수시선의 망령'이 된다.24 가령 플라톤에게 있어서 실재實在란 이 세상의 잡다한 사건이 아니라 '순수한 형식'eidetic form이었다. 예술의 문맥에 물리적으로 삽입된 '흰 직사각형의 상자'는, 그 외부의 사회적·역사적 현실에 존재할 수 없을 법한, 플라톤주의에도 유비할 수 있는 시각적 형상의 부동성·영원성이라는 표상을 건축적=인공적으로 포획해 내려는 시도였다(따라서 '흰 벽의 제도'야말로 프롤로그에서 문제시했던 '공간 형식의 유토피아'의 가장 완성된 형식이다).

여기서 영원의 '표상'을 부여받는 것은 작품뿐만이 아니다. 최종적으로는 그 흰 상자 자체 혹은 '예술제도' 자체가 그러한 표상이다. 특히 두 번째 타입의 전시공간 제도 내에서 일어나는 전시는 이미 영

---

23. Brian O'Doherty, *Inside the White Cube — The Ideology of Gallery Space*, Berkeley and London : University of California Press, 1976.
24. '혼합매체'(mixed media) 작품의 경우, '흰 직사각형의 상자'는 먼저 모든 것을 '시각'으로 환원하고 우리 관객을 시각의 망령으로 바꾼 후에서야 그 외의 '실험적 요소'로서 지각 — 청각과 촉각 — 을 재도입한다.

구 소장품의 성격을 잃어버린 채, 이제 부단히 교체되는 일과성의 사건이 되기 시작했다. '영원성'은 각각의 작품에서 벗어나 예술이라는 '개념' 그리고 '제도'로 이양되었다. 이에 근대 건축이 만들어 낸 '흰 직사각형의 상자'에서 열리는 개별 전시회는 점점 더, 상점이나 백화점에서 열리는 전시와 비슷한 일과적인 것이 되기 시작한다. 이것은 '예술제도'가 절대주의 왕권제 및 국민국가가 지닌 영원성으로부터 해방되어 자본주의의 원리인 '끊임없는 재생산'과 동일화되어 왔음을 의미한다. 요컨대 전시회는 '이념으로서의 예술'에 대한 유일하고 최종적인 답인 영구 소장품을 전시하는 것이 아니라, 영원히 재생산되어야만 하는 것으로서의 '예술형식'을 충족시키기 위한 사건이 되었던 것이다.

뉴욕에 있는 두 번째 타입의 미술관 중에서도 특히 뉴욕현대미술관은 흰 벽이 집중적으로 제도화된 초기의 예를 보여준다. 거기서는 모네의 대형 회화작품인『수련』과 폴록, 뉴먼 등의 추상표현주의 회화의 전시가 함께 진행되었다. 이러한 회화들은 액자를 걷어치우고 거대해짐으로써 요컨대 '외향적'extrovert인 것이 되었다. 이러한 회화들의 공간은 기존의 유럽 회화에 대한 논의에서 언급했듯이 창문 안의 세계를 바라보는 듯한 것이 아니라, 그 자신이 벽이 되어 시선에 대해 수직으로 퍼져나가는 운동을 체현하고 있었다. 덧붙이자면, 추상표현주의의 대변자였던 비평가 클레멘트 그린버그는 이 새로운 미국 예술의 경향을, 칸트의 내재적 비판에 비추어 회화가 스스로의 형식적 고유성인 '평면성'을 자기 인식했다는 식으로 설명하고 있다.[25]

---

25. Clement Greenberg, "Modernist Painting," included in *Art in Theory — 1900~*

유럽 근대의 추상회화와 미국 전후의 추상회화 사이에는 커다란 균열이 있다. 작품형태와 전시제도 모두에 확실한 단절이 존재한다. 미국이라고 하는 거대 국가에서 작품이나 전시공간이 물리적·자연 발생적으로 거대해졌다기보다는, 유럽에 대항하고자 하는 미국적 내셔널리즘이 여기 작용했으며, 이 내셔널리즘이야말로 거대성=평면성을 자기 인식적인 미적 이데올로기로 추진해 나갔다고 보는 편이 타당할 것이다. 추상표현주의 화가들의 경우 그 형성기에서부터 유럽회화와는 다른 퀄리티를 찾고 있었으며, 뉴욕현대미술관에서 열린 미술과 건축 양 장르의 기획전은 무엇보다도 미국주의의 계양을 중요과제로 삼았다.

유럽적인 회화작품과 미국적인 회화작품의 '예술형식'이 각각 '흰 벽'과 관계 맺는 방식에 있어서의 차이는 다음과 같다. 우선 전자, 예를 들어 몬드리안Piet Mondrian, 말레비치Kazimir Malevich, 클레Paul Klee 등의 작품은 크기가 작으며 그 최종적 장소로는 근대적인 주택의 거실이 상정되어 있었다. 이 회화들의 경우 원근법은 탈구축되고 도상은 평면화되어 있지만, 액자와 액자 내부의 형상 사이에 미묘하게 개재하는 여백이 시선을 내부의 소우주microcosm에 포획한다. 그곳에는 화면 내부의 여백이 내부의 도상을 (그리고 미술이라는 제도를) 그 외부로부터 분리시키는 문턱과 같은 역할을 하고 있었다. 이 그림들에는 비록 그것이 추상이라 할지라도, 거기 그려진 도상이 바로 작품의 내용=본질이라고 하는 사상이 깃들어 있었다. 반면 1940년대 뉴욕현대미술관 같은 거대한 직사각형의 상자에서 대대적으로 전시된

1990, Oxford, Cambridge : Blackwell, 1992.

폴록, 뉴먼, 로스코 등 거대 회화의 경우, 화면 자체는 어디까지나 벽과 비슷해지는 한편, 미술의 중성적인 제도적 보장(여백)은 차차 화면에서 외부로 나와 전시공간 자체로 전이되어 갔다. 이들 거대 회화에서는, 색상과 더불어 퍼지는 시선의 운동 자체가 주제가 되었다. 그와 동시에 예술의 임계가 작품 내부에서 작품 외부의 제도=문맥으로 유출되었다. 이것은 우선적으로 예술작품의 영역 확장, 혹은 '예술개념'과 '예술형식'의 확장의 일환이기도 하지만, 동시에 '예술제도'라는 관점에서 생각할 때 미술관이나 화랑 등의 건축공간이 편의상의 전시공간을 넘어 스스로 '예술개념과 예술형식'의 형성에 적극적으로 참여하는 장치가 되었음을 뜻하기도 한다. 이것은 '예술제도'가 자신을 가장 노골적으로 물체화시키면서 등장하는 첼시적인 상황의 전제 조건이었다.

이러한 의미에서 '흰 직사각형의 상자'는 결국 예술이라고 하는 '메타 가치'를 **가장 경제적으로** 불러들이고 고정시키는 기구이다. 물리적인 공간이면서, 스스로 그 물리성을 끝없이 지워가는 '흰 직사각형의 상자' 안에서 다양한 물체와 사건들이 자기주장을 펼친다. 이 때, 다양한 물체의 '자기소멸'된 '사용가치'의 최종적인 은유로서, 예술이라는 '가치' 혹은 '메타 가치'가 그 안에 자리 잡는다. 예술가가 작품을 만드는 계기에는 자본주의 경제에서 상품화된 노동(교환가치를 생산하기 위한 노동)으로부터 자신의 노동을 분리시키고자 하는 유토피아적인 원망顯望이 확실히 존재한다. 루마니아 태생의 조각가 콘스탄틴 브랑쿠시Constantin Brancusi, 1876~1957는 자신의 제작 활동을 두고 '제왕처럼 명령하고 노예처럼 일한다'는 명언을 남겼다. 이 말이 상징적으로 이야기하듯 예술작품의 제작에는 그 무엇을 위한 것도 아닌, 자율적이고 자기목적적인 노동의 이상이 깃들어 있다. 이런 점에서 예술의 이상은, 좋든 싫든 모든 것을 이윤으로 환원해 버리는 자본주의적 경제에 대한 저항, 혹은 인간 해방운동과 그 뿌리가 같다. 특히 (마키우나스처럼) 급진적인 예술가의 작품행위는, 스스로를 그 시대에 일반적인 작품의 상품가치로부터 가능한 한 멀리 분리시킴으로써 사고팔기 어려운, 보다 힘들고 숭고한 행위로 나아간다. '돈벌이를 위해 하는 것이 아니다'라는 말은 절실한 표현이다. 여기에 작품행위가 유토피아주의, 혹은 액티비즘과 교차할 가능성이 있다. 이러한 움직임은 그 의미에서부터 이른바 '탈영토화'로 향하지만, 예술제도가 개입함으로써 자본주의 경제 최후의 '재영토화'가 일어난다. 일단 상품화의 굴레를 벗어난 생산은 그것이 예술계(=흰 벽)의 제도 안에서 실현되는 이상, 바로 그 희소성에 의해 다른 차원의 (천문학적인 숫자의) 시장에서 보다 높은 상품가치로 다시 태어나는 것이다. '예술작품'의 양의적 본질이 바로 여기에 있다. 그것은 우선적으로 유토피아적 충동의 발로이지만 곧 자본의 차이화와 영토화에 **자기 스스로** 휘말려 간다.

나는 앤디 워홀이야말로 '상품화'를 '재생'시키는 것으로서의 예술, 혹은 '메타 상품'으로서의 '예술의 가치'를 자각적으로 연출한 사람이었다고 생각한다. 그의 회화는 그린버그가 정의한 '평면성'을 전제로, 그것을 대중 이미지mass image와 유비시키면서 '표면성'의 방향으로 나아갔다고 말할 수 있다. 그는 점점 거대해지는 화면에, 정말로 표면적인 대중 이미지의 세계를 기계적인 실크스크린으로 전사하여 양산함으로써 거대해지고 있는 '흰 벽'을 덮어씌웠다. 이 거대한 흰 상자에서, 완전히 깊이가 결여된 거대한 표면을 바라보는 것은 매우 환각적이고 충격적인 경험이었다. 다양한 상표, 마릴린 먼로, 모택동, 기타 기존의 대중적인 이미지를 인용한, 깊이가 완전히 결여된 거대한 순색 대비의 회화가 흰 직사각형의 상자를 덮었다. 그것은 자본주의적 소비사회의 일상을 일종의 숭고한 시각적 대상으로 전환하는 장치였다. 요컨대 '스펙터클의 스펙터클'이다.

그는 유니언 스퀘어 서쪽에 있는 자신의 커다란 공방을 '공장'factory이라 명명하고 마음이 맞는 친구들과 함께 일종의 유토피아적·보헤미아적인 생산 공동체를 만들었다. 그곳에서 그는 제왕이었지만, 그 제왕은 노예들에게 일정한 신조나 원리를 강요하기보다는 모든 것에 대해서 '대단해'Great!라고 대답하는 자신의 무원칙을 신조로 행동했다. 그는 거기서 회화, 조각, 판화를 만들어 내고 몇 편의 컬트 영화를 제작했으며 (지금은 그리 드물지 않지만, **최종적으로 무엇에 관한 것인지 불명확한**) 타블로이드 잡지 『인터뷰』*Interview*를 편집, 제작했다. 심지어 컬트적인 록 밴드 '벨벳 언더그라운드'The Velvet Underground를 조직하고 후원했다. 여러 가지 의미에서 무원칙적이고 비계층적이며 (특히 남성중심주의적) 인습에 파괴적이었던 그의 행동양식은 동시에 패션업계 등에 집중적으로 나타나는, 회전이 빠른 자본의 차이화를 연기하는 퍼포먼스이기도 했다.

개념예술가 한스 하케는 뉴욕 대부분의 대형 미술관을 제도적으로 지탱하는 경제적 기반에 대해 조사·분석하여, 그 결과를 고유명을 포함해 기술하는(=적나라한) 방법으로 해당 미술관에서 (자기 언급적인)전시를 하려는 시도를 했다. 예술 애호가들이 알고 싶어 하지 않는, **쇳조각을 맛보는 듯한** 현실, 혹은 말보로Marlboro나 엑손Exxon 등 불온한 기업과 '예술제도'와의 내밀한 관련을 보여 주려 한 것이다.[26] 하케에 의하면 자신의 끝없는 조사로 만들어 낸 작품들이 보여 주듯이, '미술관' 혹은 '예술제도', 즉 '예술이라는 기묘한 것'은 다른 한편으로는 결국 특정 재단, 기업, 유력자의 네트워크가 얽힌 세계이다. 그곳에는 정신이 아찔해질 정도로 동떨어진 두 개의 세계성이 동시에 존재하고 있다. 한편에는 '예술개념'이나 '예술형식'을 쇄신하기 위한 개별 예술가들의 고투나 그와 관련된 가치 평가의 세계='예술의 이데아'의 세계가 존재하고, 다른 한편에는 실재하는 재단이나 인물에 의해 구성된 세속적인 '예술제도'의 세계가 있다. 예술은 보편적인 이념을 구하기 위한 운동일까? 아니면 서양에서 시작되어 그 가치를 외부 세계에 널리 퍼뜨리려 하는 제도적인 야합일까?

현재, 첼시의 화랑가와 더불어 '흰 제도의 확장'을 가장 효과적으로 추진하고 있는 것은 구겐하임재단일 것이다. 그곳의 디렉터인 토머스 크렌즈Thomas Krens가 스스럼없이 던진 말처럼, 이 기구는 거대 자본과의 결합을 통해 스스로를 점점 더 세계화하는 동시에 예술의 대중화로 관객을 늘리고 선물가게도 충실하게 운영함으로써 디즈니랜드적인 엔터테인먼트 산업에 가까워지고 있다. 세계 곳곳에 지점을 내는 것은 물론, 렘 콜하스나 프랭크 게리Frank Gehry 등 건축계의 대스타와 손을 잡고 세계 미술관 건축의 컨설팅업에 적극적으로 나서고 있다. 이거야말로 미국에서 시작된 '흰 제도'의 '제국적 네트워크 만들기'라 부를 수 있을 것이다.

---

26. 그의 작품에 대해서는 Hans Haacke, *Unfinished Business*, The New Museum of Contemporary Art and the MIT Press, 1987 및 Pierre Bourdieu and Hans Haacke, *Free Exchange*, Stanford University Press, 1995를 참조. 후자의 일어 번역이 후지와라서점(藤原書店)에서 출판되었다.

이 '제국적 미술관'에는 몇 가지 새로운 경향이 있다. 첫 번째는, 일찍이 국민국가의 상징으로서 부동의 가치를 표상하고자 했던 미술관이 이제 1인 상인에 불과한 '화랑'에 가까워지고 있다는 점이다. '미술관'은 결국 커다란 화랑이 되었다. 다시 말해, 하나의 국가에 봉사하는 대상인이었던 미술관이 복수의 국가와 거래하는 대상인=대화랑이 되었다. 초국적transnational 미술관의 출현이다. 두 번째로, '흰 벽'은 무한히 재생산되는 '예술작품'의 한계를 인지하기 시작했다. 지금에 있어 예술작품은 부차적인 것이다. 세 번째, 두 번째의 결과로 다른 차원에서 '초가치=대문자 예술Art'을 생산하고 그것을 선전하여 대중에게 알리려는 기획이 시작되었다. 먼저 화랑과 미술관의 관리자들 스스로가 스타가 되었다. 거기에 앞에서 말한 '큐레이터' 그리고 마지막으로 '건축가'가 이 대열에 합류했다. 3장에 서술했듯이 현대적인 스펙터클의 전체적인 통괄자는 건축가이다. 그들은 앞서 설명한 두 가지 타입의 전시공간에 더해 미디어적 전시공간까지 통괄하면서 도시공간의 종합적 기능과 접속한다.

맺음말 : 두 개의 이스트빌리지

로어이스트사이드 — 또 다른 이름의 이스트빌리지 — 의 현대문화사는 여전히 쓰이길 기다리고 있다.
— 앨런 무어[27]

---

27. Alan W. Moore, "Buried in Plain Sight," included in *East Village USA*, New York: New Museum of Contemporary Art, 2004.

소호에서 일어난 젠트리피케이션과 닮은 점도 있지만, 이스트빌리지 혹은 로어이스트사이드에서 진행된 젠트리피케이션에는 다른 의미에서 어떤 단계가 있었다. 이 전통적인 이민자와 노동자의 거리에 청년문화가 개입하기 시작한 초기인 1970년대 후반에는 문화적 잡거성이 긍정적으로 기능했다. 예를 들면 그 시점에는 커뮤니티적인 공간과 예술 공간이 공존하고 있었으며, 젊은이들은 싼 월세와 서민적인 분위기뿐 아니라 다른 가치를 구하기 위해서도 차례로 이 소수인종의 슬럼에 이주하기 시작했다. 그들의 문화가 각종 소수인종이나 노동자의 문화와 섞이며 지배적인 문화에 대항해 자기주장을 펼쳤다. 이것이 제1단계이다. 그러나 문화 활동이 다양화될수록 바bar와 같은 상업적인 공간 또한 증가했다. 이러한 것들이 근린공간의 분위기를 조금씩 바꿔나가 어느 시점에서는 결국 대규모의 투자를 끌어들였고, 그것이 결국 젠트리피케이션으로 이어졌다. 이러한 제2단계에서 문화=예술의 질은 완전히 변했다. 다시 말해 이스트빌리지의 예술씬에는 이 두 단계에 호응하는 두 가지 활동형태가 있었다.

원래 소호와 이스트빌리지 사이엔 결정적인 차이가 있었다. 전자는 원래 사람이 살지 않는 공장/창고거리였지만 후자는 몇 종류의 커뮤니티를 끌어안은 거주구역이었다는 점이다. 따라서 이스트빌리지에는 많은 커뮤니티 센터[28]가 다양한 문화를 연결하는 역할을 해 왔다. 클럽 씬의 경우, 전성기의 A애비뉴 피라미드클럽은 게이문화와 (힙합이나 그라피티 등) 소수인종의 문화를 이어주는 중요한 역할을

---

28. [옮긴이] 지역 주민들이 모이는 곳으로서 공공기관에 의해 운영되는 경우도 있지만, 본문의 경우처럼 비공식적인 장소일 때도 있다.

했다. 이스트 3번가의 뉴요리칸Newyorican(New York + Puertorican의 합성어로 뉴욕에 사는 푸에르토리코인을 지칭) 포엣 카페는 라틴계 문화와 힙합, 재즈, 전위적인 시를 연결했다. '탈투자화'dis-investment에 의해, 거리는 A, B, C 각 애비뉴로부터 동쪽방향으로 불안하리만큼 황폐화되고 있었지만, 새로운 문화에 열려있는 젊은이들이 거기 잔뜩 살고 있었다. 세인트마크서점Saint Mark's Bookshop을 비롯하여 전위 극장인 라 마마La MaMa, 펑크 록 클럽 CBGB, 퍼포먼스 공간인 PS122, 명화극장 씨어터80Theater80, 라이프 카페Life Cafe 등이 있었고, 이스트 6번가의 인도음식 거리를 시작으로 싸고 맛있는 레스토랑이 즐비했으며, (특히 게이 여러분에게는) 홀가분하게 섹스를 즐길 수 있는 터키풍 사우나가 있었다. 이곳은 한때 아마도 인류역사상 가장 멋진 보헤미아 중의 하나였다.

초기의 이 곳 화랑 씬에는 지역의 근린공간을 자신의 토대이자 중요한 요소로서 지켜내고자 하는 단계가 있었다. (이미 몇 번인가 다룬) 〈에이비씨 노 리오〉는 여전히 그러한 노선을 꿋꿋이 지키고 있지만, 초기의 펀 갤러리The Fun Gallery, 그레이시 맨션Gracie Mansion, 시빌리언 워페어Civilian Warfare, PPOW 등도 많든 적든 이스트빌리지에 살고 있거나 몰려다니는 젊은이들의 집합소 같은 측면을 갖고 있었다. 이 단계의 예술작품들은 개념적, 형식적인 세련성을 목표로 하기보다는 주로 자기 존재나 커뮤니티의 절실한 문제를 아주 직접적으로 표현하는 경향을 띠었다. 작품도, 전시회 자체도 어떤 측면에서는 근린공간이라는 집합성의 일부분으로서 존재한 것이다. 무엇보다도, 전시회는 '스펙터클'이 아니라 '페스티벌'이었다. 실제로 가두 그라피티를 하다가 예술계에 들어간 퓨츄라 2000, 데이즈Daze, 레이디 핑크를 시작으로 〈패션모다〉를 통해 브롱크스의 새로운 예술씬을 조직하는 데 관여한 조각가 존 에이헌John Ahearn, 중국인 화가 마틴 웡Martin Wong, 스쾃터 화가 제임스 롬버거James Romberger, 여성의 신체를 성적 욕망의 대상으로 연기한 행위예술가 카렌 핀리Karen Finley, 거리의 창부였던 자신의 소년시대를 쓴 소설로도 알려진 화가 데이빗 워나로비치David Wojnarowicz, 그리고 뭐니뭐니 해도 초기의 슬라이드 쇼 〈성적 의존의 발라드〉The Ballad of Sexual Dependency가 가장 훌륭한 사진작가 낸 골딘Nan Goldin 등 숱한 강렬한 작품들을 **그에 걸맞은 환경**에서 볼 수 있었다.[29]

그 후, 인터내셔널 위드 모뉴멘트International With Monument, 팻 헌 Pat Hearn, C.A.S.H, 나튀르 모르트Nature Morte 같은 화랑들의 등장과 함께 두 번째 단계가 시작된다. 앞서 언급한, 형식적으로 통일되지 않은 엉성한 연합과 달리, 이들 화랑에서 전시된 작품들은 형식적으로나 개념적으로 미국 현대미술의 역사에 새로운 한 페이지를 쓰고자 의식하는 예술이었다. 이러한 전개를 두고 어떤 사람들은 '이스트빌리지의 예술씬도 간신히 진지하게 되었다'고 평했다. 그러나 예술가도 작품도, 이제는 이스트빌리지 혹은 로어이스트사이드라는 지역성과는 아무런 관계도 없는 것이 되어 버렸다. 작품이 받아들여지는 기호작용이라는 의미에서 볼 때, 이들 화랑이나 예술가들은 분명 이 땅의 — 한편으로는 슬럼이며 다른 한편으로는 언더그라운드 문화의 거리로

---

29. 이스트빌리지의 예술씬을 회고하는 전시회가 뉴욕 New Museum of Contemporary Art에서 "East Village USA"라는 제목으로 (2004년 12월부터 2005년 3월까지) 열렸다. 지금은 이것이 유일한 자료이기 때문에 앞에서 인용한 앨런 무어가 쓴 전시회의 카탈로그를 참조.

서 시민사회를 향해 '공포'와 '외경'을 동시에 체현하는 — 풍토 혹은 '지령地
靈'에 크게 의거하고 있었음에도 불구하고, 이데올로기적으로 그들
대부분이 이 장소의 성질 따위는 아무래도 상관없고, 제도적/경제적
인 조건만 허락된다면 다른 지역에서 개업하겠다는 듯한 자세였다.
특히 1984년에 7번가 (1애비뉴와 A애비뉴 사이)에 개점한 인터내셔
널 위드 모뉴멘트는 이른바 시뮬레이셔니즘Simulationism 혹은 네오지
오라 불리는 신기하학적 개념주의Neo-geometric Conceptualism 등의 조류
를 만들었다고 일컬어진다. 비평가이며 화가인 피터 핼리Peter Halley를
사실상의 리더로, 제프 쿤즈Jeff Koons, 하임 스타인바흐Haim Steinbach,
애슐리 비커턴Ashley Bickerton 등을 포함한 이 그룹은 기본적으로 상품
기호를 작품 속에 도입시킨 워홀의 시도를, 보다 의식적·반복적으로
실천했다. 핼리의 회화는 (비교할 대상이 없다고 일컬어지는) 순수추
상의 패러디로서 정사각형(=감옥)의 기하학적 단위로 환원된, 정보
의 생산과 소비의 네트워크에 사로잡힌 '자아'cogito의 도상diagram을
반복적으로 전개했다. 그 외의 다른 작품들은 후기자본주의 사회의
소비주의에 대해, 비판인지 혹은 찬양인지 최종적으로 불명확하다는
점에서 정말로 '냉소적'tongue in cheek인 방식으로 상품 혹은 상품의 디
스플레이를 모방했다.

　　그들의 최종적인 메시지는 결국 소비주의 사회의 '매혹성'에 있었
다. 작품을 산 수집가에게 보드리야르Jean Baudrillard의 『시뮬라시옹』
Simulation을 선물했다고 하는 핼리나, 자칭 주식 브로커였다는 제프 쿤
즈를 포함하여 자신의 작품 판매에 능숙한 것을 자랑으로 여긴 이 그
룹의 멤버 대부분은 머지않아 보다 강력한 소나벤드 화랑으로 옮긴
다. 워홀의 존재를 상당히 의식하고 있었던 핼리는, 후에 워홀의 『인

터뷰』의 재래라고 할 수 있을 법한 타블로이드 잡지 『인덱스』*Index*를 창간하고 (제이팝J-pop 등도 열렬히 도입하며) 예술적 진보주의와 패션, 비즈니스를 연결하고자 노력했다. 이스트빌리지에서 젠트리피케이션이 한창일 때 — 많은 스콰터들이 '내쫓기지' 않기 위해 투쟁하고 있던 때 — 바로 이와 같은 '기업 예술'Corporate Art이 형성되고 있었다는 것을 기억해야만 한다.

이스트빌리지 예술씬의 제1단계와 제2단계를 엄격히 구별짓는 또 한 가지의 특징은 1단계가 인종적/젠더적 소수자를 많이 포함하고 있었던 것에 비해 2단계는 대부분 백인 남성이 주도했다는 것이다. 1단계에는 에이즈로 죽은 사람들이 많았으나 2단계에서 그러한 비극은 일어나지 않았다. 1단계는 '존재론적 급진주의'가 중심적인 추세였으며, 그 작품이 형성되는 문맥 자체가 바로 군집적인 '사회공간'이었다. 오프닝 파티를 중요시 여겼고, 클럽에서 열리는 전시가 많았다는 것부터가 '이벤트' 혹은 '퍼포먼스'의 차원을 중요하게 여긴 1단계의 특징을 보여준다. 그에 비해 2단계에 속하는 그룹은 '흰 벽'을 이스트빌리지의 문맥에서 확립시켰다. 그것은 소호 이후의 미국 현대미술이 첼시의 화랑전제주의로 바뀌는 데 다리를 놓았으며, 이스트빌리지 예술씬의 최후의 얼굴이 되었다.

서두에서 다루었듯이 새로운 문화와 예술이 생산되는 근린공간이 뉴욕으로부터 사라지는 반면에, 그 제도='흰 벽'은 보다 강력하게 자기 확장을 거듭해 왔다. 그것은 뉴욕을, 예술을 생산하는 도시로부터 오로지 예술을 전시하고 매매하는 도시로 이행시켜 온 것 같다. 이는 세계의 어딘가 — 아직 생산적인 '집단 신체성'mass corporeality을 품은— 도시에서 예술이 생산되고, 뉴욕은 단지 비즈니스 센터로 변해

가고 있다는 비가역적인 추세를 보여 주는 것일까? 우리가 이 추세를 역전시키는 것이 가능할까? 그것이 정말로 가능하려면 예술의 작품제작practice을 '흰 제도'의 굴레로부터 해방시키고, 그것을 도시공간 전체를 끌어들이는 액티비즘과 다시 한 번 연결 짓는 수밖에 없을 것이다. 다음 장에서 말하겠지만, 그것은 '스펙터클'과 '페스티벌'이라는 두 개의 전술적 영역에 얽힌 싸움이 될 것이다.

5장

예술과 액티비즘 사이에서

이와 같은 인식을 미적 판단으로 간주할 수 있을까?
— 해롤드 로젠버그[1]

들어가며 : 작품, 행위, 노동

일찍이 같은 해 태어난 두 명의 뉴욕 비평가가 전후 미국 예술의
형성에 결정적인 역할을 했다. 클레멘트 그린버그[1906~1974]와 해롤드
로젠버그[1906~1978]다. 이름의 마지막이 버그라는 사실에서 알 수 있듯
이, 두 사람 모두 유대계 출신이다. 둘 다 '미국 현대미술'을 유럽 근대

---

1. Harold Rosenberg, *The Tradition of the New*, Chicago and London : The
   University of Chicago Press, 1959의 서문.

미술에 맞서 정립시키려는 예술의 내셔널리즘을 추진하였는데 특히 그린버그는 확실한 성과를 올렸다. 두 사람 모두 — 예술에 있어 궁극적인 대상으로서의 — '작품'을 손에서 놓지 않고, 주어진 것所與으로서의 작품에서 출발하여 다른 모든 것을 소급적으로 사고했다. 하지만 그 과정에서 그린버그와 로젠버그가 확립한 비평적 입장은 서로 다른 두 가지 개념을 축으로 한다. 그린버그는 '형식'form을, 로젠버그는 '행위'action를 중요시 했다. 그린버그의 업적은 로잘린드 크라우스 Rosalind Krauss나 티에리 드 뒤브Thierry de Duve 등 이후 세대의 우수한 미술이론가들에게 영향을 끼치며 역사적 계보를 이루었다. 그에 비해 로젠버그가 그린 사고의 선은 거의 단절된 상태이다. 그렇다고 해서 내가 후자의 계보를 다시 이으려는 것은 아니다. 4장에서 이미 분명하게 말했듯이, 나는 '흰 벽의 제도' 내부에서 예술의 역사를 고찰하는 것에는 관심이 없다. 예술의 궁극적인 가능성을 현행 제도의 기반에서 약간 빗겨난 지점에서 발견하기 위해, 요컨대 '예술과 액티비즘이 교차하는 장소'를 찾기 위해서 '작품행위'에 대해 재고하고 싶다. 하지만 이를 위해서는 '형식'에 대한 그린버그의 관점보다 '행위'에 대한 로젠버그의 관점이 더욱 유효하다.

1960년대 초반, 로젠버그는 근대/현대의 예술작품을 '불안한 물체'anxious object라고 비유하고 거기에서부터 예술의 속성을 고찰했다. '예술은 실재하는 것이 아니다. 그것은 자기선언declares itself하는 것이다.'[2] 도달점이 없는 자기발견의 여정 속에서 굳이 자기선언을 단행하는 것, 그것이 예술의 실체이다. 이 실천의 전제가 된 것은 앞서 언

---

2. Harold Rosenberg, *The Anxious Object*, New York : Collier Books, 1964, p. 18.

급한 뒤샹이었다. 그리고 이 '자기선언'의 급진적인 부분을 이어받아 확대한 예술가로 잭슨 폴록과 존 케이지가 있다. 그들의 예술은 추상표현주의 이후, 사회적 현실에 직접 개입하는 작품행위의 전제가 되었다. 우선 잭슨 폴록은 그의 회화에서 '떨어뜨리기'dripping 혹은 '붓기'pouring라는 '행위=방법'을 두드러지게 사용했다. 그리고 존 케이지는 즉흥연주를 위한 작곡법을 통해 음악개념을 확장했다. 이들의 예술작품은 '사건' 혹은 '과정' 자체를 작품화하는 계기를 만들어 내었다. 이는 '해프닝', '혼합매체'mixed media, '퍼포먼스 아트'…… 라는 계보의 출현이다. 이 실천가들은 예술계와 어떻게든 관계를 맺으면서도 주류적인 '흰 벽의 제도'나 '극장'의 바깥에서 행위하는 것을 중요하게 여겼고, 또 그러한 행위의 분류적 애매함과 제도적 불안정성이 그들의 급진주의의 징표가 되었다.

1950년대 후반부터 1960년대 초반에 걸쳐 거리에는 비트닉, 재즈, 포크송으로 대표되는 대항문화가 생기고, 시국은 공민권 운동이나 베트남 반전운동의 힘을 받아 북미에서의 '1968년'을 향해 매진해 갔다. 이러한 상황 속에서 예술과 액티비즘의 경계는 사실 불분명했다. 다양한 행위자들이 예술과 액티비즘이 **포개지는 장소**에 서서 그 영역을 고유하게 발전시켜 나가기 위해 고투하고 있었다. 그 무렵, 예술의 자기선언 중 일부는 순수예술의 특권적인 문맥에 대해 비판적인 입장을 취했으며 이 때문에 '반反예술'이라 불렸다. 하지만 이 위대한 실천의 시대가 지나간 후, 요컨대 1960년대 후반부터 1970년대 초반에 이르자 다시 한 번 '예술이라는 제도'로의 집착이 회귀하였고, '작품'을 남겨야 한다는 불가피성을 하나의 숙명적인 인식으로 공유하게 되었다. 로젠버그도 『예술의 탈-정의』(1972)에서 '반예술적 작품행위'를 '예술의 종언'을 무한정 연기하는 전위예술가들의 역설적인 태도, 즉 '예술의 종언'의 불가능성에 대한 증거로 간주하게 되었다.

1970년 전후에 쓰인 로젠버그의 미술평론3을 지금 다시 읽으면, 당시의 상황과 우리의 상황 사이에 존재하는 결정적인 차이가 두드러진다. 현재는 계속해서 확장해 가는 '흰 벽의 제도' 속에서 무슨 일이 일어나더라도, 더 이상 그것이 '예술개념'의 '불안'이나 '위기'와 연결되지는 않는다. 이것은 예술이라는 제도의 사회적 위상이 크게 바뀌었기 때문이다. 가령 그린버그와 로젠버그가 가진 공통점 중의 하나는 두 사람 모두 '키치'kitsch를 자본주의에 의해 오염된 저속한 문화로 간주하고, 전위예술을 그에 대한 비판 혹은 저항으로 믿고 있었다는 것이다. 현대미술이라는 제도가 정치/사회/경제적 기반을 충분히 확립하지 못한 시점 — 요컨대 일반 사회가 아직 현대미술을 충분히 받아들이지 않은 시점 — 에서는 전위예술적인 비판/저항이 일종의 위험성을 잉태한 행위였다. 그것은 백안시되든가, 무시되든가 혹은 범죄시될 가능성이 많았다. 그런 상황에서는 미적으로 훌륭한 취미와 정치적으로 올바른 비판적 의지와의 결합을 영웅적인 대항문화(=반 부르주아 문화)로 인지할 수 있었다. 하지만 현재 '흰 벽의 제도'는 정치적/사회적/경제적으로 너무나 강력하기 때문에, 그 내부에서 행해지는 이상 어떠한 '비판적 작품'도 그 근거를 의심받지 않는다. 당시에는 확실히 존재하고 있었던, 아직 정해지지 않은 가치를 탐구하는 행위의 '불안', '도전', '위험성'은 이제 거의 존재하지 않는다. 극단적으로

---

3. 예를 들면 Harold Rosenberg, *The De-definition of Art*, New York : Collier Books, 1972에 수록된 1968년 전후의 평론을 가리킨다.

말해서, 미술관이나 화랑에서는 어떤 일이 일어나도 이상하지 않다. 순수예술의 영역은 자본이나 권력에 있어서 바로 그러한 장소로 인지되고 있다. 현재의 예술과 당시의 예술은 똑같아 보여도 '동일한 것'이 아니다. 어느새 변용되고 있었던 것이다.[4] 일본의 미술비평가 미야가와 준宮川淳, 1933~1977은 예술의 소멸이 극적으로 일어나는 것이 아니라 천천히 진행해 가는 것이라고 말했지만, 이 '흰 벽의 제도의 확장'이야말로 '순수예술'의 점차적인 소멸의 표시가 아닐까?

로젠버그는—내 생각에 그의 최대 명저인—『새로움의 전통』(1959)[5]의 「소생된 로마인들」이라는 장에서, 맑스의 『루이 보나파르트의 브뤼메르 18일』을 독자적으로 해석하며 역사의 반복과 창조행위에 대해 고찰하고 있다. 요지는, 역사의 배우는 과거의 옷을 걸치지 않는 한 연기할 수 없다는 것이다. 첫 번째 반복은 단지 비극이지만 두 번째 반복은 희극으로서, 요컨대 '반복의 반복'으로서 일어난다는 유명한 대목이다. 『차이와 반복』에서 철학자 질 들뢰즈는 맑스의 이 역사반복론을 로젠버그의 해석을 도입해 읽는다. 맑스에게 있어 반복에는 시간적인 서열이 있다. 먼저 진짜 반복(=비극)이 오고, 두 번째는 익살극(=희극)이 온다. 즉 두 번째는 반복이 새로운 상황의 생성(창조)로 이어지는 대신 일종의 퇴화를 보여 주는 시간인 것이다. 하지만 들뢰즈에 의하면 이 '비극→희극'이라는 서열을 절대적으로 근거 지을 수는 없다. 희극적인 반복은 주역의 행동이 지나치게 커질 때 일어난다. 어떤 경우, 비극적인 반복은 그 후에 일어날 '변신'의 계

---

4. 물론 이러한 경향을 포스트모던으로 포착하는 사고가 한때 성행했지만 요즘, 그러한 틀에서의 예술제도 비판은 명료한 관점을 누락하고 있다.

5. Harold Rosenberg, *The Tradition of the New*.

기로 도래한다. 요컨대 희극적 반복과 비극적 반복 모두 그들 자신이 아닌 '세 번째 계기'를 위해서만 존재한다. '이 세 번째 계기는 새로운 것의 생산 안에서만 일어나는 극적인 반복이며, 이러한 반복은 주인공마저 배제한다.'[6] 이것이야말로 창조행위에 대한 로젠버그의 궁극적인 입장이었다. '헤겔주의적인 맑스에게는 역사적 상황이 그 진짜 주역을 생산할 수 없다는 것은 생각할 수도 없는 일이었다. 하지만 우리에게 있어서는 동일성의 포기야말로 역사적 행동으로 나아가기 위한 첫째 조건일 것이다'[7] 이 역사 반복론은 역사 참여(=혁명)에 대해 보다 현대적인 관점을 제시하고 있다.

로젠버그는 소설가이며 문예평론가인 매리 맥커시Mary McCarthy, 1912~1989의 비판적 코멘트에 대한 응답으로 자신의 서문을 쓰기 시작한다. '사건을 벽에 걸 수는 없다. 그것이 가능한 것은 회화뿐이다'라는 매리 맥커시의 코멘트를 두고 로젠버그는 '역사적 반복=창조'와 연결되는 그의 비평의식을 펼쳐 간다. 그 출발점은 현대적 상황에서 점점 드러나는 '작품행위'와 그 결과로서 나타나는 물체로서의 '작품' 사이의 어긋남이다. 거기서 그는 몇 개의 중요한 질문을 도출한다. 우선 행위의 결과만을 놓고 '좋은지 혹은 나쁜지' 판단하는 것이 타당한가? 그리고 '좋고 나쁨의 판단 이전'에 보다 중요한 문제는 없는가? 거기에서 그는 기본적인 프로그램을 도출한다. 먼저 '행위/사건'을 그 결과가 아니라 발전과정에서 판단하는 것, '좋고 나쁨의 판단'보다 중요한 질문 즉, '그것은 무엇인가?'라고 묻는 것, 더 나아가 '그것이 진

---

6. ジル・ドゥルーズ, 『差異と反復』, 財津理訳, 東京・河出書房新社, 1992年, p. 150 [질들뢰즈, 『차이와 반복』, 김상환 옮김, 민음사, 2004, p. 214].

7. Harold Rosenberg, *The Tradition of the New*, p. 177.

짜 새로움인지 가짜 새로움인지'를 묻는 것.

여기서 로젠버그는 '작품행위'와 그 결과인 '작품' 사이의 어긋남이 잉태하는 문제를, 예술의 테두리를 넘어서 혁명과 그 귀결이라는 보다 거대한 '역사적 행동(=창조)'의 관점에서 재고하려 한다. 여기에 그의 도전이 가진 파격적인 면모가 있었다. 그는 인간적인 행위가 역사에 관여하는 것을 전반적으로 '아이러니'라는 관점에서 보았다. 작품행위도 혁명적 개입도 '역사'와의 관계 속에서 결코 자기가 원한 결말을 얻을 수 없다. 그런데도 사람들은 질리지도 않고 그러한 영웅적인 행위를 계속한다. 그는 그것을 '창조에 대한 아이러니'라고 부르며 그 두 종류를 분류한다. 첫 번째는 생생한 사건을 '벽 위의 그림'으로 바꿔버리는 '죽음으로 향하는 아이러니'이다. 두 번째는 그럴싸한 겉모습에 감쪽같이 속아 넘어간 사람들을 깜짝 놀라게 만드는 형태로서, 가면이 자신을 드러내는 비희극悲喜劇적인 아이러니이다. 그의 믿음에 따라 '예술'과 '사건'을 '발전의 과정' 속에서 평가하기 위해서는 이 두 가지 관점을 토대로 해야만 한다.

'벽 위의 그림'은 문자 그대로 '예술작품'이다. 그것은 예술작품의 제작과 관련된 다양한 사건=행위의 '죽음'일 뿐이다(이것은 로젠버그의 예술에 대한 양의적인 애정 표명에 가깝다). 한편, '가면이 자신을 드러내 버리는 비희극적인 아이러니'는 앞의 맑스/로젠버그/들뢰즈의 '역사반복론'에서 운운된 것이다. 또 이 영역이야말로 여기서 주제가 되는 '예술과 액티비즘의 사이'이다. 그 사이에서 구체적으로는 정치적 스펙터클, 해프닝, 전통적인 페스티벌이나 카니발 등, 사회 상황에 대한 다양한 타입의 전술적 혹은 수행적[8] 개입이 일어난다. 말할 것도 없지만, 이 영역의 행위/사건을 '벽에 걸거나' '좋고 나쁨을 판단하는' 것은 불가능하다. 그것은 '발전과정에서만 — 그것이 어떤 것인지, 그것이 진짜 새로움인지 어떤지 — 판단하는' 것이 가능하다. 그것은 과거의 역사적 사건의 비극적/희극적 반복을 왕복하면서 그 속에서 전혀 새로운 사건=창조의 계기가 출현할 가능성을 찾고 있다.

동시에 '예술과 액티비즘의 사이'라는 영역은 지배자와 민중(피지배자)이 투쟁하고 절충하는 힘과 힘의 '접점'interface을 이루고 있다. 그것은 단순히 모순이나 대립, 통합의 장소가 아니다. 복잡하게 얽히고설킨 장소이다. 거기에는 서로 다른 타입의 사회관계와 도시공간의 다양한 위상이 형성되어 있다. 그것은 다양한 공식적인 문화의 영역이 벌어지거나 흘러나와, 전혀 새로운 다른 것으로 변하는 장소이며, 비정치적 행동이 정치적 의미를 지니기 시작하는 장소이다. 이를테면 그것은 하나의 커다란 '가면'이다. 왜냐하면 권력에 대항하고 절충하는 민중의 반권력적 투쟁은 무엇보다도 '시도'이며 '퍼포먼스'이기 때문이다. 그것은 **권력의 본질을 형성하는 벌거벗은 폭력**과는 틀리다. 그것은 (의회제 민주주의 혹은 국가권력의 탈취 등) 제도화되고 공식적인 정치적 실천이라기보다, 오히려 인류학자 제임스 C. 스콧이 말하는 '하부정치'infrapolitics 9 혹은 들뢰즈·가타리의 '미시정치'10에 대

---

8. [옮긴이] 퍼포먼스 (performance), 수행적/수행성(performantive/performantivity): 원래 연기나 공연을 뜻하는 퍼포먼스는 현대예술은 물론 현대사상과 현대철학에서 중요한 개념이다. 언어철학자 존 L. 오스틴(Austin)은 선언적인 발화(예: '두 분은 이제 부부가 되었습니다')는, 말하는 것 자체가 행위를 이룬다는 측면에 주목해 이를 수행(遂行)적이라고 하였다. 주디스 버틀러는 이 개념을 바탕으로 젠더 혹은 성은 생물학적으로 결정되는 것이 아니라 사회와 문화 속에서 반복적으로 퍼포먼스/수행됨으로써 형성되는 것 즉 수행적인 것이라고 주장했다. 본서에서는 많은 경우 연기 혹은 행위로서의 퍼포먼스와 수행으로서의 퍼포먼스 두 가지의 의미를 암시적으로 동시에 표현하고 있다. 맥락에 따라 수행적/수행성 혹은 퍼포먼스적/퍼포먼스성으로 번역하였다.

응하는 영역이다.

하지만 이러한 '대항적 접점'의 영역을 물질적으로 지탱하고 있는 것은 결국 '노동을 둘러싼 상황'이다. 노동의 질적/양적 변천 혹은 역사적 상황의 변천이 이 영역의 생성과 변천을 맡아왔다. 4장에서 보았듯이 포스트포드주의적인 도시의 탈산업화와 노동의 비공식/비정규화(불안정화)가 뉴욕에서 '예술의 편재'를 재촉했다. 로프트 공간과 비물질적인 노동의 확산이 그 물질적 토대가 되었다. 예술과 액티비즘이 교차하는 영역, 요컨대 '대항적 접점'의 확대도 그것과 무관하지 않다. 그것은 예술이 대중화되는 급진적 가능성을 배태하고 있다. 그 추세는 소외되지 않는 노동, 자율적인 행위로서의 노동, 혹은 철학자 브루노 굴리Bruno Gulli가 말하는 '창조적 노동'[11]을, 미래로 연기된 가공의 제도에서가 아니라 지금 여기서 청구할 것을 기본으로 하고 있다.

5장에서는 우선 도시공간을 무대로 하여 '건축비판의 직접행동'으로서 '작품행위'를 실천한 독특한 예술가 고든 마타-클라크Gordon Matta-Clark를 소개하려 한다. 그 다음엔 자본과 권력이 구축하는 '(건축적) 스펙터클'에 맞서, 예술과 액티비즘이 교차하는 영역에서 실천되는 '(퍼포먼스적) 스펙터클'의 위상을 찾도록 한다. 그리고 이를 전제로, 뉴욕이라는 특수한 도시에서 예술적인 액티비즘, 혹은 액티비스

---

9. James C. Scott, *Domination and the Arts of Resistance,* New Heaven and London: Yale University Press, 1990.

10. ジル・ドゥルーズ／フェリックス・ガタリ, 『千のプラトー』 [질 들뢰즈・펠릭스 가타리, 『천의 고원』].

11. Bruno Gulli, *Labor of Fire*, Philadelphia : Temple University Press, 2005.

트적인 예술을 실천한 무수한 그룹과 실천가 중 몇 가지 타입에 대해 고찰하겠다. 마지막으로 '예술과 액티비즘의 교차'라는 문제의식의 핵이 되는 '창조적 노동으로서의 예술'이 갖고 있는 유토피아적 지향의 근거를 검증할 것이다.

건축공간을 절단하라! : 고든 마타-클라크의 반건축적 직접행동

그래도 나는 액티비스트는 아니다. 어디까지나 건축가이다.
— 고든 마타-클라크[12]

　로버트 모제스에 관한 세 개의 전시회가 개최되고 있는 기간 중에 공교롭게도 고든 마타-클라크전이 휘트니 미술관에서 열렸다.[13] '공교롭게도'라고 말하는 까닭은 모제스가 추진한 도시계획에 대한 근본적인radical '비판 행위'로, 이 요절한(1943~1978) 예술가의 작품 이상의 것이 떠오르지 않기 때문이다. 한쪽은 가장 유력한 시 관료였으며, 다른 한쪽은 공격적이고 불안정한 펑크 아티스트였다.
　마타-클라크는 그의 지극히 짧은 활동기간 동안, 개발 전성기의 뉴욕 도시공간에 **직접적으로** 개입했다. 그 '행위'가 그의 '작품'이었다. 그것은 미적으로 '좋고 나쁨'을 판단하는 것이 거의 무의미한 종류의

---

12. Richard Armstrong과의 인터뷰에서 마타-클라크가 한 발언. Gordon Matta-Clark, IVAM(396).
13. Gordon Matta-Clark, "You Are The Measure" : April 1st~April 29th, 2007.

'작품'이었다.[14] 그 때문인지 그의 개입에 대해 확실한 평가를 내릴 수 있게 된 것은 비교적 최근의 일이다. 그의 작품=행위는 분명, 우리의 사고가 '개발' 지상주의적인 도시 형성을 그 뿌리에서부터 고찰하도록 이끈다. 이제 이 특이한 예술가의 궤적을 따라가며 '반건축행위' ― 마타 클라크에 있어서는 '건축행위' ― 로서의 예술의 양상들을 뚜렷이 드러내 보이고 싶다.

그의 부친은 칠레의 산티아고 출신으로 파리에서 활동했던 초현실주의 화가 로베르토 마타Roberto Matta, 1911~2002이다. 로베르트 부부의 이혼으로 인해 로베르토와 고든 부자는 그다지 깊은 관계를 맺지 않았지만 한 가지 결정적인 지향을 공유했다. 두 사람 모두 '건축'과 밀접하게 관련되어 있었으며, 그 때문에 오히려 건축에 대해 엄격한 비판적 자세를 유지했다는 것이다. 1930년대 후반, 부친인 로베르토는 다름 아닌 대★ 르 코르뷔지에의 제도사로 생계를 이어가고 있었다.[15] 그러면서 그는 의인주의anthropomorphism와 합리주의의 결합으로 만들어진 르 코르뷔지에의 건축적 규범에 대항하는 공간적 사고를 키웠다. 자신의 회화에 뚜렷이 드러나 있는, 유체적인 신체기관에 매개된 무의식적인 공간이다. 그는 르 코르뷔지에의 '이성적 수학'mathématique raisonable의 패러디로서 '관능적 수학'mathématique sensible을 주장했다. 덧붙여, 당시 그와 가깝게 지냈던, 『미노토르』Minotaure 잡지에 모여들던 초현실주의자들 대부분이 르 코르뷔지에의 반대파

---

14. 그의 '건조물 절단'의 형태를 문제시하고 그것을 본질적인 것으로 다루려는 경향도 있지만 내 생각에 그것은 부차적인 요소이다.
15. 예를 들어 도시계획 'Ville Radieuse'(1933)의 제도(製圖)에 손을 댄 것은 로베르토 마타였다고 전해진다.

였다고 한다.[16]

그의 아들 마타-클라크는 1962년 이후 건축가를 목표로 코넬 대학 건축과에서 잠시 공부하다가 중퇴했다. 유력한 건축가였던 교수들의 사상과 작업에 대한 반감 때문이었다. 학교에 다니는 동안 코넬대 부속 미술관의 그룹전에 참가 중이던 '대지 예술'의 실천가 로버트 스미드슨과 가까워져 그의 영향을 받았다. 이미 살펴봤지만 스미드슨은 사용 중지로 인해 황폐해진 산업지대Rust Belt의 풍경에 매료되어, 훗날의 사이버 펑크를 상기시키기도 하는 이 '디스토피아적 풍경'에 개입하는 작품을 만들고 있었다. 마타-클라크가 스미드슨으로부터 계승한 것은 점차적으로 구축을 무너뜨리는 '엔트로피에 의한 건축' 혹은 '비생명적 생성'이라고도 부를 법한 반건축적 관점, 그리고 작품행위를 전시공간 바깥에서 실천하는 '장소 특정적'인 방법이었다. '장소 특정적'인 방법은 아틀리에나 스튜디오처럼 격리되어 있는 특권적인 공간이 아니라 현실에 존재하는 장소singular place로서의 '현장'site에 개입하는 것이다. 반면, 그 행위/사건의 기록이나 데이터가 어떤 전시공간 (흰 벽의 제도)에서 발표된다면 그것은 '비현장'non-site이다. 덧붙여 '현장/비현장'의 관계성 자체가 작품의 주요한 국면이 된다. 나의 해석으로 이 방법의 핵심은 전시공간의 바깥에서 일어나는 사건에서 전시되는 물체/기록에 이르기까지, 작품 행위 전체의 '사회적 발전과정'을 대상화하여 제시하는 것에 있었다.

학업을 그만 둔 마타-클라크는 1970년에 소호로 이주한다. 당시

---

16. Pamela M. Lee, *Object to be Destroyed*, Cambridge, London : The MIT Press, 2001을 참조.

소호는 마키우나스와 그 무리들의 후속세대 예술가들이 주도하는 '로프트 형성 운동'의 전성기였다. 그들은 각자의 공간개조뿐 아니라 다른 사람의 로프트나 화랑 공간의 개축에도 참가하고 있었다. 생계와 관련된 일이건, 혹은 상호부조적인 활동이건 간에 이러한 행위에는 '공동작업의 에토스'가 넘쳐나고 있었다. 이미 기술했지만 당시 대부분의 예술가는 건물 리모델링으로 생계를 이어가고 있었다. 마타-클라크도 예외는 아니었다. 직접 건축 공간에 개입한 그의 작품형태 또한 그의 생업과 무관하지 않다. 그는 '건설 노동자=예술가'였다.

당시 예술가들이 직접 만든 로프트 공간 중에서도 특히 주목할 만한 것은 공동조합운영co-operative에 의한 '다목적 공간'이었다. 그것은 '공동생활의 장소'인 동시에 '집회장'이며 '전시기획을 위한 공간'이기도 했다. 이후 소호의 로프트는 상업적인 전시를 목적으로 하는 화랑이나 예술을 소장하는 고급주거 — 다시 말해 오로지 사적 소유의 공간으로 한정되지만 그 형성기에 발견된 공간의 공동경영과 다원적 용법 속에는 '유토피아 충동'이 넘쳐나고 있었다. 그것은 '흰 벽의 공간'이 제도화되어 '스펙터클'로서 고정되기 전에 일어난 사건이었다. 현재 주요한 비영리 전시기관이 된 PS1(퍼블릭스페이스 1Public Space 1), 클락 타워Clock Tower, 아티스츠 스페이스Artists Space, 화이트 컬럼White Columns 등은 1970년대 초반에 이미 소호 주변의 예술가 공동조합경영에 의한 전시공간으로 출발하고 성장한 것이다.[17]

1970년부터 1975년까지 존재했던 '112 그린 스트리트Greene Street'

---

17. PS1(Public Space 1) : http://www.ps1.org, Clock Tower : PS1의 부분이다. Artist Space: http://www.artistsspace.org/.

는 소호에 예술가 커뮤니티가 발전하는 데 있어 중요한 역할을 했다. 그 곳은 예술가, 댄서, 퍼포먼스 예술가를 위한 자유공간 ― 요컨대 모임의 장소이며 전시공간이었다. 주선자였던 제프리 류Jeffrey Lew는 완전한 무통제를 기획 방침으로 하고 있었다. 지금은 유명한 앨리스 에이콕Alice Aycock(조각), 비토 아콘치Vito Acconci(설치/건축), 로리 앤 더슨Laurie Anderson(음악/퍼포먼스), 필립 글래스Philip Glass(작곡), 트리샤 브라운Trisha Brown(댄스) 등이 늘 이곳을 드나들었는데, 이 공간의 개축을 맡은 사람이 바로 마타-클라크였다. 그는 이 곳 지하실에 살면서 자신의 손으로 자신이 살고 있는 이 '장소를 하나의 전체, 오브제로서 다루기 시작했다.'18 벽, 바닥, 문에서 시작해 건물 전체에 직접 손을 댄 작품의 출현이다.

프린스 스트리트Prince Street 127번지의 '푸드'Food는 예술가 협동조합이 운영하는 레스토랑이었다. 1971년 당시 마타-클라크의 파트너였던 캐롤라인 굿덴Caroline Goodden을 중심으로 설립되었으며 1973년까지 활동했다. 오전 11시 반부터 밤늦게까지 아주 싼 가격에 양질의 식사를 즐길 수 있는 장소였다. 예술계의 이벤트나 퍼포먼스를 위한 기획 공간이기도 했다. 일요일 밤마다 요리대회가 개최되었는데 그때마다 대회 참가자들이 골똘히 궁리해서 내놓은 요리를 그곳에 모인 사람들에게 대접했다. 메뉴에는 언제나 기지가 넘치는 주제가 들어가 있었다. '푸드'는 '112 그린 스트리트'와는 다른 의미에서, 요컨대 '함께 먹는 것'을 포함시킴으로써 보다 밀접한 커뮤니티의 형성을 목표로 한 유토피아적 사회공간이었다. 이 공간의 구축과 관리 자

---

18. Pamela M. Lee, *Object to be Destroyed*, p. 59.

체가 마타-클라크의 작품이었다.

　뉴욕에서 마타-클라크의 출발점은 이와 같은 '커뮤니티 형성'을 위한 공간구축과 관리였다. 예술가가 이주하기 전의 소호는 이민 커뮤니티가 아니라 어디까지나 산업지대였다. 탈산업화에 의해 여러 산업이 이출하기 시작하면서 그곳은 도시적인 '미개지'의 양상을 드러냈다. 따라서 소호의 로프트화는 단순히 물리적인 개축에 머무르는 것이 아니라 그곳에 '새로운 커뮤니티'를 구축하는 임무를 품고 있었다. 그러한 커뮤니티의 구성원들은, '회화'나 '조각' 등 전통적인 장르에서 벗어나 예술의 새로운 자기선언을 모색 중인 예술가들이었다. 혹은 포드주의적인 공장에서 탈출하여(=추방되어) 새로운 존재원리를 찾아 사회공간에 흩어진 노동자들이었다. 이와 같은 예술가(=노동자)는 존재론적으로 과도기적이었으며 애매했다. 소호 초기에 생성된 것은 도시에서 '미정의 존재들multitude의 커뮤니티' 구축이었다.

　마타-클라크는 이처럼 '구축'을 기반으로 건축/개발/도시에 직접적으로 관여하는 작품을 만들기 시작한다. 1973년에 시작한 '가짜 부동산Fake Estates이 그중 하나다. 부동산 개발에 의해 잘려 팔려나가는 토지와 토지 사이에는 어떻게든 '잉여적 토지'가 남겨지는 경우가 있다. '자투리땅'odd lots이라 불리는 기묘한 현상이다. 그는 이것을 직접적인 작업의 대상으로 삼았다.[19] 교외화와 더불어 부동산 토지개발이 왕성했던 퀸즈와 스테이턴아일랜드Staten Island에서 15건의 물건을 35달러에 시로부터 구입한 후 (사진이나 도면 등) 각종 서류와 더불

---

19. 이 시리즈에 대해서는 *Odd Lots : Revisiting Gordon Matta-Clark's Fake Estates*, New York : Cabinet Books in conjunction with the Queens Museum of Art and White Columns, 2005를 참조.

어 작품으로 판매하는 모양새의 전시회를 열었다. 그곳에 제시된 토지는 땅과 땅 사이에 있어서 접근이 불가능하고, (극단적으로 세로나 가로로 길다는 식으로) 형태가 어중간하다거나 지나치게 작다거나 해서 도무지 쓸모없는 땅이었다. 소유한다 해도 어쩔 도리가 없었다. 이 작품은 '사용가치'를 빼앗기고 순수한 '교환가치'로 변해가는 토지의 양태를 문제화했다. 그것은 '대지의 상품화'라는 행위에 내재한 본질적인 부조리를 드러냈다.

다음으로 그는 〈아나키텍쳐〉Anarchitecture 20라는 그룹 기획을 만들었다. '112 그린 스트리트'에 모이는 예술가 몇몇이 참가하여 정기적으로 모임을 열었는데, 그 명칭이 시사하듯이 주제는 고정적인 대상(=건조된 결과)으로서의 건축에서 제거되는 '아나키한 건축적 양태'이다. 이 그룹은 도시 속의 쓸모없는 빈터, 자투리 공간, 내팽개쳐진 장소에 주목하고, 그 공간의 양의적 성질, 요컨대 건축 실천에서의 과정적/전위轉位적 성질에 대한 관점을 확립했다. 그들은 이 장소들을 기록하고 논의했다. 마타-클라크에 의하면 '이러한 장소들은 이동하는 공간을 시사하고 있기 때문에 항상 의의를 가지고 있다. 하지만 그 의의는 확립된 건축적 용어를 포함한 어떠한 형식성으로도 거둬들일 수 없다.'21 이것은 일본인 예술가 아카세가와 겐페이赤瀬川原平를 중심으로 하는 도시공간 연구기획 '토머슨'22과 어딘가 닮아 있다.

---

20. [옮긴이] Anarchitecture는 Anarchy와 Architecture를 합친 조어이며, 건축이라는 단어에 부정을 뜻하는 접두어 an이 붙은 꼴이기도 하다.

21. Pamela M. Lee, *Object to be Destroyed*, p. 105.

22. [옮긴이] Thomasson : 토머슨은 부동산의 일부분으로서 아름답게 보존된 무의미한 구조물을 의미한다. 이 명칭은 1970년대 일본 프로야구팀 자이언츠의 4번 타자였던 게리 토머슨(Gary Thomasson)에서 유래한다. 미국 SF소설가 윌리엄 깁슨(William

다른 점은 전자의 경우 후자처럼 능숙한 유머와 의인화로 각색되어 있지 않다는 점이다.[23] 마타-클라크의 작품 중에서 가장 유명한 것은 1972년의 것으로, 건물에 물리적으로 개입한 〈건물 자르기〉Building Cuts라고 불리는 시리즈이다. 그것은 고고한 '건축적 직접행동'이었다. 먼저 그는 브롱크스나 브룩클린, 로어이스트사이드의 버려진 아파트에 무단 침입한 뒤 건물에 크고 작은 모양의 다양한 칼자국을 만들고 다녔다. 이 계보의 작품행위는 세 가지 요소로 구성되어 있었다. (1) 건물 현장에 남겨진 사각형 혹은 L자형의 절단, (2) 잘라낸 뒤 오브제로 전시된 부분, (3) 함께 전시되는, 잘려나간 건물의 사진. 초기의 시리즈 제목은 그것이 어느 지구의 건물인지 알 수 있도록 하기 위해 〈브롱크스의 바닥들〉Bronx Floors이라고 붙였다. 이것은 마타-클라크가 (우리가 2장에서 문제로 다룬) 브롱크스가 뉴욕 안에서 가지고 있는, 배제된 사람들의 땅이라는 위상에 대해 문제의식을 갖고 있었다는 증거이다.

마타-클라크는 건축에 대한 자신의 개입을 일반적으로 쓰이는 '문턱'threshold이 아니라 'threshole'라고 불렀다. 이 말장난에는 '문턱'threshold에 칼자국을 내서 '구멍'hole을 만드는 행위와 건축=질서의 토대를 뒤흔든다는 의미가 포개져 있다. 흥미롭게도 그는 '통사론'적인 유희와, 건축을 절단하는 것을 연결시키고 있었다. 게다가 칼자국을 내는 '건축적 대상' 중에서도 그에게 있어 특권적인 위치를 차지했던 건 교외의 주택이었는데 그중 대표적인 작품은 〈쪼개기〉

Gibson)의 소설 *Virtual Light*에서도 이 명칭이 언급되었다.
23. 赤瀬川原平, 『超芸術トマソン』, 東京・筑魔書房, ちくま文庫, 1987年.

Splitting(1974)이다. 그를 가끔 지원하던 화상(홀리 솔로몬Holly Solomon) 이 개인적인 투자를 위해 뉴저지주 잉글우드Englewood에 극히 평범한 집 한 채를 구입했다. 마타-클라크는 솔로몬의 허락을 구해 해체를 기다리고 있는 그 집의 중앙부에 세로로 한 번의 칼집을 내서 집을 딱 두 개로 재단했다. 균열로 인해 기울기 시작한 구조를 지탱하기 위해서는 건설용의 거대한 바이스를 삽입하여 절단된 선이 수직으로 꼿꼿이 서도록 조처했다. 이 수직의 균열은 타자를 배제하면서 자신 을 감금하는 '사적 소유=건축'으로서의 '교외의 집'에 관한 가장 물리 적인 코멘트가 되었다.

그가 행한 일련의 〈건물 자르기〉 안에서 일종의 '공격성'을 발견 하지 않을 수 없다. 그것은 '스펙터클의 사회'에 대한 저항으로 기업 이나 프랜차이즈 가게 창문의 쇼윈도를 깨뜨리는 블랙 블록24의 행 동을 연상시킨다. 그 공격성이 가장 현저히 표출된 것은 〈창문 날려 버리기〉Window Blow-out라 불리는 개별 작품이었다. 1976년 12월, 마 타-클라크는 3장에서 기술한 건축교육기관이자 건축·도시연구기관 인 〈건축도시 연구소〉가 주최한 '아이디어 애즈 모델'Idea as Model이라 는 기획전에 초대 받았다. 마타-클라크 같은 예외적인 존재를 선택한 것에서 큐레이터(앤드류 맥네어Andre McNair)가 가진 '도시/건축적 문 제의식'의 깊이를 평가할 수 있다. 이 기획의 중심에는 '뉴욕 5'라 불

24. [옮긴이] Black Bloc : 블랙 블록은 종종 아나키스트 집단으로 이해되지만 특정한 조 직이 있는 것은 아니다. 블랙 블록은 원하는 사람이라면 누구나 검은 옷을 입고 집회에 참여함으로써 반권위적 연대감을 고양시키는 집회 전술이라고 할 수 있다. 여기에는 집회 참가자들을 각각의 개인이 아닌 무리로서 시각화하려는 목적도 있다. 다국적 기 업 상점의 기물을 파손하거나 인종차별집단을 공격하는 등 전투적인 전술을 벌인다. 1999년 WTO 시애틀 항쟁으로 널리 알려졌다.

리는 다섯 명의 유력 건축가 중 세 명, 마이클 그레이브스, 찰스 과트메이, 리처드 마이어가 있었다. 마타-클라크의 당초 계획은 '세미나용의 방에 칼자국을 내는 것'이었다. 하지만 그는 기획내용을 변경해서 주민들 스스로 창문을 깨뜨린 사우스 브롱크스의 공공주택 사진을 〈건축도시 연구소〉의 창문에 전시하기로 했다. 덧붙여 이미 균열되기 시작한 〈건축도시 연구소〉 전시장의 유리창 두세 개를 깨뜨릴 수 있게 허가를 얻었다. 그러나 전시회의 오프닝 전날 밤, 마타-클라크는 〈건축도시 연구소〉의 모든 유리창을 공기총으로 쏴 깨뜨려 버렸다. 기획자는 그날 아침 당장 깨진 유리창을 교체하고 그의 작품을 모두 철거했다.

이러한 행위 때문에 마타-클라크는 관계자들로부터 엄청난 비판을 받았다. 전시회 조직자의 입장에서 십분 이해할 수 있는 일이다. 그러나 이 정도의 공격성으로 표출된 그의 분노에도 역사적 배경이 있다. 우리가 1부에서 문제로 다루었던 근대 건축 이데올로기를 바탕으로 한 공공주택 계획의 실패와, 배제된 땅이 되어 버린 브롱크스가 바로 그것이다. 그의 작품은 '반反젠트리피케이션 직접행동'이었다. 이 작품에 대해 호의적인 논평을 쓴 로잘린 도이치에 의하면 마타-클라크가 전시하려고 했던 사진은 사우스 브롱크스에 있는 공공주택의 깨진 창문이었다.[25] 그리고 마침 이 전시회의 유력한 출품자 중 한 사람이었던 리처드 마이어는 도시개발회사의 의뢰로 사우스 브롱크스에 '트윈파스 노스이스트'Twin Parks Northeast라고 불리는 공공주택을

---

25. 이 작품의 자초지종에 대해서는 Rosalyn Deutsche, "The Threshole of Democracy"를 참조.

설계하고 있었다. 마이어는 이곳에 거리/치마타적인 공공공간을 희생시키는, (유진 헤나드Eugene Henard 및) 르 코르뷔지에로부터 유래한 '셋백setback 26식의 고층 블록'을 채용했다. 그 결과 이 집합주택은 일상적으로 갱단의 싸움이 벌어지는 무대가 되었다. 도이치에 의하면 이 작품에서 '마타-클라크가 문제 삼은 것은 도시에 계층서열적인 조직을 재생산하고 도시 생활을 억압하는 진보적 건축가들의 역할이었다. 〈건축도시 연구소〉의 창문을 깨뜨리는 것을 통해 그는 '장소 특정적'인 행위를 극한으로 밀어붙이고, (외부의 위협적인 공간과 떼어놓을 수 없는) 공간적인 위기를 체현하고 있는 건축을 공격했다. 이렇게 함으로써 그는 공공주택의 유리창을 깨뜨리는 브롱크스의 젊은 주민들과 연대했던 것이다.'27

이 '예술가'는 권력과 자본이 추진하는 '공간형식의 유토피아'의 과도한 실현에 의해 억압받고 있는 도시민중의 문제를 가장 직접적으로 표현하고, 그에 대한 분노를 직설적인 행동으로 옮겼다. 초기의 시도에 분명히 드러나 있듯이, 그의 작품행위의 계기 안에는 사적 소유물로 닫혀 버린 건축공간을 열어젖히고 '공공적인 영역'을 만들어 내려는 지향이 깃들어 있었다. 그의 '작품행위'는 현대의 액티비즘과 마찬가지로 한편으로는 커뮤니티의 조직화, 다른 한편으로는 항의의 직접행동이라는 쌍두마차로서 달리고 있었다. 후자의 주요부분인 '건물 자르기'의 현장은 단 하나도 남겨져 있지 않다. 그것은 물체로

---

26. [옮긴이] Setback : 건물을 지을 때 도로면에 닿지 않도록 뒤로 후퇴해서 짓거나, 여러 건물을 겹쳐 지을 경우 앞쪽의 건물을 뒤쪽의 건물보다 낮게 설계하는 것을 뜻한다. 또한 건물 상층이 하층보다 들어가게 짓는 것도 의미한다.

27. 같은 글, pp. 98~9.

서 영원히 존속하려는 건축에 대한, **어디까지나 일과성으로 멈추는 행위로서의 비판**이었다. '건축'이 '순수형식'을 목표로 한다면 마타-클라크의 작품은 '순수행위'를 목표로 했다. 그것이 서로 극과 극일수록 그 강렬한 직접행동의 잔상은 우리의 눈꺼풀에 달라붙어 떨어지지 않을 것이다. 우리가 도시 생활을 계속 하는 한.

스펙터클과 퍼포먼스

그러나 중세의 웃음은 삶의 연속성에 대한 주관적이며 개별적인 생물학적 감각이 아니다. 그 것은 사회적인 전 민중적 감각이다.
— 미하일 바흐찐[28]

축제에는 바로 그런 역설, 즉 '다시 시작할 수 없는 어떤 것'을 반복한다는 명백한 역설이 놓여 있다. …… 예술작품은 개념 없는 독특성(singularity)의 자격에서 반복된다. 시를 가슴에 새겨야 하는 것은 우연이 아니다.
— 질 들뢰즈[29]

우리는 '도시'를, '건축'과 그들의 물리적 배치나 '고정된 공간'으로가 아니라 '거리의 형성'으로 파악하고자 했다. 이와 마찬가지로 '예술' 또한 '행위'의 결과로 나타나는 '고정된 물체=작품'으로 **판단하는** 것이 아니라, '행위의 과정'으로 **사고해** 가자. 그 때 '도시'든 '예술'이든, '상품화된 스펙터클'이 아닌 '생생한 사건'으로서 그 생성과 다종다양성을 드러낼 것이다. 그러나, 그렇게 말함으로써 '물체로서의 작

28. ミハイル・バフチン, 『フランソワ・ラブレーの作品と中世・ルネサンスの民衆文化』, 川端香男里訳, 東京・せりか書房, 1973年, p. 84 [미하일 바흐찐, 『프랑수와 라블레의 작품과 중세 및 르네상스의 민중문화』, 이덕형・최건영 옮김, 아카넷, 2001, 152쪽].
29. ジル・ドゥルーズ, 『差異と反復』, p. 20 [질 들뢰즈, 『차이와 반복』, 26~7쪽].

품'을 완전히 폐기하자고 부추기는 것은 아니다. 지금껏 과도하게 중심화되어 온 형식을 상대화하는 관점을 확립하고 싶은 것이다.[30] 그러기 위해 우리는 자본과 권력이 우리에게 보내오는 너무나도 강력한 '시각중심주의적인 메시지' 즉, '스펙터클'의 매혹에 저항하고 다른 감성의 영역을 개발하지 않으면 안 된다. 그것은 보다 '일과성'의 것, '시간적'인 것, 그리고 '퍼포먼스적'인 것과, 그것에 매료되는 감응력이다.

우리의 감수성은 전장이다. 현재, 이 싸움에서 두 개의 주된 전술적 영역을 형성하고 있는 것은 '스펙터클'과 '퍼포먼스'이다. 이들은 이제 사회 전체에 확산되고 편재해 있는 예술과 연관된 '행위'의 두 가지 사회적 양상, 혹은 전술적 양상이다. 이 두 가지 양상에서 분명한 것은 — 지극히 일반적으로 말하자면 — 현대 사회에서 스펙터클은 대체로 권력에 의해 통제되고 있지만, 퍼포먼스는 역사적으로 민중적 영역이었다는 점이다. 도시공간이라는 문맥에서 말하자면, 전자가 '건축'이라면, 후자는 '거리'를 형성하는 '신체의 몸짓'에 해당한다. 공간을 소유하지 않는 도시민중의 문화는 자기 신체의 몸짓 안에 그 지혜를 축적해 왔으며, 그것이 '퍼포먼스'의 형태로 이어져 왔다. 그러나 현실에서 '스펙터클'과 '퍼포먼스'는 어느 한쪽의 요소가 압도적으로 두드러지더라도 늘 다른 한쪽의 요소를 내포하고 있다. 따라서

---

30. 멈추지 않는 예술계의 확장으로 인해 '상품으로서의 작품'의 절대량은 어쨌든 계속해서 증가하고 있다. 이로 인해 도대체 어떤 형식의 변화가 일어날까? 실로 흥미로운 문제이다. 거대한 미술관이나 화랑이 계속해서 증가하고, 수집가도 한결같이 증가하며, 작품의 가격도 계속해서 상승하기만 할까? 혹은 어느 시점에서 포화점에 도달해 '작품 형식'에 결정적인 변화가 일어날까? 나는 그러리라 믿고 있다. 그리고 지금이 그 전환점이다.

권력도 민중도 그것을 서로 다른 전술적 방향에서 실천해 왔다.

인류학자 제임스 C. 스콧은 『지배와 저항의 예술』(1990)[31]에서 '정치 개념'의 확장을 시도했다. 그는 민중의 존재성에 의해 일어나는 정치적 투쟁이 공식적인 정치의 영역을 넘어, 일상의 다양한 모습으로 실천되고 있음을 가르쳐준다. 스콧은 우선 권력관계에서 형성되는 담론의 이중성(=가면)을 지적한다. 피지배자의 담론에는 공식적인 것 — '공공적 표기'public transcript — 과 비공식적인 것 — '감춰진 표기'hidden transcript — 이 있다. 전자는, 지배자의 눈앞에 드러나 있는 공식적인 관계성에 따라 형성되는 담론이다. 후자는 동료들 사이에서 주고받는 말이며, 그 말 안에 지배자와 지배관계에 대한 피지배자의 본심이 실려 있다. 이는 그것을 성립시키는 '커뮤니티의 구축'을 전제로 하지만 그 자체로도 저항하는 쪽의 커다란 성취다. 이러한 사고는 민중의 존재가 폭넓고 깊으며 풍요로운 '언더그라운드의 세계'를 양성하고 있음을 시사한다.

이중의 담론과 그것의 관계성은 지배와 피지배의 관계성 및 피지배자(=민중)의 투쟁의 추세를 보여 주는 스크린이 된다. 가령 그 이중의 담론체계가 서로 가까워지면 가까워질수록 민중이 자신의 본심을 공공연하게 알릴 힘을 비축하고 있다는 뜻이다. 그 상황은 '감춰진 표기의 언명'이라 불린다. 하지만 이 '스크린(=가면)' 아래에도, 스콧이 피지배자 그룹의 '하부정치'라고 부르는 두터운 실천의 층이 이미 존재한다. 도둑질, 방해, 외면, 방화, 달아나기, 작물이나 가축 및 기계의 비축, 경우에 따라서는 전술적인 파괴나 유기, 심지어 다양한

---

31. James C. Scott, *Domination and the Arts of Resistance*.

회합이나 축제까지. 이 모든 행동들은, 말하자면 남부의 노예가 살아남기 위해서 밤낮으로 벌이던 투쟁의 형식이었다. 그것은 자신들의 삶과 생산물을 가능한 한 스스로의 손으로 관리하고자 하는, 자율에의 요구에 바탕을 두고 있다. 그 최대의 예가 『뉴욕열전』에서 언급한 〈언더그라운드 철도〉이다. 미국의 역사를 고쳐 쓸 정도의 영향력을 자랑했던 이 '노동운동'은 남부의 노예들이, 노예제가 폐지된 북부로 '도망'가는 것이었다. 북미 전역에 이를 위한 광범위한 지원 그룹의 네트워크가 퍼져 있었다.32

노예뿐만 아니라 피지배자 일반에서 나타나는 '하부정치'의 실천은, 그들의 존재 자체가 직접적으로 투쟁이며, 늘 그것이 가능한 형식을 창조하고 있음을 의미한다. 권력관계는 이러한 일상적인 투쟁에 의해 항상적으로 갱신되면서 '감춰진 표기의 언명'으로 나타났다. 이른바 공식적인 저항 — 요컨대 탄원, 폭동, 혁명 등 — 은, 이 거대한 '하부정치'의 일부분으로서 그때그때 부상하는 것에 지나지 않는다.

이 책에서 대상으로 삼아 온 '도시민중의 투쟁'은 대부분 '하부정치'의 영역에서 일어난 사건이었다. 나는 이것이 들뢰즈·가타리가 말하는 '미시정치'33와 겹쳐져 있다고 생각한다. 그리고 5장의 주제인 '예술과 액티비즘의 사이'는 이와 같은 영역의 다른 양상 — 요컨대 현대 도시적 양상 — 이다. 이곳에서는 공식적인 정치와 현재 진행되고

---

32. Fergus M. Bordeewich, *Bound for Canaan*, New York : Amistad, 2005를 참조. 또 http://www.ugrrf.org/.

33. ジル・ドゥルーズ／フェリックス・ガタリ, 『千のプラトー』 [질 들뢰즈・펠릭스 가타리, 『천의 고원』]. 그 경우 결국 '하부정치'는 '미시정치'에, 공식정치는 '거시정치'에 조응한다.

있는 다양한 투쟁형태 사이의 문턱이 모호해질 뿐 아니라 순수예술high art과 민중예술low art의 구별이 성립하지 않으며 예술은 투쟁이 되고 투쟁이 예술이 된다. 이것은 '하부예술'infra-art의 영역이기도 하다. 이 영역에 근대 및 현대 사회에서 제도화되어 있는 '정치'와 '예술'의 양대 카테고리가 자신의 한계를 넘어, 혹은 미분화된 상태로 얽혀 있다. 이 영역에서의 다양한 행동 형태는 '정치'와 '예술'의 카테고리에서 벗어나 '스펙터클'과 '퍼포먼스', 그것들의 다양한 결합으로서 나타난다.

이러한 두 가지 개념이 사회/문화론에서 강조되기 시작한 것은 이른바 '포스트모던한 상황'에서였다. 그러나 실제로 이들은 감수성의 전쟁에서 전술적인 영역으로 존재하고 있었다. 우리는 이러한 선상에서 프랑수와 라블레에 대한 미하일 바흐찐의 훌륭한 연구가 기술하고 있는 중세 민중의 '축제적 공간'을 상기한다.[34] 보다 현대적으로는, 뉴욕의 시인 하킴 베이Hakim Bey의 신비철학적인 혁명개념인 '일시적 자율 공간'Temporary Autonomous Zone(통칭 TAZ)을 떠올린다.[35] 그러나 이러한 실천형태의 한계를 강조하는 '축제 반동설'이라고도 불릴 법한 사상 또한 숨바꼭질하듯 그 모습을 숨겼다가 드러내고 있다. 이러한 사상은 축제나 카니발 등의 '회귀적인 비일상' 혹은 '일정 기간만 전도顚倒되는 일상적 계층서열'이 진정한 혁명으로 이어지지

---

34. 예를 들면 미하일 바흐찐의 같은 책 및 최근 미국에서 널리 읽히는 비슷한 주제의 책인 Barbara Ehrenreich, *Dancing in the Streets*, New York : Metropolitan Books, 2006이 있다.

35. Hakim Bey, *TAZ*, New York : Autonomedia, 1985. 일본어판은 箕輪裕訳, 東京・インパクト社, 1997年.

못할 뿐 아니라 오히려 일상적인 질서를 강화하는 역할을 맡고 있다고 주장한다. 그것은 '일상과 비일상의 변증법' 혹은 '중심과 주변의 변증법'이라고 불릴 법한 질서를 전제로 한 사고방식이다. 스콧에 의하면 이러한 논의들은 암묵적으로 지배자 측의 공식적인 정치제도('거시정치')의 항구성과 절대성을 전제로 하며 피지배자의 존재에 근거한 투쟁과 담론형성에 물질적인 토대가 없다고 결정해 버린다. 이와 반대로 우리의 사고는 요컨대 존재 자체가 이미 투쟁인 세계민중에서부터 출발한다. 그것이 어떠한 결과를 초래하든 간에 투쟁을 계속하는 세계민중의 존재 양태야말로 모든 것의 전제이다. 그들의 투쟁은 프로 정치가의 몽상처럼 새로운 권력의 제도화를 위해서 존재하는 것이 아니다. 그들의 '하부정치'('미시정치')는 권력을 목적적으로 전복하고 그것을 탈취하려고 하기 이전의 것, 오히려 그 **전면적 소멸의 가능성**이다. 바흐찐이 민중적인 범례paradigm로 꺼내는 '웃음'에는 그러한 힘이 가득 넘쳐 나고 있는 게 아닐까?

그렇다면 세계혁명이라는 의미에서 민중의 '하부정치'는 구체적으로 무엇을 하고 있을까? 그것이 일상적으로 행하고 있는 것은, 그 시점에서 스스로의 역사적 한계를 시험하는 것이다. 민중의 '하부정치'는 개별적으로, 또 축제라는 집단적 형태 속에서 지금 자신이 어디까지 나아갈 수 있는지 그 한계를 시험하고 있다. 그리고 때때로 한계를 벗어나 탄압에 맞닥뜨린다. ' …… 우리의 목표에서 가장 중대한 것인, 실제로 존재하는 힘들 사이의 균형을 정확히 아는 것은 불가능하다. …… 가능한 것의 한계는 탐구와 성찰의 경험적인 과정에서만 발견된다.'[36] 요컨대 민중의 존재에 근거한 '시험', 혹은 '퍼포먼스'로서의 투쟁에서도 — 그 '의미'는 일방적으로 주장할 수는 있는 것이 아니라, 어디까지나 권력관계의 접점에서 사회적으로 구축되고 결정되는 투쟁의 '승패'에서만 나타날 수 있다. 바로 이 접점에 언제나 '미디어의 왜곡이나 무시' 같은 권력의 '스펙터클'이 개입해 온다.

현대적인 '스펙터클' 개념을 제기한 것은 바로 프랑스에서 '예술과 액티비즘의 사이'를 실천한 상황주의자 중의 한 명인 기 드보르이다. 그는 『스펙터클의 사회』[37]에서 '스펙터클은 하나의 이미지가 될 정도로 축적된 자본'이라고 말했다. 이것은 맑스주의적인 자본주의 분석에 현대적인 차원을 새로 도입했다는 의미에서 기념할 만한 개입이었다. 이제 '상품화'가 도시 일상의 구석구석까지 침입해서 그것을 완전히 '재조직화'='식민지화'해 버렸다. 사회생활의 전 영역은 '가상'을 매개로 구성되었다. 이것은 훗날 개념화된 젠트리피케이션에 앞선 것이었다.

뉴욕의 활동가이자 미디어 이론가인 스테판 던콤은 그의 저서 『꿈 : 환영의 시대 속에서 다시 상상하는 진보정치』(2007)[38]에서 오늘날 가장 절실한 과제로 반권력적인 '스펙터클'을 생산해야 할 필요성을 호소하고 있다. 그가 문제시 한 것은 우리의 꿈이나 욕망 혹은 판타지를 생산하는 영역으로, 그는 거기서의 흥정을 '몽상의 정치'Dreampolitik라고 부른다. '스펙터클의 생산'은 지금 대부분 권력과 대기업의 통제 아래 들어가 버렸다. 그것은 우리의 꿈이나 몽상, 판

---

36. James C. Scott, *Domination and the Arts of Resistance*, p. 102.
37. Guy Debord, *The Society of Spectacle*, translated by Donald Nicholson-Smith, New York : Zone Books, 1995. 프랑스어 원전은 1967년 Paris : Buchet-Chastel에서 간행되었다. [기 드보르, 『스펙터클의 사회』, 이경숙 옮김, 현실문화, 1996].
38. Stephen Duncombe, *Dream-Re-Imaging Progressive Politics in an Age of Fantasy*, New York, London : The New Press, 2007.

타지를 생산하는 영역이 통제/지배되고 있음을 의미한다. 부시 정권의 다양한 이미지·정보조작에서 라스베가스로 대표되는 스펙터클한 건축, 일상적 선언/CF까지 — 우리는 권력이 생산하는 '스펙터클'에 포위되어 있다. 한편 사회혁명을 목표로 하는 쪽은 일관되게 이 영역으로부터 거리를 두어 왔다. 역사적으로 배양된 바로 그 진지함에 의해, 진보파는 — 계몽주의적 지성이나 과학적 인식이 인지할 수 없는 — 거짓과 참의 경계가 모호한 그 **수상쩍은 영역**을 피해 왔다. 혹은 '두려워해 왔다.' 그러나 진보적 이데올로기가 아무리 그 조작의 허위성을 지적하고 그 영역을 부정하려 해도 우리는 결국 꿈·욕망·판타지를 양식으로 살고 있다.

진보적인 정치를 목표로 하는 측이 적극적으로 '몽상의 정치'에 개입하기 위해서는 보수파를 반면교사로 삼아 자신의 전략을 세워야만 한다. 고유한 '스펙터클'을 적극적으로 생산하고 스스로의 꿈·욕망·판타지를 생산해야만 한다. 이것이야말로 '세계변혁의 미래'에 있어서 가장 중요한 과제 중의 하나일 것이다. 그러나 지금 우리가 가지고 있는 것은 단지 몇 개의 포석布石뿐이다. 그중 하나는 '윤리적 스펙터클'이다. 스펙터클의 생산이 반드시, — 몇 번이고 반복되는 거짓말은 거짓말이 아니게 된다는 — 나치(요제프 괴벨스Paul Joseph Goebbels)로부터 부시 정권(칼 로브Karl Rove)에 이르기까지 지겨울 정도로 반복된, 허위를 은폐하는 정보조작일 필요는 없다. 바그다드 함락 후 귀환하는 항공모함 위에서 파일럿 복장으로 전투기에 올라탔다가 내려서서 '임무완료!'Mission Accomplished라고 선언하던 부시는 어떻게 봐도 싸구려 거짓말쟁이였다. 그러나 뜨거운 한 여름의 텍사스에서 며칠이고 야영시위를 하며, 여름휴가 중인 부시에게 면회를 요구할 때 신디 시한Cindy Sheehan이 구축한 스펙터클은 '아들이 전쟁에서 살해되었다'는 부정할 수 없는 진실을 토대로 하고 있었다. 공화당의 한 전략가는 그녀가 원래부터 반전활동가였다는 사실을 폭로하면서 그녀의 호소가 '진실된 목소리가 아니다'라고 주장했다. 하지만 사람들의 반응은 그것이 대체 무슨 상관이란 말인가, 그녀의 아들이 전사한 것은 사실이 아닌가라는 것이었다. 그녀는 자신의 삶을 둘러싼 상황으로 '저항의 스펙터클'을 구축한 투사였던 것이다.

물론 우리의 대항적 '스펙터클'이 반드시 '비극적 진실'을 토대로 한 것일 필요는 없다. 거짓말을 뒤집기 위한 스펙터클이 아니라, 그것이 스펙터클이라는 것을 어딘가에서 극적으로 보여 주는 '스펙터클의 스펙터클' 혹은 '투명한 스펙터클'이면 된다. 애당초 그것 자체가 페스티벌이나 카니발을 시작하는 민중의 '축제적 스펙터클'의 급진적인 본성이었다. 던콤은 바로 이러한 선상에서 현대 액티비즘의 '직접행동'이 내포하고 있는 '유희성' 혹은 '퍼포먼스성'을 주목한다. 그것은 폭력장치를 무기삼아 폭력장치에 대항하거나 폭력장치를 구축하는 것을 목표로 삼지 않는다. 그것은 다른 차원에서 다른 방법으로 대항한다. 나무로 만든 총을 든 사빠띠스따의 봉기, 선진국이나 세계자본의 국제회의에 맞춰 조직되는 전지구적 정의운동Global Justice Movement의 '다종다양한 전술', 〈거리를 되찾자〉Reclaim the Street가 거리에서 벌이는 대규모 파티, 〈부시를 위한 백만장자들〉Billionaires for Bush의 패러디극, 크리티컬 매스39의 떼 지어 자전거 타기에 의한

---

39. [옮긴이] Critical Mass : 임계질량 또는 비판적 대중이라는 의미이다. 한국에서는 '떼 잔차질'이라는 이름으로 행해지고 있다.

도로의 해방 등. 이러한 현대적 액티비즘의 수많은 '퍼포먼스=투쟁'
은 공식적인 정치체를 형성하지 않는다. 그것은 폭력을 토대로 한 국
가적 정치의 '비극적 반복'으로 나아가지 않기 위해 의도적으로 '희극
적 반복'에 머물면서, 그곳으로부터 출현할 무언가를 찾고 있는 실험
으로 간주될 수 있다. 그들은 그 진폭 속에서 신중하게 '제3의 계기'
혹은 '또 다른 세상은 가능하다'Another world is possible는 계기를 모색하
고 있다.

리처드 쉐크너Richard Schechner는 한때 뉴욕의 전위연극집단 퍼포
먼스 그룹40의 연출가였으며, 현대연극론과 문화인류학을 잇는 '퍼포
먼스 이론'의 창시자이기도 하다.41 비교적 새로운 이 학문의 영역은
연극, 댄스, 음악, 퍼포먼스, 미술 등 예술적인 장르와 의례, 치유, 스
포츠, 대중예술, 일상의 퍼포먼스적 행동 등의 사회적 장르를 하나의
'퍼포먼스' 개념으로 연결시켜, 인간의 사회성을 '집단적인 행동의 역
동성'으로 포착하고자 한다. 그 초점의 하나는 조직된 퍼포먼스와 노
상의 정치적 사건 사이의 관계이다. 그것은 즉, 퍼포먼스는 사회적
사건의 형성에 있어 어떠한 역할을 맡으며 사회적 위기에 대해 어떠
한 효과를 가지는가42라는 물음이다.

쉐크너는 하나의 가설을 세운다. '페스티벌'이나 '카니발' 혹은 보
다 일반적으로 '대중적인 스펙터클'이 보다 커다란 충돌이나 참담한

---

40. 현재는 'The Wooster Group'이다. http://www.thewoostergroup.org/.
41. 퍼포먼스 이론에 대해서는 Richard Schechner, *Between Theater and Anthropology*,
   Philadelphia : University of Pennsylvania Press, 1985. 그의 또 다른 책 *The Future
   of Ritual*, London, New York : Routledge, 1993을 참조.
42. 이 주제에 대해서는 특히 Richard Schechner, "The Street is the Stage," included in
   The Future of Ritual 을 참조.

폭력을 억제하고 있는 것은 아닌가. 이 때 그의 '억제력'이라는 말을 앞서 서술한 '축제 반동설'과 혼돈해서는 안 된다. 그것은 오히려 정반대의 방향에서 사고된 것이다. 이러한 스펙터클들이 방법적(요컨대 의례적 혹은 유희적)인 폭력의 도입을 통해 보다 참담한 폭력, 집단 살육을 매번 가두어 온 것은 아닐까라는 그의 질문은 이를테면 '메타 폭력'에 의한 폭력의 해체를 말한다. 그곳에 '퍼포먼스적인 것'의 다양한 힘 중 하나가 깃들어 있다.

그러나 퍼포먼스의 억제적 기능은 실제로 권력에 의해서도 반권력에 의해서도 각각 사용되고 있으며, 그것들의 서로 다른 사용 형식이 투쟁하고 있다. 국가권력은 질서를 유지하기 위해 다양한 의례행위를 북돋아 왔다. 또한 근대국가는 국민을 만들어 내기 위해서 대대적인 스펙터클을 조직해 왔다. 이러한 권력의 퍼포먼스와 스펙터클은 필요하다면 언제라도 행사할 수 있는 폭력을 그 토대로 한다. 요컨대 권력의 본질은 폭력이며 퍼포먼스와 스펙터클이라는 전술은 그 완성으로서 중요한 위치를 차지하고 있다. 이에 반해 민중적 저항은 본성적으로 '메타 폭력적'이다. 그것은 다양한 형태의 퍼포먼스로 권력의 **우둔한 폭력**을 흔들고, 감싸고, 해체하면서 독자적인 스펙터클의 구축을 시험해 왔다. 그러나 너무 자주 우둔함이 폭주하고 역사에 비극이 기록된다.

거리의 백화요란百花燎亂 혹은 새로운 '예술=대중운동'

반자본주의자는 어디에서나 행동할 수 있다. 자본의 가치를 표현하지 않는 공간 따위는 어디에도 없다. 필요한 것은 특정 공간에서 타당한 기획을 찾아내는 것이다. 타당하지 않은 영역도 없다. 우리가 주최하는 '전술적 미디어'의 워크숍에서 각각의 참가자는 스스로 개입하기 위한 문맥을 선택하지만 지금까지 타당하지 않은 것을 선택한 경우는 없었다.
— 〈비판적 예술 앙상블〉(Critical Art Ensemble)[43]

뉴욕은 물론 세계적으로도 '새로운 경향'으로 확실히 인지할 수 있는 것은 '예술과 액티비즘의 사이'가 점점 더 가까워지고 있다는 점이다. 이는 — 신자유주의적 경제에서 만들어진 노동조건의 근본적인 변용에 더해서 — 오늘날의 운동이 전반적으로 점점 더 '스펙터클'과 '퍼포먼스'의 전술적 영역에 기대게 된 것에 기인한다. 이러한 운동체들이 각각의 독자성을 가지고 무수히 존재한다. 그것들을 열거/소개하는 것만으로도 장편의 책이 완성될 것이다. 나는 무엇보다도 그 '특이한 것의 무수함'에 놀라고 또 감동하고 있다. 아래에서 예로 들고 있는 것은 그중 한 줌에 지나지 않으며, 내 개인적인 취향에 기댄 선택일 뿐[44] 결코 전체상이 아니다. 그것에 대해 미리 양해를 구해 두고자 한다.

여기서 '예술과 액티비즘의 사이'를 편의상 네 가지 타입으로 분류했다. 첫 번째 타입은 1960년대 전후부터 계속, 혹은 반복적으로 활동하는 '연극적'이고 '수행적'인 운동이다.

〈리빙 씨어터〉Living Theater [45]는 뉴욕에서 가장 오래되었으며 정치적으로 가장 급진적인 연극단체이다. 1947년 배우 쥬디스 말리나 Judith Malina, 1926~ 와 추상표현주의 화가 쥴리앙 벡Julian Beck, 1925~1985

---

43. *The Interventionists*, edited by Nato Thompson and Gregory Sholette et al., North Adams, Massachusetts : MASS MoCA Publications, 2004, p. 117.
44. 이 책에서 소개하는 것은 현존하는 운동체에 한정한다. 이전의 '예술과 액티비즘의 사이' — 예를 들면 Black Mask나 Yippies에 대해서는 『뉴욕열전』(갈무리, 2010)을 참조.
45. 사이버 링크 http;//www.livingtheatre.org/.

이 함께 창설하였다. 두 사람 모두 단호한 '평화주의적 아나키스트'이
다. 1950년대 미국에서 최초로 브레히트Berolt Brecht의 작품을 상연했
다. '오프-브로드웨이'Off-Broadway라는 장르를 확립한 것이 이 극단이
었다고 일컬어진다. 당시의 주류적 예술인들은 물론 비트세대 작가
들과도 관계를 맺으면서 극단을 형성했다. 시인이자 작가인 폴 굿맨
Paul Goodman, 1911~1972과 변혁적인 사상을 공유하며 깊은 우정을 쌓고
있었다. 〈리빙 씨어터〉의 신조는 안토냉 아르토Antonin Artaud의 신경
병리적 체험의 토대 위에 베르톨트 브레히트의 지적知的 극작술
dramaturgy을 도입함으로써, 연극적인 체험을 거리와 사회로 넓혀나가
사회변혁과 연결하는 것이다. 배우 및 단원의 실제 인생에 전면적으
로 관여하는 것을 목표로 하고 있다. 말하자면, 극단 자체를 이상적
인 공동체 실현을 위한 실험장으로 여기고 있다. 오늘날의 표현으로
는 바로 '예시적 정치'prefigurative politics를 실천해 온 셈이다. 항상적인
자금난과 뉴욕시의 알력 속에서 극단은 힘겹게 버텨오고 있다. 말리
나와 벡은 직접행동을 중심으로 하는 상연활동을 하다가 여러 차례
체포 및 구류되었다.

1964년, 베트남 전쟁이 한창일 때 이들은 14번가에 있던 거점극
장에서 반전연극 〈영창〉Brig을 상연했다. 그런데 이 반전연극을 상연
하던 도중 시정부로부터 세금 미납을 이유로 극장폐쇄를 선고받았
다. 극중에서 사용하던 문자 그대로 '영창'의 창살 안에 극단의 전원
이 자신들을 유폐했지만, 결국 체포되고 만다. 세금 미납에 대한 고
발은 법원에 의해 취하되었지만, 말리나와 벡은 법정모욕죄로 각각
30일과 60일 구류처분을 받았다. 이 사건으로 거점을 잃은 극단은 이
후 유럽과 남미로 떠돌아다녔다. 문자 그대로 '여단'旅團이 된 것이다.

파리에서는 '1968년 5월'에 조우하여 '오데옹극장 봉쇄'에 참가했다. 그 직후 아비뇽으로 이동하여 그곳에서 아마도 극장의 대표작이 되었을 〈파라다이스 지금〉 Paradise Now을 초연했다. 배우와 관객의 '집단적 창조'에 의해 만들어진 이 작품은 몇 개의 단계(rung=사다리의 가로대)로 나누어진 의례적 행위로 구성되어 있다. 서로 다른 세계종교의 우주관과 상

〈리빙 씨어터〉의 〈영창〉의 포스터

징적인 신체의 몸짓이 도입된 '혁명'에 관한 집단적 대화가 사건의 중심이 된다. 많은 관객을 수용할 수 있는 넓은 공간 안에서 배우가 관객 개개인과 대화를 나누기 쉽도록 무대는 객석의 중앙에 자리 잡았다. 커다란 집단의 사람들 사이에서 맨몸의 커뮤니케이션이 장려되었다. 현대에서 코뮨(직접민주주의)의 가능성을 찾는 실험이었다. 배우들이 맨몸의 신체를 노출했기 때문에 경찰이 출동하는 사태가 벌어진 이 작품은 유럽과 미국 각지에서도 순회 공연되었다. 그 후 극단 단원은 두 그룹으로 나뉘어져 인도, 브라질, 유럽으로 여행을 계속하며 각지에서 길거리 연극을 하거나, 정신병동에서의 실험극을 이어갔다. 1985년에 줄리앙 벡이 사망한 뒤에는 하논 레즈니코프 Hanon Reznikov가 말리나와 함께 연출을 시작한다.

〈리빙 씨어터〉는 지난 2006년 로어이스트사이드의 클린턴 스트리트Clinton Street에 마침내 거점을 재구축했다. 현재 〈영창〉을 재상연하고 있다. 새로운 극에는 말할 나위 없이 예전의 베트남 전쟁이 이라크 전쟁과, 해병대 영창 내부의 일상이 아부그라이브Abu Grhaib의 생활과 겹쳐 있다. 극 중에서 죄목이 있는 '해병대원=배우들'은 간수에게 극한적인 규율, 징벌, 신체적 고통을 강요받는데 그 강도가 관객에게 옮겨온다. 근래에 보기 드문 강도를 가진 작품이다. 〈영창〉이 재상영될 때, 반복은 하나의 확고한 문맥 속에서 '새로운 상황'을 펼쳐 보여 준다.

〈빵과 인형극장〉The Bread and Puppet Theater은 1962년에 피터 슈만Peter Schumann을 중심으로 창설되었다. 정치적인 주제를 가진 거대인형극을 제작해서 활동하는 그룹이다. 베트남전쟁에 반대하는 운동 속에서 출발했다. 현재는 버몬트Vermont주 글로버Glover시에 거점을 두고 있다. 〈빵과 인형극장〉이라는 명칭은, 연극을 공연할 때마다 공동체적 분위기를 만들기 위해 관객에게 직접 구운 빵을 나눠주는 것에서 유래했다. '인생에서 예술은 마치 빵처럼 기본적인 것이어야 한다'는 이 그룹의 신념을 보여준다. 이후 대중적인 페스티벌이 개최될 때마다 또— 예를 들면 반핵 운동, 반징병 운동, 반공화당 전국대회, 반WTO 등— 항의행동을 할 때마다, 주제와 관련된 거대인형을 만들어 퍼레이드나 길거리 연극을 실천하고 있다.[46]

---

46. 〈빵과 인형극장〉에 대해서는 사이버 링크 www.breadandpuppet.org 및 그에 관한 출판물이 많다. 현대의 액티비즘과의 관계에서는 Morgan F. P. Andrews, "When Magic Confronts Authority : The Rise of Protest Puppetry in N. America", included in *Realizing The Impossible : Art Against Authority*, edited by Josh

매년 10월 31일이면 열리는 뉴욕의 '할로윈 퍼레이드'에 결정적인 활력을 불어넣어 온 것이 바로 이 극단이다. 할로윈은 아일랜드계의 이교적인 축제에서 그 기원을 찾을 수 있다고 한다. 지금도 거리에 '뒤집힌 세계'를 출현시킬 수 있는, 보기 드문 힘을 가진 축제이다. 이 날 아이들은 제각기 (대부분의 경우 '유령') 가장假裝을 하고 집집을 돌아다니며 어른들에게 과자를 요구한다. 어른들이 그것을 거부한 경우, 아이들에게는 마음 내키는 대로 장난을 칠 권한이 있다. 그 연장선에서 어른들조차 거리나 지하철 안에서 서로 장난치는 것이 허락된다. 사람들은 모두 가능한 한 자신과 반대되는 것을 보여 주는 가장을 하고 — 예를 들면 마초남성이 여성으로 분장한다든지 — 파티에 나가 아침까지 소란을 떤다. 뉴욕의 할로윈 퍼레이드는 1960년대에 그리니치빌리지의 골목길을 누비며 걸어 다니는 행사로 시작되었다. 게이 커뮤니티가 이성異性의 복장이나 가면 혹은 공들인 코스튬costume을 입고 참가하고 심지어 〈빵과 인형극장〉의 종이로 만든 거대인형까지 출현하면서 이교적인 축제의 '디오니소스적 힘'이 회복되었다.

2001년 9·11 직후, 미국은 아프가니스탄 침공을 개시했다. 〈빵과 인형극장〉은 이후의 할로윈 퍼레이드에 반전을 테마로 참가할 계획이었지만 사람들이 (그 후 부시 정권이 멋대로 악행을 일삼는 것을 허락하는 계기가 된) 비뚤어진 애국주의와 보안문화에 선동되어, 거리의 공기는 더없이 나빴고, 이를 고려하여 결국 그들은 애초의 계획을 중지할 수밖에 없었다. 그럼에도 불구하고 극단은 다른 기회에 가

Macphee and Erik Reuland, Oakland, Edinburgh : AK Press, 2007을 참조.

능한 한 많이 거리에서 반전 인형극을 전개해 왔다. 유감스럽게도 경찰의 과잉 보안체제로 인해 뉴욕의 할로윈 퍼레이드는 점점 더 그 생기와 빛깔을 잃어버리고 있다.

오늘날 전지구적 정의운동에서 거대인형이 사용되는 것에 〈빵과 인형극장〉이 끼친 영향은 크다. 〈빵과 인형극장〉의 실천은 새로운 세대로 계승되고 새로운 문맥에서 재생되며 점점 더 뜨거워지고 있는 것이다. 2000년 공화당 전국대회 기간 중에 필라델피아에서는 경찰이 이 극장의 창고를 급습해서 79명의 자원봉사자를 체포했다. 당국은 '테러리즘의 위협'을 구실로 내세웠지만 물론 설득력은 전혀 없었다. 이후 '경찰은 왜 거대인형을 이렇게까지 혐오하는가?'가 논의의 대상이 되었다. 인류학자 데이빗 그레이버David Graeber는 전지구적 정의운동의 '직접행동'에 포함되어 있는 두 개의 대조적인 요소를 지적한다. 검은 복장에 마스크를 하고 창문을 깨는 집단(블랙 블록)과 색색의 거대인형이다. 전자는 '스펙터클이라는 저주'의 파괴자들이다. 그들은 기념비적이며 영원하게 보이는 것(공간형식의 유토피아)이 얼마나 덧없고 취약한지 드러낸다. 후자는 '기념비적인 상징'을 몇 번이고 몇 번이고 다시 만들 수 있는 우스꽝스런 것으로 손쉽게 바꿔 '거대한 웃음' 속에서 (국가를 중심으로 하는) '권위'와 그 '가치'를 용해한다. 그것이야말로 필라델피아에서의 〈빵과 인형극장〉 집단체포로 대표되는 경찰의 거대인형 혐오의 이유였다.[47]

빌리 목사Reverend Billy는 한눈에 보기에도 눈에 띄는 인공적인 금

47. デイヴィッド・グレーバー, インタビュー, 「新しいアナーキズムの政治」, 聞き手, 高祖岩三郎, 'VOL', 第一号, 東京・以文社, 2006.

발과 흰색 신부 복장으로 나타난다. 종종 파란색이나 빨간색 옷을 입은 성가대까지 동반한다. 엘비스가 성직자로 화한 듯한 그의 모습은 실제 텔레비전에 나오는 시골 전도사풍이기도 하지만 어딘가 조금 다르다. 그 존재 안에 '이화작용'이 삽입되어 있다. 그와 '쇼핑 그만해 교회'The Church of Stop Shopping의 사람들은 우리를 곧 도래할 'sho-po-ca-lypse(과잉쇼핑에 의한 인류파멸)'로부터 구하기 위해 전도, 설교, 퇴마술을 해 오고 있다.[48] 그 표적은 스타벅스, 빅토리아 시크릿, 디즈니 스토어, 맥도날드 등 악명 높은 프랜차이즈들이다.[49] 빌리 목사는 그들 점포에 나타나 그 공간 전체를 보기 좋게 패러디극의 무대로 바꿔 버린다. 대부분의 경우 그 결말은 불법 침입 및 업무 방해 등의 죄목으로 인한 기소와 체포이다.

그의 본명은 빌 탈렌Bill Talen인데 어림잡아 약 30년 전에 로스앤젤레스의 길거리 시인으로 그 행보를 시작했다. 그 후, 비판정신과 기지가 넘치는 신부 스타일 개그를 시작했는데, 요절한 급진적 코미디언 레니 브루스Lenny Bruce, 1925~1966의 신부에 대한 집착이 그에게 영향을 주었다. 1990년대 후반, 줄리아니 시장의 젠트리피케이션에 의한 지역파괴가 그가 살던 타임스퀘어 근처에서 진행되었고 그는 큰 분노를 느꼈다. 그러한 분노에 9·11 이후 정부가 장려하기 시작한 '국민적 사명으로서의 쇼핑'으로 인한 위기감이 더해지면서, 그는

---

48. 사이버 링크 www.revbilly.com 및 Reverend Billy, *What Would Jesus Buy?*, New York : Public Affairs, 2006 참조.

49. 특히 그의 〈워블리즈〉(Wobblies)계 〈스타벅스 노동조합〉과의 공동투쟁 태세는 견고하다. 그들의 투쟁 결과 요즘 스타벅스는 에티오피아 농민의 이권을 인정하는 계약에 조인하였다. 사이버 링크 http://www.revbilly.com/.

오늘날 집회에서 왕성히 사용되는 꼭두각시 인형. 〈메이크 더 로드 바이 워킹〉(2005년 메이데이)[50]

빌리 목사와 합창대 (2005년 메이데이)

소비주의가 만드는 '제도화된 최면'을 깨뜨리기 위한 자신만의 '스펙터클적 퍼포먼스'를 개시한다. 스테판 던콤에 의하면 그의 퍼포먼스는 '소비주의가 지배하지 않는 세계에 대한 신앙을 위한 진정한 성찬communion'이다. 그는 '신을 믿지 않는 사람들이 믿을 수 있는 신'을 창조했다. 그의 활동 형태에는 레니 브루스와 〈청년국제당〉The Youth International Party, 일명 Yippies원인 애비 호프만Abbie Hoffman, 요컨대 1960년대의 '퍼포먼스적인 저항운동'으로부터 회귀한 힘이 머물러 있는 것 같다. 덧붙여서 말하자면, 맥도날드를 계속 섭취하여 자신의 몸이 섬뜩하리만큼 비만해지는 과정을 담은 영화 〈수퍼 사이즈 미〉Super Size Me의 감독 모건 스펄록Morgan Spurlock의 다음 작품 〈왓 우드 지저스 바이?〉What Would Jesus Buy?의 소재가 바로 빌리 목사이다.

두 번째 타입의 활동은 '시각적인 표상으로 거리와 관계하는 행위'이다. 이를테면 도시공간 그 자체를 캔버스로 삼는 회화이며, 거리를 전시장으로 만들어 버리는 '시각표상행위' 일반이다. 이 영역의 실천은 현재 점점 더 다양한 방면으로 전개되고 있으며 계속해서 확대되고 있는 경향이다. 정치적인 메시지를 스텐실 기법으로 표현하는 길거리 회화나 그래픽을 구사하는 포스터 아트, 다양하게 분화되고 있는 그라피티는 세계 대부분의 대도시에서 관찰된다. 앞으로 이 방면의 전개에 많은 기대를 하고 있다. 개인적으로는 할렘, 브롱크스, 브룩클린 청소년들의 그라피티와 에이즈 위기의 정점에서 벌어진 〈액트업〉ACT UP, The AIDS Coalition to Unleash Power의 선전 공작이 가장

---

50. [옮긴이] Make the Road by Walking : 이민 운동과 연대하는 단체 중 하나. Latin American Integration Center와 결합해서 Make the Road New York으로 활동하고 있다. http://www.maketheroad.org. 이와사부로 코소, 『뉴욕열전』, 14장을 참조하라.

기억에 남는다. 아래에서는 〈액트업〉의 활동 속에서 출발하여 그 후 독자적인 조직으로 형성되어 간 〈그랜 퓨리〉Gran Fury를 다루고 싶다. 그라피티는 다음 6장의 주제가 된다.

〈그랜 퓨리〉는 원래 에이즈 위기가 정점에 다다랐을 때, 〈액트업〉 내에 만들어진 선전공작부였다. 하지만 역시 〈액트업〉 내부에서 출발한 치료연구그룹 〈HIV 치료 행동그룹〉Treatment Action Group, TAG 이나 노숙 에이즈환자 지지그룹 〈하우징 워크스〉Housing Works와 비슷한 형태로 독립조직이 되었다.[51] 어떤 이유에선지 당시 뉴욕 시경이 사용하기 시작한 크라이슬러사 플리머스의 자동차 모델명에서 그 이름을 따왔다. 〈그랜 퓨리〉의 '작품'은 에이즈에 관한 교육, 그리고 이 문제에 전 사회가 (그리고 무엇보다도 권력이) 적극적으로 대처할 것을 촉구하기 위한 선전공작이었다. 〈액트업〉의 투쟁 속에서 필요에 의해 그래픽 아트가 출현했으며, 이를 위해 포스터, 현수막, 깃발, 티셔츠, 미술전 등을 이용해 모든 공공공간에 개입했다. 혹은, 이 책의 1부에서 전개한 논리를 따르자면 바로 이들이 공공공간을 만들어 냈다.

우리는 여기서 1960년대 〈게이해방전선〉GLF, Gay Liberation Front과 그 선전포스터에 뛰어난 사진을 제공했던 피터 후자Peter Hujar, 1934~1987의 관계의 재래를 본다. 다만 〈그랜 퓨리〉의 다른 점은 그들의 철저한 '집단제작'과 '개념예술을 거친 그래픽 사용'이다. 첫 작품은 1988년의 〈에이즈 : 61명에 1명〉AIDS : 1 in 61이었다. 그 외 〈에이즈

---

51. *AIDS DEMO GRAPHICS*, edited by Douglas Crimp with Adam Rolston, Seattle: Bay Press, 1990 및 "Gran Fury talks to Douglas Crimp," included in *Artforum International*, New York, April, 2003을 참조.

게이트〉AIDSGATE, 〈에이즈나우〉AID$NOW, 〈내가 하는 말을 똑똑히 들어라〉READ MY LIPS, 〈성차별은 보호되지 않은 머리를 들어 올린다〉SEXISM REARS ITS UNPROTECTED HEAD 등 많은 작품이 제작되었다.[52] 가장 유명한 작품은 검은색 바탕에 분홍색의 삼각형이 한가운데 있고 그 밑에 '침묵=죽음'SILENCE=DEATH이라고 인쇄된 포스터일 것이다. 〈액트업〉의 전술회의에서 차례로

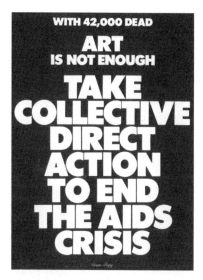

'예술로는 부족하다: 에이즈 위기 종식을 위해 집단직 접행동을 하라', 〈그랜 퓨리〉(1988년)

제출된 정치적 과제를 '개념적으로 그래픽화'하였다. '정치적인 절박함'과 '교묘하게 복합적인 의미작용', '시각적인 아름다움'의 합체라는 측면에서 그 유례를 찾기 힘들 정도로 높은 수준의 질을 획득했다.

〈그랜 퓨리〉는 지속적으로 〈액트업〉의 전술에 따라 거리에 개입했을 뿐만 아니라 몇 개의 중요한 테마전에도 참가했다. 이는 예술계의 유력자 중에 게이 남성이 많았기 때문이기도 하다. 1987년 당시 브로드웨이에 위치한 더 뉴 뮤지엄The New Museum의 큐레이터였던 윌

---

52. [옮긴이] 〈에이즈게이트〉는 닉슨의 워터게이트를, 〈에이즈나우〉는 당시 유행했던 기아구호 자선콘서트를, 〈내가 하는 말을 똑똑히 들어라〉는 아버지 부시의 거짓 공약을, 〈성차별은 보호되지 않은 머리를 들어 올린다〉는 구호는 콘돔을 착용하지 않은 채 발기된 남성 성기를 연상시키는 듯하다.

리엄 올란더William Orlander가 〈액트업〉과 가까웠던 관계로, 이 미술관의 쇼윈도는, 〈액트업〉의 선전물을 전시하는 장소가 되었다. 공공공간에서 도전적인 아트 프로젝트를 기획하는 비영리단체 〈크리에이티브 타임〉Creative Time은 1989년 버스 차체 광고를 〈그랜 퓌리〉에 제공하였다. 그것이 〈키스는 살인하지 않는다 : 살인하는 것은 탐욕과 무관심이다〉Kissing Doesn't Kill : Greed and Indifference Do로 실현되었다. 그 후 이 광고는 버스 차체뿐 아니라 거리 곳곳의 공간에 등장했는데 표어 밑의 사진에는 (다양한 조합으로) 세 쌍의 서로 다른 인종과 젠더의 젊은이들이 키스를 하고 있다. 그 아래의 띠에는 '기업의 욕심, 정부의 방치, 그리고 대중의 무관심이 에이즈를 정치적 위기로 만든다'라는 문구가 찍혀있다. 당시 거리를 떠들썩거리게 했던 의류회사 베네통의 광고를 '도용'한 작품이었다. 베네통의 이미지에 익숙한 행인들은 먼저 그 유사성을 상기하지만, 곧 이 포스터에 고유한 다인종적, 다젠더적 에로티시즘과 강렬한 정치적 표어를 알아차리고 그러한 교착에 감전된 듯한 충격을 받는다. 알도 헤르난데스Aldo Hernandez가 찍은 젊은 커플들의 키스 사진은 무척 아름다웠다. 여기에는 에이즈 위기를 넘어서, 에로티시즘과 성적 자유를 반드시 다인종적 문맥에서 관철시키고자 하는 〈액트업〉의 선명하고 강렬한 주장이 표현되어 있었다.

1990년에 개최된 베니스 비엔날레에 초대받았을 때, 〈그랜 퓌리〉는 주제가 확실치 않은 이 순수예술 전시회에 참가해야 하는가를 두고 논의를 거듭했다. 결국은 비엔날레의 국제적인 영향력을 감안해 참가하기로 결정했는데, 로마 교황에 대한 도발로서 발기한 거대한 남근 사진을 야외 광고의 형태로 전시했다. 같은 전시회에는 미국 예술가인 제프 쿤즈가 포르노 여배우이자 정치가인 헝가리계 이탈리아인 치치올리나La Cicciolina(본명 안나 엘리나 스톨러Anna Elena Staller)와 성교중인 사진을 포토리얼리즘 풍으로 그린 시리즈가 전시되었다. 〈그랜 퓨리〉 멤버 중의 한 사람인 톰 칼린Tom Kalin에 의하면 그들은 '제프 쿤즈를, 예술계를 떨게 만든 진짜 충격 옆에 있는 단순히 장식적이고 보잘것없는 작품으로 만들었다. 유감스럽게도 그 상황은 곧 반전되어 버렸지만.'[53]

미술사의 맥락에서 〈그랜 퓨리〉는 1980년대의 '차용미술'appropriation art의 계보를 잇는 것으로 여겨진다. 'appropriation=차용 혹은 도용'은 이미 존재하는 누군가의 작품이나 이미지를 '자신의 의견을 덧붙이기' 위해 차용하는 방법이다. 예술 역사상 무수한 예가 존재하며, 피카소나 뒤샹의 '모나리자'는 그 고전적인 예이다. 1980년대에서 1990년대에 개념예술에 입각하여 실천된 '차용'에는 대략 두 종류가 있었다. 한편에서는 페미니즘, 게이/레즈비언, 그리고 소수 인종의 예술가들에 의해, 젠더나 인종과 관련된 틀에 박힌 이미지를 비판적으로 도용하는 작품이 만들어졌다. 다른 한편에서는 주로 백인남성 예술가들에 의해 작업이 이루어졌는데, 그 절반가량은 워홀의 전통에 따라 대중적인 이미지나 소비주의적 이미지를 — 자본주의 사회의 비판인지 아니면 그에 대한 매료의 찬사인지 상당히 애매한 태도로 — 도용하는 작품들이었다. 제프 쿤즈는 바로 이 후자를 대표한다. 후자의 경우, 순수예술 내부에 그 외부의 대중적 이미지나 상품기호, 기타 번잡한 것들을 도입함으로써 내부로부터 '예술개념을 뒤흔드는' 것을

---

53. "Gran Fury talks to Douglas Crimp," 같은 책.

도용의 목적으로 삼는다. 요컨대 '도용'이라는 같은 말로 설명할지라
도 그곳에는 정치적이고 존재적인 필연성에 근거를 둔 것에서부터
'형식주의적인 소재' 혹은 단지 '패셔너블한 태도'를 보여 주는 것까지
서로 다른 여러 가지의 위상이 존재했다.

에이즈 위기가 한창이었을 때, 예술계에서는 예술가, 비평가, 큐
레이터, 화상 등 중요한 사람들이 차례로 쓰러졌다. 이런 상황에서
이 위기에 어떻게 대처해야 할 것인가를 두고 활발한 논의가 벌어졌
다. 미술사학자 로버트 로젠블럼Robert Rosenblum, 1927~2006은 '예술에
는 생명을 구하는 힘이 없다'라고 한탄했다. 이 병으로부터 사람들을
구할 수 있는 것은 예술이 가진 '눈과 마음에의 자양력'보다도 과학이
었던 것이다.54 그러나 미술이론가이자 〈액트업〉의 활동가였던 더글
러스 크림프Douglas Crimp는 이 절망에 도전장을 내밀었다. 예술은 생
명을 구하는 힘을 가지고 있다. 그러나 그것을 가능케 하기 위해서
우리는 예술에 대한 '이상주의적·관념론적idealist 관점을 버려야 한
다.' 우리가 나아갈 방향은 이제는 '문화적 르네상스'가 아니라 '액티
비즘'으로서의 예술이다.55 그것이야말로 〈그랜 퓨리〉가 목표로 삼
은 것이었다.

세 번째 타입은 길거리를 일정기간 혹은 반복적으로 회귀하는 방
식으로 점거하고 그곳에 '일시적 자율공간'을 구축하기 위한 운동이
다. 그 선두는 1980~1990년대의 〈액트업〉, 1960년대의 〈국제청년

---

54. Robert Rosenblum, "Life Versus Death : The Art World in Crisis," in *Art Against Aids*, New York : American Foundation for AIDS Research, 1987.

55. Douglas Crimp, introduction for *AIDS : Cultural Analysis/ Cultural Activism*, An October Book, Cambridge, London : The MIT Press, 1988, p. 7.

당〉, 〈블랙 마스크〉, 그리고 다양한 문화에서 관찰되어 온 오래된 '축제의 전통'들일 것이다. 그러나 도시적 젠트리피케이션이라는 새로운 문맥에서 그 행위의 의의가 크게 중층화重層化되었다고 생각한다. 여기서는 그중 두 가지의 실천형태인 〈거리를 되찾자〉와 크리티컬 매스에 대해 알아보자.

〈거리를 되찾자〉는 사운드 시스템이나 댄스 및 그 외 온갖 퍼포먼스를 도입한 무허가의 블록파티, 다시 말해 거리를 해방시키는 파티이다. 젠트리피케이션으로 나타난 '자본주의의 세계화'와 '공간의 보안관리'에 대한 도시적 저항의 한 형태이다. 1990년대 런던에서 시작되었다. 당초에는 자동차교통으로부터 도시공간을 해방시키는 것을 주안점으로 했으며, 그 후 영국 각지로 확대되었다. 그러나 영국 정부는 1994년의 〈형사처벌 및 공공질서법〉Criminal Justice and Public Order Act, CJA를 통해 무허가 사운드 시스템 파티rave를 위법으로 간주했다. 그 후 〈거리를 되찾자〉는 '반자본주의'에 초점을 맞추는 것을 본질로 삼았다. 1999년 6월에는 런던의 금융지구를 표적으로 국제공동행동의 날을 조직했다. 북미에서는 1998년에 샌프란시스코의 항만지구에 상륙했다.

같은 해 뉴욕 이스트빌리지의 아나키스트 서점 '블랙아웃 북스'Blackout Books에서 〈거리를 되찾자〉를 위한 회합이 열렸다. 지역의 해적 방송국인 〈이 라디오를 훔쳐가라〉Steal this Radio의 음향기사, DJ, 퍼포먼스 아티스트, 활동가 등이 모여 이미 대중적으로 번지고 있던 레이브rave 씬을 정치화하고자 하는 지향성을 공유했다. 회합의 형태는 대단히 개방적이고 아마추어적이었지만, 다양한 대중이 참가하기 쉽게 열려 있는 '반反프로정신'anti-professionalism을 의도했다.56 그 회합

크리티컬 매스 끄트머리의 출발을 보고하는 사복경찰관 (2005년 6월)

에서 기획된 최초의 대규모 행동은 이스트빌리지의 입구인 아스터 플레이스Astor Place에서 아래와 같이 진행되었다.

1백 명 남짓한 군중이 집합했을 즈음, 사람들은 일제히 보도에서 도로로 이동했다. 자가발전으로 음악이 울려 퍼지기 시작했다. 기다란 철 파이프를 연결해 몇 개의 삼각대를 만들고 그 꼭대기에 누군가가 올라갔다. 지나가는 행인을 비롯해 사람들을 초대하고 모두가 그 밑에서 춤을 췄다. 마음에 드는 코스튬을 입고 모여든 사람들도 있었

56. Stephen Duncomb, "Stepping off the sidewalk : Reclaim the Streets/NYC", included in *From Act Up to WTO*, London, New York : Verso, 2002를 참조.

다. 좋아하는 악기를 가지고 와서 연주를 하는 사람도 있었다. 경찰이 도착했지만 그들은 쉽사리 대처할 수 없었다. 상대는 거리에 넘쳐나는 도시민중의 집합신체였기 때문이다.

뉴욕에서는 〈거리를 되찾자〉 투쟁의 하나로 반反줄리아니, 반反젠트리피케이션 투쟁이 실천되었다. 1999년 4월 11일, 이스트빌리지의 중추도로 A애비뉴에서 대규모 행동이 기획되었는데, 이 부근의 '텃밭=운동'57과 연대하는 것이었다. '카니발 모델' 혹은 '대항적 스펙터클'을 도입하여 이스트빌리지에서의 커뮤니티 대중운동을 목표로 삼았다. 시애틀 이후의 전지구적 반자본주의 운동에서는 〈직접행동 네트워크〉Direct Action Network, DAN의 내부의 어피니티 그룹58의 하나로 〈거리를 되찾자〉가 참가했다. 전체 운동 속에 '아이러니'와 '축제적인 기쁨'을 도입하여 '희극적 반복'의 폭을 풍요롭게 했다.

크리티컬 매스는 매월 마지막 금요일 밤 7시, 관심 있는 사람들이 지정된 장소에 집합하여 시작하는 집단 자전거 행진이다. 뉴욕에서는 대부분의 경우, 유니언 스퀘어의 북측 혹은 남측 광장이 집합장소가 된다. 크리티컬 매스는 어디까지나 '행동의 이름'일 뿐 '그룹명'이 아니다. 다시 말해, 어디서 누가 하건, 집단적인 자전거 행진은 크리티컬 매스가 되는 것이다. 1992년 9월의 샌프란시스코가 발상지로

---

57. [옮긴이] 도시에서 공동체 텃밭을 일구는 운동(Urban gardening)을 일컬음.
58. [옮긴이] Affinity Group : 보통 10명 내외의 작은 규모로 함께 직접행동을 하는 활동가의 그룹 또는 그러한 단위이다. 어피니티(affinity)는 친근감이라는 뜻이다. 사상이나 활동을 함께 하는 친구들의 모임이라고 볼 수 있으며, 위계적인 관계를 피하고 합의를 형성하는 것을 행동원칙으로 한다. 1990년대 이후의 반세계화 및 반전운동에서는 몇 십, 몇 백의 어피니티 그룹이 모여서 수천 명 규모의 수평적인 직접행동을 조직하기도 했다.

일컬어지지만 몇 가지 다른 선례도 발견된 이 행동은 이제 세계 각지 325개의 도시로 확대된 세계적인 '운동=이벤트'이다. 이 집단주행에 '조정자'는 있지만 '지도자'는 없다. 상황에 따라서 누구나 조정자가 될 가능성이 있다. 상황에 따라 일정도 바뀐다. 참가자가 많으면 많을수록 그 흐름은 강력해져서 보다 장시간에 걸쳐 보다 많은 교차점에서 자동차 교통을 차단한다. 이 '조직된 우연'에서 방법론적으로 필수적인 것은 신호등이 빨간불로 바뀔 때면 동료의 안전 확보를 위해 발진하려는 자동차를 멈추는 '길막기'corking이다. 이러한 길막기 전술이 제대로 행해지는 한 전체적인 행진 흐름에 일체성이 확보된다. 그러나 자동차 운전자와의 대립이 격화되고 또 몇 군데의 지점에서 경찰이 개입하면서 차례로 집단은 분산되어 자연 소멸한다. 주행일에는 헬리콥터를 탄 경찰이 상공에서 집단주행을 정찰하며 몇몇 지점에서 대기 중인 경찰차 부대에 자전거 행렬의 주행상황을 보고하고 적당한 지점에서 주행자들을 방해하거나 체포한다. 한편, 자전거 주행자 측에서도 경찰의 무선을 도청해 참가자들과 가능한 한 공유하면서 주행 경로를 결정한다.[59]

2004년 8월, 공화당 대회와 연관된 행렬에서는 수천 명이 참가해 이날 저녁의 맨하튼 교통을 몇 시간 동안이나 '해방'시켰다. 이 날 수백 명이 체포되었으며 이후 뉴욕시는 이 행사를 눈엣가시로 여기게 된다. 법정투쟁에서 쟁점이 된 것은 이 주행을 위법으로 볼 것인가, 경찰은 주행자를 체포하고 그들의 자전거를 빼앗을 권리가 있는가,

59. 뉴욕에서 크리티컬 매스 집단주행을 지원하는 조직 Time's Up의 사이버링크 http://times-up.org/.

이 주행은 시의 허가를 받을 필요가 있는가라는 항목들이었다. 즉 법적으로 쉽게 정의내릴 수 없는 '운동=사건'인 것이다. 2004년 12월, 연방판사는 뉴욕시가 이 주행을 '정치적 기획'으로 금지시키고자 하는 것을 취하시켰다. 덧붙이자면, 참가자는 연령, 직업, 인종 면에서 다양하다. 지인 중에는 몇 번이나 체포되어 그 때마다 짧든 길든 구류되고 일시적으로 자전거를 빼앗겼는데도 불구하고 계속적으로 단호하게 참가하고 있는 여성이 있다. 그녀와 같은 사람들의 공통점은 — 반권위주의적인 액티비즘의 정열에 더한 — '자전거에 대한 사랑'이다. 그러나 그것은 스포츠로서의 자전거가 아니라 도시공간에 대한 신체적인 개입을 되찾기 위한 매개로서의 자전거이다. 자전거 주행에 의한 도시공간으로의 개입, 그것의 고유한 속도는 아직 충분히 말해지지 않은 영역이 아닐까?

중국에는 많은 교차점에 신호가 없다. 그곳에서는 자전거나 오토바이를 탄 사람들이 진행과 대기를 형편에 맞게 절충해 나간다. 대기하는 쪽의 줄이 '임계질량'critical mass에 달하면 그 쪽이 자동적으로 발진한다는 식이다. 크리티컬 매스라는 명칭은 여기서부터 왔다고 한다. 여기에는 분명 대중적 참가·지지가 '임계질량'에 달한 시점에 사회혁명이 일어난다고 하는 뉘앙스도 있다. 이 운동을 슬로건으로 표현하면 '반자동차', '반석유' 또 '도시교통의 생태학'일 것이다. 하지만 가장 중요한 메시지는 기본적으로 이 '행동=사건' 자체에 있다. '우리는 교통방해가 아니다. 우리가 바로 교통이다!'We aren't blocking traffic; we are traffic! 참가할 때마다 거대한 '생명체=사건'의 부분이 된다는 점에 다른 데서는 맛볼 수 없는 쾌감이 있다. 이 달리는 민중의 집합신체에 의한 생명체의 흐름은 진정한 의미에서, 이동하는 일시적인 자율공간을 형성한다.

네 번째 타입은 일반적으로 '전술적 미디어'tactical media라고 불리는 운동이다. 최근 예술계에는 이것을 '개입주의'interventionism라고 칭하며 한데 모아 소개하는 전시회가 있었다.[60] 그 이름대로 다양한 미디어를 사용한 다양한 실천이다. 그 대략의 흐름은 1990년대에 미디어의 '정치적 이용'에 눈 뜬 예술가 그룹에서 시작되었다. 군수산업체제에 의한 인터넷 독점에 대항하고 민주적인 사용을 추진한 네덜란드나 북미에서의 실천이 그 초기의 예이다. 테크놀로지와 미디어가 새로운 착취와 지구환경파괴의 전초가 되기 시작한 신자유주의적 상황에서 그 추세에 저항하며 그것들을 새로운 민주주의적 공간 혹은 새로운 민중적 사회성의 형성으로 연결하려는 의지를 관철시키려 했다. 다다나 상황주의자 등 '예술적=정치적 전위운동'의 전통 선상에서 펑크, 미디어 오타쿠, 스콰 운동, 퍼포먼스 아트 등의 경험이 여기에 겹쳐있다.

전술적 미디어의 키워드는 '전술'tactics이다. 권력 비판을 위한 '매스미디어의 도용' 혹은 민중에 의한 '열린 미디어 사용'을 목표로 한다. 예술적인 기술 혹은 문화생산에서의 기술을 활용하여 (경우에 따라서는) 유머러스한 정신으로 권력기구, 통상기구, 일상공간에 직접적으로 개입한다. 폭넓게 관찰되는 행동의 예로는 해당 미디어 공간

---

60. 전시회에 대해서는 *The Interventionists*, edited by Nato Thompson and Gregory Sholette et al. 그리고 '전술적 미디어'에 대해서는 Geert Lovink, *Dark Fiber*, Cambridge, London : The MIT Press, 2002; Konrad Becker, *Tactical Reality Dictionary : Cultural Intelligence and Social Control*, Vienna : Editions Selene, 2002; Adilkno, *Media Archive*, New York : Autonomedia, 1998 등을 참조.

(예를 들면 인터넷)의 통제를 일시적으로 대중의 손에 되돌리는 '가상연좌시위'virtual sit-in나 '치고 빠지기'hit and run 전법 등이 있다. 그것은 위에서 말한 세 번째 카테고리가 물리적인 '공공공간'을 일시적(혹은 회귀적)으로 해방시키는 행위에 어느 정도 대응해 가상적으로 '사이버 공간' 혹은 '미디어적 시간'을 일시적(혹은 회귀적)으로 해방시킨다. 이러한 실천은 비폭력을 원칙으로 한, 1990년대 이후의 액티비즘에 없어서는 안 될 짝이 되었다. 인터넷이나 이메일을 통해 행동을 조직화하고 다양한 정보교환의 방법을 개척한 것은 이들이었다. 이러한 운동이 미술관이나 화랑 등 '흰 벽의 제도'에 관여하는 경우도 있지만 그 의의는 어디까지나 부차적이다. 이러한 운동의 실례는 무수히 존재하며 점점 더 확대되고 있다. 아래에서는 〈비판적 예술 앙상블〉 Critical Art Ensemble(이하 〈CAE〉)에 한정해서 소개하겠다. 현재까지 뉴욕을 둘러싸고 펼쳐진 가장 급진적인 실천형태 중 하나라고 생각하기 때문이다.

〈CAE〉는 1987년, '전술적 미디어 실천가' 집단으로 조직되었다. 다섯 명의 멤버 각자가 퍼포먼스, 이론, 필름/비디오, 디자인, 컴퓨터 테크놀로지 등 서로 다른 영역에서 전문적인 실천가들이었다. 예술, 테크놀로지, 액티비즘, 이론의 모든 영역에 이 멤버들이 함께 관여하며, 주로 서적, 퍼포먼스(과학실험), 웹사이트 세 가지를 매개로 이러한 활동을 추진해 왔다(나는 특히 그들이 간행한 서적의 정열적인 애독자이다).[61] 〈CAE〉는 그들의 실천을 '범자본주의'에 대한 폭

---

61. 〈CAE〉의 서적은 모두 Autonomedia(New York)에서 출판한다. 사이버링크 http://autonomousmedia.org/. *The Electronic Disturbance*(1997), *Electronic Civil Disobedience & Other Unpopular Ideas*(1998), *Flesh Machine : Cyborgs,*

넓은 저항운동 속에 위치시켜 왔다. 초기에는 '인터넷virtual 환경에서의 노마디즘'을 자부하며 사이버 공간상에서 행할 수 있는 시민 불복종의 다양한 방법론을 탐구했다. 이 그룹이 주안점을 두고 있는 전자적 시민 불복종Electronic Civil Disobedience, ECD은 집합적인 대항세력을 형성하는 것보다는, '자본주의 경제의 속도를 지연시키기 위해 복수의 흐름과 궤적을 만들어 내는 특수화된 미소조직(세포)의 비중심적 유출'62을 목표로 한다. 과거 수년간 그들의 주요 과제는, 자연을 고쳐 쓰고 신체에 잠입하는 지점까지 온 '범자본주의'적 생체공학biotechnology에 대한 기호론적, 사회학적, 과학적 분석과 더불어 그것들에 관한 정보를 민중과 폭넓게 공유하는 것이었다.

〈CAE〉에게 있어 '전술적 미디어는 상황적이고 일과적이며 자기한정적인 것이다. 그것은 점점 더 강화되는 권위주의적 문화를 부정하기 위한 분자적 개입과 기호론적 충격을 목표로 삼는다. 이를 위해 특정한 사회적 상황에 개입할 필요성에 따라 모든 미디어를 사용하는 것을 장려한다.' 그들이 무엇보다도 중요하게 여기는 것은 언어와 정보를 민중과 공유하는 것이다. 생체공학 등 선진적인 과학영역의 전문화된 언어는 한결같이 기업에 봉사하고 있다. 그렇기 때문에 우리는 우리 자신에게 엄청난 영향을 끼치고 있는 '변용'의 본질을 이해할 기회를 놓치고 만다. 따라서 기업과 과학자 대 무지한 대중이라는 위계를 전복하는 것은 무엇보다 필수적이다. 그를 위해 〈CAE〉는 '아

Designer Babies, Eugenic Consciousness (1998), *Digital Resistance : Explorations in Tactical Media* (2001), *Molecular Invasion* (2002), and *Marching Plague* (2006).

62. Critical Art Ensemble, *Digital Resistance,* New York : Autonomedia, 2001, p. 14.

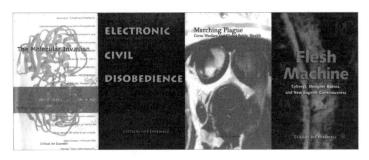

〈CAE〉에서 출간한 책의 표지들

마추어 과학자'로서 필요한 모든 영역에 개입해 왔다.

유전자 공학에 관한 〈CAE〉의 네 가지 주요 분석 영역은 아래와 같다.

(1) 우생학과 생식기술의 관계

(2) 의학의 생식에 대한 개입과 '성적인 것 일반'sexuality에 대한 공격

(3) (우수한 정자 등) 유전자 소재의 매매

(4) '인간 게놈 조작'을 위해 동원된 유토피아적 언사

이들은 우생학적 이데올로기를 비판적으로 연구하는 영역, 이를 테면 '유전자 형질 전환의 정치'라고도 말할 수 있는 주제를 구성한다. 또한 그들의 분석에는 언제나 관객참가형의 실험실 혹은 '과학극장'이 동반된다. 이것은 그들의 설치예술이자 퍼포먼스 예술이다. 예를 들어 '육체기계'Flesh Machine라고 불리는 일종의 '과학극장'에서, 관객은 자신의 신체 부위를 샘플로 제공함으로써 '스스로의 시장가격'을 알게 된다.

또한 〈CAE〉는 유전자 조작 식품을 철저히 분석함으로써 '이의제

기 생물학'을 실천하고 있다. 그 요지는 다음과 같다. 첫째, 세계 식품 공급에서 기업의 계획과 통제를 저지한다. 둘째, 환경과 인간에 막대한 영향을 미치는 생체공학적 기획과 정책은 민주주의의 통제 하에 있어야만 한다. 셋째, 장기간에 걸쳐 환경에 영향을 끼칠 가능성이 있는 생체공학적 조작에 상업적 면허가 부여될 경우, 그 전에 반드시 면밀한 연구가 행해져야만 한다. 이 영역의 '과학극장'은 '젠테라'Gen Terra이다. 유전자가 조작된 유기체genetically modified organism, GMO를 탐지하는 기계가 전시장에 설치되어 있다. 관객이 들고 온 '유기농'organic 상표가 붙은 다양한 식품들이 테스트된다. 그 결과, 대부분은 GMO라는 것이 밝혀진다.

위에서 보여 주듯이 〈CAE〉는 지극히 위험한 영역에 도전하고 있다. 이러한 영역은 우리 존재에 위험할 뿐만 아니라 기업의 이익이나 정치적 이해에 있어서도 극히 민감한 영역이다. 그와 같은 영역에 대한 도전을 '예술로서 실천하는' 점에 이 그룹의 천재성이 있다. '예술'에는 상황을 끌어안고 사회화할 수 있는 능력이 있다. 그렇기에 전위주의가 끝나버린 오늘날, 예술은 대항적 실천(=전술적 미디어)의 무대로써 이상적인 조건을 가지고 있다. 그러나 어떤 의미에서 그들의 성공은 오히려 재앙이 되어, 〈CAE〉는 지난 3년간 권력에 의해 유린당해 왔다. 2004년 5월에 〈CAE〉의 호프 커츠Hope Kurtz가 심부전증으로 자택에서 사망했다. 〈CAE〉 멤버이자 그녀의 남편인 스티브 커츠 Steve Kurtz(버팔로 대학 미술학과 조교수)가 구급차를 불렀지만 이미 늦은 상황이었다. 당시 그 지역 경찰은 그들 집에 산처럼 쌓인 작품용 실험도구를 발견하고는 '생체 테러리즘'이라는 혐의를 덮어씌워 FBI에 통보했다. 9·11 이후 출현한 '테러리즘 조례'에 따라 FBI는 커츠를 체포하고 심문했다. 심지어 그의 집을 봉쇄하고 실험용 도구를 전부 압수했다. 정부나 기업에 대해 비판적인 활동을 하고 있던 커츠를 '테러리즘' 혐의로 기소하려는 FBI의 시도가 진작부터 있었다. 대법원의 배심원은 혐의를 취하했지만 대신에 '우편물 사기'와 '전신사기'라는 용의로 그를 기소했다. 그가 위법적인 방법으로 미생물을 손에 넣었다는 혐의이다. 이 사건은 여전히 뉴욕주 버팔로시 재판소에서 계쟁 중이지만, 혐의가 확정되면 커츠는 20년 형을 언도받을 것이다.[63]

이미 분명해졌겠지만, 앞서 거론한 액티비즘의 사례들이 예술이라는 매개와 영역을 선택해 실천하는 방식은 '정치'가 '예술'을 프로파간다의 방법으로 이용한다는 고전적인 도식과는 다르다. 여기에는 '정치'와 '예술'이라는 독립적인 영역이 상정되어 있지 않다. '예술'이 '액티비즘'에, '액티비즘'이 '예술'에 진출하여 '스펙터클적'이며 '퍼포먼스적'이기도 한 다양한 전술적 영역에서 융합되고 있다. 이러한 전술적 영역에서는 '미'와 '형식', 그리고 '행위'를 포함한 모든 것들이 무기이다. 그 무기는 상대를 다치게 하기 위한 것이 아니라 '감화'affect 시키는 것이다. 그것이 오늘 도시민중의 전투 방식이다.

맺음말 : 만인 예술가설

예술이 체현하는 진실은 노동의 진실, 요컨대 살아있는 노동이다. 그것은 상태(state)가 아닌

---

63. 이 사건과 법정투쟁의 상세한 내용은 www.caedefensefund.org를 참조. [2008년 스티브 커츠는 증거불충분으로 무혐의 처분을 받았다. ― 옮긴이].

과정(process)으로서 존속한다.
— 브루노 굴리[64]

'예술가'라는 말을 들으면 무엇이 떠오르는가. 이러한 질문에 줄리안 슈나벨Julian Schnabel, 데미언 허스트Damien Hirst, 키키 스미스Kiki Smith 등 유명작가의 이름을 떠올리는 것. 지극히 정직한 이 연상은 천재, 대작가, 스타, 지도자라는 뿌리 깊은 '작가주의'를 반영하고 있다. 이러한 이름들이 아우르는 '특수한 감성'이 확실히 존재하며, 이들 이름이 표현하는 '사고와 행위의 스타일'이 있다. 예술이라고 불리는 실천의 총체를 '죽음을 향하는 아이러니'로서 '벽 위의 물체', 요컨대 '천문학적인 숫자의 상품가치'로 변화시키는 데에 무엇보다도 이름은 필수적이다. 그런 의미에서 '예술이라는 제도'가 존속하는 한, '작가주의'는 붙어 다닐 것이다.

그러나 여기에서는 이러한 이름을 실질적으로 지탱하고 있는 다양한 '노동자'와 '노동형태', 그리고 그들의 네트워크에 초점을 맞추고 싶다. 한편으로 그것은 예술과 관련된 윤리적 사고의 의무이고, 다른 한편으로는 바로 그것이야말로 '예술과 액티비즘의 사이'를 물질적으로 지지하는 토대가 되기 때문이다. 우선 결정적인 것은 아티스트 어시스턴트들의 존재와 공헌이다.[65] '작품'은 그들의 '소외된 노동'에 의해 생산되고 있다. 실제로 그들의 영감이나 아이디어에 의해 작품이 만들어지는 경우도 많다.[66] 그 외, 작품제작을 위해 필요한 각종 기술

---

64. Bruno Gulli, *Labor of Fire*, p. 178.
65. 많은 경우 그들은 대단한 정열을 가지고 있으며, 장시간의 노동에 몸과 마음을 바치고 있는 사람들도 많다. 하지만 대부분의 경우 월급이 적을 뿐 아니라 각종 보험 혜택도 누리지 못하고 있다.

자들, 판화공방의 인쇄사들, 화랑이나 미술관의 노동자들, 운송과 포장에 종사하는 노동자들, 작품을 촬영하는 사진가들, 미술 잡지나 미디어에서 일하는 사람들, 미술 재료를 생산하는 노동자들 등 '예술=실천'에 관련된 다양한 노동과 노동자의 네트워크를 무시할 수 없다. '작품'은 (만드는) '행위'이고, (보는) '물체'이며, 또한 '사회적 인간관계'이다. 『자본론』의 맑스가 상품에서 발견한 복잡한 사회성 (혹은 세계성)을 여기에도 적용해야만 한다.

실질적으로 예술계를 지탱하고 있는 무수한 노동자들은 결코 자신들의 작품으로는 생활을 할 수 없는 예술가들이다. 그들은 위에서 열거한 예술계의 다양한 직종에 (대부분의 경우, 정규고용이 아닌 비공식적으로) 종사하고 있거나 여타의 다양한 아르바이트로 생활하고 있다. 유명 예술가들과 비교했을 때 그들은 '패자'loser로 간주된다. 작품으로 먹고 살 수 없는 패배자, 여가시간에 취미로만 실천되는 예술. 그러나 몇 번이고 반복해서 말하지만, 예술계를 실질적으로 지탱하고 있는 것은 바로 그들이다. 이에 덧붙여 무시할 수 없는 것은 그들이 비공식/비정규적으로 종사하는 노동영역이 '예술=액티비즘'이라는 실천의 '전술적 영역'을 결정하는 경우가 많다는 것이다. 예를 들면 마타-클라크는 건설노동자였다. 나는 스트리퍼나 웨이트리스를 하며 생계를 유지하는 수많은 급진적인 퍼포먼스 아티스트와 배우들을 알고 있다. 그래픽 디자이너를 생업으로 하는 뛰어난 개념 예술가를 알고 있다. 컴퓨터 프로그래머이자 정열적인 미디어 액티비스트

---

66. 그런 의미에서 근대 이전의 유명 화가나 조각가가 개인 예술가라기보다 '공방의 장'이었다는 것은 의미심장하다. 또 '예술=작품'을 개인에 귀속시키는 것에 회의를 가진 현대 예술가들의 합작 그룹도 다수 존재하고 있다.

를 알고 있다.

　이것은 도대체 무엇인가? 자신의 일에서 키운 전문적인 기능을 그렇지 않은 목적을 위해 — 요컨대 유토피아적 기획을 위해 — 전면적으로 바치는 것이라 할 수 있다. 그 때, 그 노동은 단순한 기능이 아니라 개인의 정열과 존재 전체를 건 기획이 된다. 그것은 '메타 노동' 혹은 '원原노동'ur-labor으로서의 예술과 액티비즘이 공유하는 본질적 속성을 지시하고 있다. 그것은 '생산적 노동'을 그 목적성(죽은 물체로서의 생산물)에서 일단 해방시키고 그 '행위'를 (철학자 브루노 굴리가 말하는) '산 노동'으로 명시한다. 바꿔 말하면 예술/액티비즘의 본질은 **노동자의 여가성**에 있다. 노동자의 여가, 취미, 심심풀이 기타 등등 도시적 프로페셔널의 냉소적인 가치관이 헐뜯어 온 이러한 실천 속에 '살아있는 노동'의 계기가 내재하고 있다. 이것을 이해하기 위해서는 현재 뉴욕이나 도쿄에 사는 많은 '비공식/비정규 노동자=활동가'나 '비공식/비정규 노동자=예술가'의 편재와 존재의 강도를 떠올릴 수밖에 없다. 그들에게 있어서는, 여가 활동으로서의 액티비즘 혹은 예술이야말로 중요한 것이며 바로 그것에 목숨을 걸고 있다.

　『불의 노동』[67]에서 브루노 굴리는 '노동 개념'과 그 '사회변혁의 힘'을 고찰하고 있다. 그는 '생산적 노동'productive labor과 '살아있는 노동'living labor을 구별한다. 이 말이 시사하는대로 전자는 후자가 제도화된 결과 나타난 '소외된 노동'이며, 후자는 그 틈 사이로 볼 수 있는 **본래적인** '자율적 노동'이다. 즉 '살아있는 노동=유토피아'는 노동의 '실제'actual 속에 '가능possible한 것'으로서 존속하고 있다. 그는 이러한

---

67. Bruno Gulli, *Labor of Fire*.

구별을 맑스의 '노동자'worker와 '혁명적 노동자'proletariat의 구별에 대응시킨다. 그러나 굴리는 계급의식을 쟁취한 노동자를 혁명적 노동자로 여기는 통상적인 시각과 반대로 나아간다. 요컨대 그는 사회 생태론가 머레이 북친Murray Bookchin, 1921~2006을 참조하여 '노동자는 보다 나은 노동자가 되는 것에 의해서가 아니라, 스스로의 노동자성을 없애 버리는 것에 의해 혁명가가 된다'고 주장한다 (나는 4장에서 예술계 노동자들에게는 조합이 없다는 것, 또 그들은 계급의식 형성을 거부하고 있다는 것을 지적했지만, 이는 동일한 사실에 관계되는 어려운 문제를 보여 준다). 노동자가 '생산성'과 '계급성'을 의식하는 것은 노동자에게 있어 억압적 제도의 멍에가 될 뿐이다. 노동자에게 필요한 것은 오히려 그를 소비주의, 교외생활, 장부를 중심으로 하는 인생의 노예로 만드는 계급적 이익으로부터 '완벽하게 탈퇴degeneration하는'68 것이다. 이 경우 '탈퇴'는 제도적 멍에나 강요받는 규범으로부터의 '내선內旋적 퇴출'involution away 69이고 자기 존재의 '순화이며 원리들로의 회귀'70이다. 북친과 굴리에게 있어 노동자의 '계급투쟁'은 권력에 대한 저항운동일 뿐만 아니라 '혁명적 삶을 개발하는' 시도, 요컨대 '자기 관리'의 실천과 연결되어 있다. 그것은 공식 정치제도 안에서 변혁이 일어나기를 기다리는 것이 아니라, 지금 여기서 — 지금 이 집단 속에서 그리고 스스로의 삶에서 — 이상사회의 실현

---

68. Murray Bookchin, *Post-Scarcity Anarchism*, Edinburgh, Oakland, West Virginia: AK Press, 2004, p. 119.

69. [옮긴이] 원래 involution은 밖에서 안으로 감기는 나선형의 운동을 뜻하지만 굴리는 거기에 away를 붙여 안으로 감기는 활동이 밖으로 튕겨나가는 운동으로 귀결하는 것을 표현했다.

70. Bruno Gulli, *Labor of fire*, p. 136.

을 목표로 하는 '예시적 정치'의 실천이다. 현재의 문맥에서 그것은 노동이 아닌 영역, 즉 취미 영역의 극한적인 확장으로서의 '삶의 변혁'이다.

굴리는 계속해서 말한다.

자본의 본질은 노동이라는 것을 잊어서는 안 된다. 직접적인 전체성과 단순한 공통성을 지닌 것, — 바꿔 말하면 일의적인univocal — 것은 노동이지 자본이 아니다. …… 자본에 포섭된 노동은 자신의 직접성을 버리고 반영反映의 영역에 들어가 자본의 가상假象, appearance을 생산한다. 하지만 이 역할에서 물러나 직접성immediacy으로 회귀하자마자, 그것은 자본에 있어서 아무것도 아니게 된다. 그것은 가상의 영역을 탈출함으로써 요컨대 지워졌기 때문이다. 그럼에도 불구하고 그것은 자신에게는 더할 나위 없이 소중한 것이다. 그렇다면 이 지워짐은 소멸이 아니다. 오히려 그것은 현실성actuality과 잠재성potentiality, 가상과 본질, 지배와 자유 사이의 모순을 절정에 이르게 하는 감춰진 지하 활동의 시작이다. 그야말로 '살아있는 노동'이 게릴라전을 시작하는 것이다.[71]

이제 분명해졌듯이 '자본에 있어서 아무것도 아닌' 것은 생산적 노동을 하지 않는 노동자의 존재이다. 노동자=존재의 직접성이다. 그리고 그 직접성이 자율적으로 움직이기 시작하는 '감춰진 과정'이야말로 북친에게 있어서는 아나키즘(혹은 아나코코뮤니즘anarcho-communism)이었다. 이 장의 문맥에서 그것은 '스펙터클'과 '퍼포먼스'

---

71. 같은 책, p. 138.

의 여러 전술을 차례로 취합하면서 '예술'을 닮아가는 현대의 '액티비즘'이다. 이 상황을 준비하는 것은, 역사적으로 이른바 자본의 전면적인 포섭이 '사회적 노동'을 낳아 온 상황이다. 그것이야말로 '지금 여기서' 생산적 노동과 창조적 노동 사이의 구별의 소멸을 유발하고 있다. 이것이 도시공간에 갈수록 퍼지고 있는 '예술과 액티비즘의 사이'이다.

굴리의 '살아있는 노동', 즉 우리에게 있어서의 '예술과 액티비즘의 사이'는 틀림없이 '유토피아적'이지만 실제로 일어나고 있는 상황이다.[72] 이 물음은 노동자의 노동과 생활조건의 제도적 개선에는 연결되어 있지 않다. 그런 의미에서 공식적인 정치적 논의는 될 수 없다. 하지만 그것이야말로 현대의 비공식/비정규 노동자가 그 위기적 상황 속에서 스스로 움켜쥔 자율적 운동의 방향성을 보여 주는 것이다. 그것은 한편으로 사회적 노동이 '창조적 노동'으로서의 자기 본성에 눈을 뜨는 것을, 다른 한편으로 예술제도가 확장되고 사방으로 흩어져서 일종의 '공통개념'이 되어 가는 방향을 가리키고 있다. '현재에 있어서 생산은 예술적 생산이며 창조적 노동의 결과이다. 그 구조는 사회적인 것 전체의 스펙트럼을 포함한다. 그것은 사회 안에 그 부대현상으로 포섭되는 것이 아니라 자신 안에 사회를 포섭한다.'[73] 공교롭게도 이 경향은 테어도르 아도르노Theodor Adorno가 『미학이론』Aesthetic Theory에서 말한 예술의 궁극적인 사회성 — '사회 속에 있는 예술의 내재성이 아니라 작품 속에 있는 사회의 내재성이야말로 사회와

---

72. 여기서 고찰할 수는 없지만 '현실적 유토피아'(actual utopia)라는 사고방식에 대해, 나는 에른스트 블로흐(1885~1977)로부터 큰 영향을 받았다.
73. Bruno Gulli, *Labor of Fire*, p. 173.

예술의 본질적 관계'74라는 것 — 에 부합해 간다.

　이상이 '예술도시 뉴욕'의 이야기이다. 뉴욕은 몇 명의 영웅적인 예술가의 시대로부터 실질적으로virtually 만인이 예술가인 시대로 이행해가고 있다. 그 경향은 노동의 비공식/비정규화와 예술의 확산(편재)이 동시에 진행되는 과정에서 구체화되었다. 이전에는 희소성을 중요한 증표로 삼았던 '작품'이 그 '천문학적인 숫자의 가격'을 어떻게든 유지하면서 엄청나게 양산되어 세계에 흩뿌려지고 있다. 예술계의 비대 혹은 팽창이다. 이와 동시에 '상품화된 스펙터클'로서의 '작품'과 그 원리는 점점 더 상대화될 수밖에 없다. 그로 인해 '예술'이 본래 안고 있는 절대화된 '작품'이라는 원리에 의해 억압받아 온, 민중적 투쟁의 '전술적 요소'가 드러난다. 그것은 투쟁하는 세계민중의 존재와 결합된 '퍼포먼스적인 스펙터클의 구축'이다. 그것을 매개로 하여 '예술과 액티비즘의 사이'가 고유한 실천적 영역으로서 나타난다.

74. Theodor W. Adorno, *Aesthetic Theory*, trans. Robert Hullot-Kentor, Minneapolis : University of Minnesota Press, 1997, p. 232 [테어도어 W. 아도르노, 『미학이론』, 홍승용 옮김, 문학과지성사, 1984, 360쪽].

'그 이름'을 공공권에 써넣어라!1

우리가 하는 것은 '라이팅'이며 그것은 언제나 그러했다.

— 페이즈2(Phase2)

내가 생각하기에 사회는 그들의 역사를 정의하기 위해 그들이 쓸 수 있는 것(표준 영어)을 쓰고 있다. 나는 내 것을 정의하기 위해 내가 쓰는 것을 쓴다. 나는 무기처럼 글자를 조립한다.

— 람멜지(Rammellzee)2

---

1. 이 글은 『현대사상』 2003년 10월호, '특집 · 그라피티'에 게재되었던 것이다. 원고 수정은 필요한 경우 최소한만 했다. 아래의 책과 영상작품을 참고하여 이 글을 썼다.

Ivor L. Miller, *Aerosol Kingdom*, Jackson; University Press of Mississipi, 2001.

Norman Mailer, *The Faith of Graffiti*, New York : Praeger, 1974.

Norman Mailer, *Watching My Name Go*, London : Mathews Miller Dunber Ltd.

Martha Cooper and Henry Chalfant, *Subway Art*, New York : Henry Holt and Company, LLC, 1984.

A film, "Style Wars," directed by Tony Silver, 1983.

2. 페이즈2와 람멜지의 인용문은 모두 Ivor L. Miller의 책 p. 20과 p. 86에서 발췌했다.

머리말 : 지하철이라는 무대

뉴욕에서 발생하여 그 흐름을 타고 결정적으로 세계 각지로 퍼져
갔지만, 정작 본거지에서는 수도교통국과의 격렬한 투쟁 끝에 지하
철이라는 주요 무대를 잃고 쫓겨날 수밖에 없었던 그라피티의 역사
를 되짚어 보는 것에는, 아무래도 일말의 슬픔이 뒤따른다. 이번 기
회에 다시 맨하튼, 브롱크스, 브룩클린, 퀸즈 네 구역을 자전거로 돌
아보며 사진을 찍고 그곳의 상황을 보고 듣는데 이전의 그라피티 전
성기가 새삼 그리웠다. 현재 지하철 차량 내에서 보게 되는 그라피티
는 스크라치티scratchiti라고 불리는 것으로 문자 그대로 '긁어낸 흠집'
을 중심으로 하는 방법인데, 기술적인 어려움 때문에 표현에 한계가
있어 지금으로서는 그 실천자의 노력에 경의를 표하는 것 말고는 적
극적으로 말할 게 없다. 어느 거리에서나 많이 볼 수 있는 것은 쓰로
우업 스타일throw-up style [throw up=토하다]이라 불리는— 재빠른 솜씨
로 유기적인 글씨체를 구성하고 그것을 12색으로 분류하는 타입의 — 그라
피티이다. 보다 품이 많이 드는 와일드 스타일wild style — 글씨체의 유
동적인 움직임을 건축적으로 복잡하게 구축함으로써 구상적인 표현을 한층
발전시킨 것 — 은 일상에서 좀처럼 찾아 볼 수 없지만, 인적이 드문
폐가나 공장가 혹은 할렘에 명예의 전당Hall of Fame으로 남아 있는 지
정 구역에 한데 모여 존재하고 있다.[3] 그중 대부분은 독해가 어렵지
만 대체 왜 이런 것이 이런 곳에 있는지 의아할 정도로 여러 가지 의
미에서 수준이 높다. 하여간 현재까지 그라피티의 가능성을 믿고 적

---

3. 보다 정확히 말하면, 그 외 지역 상점이 근처의 청소년을 고용하여 선전용 그라피티를
   그리게 하는 경우도 있다.

극적으로 이어나가는 청소년들이 있다는 것은 감동적이다. 그들은 과거에 구축된 몇 개의 방법론을 성실히 받아들이고 발전시켜 나가려 하고 있다. 실제 제작 현장을 볼 수는 없었지만 그들의 정열과 고투를 상기하면서 이 찬사를 기록해 가고 싶다.

　내가 처음으로 뉴욕의 지하철을 탄 것은 1979년 말 즈음이었다. 당시 지하철은 정말로 사건이 넘쳐나는 '가장 무섭지만 가장 매력적인' 무대였다. 일본에서 온 나와 같은 사람에게 뉴욕은 서양적인 요소를 포함하는 외국이지만, 유럽적인 격식은커녕 그것을 훨씬 뛰어넘은 전 세계의 토착성이 제각각 강렬하고 생생한 삶의 냄새를 풍기고 있는 듯한 거리였다. 그리고 뉴욕의 지하철이야말로 그러한 냄새의 발신원이 바로 여기라고 여겨질 법한 지하공간이었다. 특히 혹한의

6장 '그 이름'을 공공권에 써넣어라! **251**

겨울에, 따뜻한 차량 안은 세계 각지에서 온 하층 노동자들의 체취로 가득했다. 그 냄새를 맡는 것 자체가 세계와 에로틱한 교감을 나누는 것 같았다. 한밤중이면 지하철은 그야말로 '특등'칸으로 변했다. 밤 12시 이후, 그것도 교외에서 중심부로 향하는 노선을 타는 것은 일부러 공갈협박을 받으러 나가는 것과 마찬가지인 어리석은 짓이지만, 파티에 늦게까지 남아 있다가 몇 번이나 그런 바보 같은 짓을 저질렀다. 지하철을 침대로 이용하는 노숙자 아저씨들과 아주머니들이나 붐박스(휴대용 카세트 라디오)를 들고 밤놀이에 나선 비보이들이 섞여 있는 그곳에 사나운 사람들도 종종 나타났다. 운이 나쁘면 가진 돈을 요금으로 지불해야 했지만, 대체 무슨 영문인지 그 시간에 경찰은 거의 눈에 띄지 않았다. 대신에 수호천사라 불리던 — 그 당시부터 그런 경향을 갖고 있었겠지만 지금은 그 리더가 완전히 우경화되었다고 하는 — 소수자 소년들의 다민족적인 자경대가 빨간 베레모에 검은 셔츠의 모습으로 나타나면 겨우 구원받은 느낌이었다.

당시 한밤중의 지하철 여행은 바로 솔 유릭Sol Yurick 원작, 월터 힐 Walter Hill 감독의 영화 〈전사들〉Warriors (1979년)에서 완벽하게 그려졌던 수많은 기인이나 괴물들과 우연히 마주치게 되는 호메로스의 서사시적인 행차였다.[4] 또한 그것이야말로 그라피티의 작가writer들이 선택한 본 무대였다. 그들의 작품이 거기에 늘 있었으며, 그렇지 않았다면 단지 철과 콘크리트에 불과했을 차가운 지하철 차량과 역 내 건축공간을 어쩐지 한없는 친근함과 괴기함을 동시에 가진 '정체불명의 생명체'로 만들었다. 그러나 '워리어스'Warriors 같은 갱단의 멤

---

4. 이 〈전사들〉과 호메로스/서사시의 유추는 가라타니 고진(柄谷行人)의 분석이다.

버들에게 ─ 지하철이 관통해 달리고 있는 ─ 여러 지역의 '세력권'이 서로 간에 넘기 힘든 경계로 존재했다면, 우리의 '라이터'writer들에게 있어서는 지하철이야말로, 그리고 그곳에 스프레이 페인트로 '그들의 이름'을 쓰는 행위야말로, 태어난 순간부터 그들의 존재 자체에 새겨져 있던 인종·계급·젠더의 경계를 넘어 세계와의 '교류'를 실현하는 유일한 방법이었다. 그것은 누군가가 가르쳐 준 것이 아니라, 그들 자신이 발명해낸 스스로를 위한 창조행위였다.

그들은 스스로가 창조한 이상理想적인 캐릭터의 '별명'epithet을 독특한 레터링 기법으로 지하철 차량에 쓰고, 각 노선의 운행경로를 이용해 각 지역의 청소년을 향해 신호를 보냈으며, 그 '뛰어남'과 '솜씨'를 서로 경쟁하면서 그들 자신의 다원적인 문화 커뮤니티를 구축해 갔다. 그런 방식으로 그들은, 어른들이 주장하기 훨씬 이전에 실질적으로 탈식민주의적인 상황을 실현해 버렸던 것이다. 그 역사는 한편으로는 권력과의 장렬한 투쟁의 역사이며 다른 한편으로 '예술(계)'의 배제와 포섭이라는 이중구속에 맞서는 힘겨운 전술의 역사이기도 했다. 양방향에서 접근하는 '적'과의 관계에 입각하여, 그들이 라이팅 writing 혹은 에어로졸 아트aerosol art라고 부른 이 '문화혁명'에 대해 돌이켜 보자.

라이팅 소사 小史

하나의 문화적 추세가 명명되는 역사의 과정에 반드시 당사자의 의향이 반영되는 것은 아니다. 예를 들어 상당히 초기의 실천자이자 몇 개의 라이팅 스타일을 개발했으며 가장 주요한 이론가로도 간주되는 페이즈 2Phase 2는 강조한다. '그라피티란 벽에 낙서하는scribbling 것이지만 나는 낙서는 하지 않는다.'5 그러나 언젠가부터 이들의 역사는 미디어의 관습에 따라 그라피티라고 불리게 되었으며 당사자들 중 어떤 그룹은 그것을 용인하게 되었다.6 오늘날 글로벌하게 유통되는 이 명칭은 이미 비가역적이며 그 일반 명칭을 바꾸는 것에 적극적인 의미는 없다. 그러나 앞으로 밝혀나가겠지만 그 방법적 특수성, 혹은 초기 당사자들의 의도라는 측면에서 볼 때, 뉴욕에서 발전했던 특수한 타입 — 공공권에 스스로 '구축한 이름'을 에어로졸 스프레이를 이용해 독특한 레터링으로 쓰고 그것을 중심으로 표상을 확대해 가는 행위 — 에 대해서는 '라이팅'이라고 부르는 것이 타당하다고 생각한다.

이 '라이팅' 혹은 '에어로졸 아트'의 역사를 살펴보면 대략 아래와 같다. 흥미롭게도 그것의 등장은 '1968년'의 다음 해인 1969년으로 추정된다. 베트남전쟁이 한창일 무렵, 10대(열두 살부터 열다섯 살까지)의 흑인들과 푸에르토리코인 청소년들을 중심으로 시작되었다. 요컨대 닉슨이 맹렬히 베트남을 폭격하던 때, 그들은 자신들이 '폭탄'bombing이라 이름 붙인 행위로 공공권에 메시지를 쓰기 시작했다. 그 해, 코코Coco 144는 웨스트 할렘의 벽에 정치적 슬로건(예를 들면 푸에르토리코 해방Free Puerto Rico 그리고 흑인의 물건을 사라!Buy Black 등)을 썼다. 로버트 모제스의 고속도로 계획으로 대표되는 뉴욕의 도시계획은 자신들이 보호해야 할 특권계급의 지역을 우회하고, 그 대

5. Ivor L. Miller, *Aerosol Kingdom*, p. 19.
6. United Graffiti Artists는 1974년에 Jack Pelsinger에 의해 결성된 그룹이지만 수도교통국과의 교섭에서 적극적인 역할을 맡았다.

신 독자적인 풍요로움으로 자라나고 있던 다양한 소수자의 거주 지역에 고속도로를 관통시킴으로써 그 지역을 잿빛 벽투성이로 만들어 버렸다. 그러한 의미에서 볼 때 '라이팅'은 우선 해당 지역에서 자란 소년소녀들 스스로가 자신의 환경을 아름답게 만들기 위해 실천한 저항이었다고도 말할 수 있다. 그러한 벽을 '아름답게 꾸미기'가 영향력을 가지고 버스로 퍼져나가더니 다시 지하철로 전이해 나갔다. 지하철 각 노선에 자신이 선택한 이름을 쓰고 그것을 메시지로 각지에 전파하는 행위를 고안한 것은 타키Taki 183이라고 자칭하는 라이터였다고 한다. 본격적인 '작품'을 시작한 탑캣Top Cat은 맨하튼 북단의 워싱턴하이츠를 기점으로 할렘을 지나 비즈니스가의 남단까지 맨하튼의 서측을 달리는 브루클린행 지하철 1호선을 그의 무대로 삼았다. 당초 소수의 예외를 제외하고는 대부분 흑인과 라티노latino의 문화로 시작되었지만 1975년부터 1981년 즈음까지는 다양한 인종의 소년소녀를 포함한 2만5천 명 정도의 라이터들이 뉴욕에서 활동하고 있었다고 한다. 그 후 뉴욕의 전성기가 지나가면서 1980년대 후반에는 세계 각지 도시의 소수자 문화로 전파되었고 전 세계적인 젊은이들의 문화가 되었다.

어떤 의미에서 보면, 1968년 세대가 자기 권리를 주장하며 저항 운동을 조직하고 있는 동안에 더 젊은 세대의 청소년들은 '권리주장' 이전에 자신의 존재론적 요청에 따른 '직접행동'에 나서고 있었다고 말할 수 있다. 앞에서 시사했듯이 그들의 엄청난 장점 중 하나는 다문화성이다. 예를 들면 여성 라이터의 한 사람인 레이디 핑크가 말하듯이 '이 문화의 강점은 실로 다양한 연령, 신조, 젠더, 체형의 구성원을 끌어 들였다는 것이다.[7] 또한 대작을 만들 경우에는 개인주의적인 표현행위와는 달리 연장자인 리더를 중심으로 그룹을 조직하는 공방工房과 같은 생산체제를 취하고 있었다. 연장자는 연소자를 열심히 교육하고 자신들이 발전시킨 '스타일'을 전승시켰다. 요컨대 그들은 이전에는 상상조차 할 수 없었던 종류의 공동체를 만들어 냈다. 거기에는 백인중심 사회의 억압에서, 부모들의 문화적 굴레로부터, 심지어 동네를 장악하고 있는 갱단(예를 들면 에보니 듀크스Ebony Dukes나 후드럼 의형제단The Brotherhood of Hoodlums 등)의 세력권조차 넘어서서 살고 싶다는 그들의 절실한 요구가 있었다.[8]

당초 그들의 표현행위는 자신들과 비슷한 각지의 라이터들을 대상으로 하는 것이었다. 마음에 드는 라이팅을 보면 그것을 모방해서 그리고, 칭찬의 행위로 자신의 작품(=사인)을 기입했다. 그러한 교류가 차례로 확대되면서 표현자체도 복합적으로 발전해 나갔다. 라이팅의 크기도 확대되었다. 몇 개의 스타일이 개발되고 그러한 스타일들이 점점 복잡해져 한패(=경쟁자) 혹은 아는 사람 이외에는 독해 불가능한 종류의 것이 되었다. 회화적인 표상의 측면 또한 점점 발전했다. 그런 와중에 관객은 같은 무리와 일반 승객이라는 두 종류로 나뉘었다. 일반 승객의 경우에도 판단이 나뉘었다. 이 '문화'는 의외로 일찍부터 많은 예술가들과 문화인들에게 암묵적인 영향을 주기 시작했다.

---

7. Ivor L. Miller, *Aerosol Kingdom*, p. 20.
8. 그들 대부분은 실제로 갱단과 복잡하고 미묘한 관계를 맺고 있었다. 가령 유명한 갱단의 보스였던 아프리카 밤바타(Afrika Bambaataa)는 〈줄루 네이션〉(Zulu Nation)이라는, 브레이크 댄서나 DJ, 라이터를 포함한 복합장르의 그룹을 만드는 등 문화진흥에 힘쓰고 있다. 이 그룹은 지금도 활동을 벌이고 있다.

다른 한편 뉴욕시 당국과 수도교통국은 일관된 입장으로 이를 불법적인 공공물 훼손vandalism=범죄로 단정짓고, 그 행위를 저지하고 작품을 지워 없앴다. 린제이, 빔Abraham Beame, 코치Ed Koch로 이어지는 3대의 시장이 솔선해서 위와 같은 조치를 지시하고 명령했다. 1973년 이후, 시는 작품을 말소하는 데만 매년 1천만 달러를 썼다. 라이터들은 몇 개의 조직을 만들어서 몇 번이나 시와 교섭하고, 예를 들면 그들이 시의 문화 사업에 참가하겠다는 식의 조정안을 냈지만 그것은 모두 결렬되었다. 특히 코치 시장의 탄압은 철저했는데, 지하철 차량의 창고에 날카로운 톱날이 달린 철조망razor fence을 설치하거나 경비견을 풀고, 전자 탐지기를 설치하고 경찰대를 증강해서 각 노선의 경비를 맡겼다. 또 화학약품으로 차량을 세정하는 버프buff 시스템을 이용하여 작품들을 모조리 지워 없애 버렸다. 1980년대에는 이러한 탄압에 투입된 자금이 1억5천만 달러에 달했다고 한다. 공교롭게도 사회주의권 붕괴가 일어난 1989년, 뉴욕 수도교통국은 '낙서 없는 지하철'의 승리를 선언했다. 잘 알려져 있듯이 이후의 딘킨즈David Dinkins와 줄리아니 시장까지, 젠트리피케이션이라 불리는 이러한 문화·경제적 탄압은 더욱 확대되었다. 부동산 업자와의 합작을 통해 몇 블록에서 빈곤계급을 쫓아냄으로써 뉴욕, 특히 맨하튼을 지방 부자와 외국자본의 투자 대상으로 만들었다. 시는 시민으로부터 걷은 수억 달러의 세금을 사용해 젠트리피케이션을 실행했지만, 그럼에도 불구하고, 아니 바로 그 때문에 노숙자 인구는 점점 증가했다.

지하철이라는 주요 무대를 잃고 난 후 대부분의 라이터들은 벽을 대상으로 하는 행위에 집중했다. 그러나 일찍이 유명했던 많은 라이터들이 어느 시점에 사라진다. 그중에서도 유명했던 (푸투라Futura와 람멜지 등) 몇몇은 캔버스를 마주보는 예술계로 들어가기도 했다. 그러나 예술계에 남은 사람은 소수였고, 외국으로 이주해서 활동을 계속하든지 아니면 인터넷이나 그 외 각종 디자인으로 장르를 바꿔 갔다. 최근에는 예술이나 디자인 계통과 상관없이 독자적으로 라이터들의 작품을 팔거나 공공적인 디스플레이나 각종 디자인 관련 일을 알선하는 프로덕션 시스템도 존재하지만 그것은 그들이 살아남기 위해 당연히 필요한 기획이었을 것이다.[9] 다른 한편 수도교통국에 의해 파괴된 수많은 작품 중 몇 개는 사진정보로 아카이브에 수록되어 1990년대에 인터넷을 통해 전파되었다.[10] 이미 말했지만, 여전히 많은 젊은이들이 앞 세대를 흉내 내며 현실의 벽을 향한 실천을 지속하고 있다. 그것은 미묘하게 예술이나 디자인 계통과 관계를 맺고 있지만 그 어느 쪽에도 하나의 카테고리로 흡수되지 않은 채 그라피티건 라이팅이건 아무튼 고유의 명칭으로 불리면서 존속하고 있다. 그리고 그것이야말로 가장 중요하다.

라이팅 방법론

라이팅은 무엇인가? 이 역동적이고 복잡한 시각적 표상세계의 중심축에 과연 무엇이 있을까. 벽화와 같은 설화적인 성격? 정치적

---

9. 가령 TATS CRU, INC. www.tatscru.com.
10. http://www.nycsubway.org, http://www.graffiti.org, http://www.futura2000.com, http://www.art149st.com/index.html, http://www.zulunation.com, http://www.eiresol.com.

슬로건으로서 기능하는 대자보와 같은 성격? 혹은 디자인으로서의 근사함? 임의적인 낙서? 이 모든 것을 겸비하고 있는 것을 라이팅이라고 부르는 것이 어째서 타당한가.

그 축에는 어디까지나 '말의 구축과 전달'이 있다. 이름을 쓰는 것, 습자적인 표현성, 그리고 말의 변형조작이다. 페이즈2에 의하면 이 문화에는 네 가지의 중심적인 테마가 존재한다. 첫째, 이름의 중심성. 둘째, 언어의 구축/창조, 혹은 말의 시각적·음성적 주조. 셋째, 국가와 소비문화에 대항하는 정체성의 구축. 넷째, 선조로부터 이어져 내려온 영적spiritual인 전통에 의해 문화적 저항이 강화되는 소수문화 특유의 사상.11

중요한 것은 우선 자기명명이다. 자신에게 이상적인 인격과 그 인격의 이미지에 따른 별명을 고안하는 행위이다. 그것은 사회로부터 '주어진 이름이 아닌 이름'을 스스로 구축하는 것이다. 이 자기명명의 문화는 블루스, 재즈, 레게, 랩, 혹은 브레이크 댄스 등에서도 널리 보이는 현상이지만, 여기서 아프리카나 다른 원시적인 문화의 이른바 토테미즘 혹은 애니미즘적 신앙과의 연관성이나 전통을 보는 사람도 있다. 요컨대 의례적인(마술적인) 힘이 찬미의 이름praise name에 존재한다고 믿는 신앙이나, 한 인간이 그 관계성의 변화에 따라 여러 가지 이름을 가지는 서아프리카 사회의 관습이 전통으로서 살아있다는 생각이다. 이와 더불어, 노예해방 이후 북부로 이주한 그룹이 억지로 주어진 과거의 이름을 버리고 자기명명과 함께 새로운 생활을 시작했던 역사가 반복되고 있다는 해석도 존재한다. 어떻든 간

---

11. Ivor L. Miller, *Aerosol Kingdom* 참조.

에 여기서 확실히 말할 수 있는 것은, 노예의 후예인 아프로 아메리칸을 시작으로 하는 소수자가 서양문화의 지배 안에서 '언어'와 '이름'을 이미 빼앗겼다는 사실, 그리고 자기명명을 기점으로 서양의 지배적 문화에 맞서 자율성autonomy을 쟁취하기 위한 투쟁으로서 라이팅이 실천되고 있다는 것이다.

라이팅에서의 명명 행위를 개화시킨 것은 리프RIFF라는 라이터라고 알려져 있다. 먼저 그의 리프라는 이름 자체(마침 영화 〈전사들〉 중 할렘에서 활동하는 가장 강력한 갱단의 이름이기도 함)가 재즈나 블루스에서의 즉흥연주를 의미하지만, 그는 혼자서 보스Boss, 캐쉬Cash, 리얼Real, 포드Pod, 크래즈웜Craz Worm, 퍼지Fudge 등 여러 가지 '쿨'한 이름을 만들어 그것들을 작품으로 쓰고 있었다. 그는 동료들에게도 작품행위에 자신의 별명을 쓰는 것을 허락했는데, 동료들 또한 그에 대한 찬사를 표하는 행위로서 그 이름들을 사용했다고 한다. 이 흥미로운 일화가 시사하고 있는 것은 이 이름들이 근대 서양 사회의 예술이나 문학에서 나타나는 작자명처럼 단순히 개인에 귀속하는 작품의 지표index가 아니라 보다 본질적인 '이름자체' 혹은 '로고'와 같다는 점이다.[12]

매우 신비하고 복잡하면서 정교하고 치밀한 시각표상(=회화)을 구축하여 예술계에서도 경외의 대상이었던 람멜지는 가장 의식적으로 이름=언어=레터링을 발전시킨 인물 중 하나인데, 람-엘-지Rammell-zee라는 이름의 구축에는 파이브 퍼센터스Five Percenters라는 블랙

---

12. Norman Mailer는 *The Faith of Graffiti* 에서 '마치 로고처럼…… 그것은 '내 이름'이 아니라 '작품으로서의 이름'이다'라고 말했다.

무슬림계 신비주의의 영향이 있었다고 한다. 여기서 문자는 몇 가지 의미의 층으로 구성되어 있다. 우선 람Ramm은 람세스Raamses, 요컨대 이집트 태양신의 아들을 의미한다. 또한 이 단어에서 변하지 않는 부분(불변화사)인 Ram의 경우, 블랙 무슬림 커뮤니티에서 쓰이는 라함Raham이라는 세례명이 연상되는 동시에 두드리다/치다, 전진운동, 그리고 와일드 스타일에서 잘 사용되는 화살표를 의미하기도 한다. 엘Ell은 지레, 고도高度, 증진을 의미한다. 지Zee는 페이지를 읽는 패턴을 의미한다. 즉 이 이름의 소우주에는 이미 말과 그 기원에 대한, 또 그것을 읽는 것에 대한 한 편의 훌륭한 시가 깃들어 있다. 심지어 아프로 아메리칸들의 속어적 전통이나 랩 음악과의 유사/대응 관계라는 측면에서 이 시는 충분히 음성적이기까지 하다. 그는 〈태그 마스터 킬러즈〉Tag Master Killers, TMK라는 그룹을 조직하고 집단제작으로 레터링 스타일을 탐구하였는데, 먼저 우상파괴기갑사단iconoclastic-panzerizm이라는 스타일을 발전시키고 그로부터 고딕미래주의Gothic Futurism 혹은 알파스벳Alpha's Bet이라는 양식을 확립함으로써 자신의 스타일을 완성했다고 일컬어진다.[13]

라이팅이 시각 표상 세계를 구축하는 중심축에는 언제나 이와 같은 '이름=언어구축'이 깃들어 있다. 따라서 이를 라이팅이라고 부르는 것이 타당하다. 여기서부터 시작해 슬로건이나 메시지로 이행하고, 다시 타자의 코멘트적 개입이 일어남으로써 회화적인 구축 등이 시작된다. 작품이 지하철 차량이나 벽과 같은 공공공간에 쓰이는데다가 다른 라이터들의 개입을 환영하기 때문에 '작품'의 경계는 언제

---

13. 람멜지의 작품에 대해서는 www.gothicfuturism.com을 참조.

나 애매하다. 때문에 '그 이름'의 로고를 중심적인 중계점node으로 삼아 네트워크적으로 점점 더 확대되어 간다. 라이팅의 시각적인 퀄리티의 획득과 관련해서는 페이즈2가 지적한 세 번째 카테고리인 '소비문화에 대항하는 아이덴티티의 구축'이라는 점이 중요할 것이다. 이를테면 라이터들은 전 세계의 다양한 잡지를 파는 서점에 드나들며 잡지들을 탐독하고 연구했다고 한다. 그들에게 있어서 순수예술/패션/만화/광고와 같은 계층적 카테고리는 아무런 의미가 없었다. 그들은 우선 앳된 감수성을 가진 소년소녀로서 자본주의적 소비문화에서 가장 영향력을 자랑해 온 광고문화의 세계에 맞서 광고문화의 시각적 임팩트를 가장 정직하게 감수하면서, 그러나 그것을 환골탈태시키거나 탈구축하여 자신의 것으로 고쳐 만드는 작업을 관철했다. 이러한 문맥에서 그들에게 출발점이자 축이었던 것은 '소비문화'의 로고가 가진 힘을 스스로의 상상력으로, 자신의 사상과 합치된 '저항의 로고'로 변환해 가는 작업이었다.

이처럼 이름과 문자의 구축을 향해 간 그들의 강렬한 의지와 정열에는, 이름=언어는 주체를 형성하고 자리매김하는 적극적인 변환장치=힘이라는 탄탄한 신념이 있다. 라이터들을 요르바Yoruba족의 철의 신 오군Ogun과 연관시켜 말해 보자면, 이 문화의 축에는 '말대장장이'wordsmith라는 측면이 강하게 존재한다. 이것은 빼앗긴 이름을 탈환하고 타자의 언어 속에서 스스로의 언어를 창조하는 싸움이기도 했다. 거기에는 상징적인 차원에서, 철을 주조하는 대장장이=오군이 그들의 수호신으로서 존재하고 있었다고도 말할 수 있다. 람멜지는 '문자는 전쟁의 무기'라고 주장했다. 여기에는 '말 혹은 문자의 신체'라는 것을 가장 중요시하고, 그 자체로 살아 있는 문자, 성격을 가진 문자, 설화를 가진 문자의 구축을 목표로 하면서 의식적으로 아프리카주의적인 전통을 부활시키려는 의지가 있었다. 그 아프리카가 현실의 아프리카라기보다 그들이 쟁취해야만 하는 이상, 혹은 사상으로서의 아프리카였음은 말할 나위 없다. 그곳에는 동시에 그들의 역사 또한 새겨져 있었다. 그곳에 과거와 미래의 시간성이 공존하고 있었다.

아이버 밀러는 대단히 뛰어난 연구서 『에어로졸 왕국』*Aerosol Kingdom*을 통해, 라이터의 실천에서 '지하철'과 '철도' 그리고 '오군의 전통'의 현실적인 역사와 신화적인 차원을 가로지르는 관계성을 발견했다.[14] 우선, 수많은 라이터의 아버지들이 지하철과 관계된 일을 하는 육체노동자들이라는 사실이다. 또한, 라이터가 자란 브롱크스나 브루클린의 많은 지구에 지하철 차량을 위한 거대한 차고가 있어 라이터들이 어린 시절부터 그곳에서 놀았다는 점이다. 더욱 중요한 것은 초기 라이팅의 많은 부분이, 1870년대의 영웅적인 흑인 철도노동자 존 헨리John Henry의 설화를 즐겨 표상하고 있었다는 사실이다. (덧붙이자면, 중국이나 아일랜드계 이민자들이 육체노동자로 왕성히 일하기 이전, 아프로 아메리칸이 대부분의 미국 철도 개발에 종사하던 시기가 있었다.) 한편, 아프리카 회귀주의의 신화적인 상징 중 하나로 다양한 영역에서 — 예를 들면 일본의 일부 지역에서도 유명한 전위 재즈 드럼 연주자 밀포드 그레이브스Milford Graves가 개발한 종합무술 야라Yara에서도 — 이야기되어 온 것이 바로 요르바족의 철의 신 오군이다. 그러나 라이터에게 있어 지하철은 오히려 격렬한 싸움터였다. 지하철

---

14. Ivor L. Miller, *Aerosol Kingdom*.

화물열차와 그라피티 (브롱크스)

역내에서 몇 명인가가 사고로 죽었으며 경관에게 사살된 사람들도 있었다. 사실 철도와 아프리칸 아메리칸의 관계는 언제나 가혹 노동과 격렬한 계급투쟁이었다. 그러나 그와 함께 '철도'='지하철'에는 우선, 생활환경이라는 사실 자체로부터 오는 친근함이 존재하고 있었을 것이며, 상징적·신화적인 차원에서 '철'이라는 기호를 통한 '힘의 상징'과도 연결되어 있었다는 것이 밀러의 해석이다.[15] 그리고 그것이야말로 페이즈2가 지적하는 네 번째 요소, 바로 문화적 저항에서 영적인 전통의 중요성일 것이다.

경비가 삼엄한 밤에 지하철 차고에 잠입하여 칠흑 같은 어둠속에서 거대한 지하철의 신체를 마주 대하고 자신의 몸보다 훨씬 큰

---

15. 확실히 아프로 아메리칸의 음악에서 철도나 지하철은 특권적인 지위가 있는 듯하다. 수없이 많은 컨트리 블루스 곡(내가 좋아하는 곡으로는 Elizabeth Cotten의 〈Freight Train〉)이 철도와 관련된 것이었으며 지하철에 대한 노래로는 할렘 르네상스의 상징인 Duke Ellington의 〈Take the A Train〉을 필두로 The Last Poets의 〈On the Subway〉가 있다. 또 James Brown의 〈Nighttrain〉과 이 곡의 Public Enemy 버전도 있다.

문자=이미지를 쓰는 작업은 결코 손쉬운 일이 아니다. 뉴욕의 겨울은 무척 춥고 반대로 여름은 무덥다. 제작의 어려움 이전에, 고전압의 전선이 둘러쳐진 환경에서 돌아다니는 것 자체가 목숨을 건 일이었으며 잡히면 틀림없이 감옥행이었다. 또 스프레이 페인트는 컨트롤하기 어려운 것인데다가 몸에 전혀 이롭지 않다. 라이터는 집에서 스케치북에 밑그림을 그린 후 그것을 가지고 현장에 나간다. 몇 번이고 실패한 끝에야 겨우 스케치북에서 의도한 것을 현장에서 만족스럽게 실현할 수 있게 되었다고 한다.

도대체 무엇을 위해서 그러한 고투를 벌인 것일까? 그것은 어디까지나 자신의 메시지와 뛰어난 솜씨를 동료들과 경쟁하고 공동체를 만들어 가기 위해, 그리고 그 문화를 일반에게 어필하기 위해서였다. 그 이상도 이하도 아니었다. 많은 라이터들은 예술계나 디자인계의 프로모션을 완전히 거절했다. 적어도 애초에 그들에게는 예술계로 진출하려는 생각이 전혀 없었다. 스프레이 페인트의 사용 방법과 외부의 벽을 상대로 한다는 점 때문에, 라이팅 문화의 발생에서 디에고 리베라Diego Rivera나 시케이로스David Siqueiros 등 1930년대 멕시코 벽화의 전통·영향·관계를 보고자 하는 동향도 있다. 그러나 라이팅에 국한시켜 말한다면 그것은 '회화가 바깥으로 뛰쳐나온' 것이 아니다. 그것은 순수미술과도 디자인과도 아무런 관계가 없었다. 그것은 그들이 스스로를 위해 이룬 '문화혁명' 그 자체였다.

예술의 이중 구속과 라이팅(혹은 그라피티)의 자율성

1980년대에 들어서자 예술 세계가 라이터들을 왕성하게 동원하기 시작했다. 전위적인 아티스트 그룹인 〈코랩〉Colab이 조직한 타임스퀘어 쇼(1980년)를 시작으로 크고 작은 미술관이나 화랑이 움직이기 시작했다. 또 할렘에 〈패션모다〉라는 화랑이 설립되어 지역의 아티스트들을 소개하기 시작하였고 당연히 라이터들도 이와 관계하게 되었다. 머드 클럽Mudd Club이나 네그릴Negril 같은 전위적인 클럽 씬도 이에 편승하기 시작했다. 푸투라와 키스 해링Keith Haring의 공동주관 하에 라이터들, 그리고 그들과 유사한 '그라피티적' 그림을 그리는 예술가들의 합동전을 기획하였다. 동시에 미디어도 이러한 문화를 활발히 언급하기 시작했다. 여기까지가 초기의 신선하고 생산적인 교류의 사례들이다. 그러나 이 문화는 결국 예술에 완전히 흡수되지 않았으며, 그 실천자들이 예술가가 되어 해피엔딩으로 끝나는 일도 없었다.

우리는 통상 그라피티 문화와 동일시되는 — 키스 해링, 장 미셸 바스키아Jean Michel Basquiat, 케니 샤프Kenny Scharf 등의 — 화가들과 라이터들의 차이를 확실히 인식해야만 한다. 키스 해링은 라이터들을 정말로 높이 평가하고 그들로부터 많은 것을 배웠으며 또 그들을 위해 전력을 다한 인물 중의 한 사람으로, 많은 라이터들이 그에게 애정을 가지고 있었다고 한다. 그러나 그는 어디까지나 그림을 그리는 화가였다. 미술학교에 다니던 학생시절, 지하철의 라이팅에 촉발 받은 그가 역무원에게 허가를 받은 후 지하철역 구내의 광고가 붙지 않은 블랙 보드위에 분필로 그림을 그리기 시작했는데 그 행위가 그를 '지하

철의 그라피티 아티스트'로 만들었다. 그러나 그는 어디까지나 '밖으로 뛰쳐나간 회화'를 그렸을 뿐 지하철 차량에 에어로졸로 그린 적은 결코 없었다. 잘 알려졌듯이 장 미셸 바스키아는 소수자 출신으로서 사모SAMO라는 별명으로 라이팅을 했던 시기도 있지만, 화랑의 후원을 받으면서부터는 자신의 과거를 그다지 말하려 들지 않았다고 한다. 그는 회화로 전향한 전前라이터였다. 예술계와 관계하면서도 결코 현장을 버리지 않았던 데이즈Daze나 푸투라, 람멜지와는 다르다. 케니 샤프에 대해서는 뭐라 말할 필요도 없다.

결국 뉴욕의 예술계, 미술관과 화랑이 홍보하는 데 전념했던 것은 라이팅과 라이터의 영향을 받은 '그라피티적인 예술가들'이었을 뿐 라이팅과 라이터 자체를 궁극적으로 평가하고 끌어들이는 일은 없었다. 휘트니나 브룩클린 미술관과 같은 대형 미술관전에서 심포지엄에 라이터들을 부르기도 했지만 라이터들의 작품 자체가 전시되는 경우는 거의 없었다. 전시회는 시종일관 해링, 바스키아, 샤프 중심으로 기획되었다. 그런 의미에서 라이터들은 예술계에 의해 사전에 배제되고 적당히 이용되었던 것이다.

1980년대 초반은 뉴욕 예술계가 클레멘트 그린버그의 사상으로 대표되는 미국적 전통의 단일한 역사주의에 맞서, 몇 개의 스타일로 화려하게 꽃피어난 시기였다. 일본에서 뉴 페인팅이라 불린 유럽계열 회화부터 미국의 페미니스트들의 새로운 개념주의에 네오지오 neo-geo까지. 다소 엎치락뒤치락 하면서도 이러한 스타일들이 거의 동시에 일어나고 있었다. 투자의 측면에서는 유럽 미술관과 수집가들이 집중적으로 뉴욕에서 작품을 사들이기 시작했으며, 구겐하임미술관이 유럽으로의 진출을 시작했다. 요컨대 오늘날에는 당연하게된 '예술의 세계화'가 시작된 것이다. 일본의 미술자본도 이와 보조를 맞추어 일본의 화상이나 투자자들이 진출하였고, 그 결과 일본 내 모든 지방 미술관들은 확실한 근거도 없이 몇 명의 동일한 구미 유명 예술가의 작품들을 소장하게 되었다. 요컨대 오일쇼크에서 부활한이후 예술계 자본의 활성화 속에서 선진국의 화랑계는 새로운 투자대상을 필요로 하고 있었던 것이다. 이러한 상황에서 '그라피티적인것'은 일종의 스타일/이데올로기적 다의성의 한 항목으로 주목을 받았다. 결국 그것 때문에 라이터 문화도 글로벌한 주목을 받게 되었다고 하면, 이를 마냥 나쁘게만 평가할 수는 없을지도 모른다. 다만 아이러니하게도 이러한 아트붐은 뉴욕시의 젠트리피케이션과 상보적으로 진행되고 있었다. (실제 예술품 수집가의 대부분이 뉴욕을 좌지우지하는 부동산업자들이었으며, 지금도 그러하다.) 그리고 그러한 예술계의 추세가 라이터와 라이팅에 대한 시의 탄압을 적극적으로 억지하는 일은 결코 없었다. 그것이 예술계의 정치적 한계이다.

유명한 이야기지만, 앤디 워홀은 1960년대에 이미 '미래에 모든 사람들은 15분 동안만 세계적으로 유명하게 될 것'이라고 말했다. 그리고 워홀 스스로가 마치 '미래 15분 동안만 유명하게 된 대중'이 그린 것처럼, 미국적 전통의 '그린버그적인 평면 회화'를 토대로 온갖 대중 이미지를 — 사실 '온갖'은 아니지만 그러한 태도로 — 무원칙적이고도 지극히 '표면적으로 인용'해 갔다. 워홀에 대해서는 게이적 요소를 포함한 다양한 해석이 시도되고 있지만, 적어도 서양남성중심주의적 주체의 탈구축이라는 측면에서 그의 급진주의는 철저한 것이었다.[16] 그것은 미국 현대미술에서 워홀 이전 세대 혹은 워홀 이후 얼마간의 남성 아티스트들만 보아도 분명해진다. 다만 1980년대 전반, 미술계 자본이 활성화된 이후 그의 이러한 무원칙주의(=탈영토화)는 재영토화로서 기능한 것으로 보인다. 그는 곧잘 해링이나 바스키아와 공동으로 전시회를 열고 젊은 세대의 새로운 동향을 지원했지만, 다른 한편에서는 구겐하임미술관의 세계자본과의 합작에 적극적으로 참가했다. 그러한 의미에서 그의 무원칙적 긍정주의는 예술계 자본의 논리에 끝없이 동화되었으며 결국 신자유주의적 세계의 문화적 상징이 되었다.

1980년대 초반 이후 예술계에서 라이터들이 다소나마 평가받은 것은, 자본과 미디어의 관점에서 보자면 워홀의 15분의 예언에 따른 사건일지도 모른다. 그것은 자본과 미디어의 포섭력의 확장이라는

---

16. *Pop Up Queer Warhol*, edited by Doyle, Flatley, and Munoz, Durham and London : Duke University Press, 1996.

사실 그 자체였다. 그러나 라이팅이라는 문화 자체의 관점에서 볼 때 그러한 것에는 전혀 의미가 없다. 라이팅은 원래 그러한 메커니즘과 관계하는 것에 아무런 관심을 두지 않고 출발했다. 또 결과적으로 예술계에 완전히 포섭되는 일 없이 자율성을 유지하면서 어떤 의미에서는 자기실현을 하였으며, (뉴욕의 문맥에서는) 어떤 의미에서 쇠퇴해 갔다. 라이팅이 '암묵적으로' 예술적 회화에 커다란 임팩트를 안겨주었고 또 '암묵적으로' 그라피티 디자인, 특히 폰트문화의 활성화에 커다란 임팩트를 안겨준 것은 뒤흔들 수 없는 사실이다. 그러나 그 사실이 인지되는 일은 거의 없었다. 앞으로도 라이팅은 미묘하게 예술이나 디자인과 관계 맺을 것이다. 그러나 그것은 어디까지나 예술이 아닌, 디자인도 아닌 라이팅(혹은 그라피티)이다. 그것은 '에크리튀르'[17]도 '쓰기'도 아니다. 그것은 어디까지나 라이팅(혹은 그라피티)이다. 그런 의미에서야말로 라이팅은 최종적으로 승리했다고 말할 수 있다. 전 세계의 젊은이들이여, '그 이름'을 공공권에 써넣어라!

---

17. [옮긴이] écriture : 에크리튀르는 프랑스어로 문자, 글, 서법 등 쓰기의 행위나 결과물에 해당하는 단어이다. 철학자 데리다는 서양 철학의 전통에 숨어 있는 음성중심주의와 이에 수반되는 남성중심주의 및 서양중심주의를 비판하면서 에크리튀르에 더욱 주목해야 한다고 주장했다. 여기서 도입된 철학적 방법이 해체(déconstruction)이며 이후 그의 사고는 해체주의로 알려지게 되었다.

3부 신체/공동체/역사

신체에 의한 건축

　뉴욕이라는 도시의 형성을 '유토피아적 기획'으로서 보고자 하는 것이 이 책,『유체도시를 구축하라!』의 기본 관점이다. 거만하게 도시개발을 추진해 온 지배자이건 그 개발에 노동력을 제공하는 한편 고유의 공동체를 형성하고 대안적인 세계의 모습을 길러 온 민중이건 간에, 이들을 추진해 온 것은 '몽상'과 그것의 힘이다. 서로 다른 시대에서 서로 다른 종류의, '권세를 가진 이민=권력'과 '열세 이민=민중' 사이에서 벌어진 각각의 희망과 욕망이 뒤엉킨 투쟁을 통해 이 세계도시metropolis는 형성되어 왔다. 뉴욕이라는 도시공간을 말하기 위해 무엇보다 우선되어야 할 것은 바로 '몽상의 생산'이라는 관점이다. 1부에서는 '건축', 2부에서는 '예술'에서 일어난 몽상의 생산에 대해 각각 묘사했다. 이제, 3부의 주제는 '신체'와 그 전개로서 형성되는 소수 인종의 '공동체'가 될 것이다. 이미 다양한 의미에서 명백하지만,

'건축'은 한없이 권력에 가깝고 '신체'는 한없이 민중에 가깝다. '예술'은 요컨대, 그 교차점이다. 이것이 본서를 구성하는 관계성의 원리이다. 3부의 개요는 아래와 같다.

'건축' 혹은 '물리적인 도시공간'을 소유하지 않는 대부분의 도시민중은 자신의 역사/문화/지식을 다른 어느 곳도 아닌 자신들의 '신체' 안에 새겨 넣는다. 이것이야말로 풍부한 신체 몸짓과 이를 매개로 한 거리의 형성으로 발전한다. 이러한 과정을 빼놓고서는 뉴욕의 소수 인종 커뮤니티와 그 형성에 대해 말할 수 없다. 이 책은, 견고하고 거대한 문자 그대로의 건축, 혹은 도시의 물질적인 구성이 아닌 '신체에 의한 건축'을 보다 본질적인 도시의 핵core으로 간주한다. 이것이 이 책을 가로지르는 지향성이다. 그러므로 중요한 것은 '공간형식의 유토피아'가 아니라 그 틈 사이로 엿보이는 '사회과정의 유토피아'이며, 그것을 목표로 하는 여러 가지 실천들이다.

이러한 방향성 속에서 이제 몇몇 중요한 뉴욕의 소수인종 커뮤니티의 형성에 대해 생각해 보자.

7장

할렘전(傳)

그리하여 할렘이 출현하였다. 이곳은 단순한 입식지나, 커뮤니티, 취락지가 아니다. 하물며 단순한 거주지구나, 슬럼, 부락은 더욱 아니다. '흑인도시'(black city)이다. 백인의 맨하튼 심장부에 위치하며 지구상의 어느 곳보다도 흑인 인구 밀도가 높다. 이 사실은, 사정을 모르는 사람들에게는 하늘에서 떨어진 기적처럼 보일 것이다. …… 하지만 당연히 다음과 같은 의문이 생긴다. 할렘의 흑인은 이 토지를 유지해 나갈 수 있을까? 여기서 더 북쪽으로 밀려나가는 일은 없을까?
— 제임스 웰던 존슨(1930)[1]

들어가며 : 아프로 아메리칸의 세 개의 시간/세 개의 장소

뉴욕에서 아프로 아메리칸 공동체의 형성에 대해 생각하면 세 개의 시간, 세 개의 장소, 세 개의 신체가 눈앞에 나타난다. 첫 번째 장

---

1. James Weldon Johnson, *Black Manhattan*, New York : Da Capo Press, 1930, p. 158.

세인트 니콜라스 애비뉴

슈거힐

센트럴 할렘

125번가

엘 바리오

두 개의 흑인 할렘과
엘 바리오

소는 『뉴욕열전』에서 그 과정을 그렸듯이 노예로 강제 이주된 아프리카인의 자손이 마침내 쌓아 올린 공동체 ― '장소와 인종의 합일'이라는 의미를 갖는 ― 할렘이다. 할렘은 사상적, 문화적, 정치적, 경제적으로, 그리고 그 외의 의미에서도 아프로 아메리칸이라는 특수한 '민족=국민'의 형성을 목표로 삼았다. 그것이 '할렘 르네상스'였다. 20세기 초반부터 대략 1930년대까지, 할렘 내부에 위치한 슈거힐Sugar Hill에서 북쪽으로 조금 더 올라간 곳을 중심으로 일어났다. 이곳은 말하자면 할렘 내부의 엘리트 지구였다. 소요逍遙하며 도시를 거닐고, 다양한 파티나 살롱에서 우아한 친교를 맺은 그들의 신체는 카리브계를 많이 포함하며, 혼혈에 의해 갈색에서 칠흑 같은 검은색까지 다양한 피부색을 띠고 있었다. 다음은 1960년대이다. 장소는 할렘의 번화가인 125번가와 그 주변. 이곳은 대중적인 할렘으로 이곳의 신체는 거리에서 투쟁하는 다양한 신체성을 보여 주었다. 폭동을 일으키고 길거리에서 투쟁하는 육체였다. 마지막은 1980년대 이후 힙합의 시대이다. 이 시대의 신체는 브레이크 댄스, 그라피티, 랩 음악이 구성하는 도시적 퍼포먼스성의 극점을 보여 주었다. 중심 장소는 할렘에서 사우스 브롱크스로 바뀌었지만, 실질적으로는 지하철을 통해 이동하며 흩어져 없어지는 장소topos가 되었다.

7장에서는 첫 번째와 두 번째 카테고리를 다룬다. 세 번째의 시간/장소/신체에 대해서는 앞의 책, 『뉴욕열전』을 참조하기 바란다.

할렘 르네상스의 혼과 신체

나는 강을 안다.
태고적부터, 인간 혈맥에 피가 흐르기 전부터 이미 흐르고 있었던
강을 나는 안다.

나의 영혼은 강처럼 깊게 자라왔다.

인류의 여명기에 나는 유프라테스 강에서 목욕했으며
나는 콩고 강가에 오두막 지어 물소리를 자장가 삼았다.
나는 나일강을 바라보며 그 위에 피라밋을 세웠고
나는 에이브 링컨이 뉴올리온스로 내려가고 있을 때 미시시피 강이 부르던 노랫소리를 들었
으며, 저녁노을 속에서 황금빛으로 물드는 이 강의 진흙 젖가슴을 줄곧 지켜보았다.

나는 강을 안다
저 태곳적부터의 아슴푸레하던 강을.

나의 영혼은 강처럼 깊게 자라왔다.

— 랭스턴 휴즈[2]

---

2. Langston Hughes, "The Negro Speaks of Rivers"의 1절 :

I've known rivers:
I've known rivers ancient as the world and older that the flow of human blood in human veins.

My soul has grown deep like the rivers.

I bathed in the Euphrates when dawns were young.
I built my hut near the Congo and it lulled me to sleep.
I looked upon the Nile and raised the pyramids above it.
I heard the singing of the Mississippi when Abe Lincoln went down to New Orleans,
and I've seen its muddy bosom turn all golden in sunset.

I've known rivers:
Ancient, dusky rivers.

할렘 르네상스는 좁은 의미의 문화운동이 아니다. 그것은 도시화에 이끌린 흑인black이라는 집단의 자의식 형성이었으며, 동시에 세계를 향한 자기 존재의 주장이었다. 언어도단적인 방법으로 억압되어 온 이 특수한 집단이, 이제 남부에서 겪었던 종속적인 위치에 만족하지 않고 주저 없이 스스로를 '도시적 존재'로 개조하려는 시도였다. 이는 미국이라는 나라 안에 하나의 '국민'nation을 만드는 운동이기도 했다. 다만 이 '국민'은 토지를 소유하지 않았으며, (이스라엘 건국 이전의 유대의 백성들처럼 토지가 없는 대신) 사업을 소유한 것도 아니었다. 대신에 그들은, 노예 시절부터 줄곧 자신의 신체에 스스로의 전통과 역사적 기억을 기입해 왔다. 그들의 신체는 풍요로운 그릇이며 문화가 되었다. 그 신체가 집합을 형성하고 교류하며 극한까지 힘을 키운 곳이 바로 '할렘이라는 장소'이다. 바로 여기서 흑인 특유의 전투성militancy과 도시성urbanity의 결정이라고도 불리는 '흑인문화'가 획득된 것이다. '할렘 르네상스'는 이러한 흐름의 출발점이었다.

'할렘 르네상스'를 대표하는 사건으로 대부분의 사람들이 얘기하는 것은 사상가 W. E. B. 듀 보이스1868~1963의 『흑인 민중의 혼』(1903)이다.3 각장의 서두에 악보와 함께 흑인 애가를 실은 이 한없이 아름다운 책에서, 듀 보이스는 흑인의 역사적 존재를 다시 학제적인 연구대상으로 만들었다. 그렇게 함으로써 미국 역사에서 흑인의

My soul has grown deep like the rivers.

Voices from the Harlem Renaissance, edited by Nathan Irvin Huggins, New York, Oxford : Oxford University Press, 1995, p. 155 [밀턴 멜저, 『자유와 구원의 절규, 검은 영혼의 시인 랭스턴 휴즈』, 박태순 옮김, 신천문학사, 1994의 번역을 참조하였다.]
3. W. E. B. Du Bois, *The Souls of Black Folk,* New York : Barnes & Noble Classics, 2003.

위치를 확립하고 미국 역사 자체를 고쳐 쓸 것을 재촉한 것이다. 책 서문에서 '20세기의 여명에 흑인이라는 것의 기묘한 의미를 독자에게 제시한다'고 말하는 그는 흑인의 역사적 체험 그 자체를 하나의 '민족문화'로 파악한다. 그리고 이 '문화'의 핵심은 무엇보다도 그 안에 복수의 목소리를 잉태하게 된 '혼들'souls이다.

그 본질은 '이중의식'double consciousness이라는 개념으로 설명된다. '두 개의 혼, 두 개의 사고思考, 양립할 수 없는 두 개의 분투, 서로 싸우는 두 개의 이상理想 — 이 하나의 검은 신체를 산산이 부서뜨리려 한다. 막는 것은 그 몸의 완강한 힘일 뿐이다.'[4] '흑인이라는 기묘한 의미'를 가리키는 이 '이중의식'이란 흑인 민중black folk이 '아프로 아메리칸'afro-american이라는 국민의식을 획득하는 과정에서 일어나는 '이중화'를 뜻한다. 그들은 우선 백인의 의식으로 열세한 자신을 보아야만 한다. 타자의 눈으로 자신을 볼 수밖에 없다. 그와 동시에 자신의 '본래성'authenticity, 요컨대 '기원'을 탐구하고 '정체성/동일성'identity을 획득하려 한다. 이중의식은 이러한 자의식 구성의 역학이다. 이 이중성은 복합적으로 억압되어 있는 그들의 물질적 현실의 증거다. 이것은 아프로 아메리칸의 타율heteronomy과 자율autonomy 사이의 진폭을 조율하는 핵이기도 하고, 어떤 경우엔 '아메리카'와 '아프리카'로서 표상되며, 또 다른 경우엔 '백인=권력의 눈'과 '흑인=반권력의 눈'으로 나타나기도 한다. 이를테면 할렘 르네상스는 이러한 진폭운동이 '생산'으로 결실 맺어 가는 역사의 출발점이었다.

이 '문화=운동'에는 몇 개의 상이한 경향이 있었다. 초기 문학의

---

4. 같은 책, p. 9.

예를 들자면, 우선 듀 보이스에 있어서 흑인의 예술/문화는 '인종을 위한 프로파간다의 의무'를 다해야 하는 것이었다. 시인 랭스턴 휴즈 1902~1967는 이 사상을 신체적으로 실현하기 위해 '재즈처럼 흑인의 혼을 노래하는 시'를 쓰고자 했다. '백인 세계에서 겪는 피곤에 반란을 일으키는 북소리'5와 같은 시이다. 경향적으로 이와 다르면서도 서로 호응하고 있었던 것이 바로 '아프리카 중심주의'이다. 여러 소설가와 시인을 키운 철학자이자 미학자 알렌 로크Alain Locke, 1885~1954는 흑인 문화가 그 독자성을 획득하기 위해서는 아프리카의 전통을 모델로 삼아야 한다고 주장했다. 그에게 있어서 할렘의 도시공간은 그곳에 자리 잡은 흑인 민중의 완전한 '자율적 독립공간'the world unto itself이었다. 다시 말해 할렘은 신생 아일랜드인의 더블린이나 체코슬로바키아인의 프라하에도 비할 수 있는 수도, 혹은 '흑인 시온주의'의 중심이 되어야 했다. 한편, 콜롬비아 대학의 프란츠 보아스Franz Boaz 의 제자였으며 우수한 인류학자로서 근래 들어 점점 높은 평가를 받고 있는 조라 닐 허스턴Zora Neale Hurston, 1901~1960은, 그녀가 자신의 출신과 동일시한 남부 노예의 '구어'를 그대로 사용해 소설을 씀으로써 흑인 전통 문화의 보존을 시도했다. 요컨대 '인종이라는 기호'가 모든 참가자들의 '공통유산/운명'heritage으로서 모든 문화생산의 영역에서 다종다양한 방향으로 추구되었다.

이에 더해 '도시성'의 개입이 불가피했다. 자메이카 출신으로 정치·사회의식이 높았던 클로드 맥케이Claude Mckay, 1889~1948는 그리니

---

5. Langston Hughes, "The Negro Artist and the racial Mountain," included in *The Portable Harlem Renaissance*, edited by David Levering Lewis, Penguin Books, 1994.

랜스턴 휴즈가 살던 아파트 (할렘, 슈거힐)

치빌리지의 유럽/유태계 사회주의자 및 공산주의자들과 깊은 관계에 있었으며, 좋은 의미에서건 나쁜 의미에서건 미국에서 태어난 흑인과는 상당한 거리가 있었다고 한다. 그의 베스트셀러 소설 『할렘으로의 귀향』(1928)[6]은 흑인의 민족주의적 이상주의의 프로파간다라기보다는 오히려 자유로운 성적 탐닉을 포함한 보헤미아적인 할렘 거리의 현실을 표현했다.[7] 결벽주의자인 듀 보이스는 이에 비판적이었으며, 백인 독자나 출판사의 '외설적인 요구'를 만족시키기 위해 흑인을 유

6. [옮긴이] 이와사부로 코소, 『뉴욕열전』, 355~6쪽을 참조하라.
7. Claude Mckay, *Home to Harlem*, Boston : Northeastern University Press, 1987.

독 '음란하게' 그렸다고 비판했다. 그러나 할렘에 형성된 보헤미아적인 공간에서는 성을 둘러싼 다종다양성이 출현할 수밖에 없었다. 그것은 '흑인적 성'black sexuality과 미묘하게 얽혔다. 이는 요절한 극작가이자 소설가인 월러스 써먼Wallace Thurman, 1902~1934이 민화에서 차용해 소설의 제목으로 사용한 '블랙베리는 검으면 검을수록 과즙이 달다'라는 한 구절에 응축되어 있다.[8] 그는 검은 피부색의 성性, 흑인의 성性과 게이/레즈비언적인 테마가 교차하는 터부의 영역에 도전했다.

할렘적인 보헤미아, 혹은 소설가나 예술가들의 교류의 장으로 기능하는 독자적인 흑인 살롱이 나타났다. 맨하튼의 북쪽에서 일어난 할렘 르네상스와 맨하튼 남쪽에서 형성된 그리니치빌리지. 이 두 개의 대항문화 형성의 조응과 동시성을 생각하는 관점도 성립할 수 있을 것이다. 『뉴욕열전』에도 소개한, 1912년에 문을 연 빌리지의 마벨 닷지Mabel Dodge 살롱은 아나키스트 노동조합 〈워블리즈〉Wobblies를 시작으로, 급진적인 정치·사회운동가를 적극 불러들였는데,[9] 〈전미유색인종지위향상협회〉National Association of the Advancement of Colored People, NAACP의 초대 실행위원장 윌리엄 잉글리쉬 월링William English Walling, 1877~1936도 여기에 포함되어 있었다. 다만 닷지 자신은 끝까지 흑인과 자신 사이에 있는 인종의 벽을 넘으려 하지 않았다.[10] 닷지 살롱의 단골로 음악평론가이자 소설가이며 사진가인 칼 반 벡텐Carl Van Vechten, 1880~1964은 할렘에서 일어나는 새로운 흑인문화의 지지자이

---

8. 정확한 제목은 Wallace Thurman, *The Blacker the Berry* ······.
9. 高祖岩三郎, 「ニューヨーク烈伝」第九回 「赤と黒と、そして」,『現代思想』, 2005年 8月号, 東京·青土社 [이와사부로 코소, 5장 「혁명운동의 밀월」,『뉴욕열전』] 참조.
10. 다만 후에 그녀는 뉴멕시코에 가서 미국 선주민과의 교류는 활발히 했다고도 전해진다.

자 후원자로서, 그리니치빌리지와 할렘 살롱간의 가교 역할을 맡았다. (그러나 그가 썼던, 흑인에 대한 차별적인 용어가 들어간 『니거 헤븐』Nigger Heaven이라는 소설은 듀 보이스로부터 격렬한 비판을 받았으며11 그 역시 인종의 벽을 넘지 못했다). 할렘 측 살롱으로 대표적인 것은 헤어 · 스킨케어 용품의 개발로 성공한 흑인 여성사업가 마담 C. J. 워커의 딸 아렐리아 워커A'Lelia Walker, 1885~1931가 주최한 것으로서, 그 이름도 '검은탑'The Dark Tower이었다. 당시 등장하기 시작한 이러한 계층은 '블랙 부르주아'라고 불렸으며,12 이러한 살롱들은 좀 더 싼 '렌트 파티'rent party와 함께 다양한 교류공간을 형성했다.13 할렘 르네상스의 문화=활동가들은 그 사이를 넘나들었다.

영국의 예술가이자 영화작가인 아이작 줄리앙Issac Julien이 1989년에 감독한 〈랭스턴을 찾아서〉Looking for Langston는 뉴욕에서 커다란 화제를 불러일으킨 영화이다. 랭스턴 휴즈에 관한 이 영화는 그가 게이였다는, 당시 힘을 얻기 시작했던 할렘 르네상스의 해석을 따라 그를 몽환적으로 그려내고 있다. 그는 흑백의 아름다운 톤을 구사함으로써 흑인 남성의 신체를 그 때까지 존재한 적 없었던 탐미적인 방식으로 표현했다. 이것은 당시까지 지배적이었던 '흑인 남성=공격성'이라는 신체적/성적 스테레오타입을 무너뜨리기 위한 조작이었다. 이 영화

---

11. W.E.B. Du Bois, "Critique of Carl Van Vechten's *Nigger Heaven*," included in *The Portable Harlem Renaissance*.

12. Andrea Barnet, *All-Night Party*, Chapel Hill : Algonquin Books of Chapel Hill, 2004 참조.

13. rent party는 당시 세입자들이 월세를 지불하는 날이 다가오면 개최하던 사설 유료 파티이다. 음식을 준비하고, 때에 따라서는 밀주를 대접한다. 통상 외식보다 저렴하기 때문에 참가자들도 기꺼이 모여든다. 이것은 가계의 위기를 구하는 동시에 낯선 타인과 교류하는 새로운 즐거움이 되었다. 도시화 속에서 나타난 민중문화의 한 형태이다.

에는 흑인 남성의 신체를 오로지 욕망하고 공격하는 주체로서가 아니라 어디까지나 욕망의 대상, 수동적으로 접근을 기다리는 에로스의 대상으로 그려냈다. 이는 흑인 동성애로 표상되는 장르를 확립했지만 한편에서는 이처럼 지나친 탐미성과 세련됨에 대한 **계급적 비판과 함께**, 다양한 타입의 흑인 동성애의 표상이 탐구되기 시작했다.

요컨대 당시까지 지배적이던 이성애적 구도에서의 남성 중심성을 벗어나 '게이와 레즈비언의 할렘 르네상스' 연구가 시작되었다.[14] 흑인 레즈비언 운동이 그 기선을 잡은 이 연구들로 인해 명백해진 것은, 할렘의 문화씬에서 중심적인 많은 인물들의 경우 남성이건 여성이건 오늘날 말하는 '커밍아웃'의 형태 대신 오히려 '옷장' 내부에서 '복수의 성을 섭렵'하고 있었다는 점이다. 아마도 그들은 **당연한 듯이** 공적인 생활과 사생활을 나눈 채 '이중생활'을 하고 있었던 것 같은데, 이것이 그들의 문학적 표현에 독특한 깊이를 부여했다. 남성으로는 알렌 로크, 시인인 카운티 컬렌Countee Cullen, 1903~1946, 랭스턴 휴즈, 클로드 맥케이, 윌러스 써먼, 시인이자 소설가 리처드 브루스 누젠트Richard Bruce Nugent 1906~1987, 그리고 후원자인 칼 반 벡텐 등이 있다. 즉 이 시기 대부분의 주요 인물들이 여기에 포함되어 있다. 많은 경우 그들은, 당시 '간이식당'buffet flat이라 불리던 할렘의 독자적인 개인 주최 파티에서 동성의 상대와 만났다. 마치 써먼의 소설 『봄의 아기들』Infants of the Spring (1932)에 나올법한 이곳이 할렘의 퀴어 공간이었다.[15] 알렌 로크는 듀 보이스, (작가이며 흑인의 관점에서 — 7장 첫

---

14. A. B. Christa Schwarz, *Gay Voices of the Harlem Renaissance*, Bloomington and Indianapolis : Indiana University Press, 2003. 및 사이버 링크 http://www.glbtq.com/literature/harlem_renaissance.2.html를 참조.

머리의 인용문에 사용했던 — 최초의 맨하튼론을 저술한)16 제임스 웰던 존슨1871~1938등과 더불어 연상의 유력자로서 젊은 작가들을 교육하고 도와주는 입장에 있었지만, 여성혐오자misogynist로서 컬렌이나 휴즈 등 젊은 남성 작가와 사귀는 것을 좋아했던 것도 분명하다. 그중에서도 행동양식이 가장 불가사의했던 휴즈의 경우, 동성애라기보다 차라리 비성애였을 가능성도 있다고 여겨진다. 그러나 컬렌의 텍스트와 더불어 휴즈의 시에 대해서도 **그 방면의 함축**을 탐구하는 '행간 분석'이 진행되고 있다. 듀 보이스가 비판했던 맥케이의『할렘으로의 귀향』에는 남성 동성애호자가 그려져 있기도 하다. 그러나 이들 중 가장 솔직하게 남성에 대한 남성의 사랑을 그린 것은 누젠트이며, 그는 게이의 권리gay rights를 주창한 선구자로도 여겨진다. 그의 작품이 갖고 있는 주조음은 '양성구유'androgynous적인 사랑의 아름다움이었다. 듀 보이스는 이러한 경향에서 퇴폐를 발견하고 경고했다.

레즈비언으로는, 살롱 주최자인 아렐리아 워커가 여성과도 연애 관계를 맺고 있었다. 조라 닐 허스턴은 '렌트파티'나 '간이식당'에 들락거렸고, 유명한 블루스 가수인 벳시 스미스Bessie Smith, 1882~1939는 '간이식당'의 여성 경영주와 연인관계였다. 레즈비언(혹은 양성애자)이었던 마 레이니Ma Rainey, 1882~1939, 마벨 햄프턴Mabel Hampton, 1902~1989 등 뛰어난 여성 엔터테이너/댄서들은 그녀들이 부르는 블루스 안에 비교적 숨김없이 동성애적인 주제를 표현했다. 그 외, 작가로는 알리스 던바 넬슨Alice Dunbar Nelson, 1875~1935이나 안젤리나 웰드 그림

---

15. 高祖岩三郎,「ニューヨーク烈伝」第九回「闘う情動の街角 2」,『現代思想』, 2005年 6月号, 東京・青土社 참조 [이와사부로 코소,『뉴욕열전』, 4장「정동의 조직론」참조].
16. James Welden Johnson, *Black Manhattan*.

케Angelina Weld Grimké 1880~1958를 들 수 있는데, 특히 솔직한 여성 대 여성의 사랑을 표현한 그림케의 서정시가 높이 평가된다.

할렘 르네상스에서 발견된 '게이/레즈비언적 측면'은 '흑인문화연구'에 새로운 차원을 제공했다. 그것은 '신체성'으로서의 '흑인문화'에 '수행성'이라는 새로운 차원을 부가한 것이었다. 흑인이라는 '인종적 소수성' 안에 '성적 소수성'을 접어 넣어 '도시적 존재의 급진적인 가능성의 극한'을 보여 주었다. 다만 '성적 다종다양성'이 '민중적 주제'가 된 오늘날의 상황과 비교해 볼 때 할렘 르네상스 시대의 그것은 사회 특권층의 표현에 불과했다는 유보적 비판도 가능하다. 그러나 그런 관점에서 보자면, 당시 흑인 커뮤니티 안에서 문학/예술 일반이 (중하층계급에 속한 것이 아니라) 상류계급이나 백인 지식인과 교류가 있었던 계층의 실천이었다고 말해야 하지 않을까. 할렘 르네상스의 '계급성'은 이전부터 지적되어 왔던 것이기도 하다.

그 이전에는 할렘의 일부 지역이 백인의 환락가였다는 사실 또한 잊어서는 안 된다. 예를 들어 (사보이 볼룸Savoy Ballroom에 맞서) 코튼 클럽Cotton Club에서는 듀크 엘링턴Duke Ellington을 필두로 쟁쟁한 흑인 재즈연주가들이 자신의 기량을 겨루고 있었지만 관객은 백인에 한정되어 있었다. 지금 할렘에 있는 그들의 기념비가 소중하게 여겨지지 않는 것은 바로 이러한 이유 때문이다. 흑인문화 중 세계에 가장 큰 영향력을 행사하고 있는 '음악'의 제작/유통/판매의 경우, 어느 단계에서부터 백인(특히 유대계)에 의해 추진되었다. 뉴욕에서는 할렘 이전에 텐더로인Tenderloin에서 시작된 흑인 커뮤니티 내의 연극씬에, 각 지방의 서로 다른 민중 음악 스타일이 독특하게 결합되어 있었다. 그러나 20세기에 들어오면서 할렘의 음악 및 연예씬은 주로 흑인을 엔터테이너로만 보는 백인에 의해 육성되었다. 이것을 대중적 소비문화로 성장시킨 것은 유대계 상업자본이었다. 1920년대 초반의 백인 시민계급 내에서는 할렘=흑인문화에 대한 일종의 무모한 신화가 형성되고 있었다. '할렘은 오로지 신명난 흑인이 재즈에 맞춰 밤새 미친 듯이 춤을 추는 나이트클럽이 난립'하는 장소라는 것이다. 이러한 스테레오타입의 신화가 보다 차별적인 방향으로 흐르면 흑인들은 '원시적'이고 '이국적'이며 '도를 넘는' 존재로, 사회는 그러한 '이상한 주민' 때문에 괴로워하는 곳으로 표현되었다. 비슷한 의미에서 마커스 가비Marcus Garvey, 1887~1940에 의해 자메이카에서 건너온 전지구적인 운동 〈세계 흑인지위향상협회 ─ 아프리카공동체 연맹〉Universal Negro Improvement Association and African Communities League, UNIA-ACL(이하 〈UNIA〉)의 성공과 인기는 백인으로서는 좀처럼 이해할 수 없는 수수께끼였다. 어쨌든 '할렘은 매일 퍼레이드로 떠들썩하다'라는 소문이 돌았다.17 벡텐의 『니거 헤븐』 또한 이러한 스테레오 타입의 편견을 노골적으로 표현한 듯한 제목이었다.

어쨌거나 이런 '흰 시선'은 언제 어디서나 개입, 작동하고 있었다. 어느 측면에서는 그것이 '흑인문화'의 생성을 떠받치고 있었다. 이러한 딜레마야말로 듀 보이스에게 '이중의식'이라는 숙명적 인식을 안겨 준 문제의 핵이다.

덧붙이자면, 할렘 르네상스의 시대적 구분에 대해 합의를 하는 것은 거의 불가능에 가깝다. 그러나 그 내리막길은 〈전미유색인종

---

17. Gilbert Osofsky, *Harlem : The Making of A Ghetto*, Chicago : Elephant Paperbacks, 1963의 마지막 장 "Symbols of the Jazz Age-The Negro and Harlem Discovered"를 참조했다.

지위향상협회〉나 〈도시연맹〉Urban League 등, 1920년대에 문화운동을 지원하고 있던 공민권 운동이 사회·경제문제로 초점을 이동해 간 1930년대의 동향에 대응한다. 게다가 이미 뉴욕을 떠난 지 오래된 가비나 맥케이 등 카리브계 존재의 뒤를 따라 랭스턴 휴즈, 제임스 웰던 존슨, 사회학자 찰스 S. 존슨Charles S. Johnson, 1893~1956, W. E. B. 듀보이스 등 유력한 작가와 사상가들이 할렘을 떠난 것도 할렘 르네상스의 쇠퇴에 큰 영향을 미쳤다. 특히 문학가들은 파리나 런던 등, 그들의 작품을 받아들이는 유럽의 대도시로 이동했다. 그리고 1935년에는 할렘폭동이 일어났다. 세계 공황 이후 정치적 격변기로의 돌입이다.

카리브 선풍

제이크는 형형색색으로 생생한 꿈을 꾸는 듯한 기분이 들었다. 그것은 그의 마음속에 아름다운 계시가 되었다. 그 와일드한 흑인의 섬에 대한 일화 — 그곳에서는 흑인들이 모두의 자유를 위해 싸웠고 자신들의 문화를 창조하기 위해 분투했다고 한다. 그의 인종적 로망인 그곳은 바로 파나마 밑에 있는 섬인 듯. 이 얼마나 신기한 일인가!
— 클로드 맥케이[18]

카리브해에 위치한 서인도제도는 유럽, 아프리카, 남미, 북미의

---

18. Claude Mckay, *Home to Harlem*, p. 134. [옮긴이] 이 소설에서 주인공(제이크)은 기차에서 웨이터로 일하던 중 우연히 사포에 대한 소설을 읽고 있는 동료를 보고 말을 걸게 된다. 인용은 그가 아이티 출신임을 알게 된 후 제이크가 흥분하는 구절이다. 프랑스 혁명이 한창이던 1791년 투생 루베르튀르(Toussaint Louverture)가 이끈 노예들에 의한 아이티 혁명의 역사는 세계 흑인들의 사상에 각인되어 있으나 서양중심주의적인 세계에서는 여전히 생소하다.

서양식민주의가 개발한 세계교통공간(=삼각무역)에서 교통로의 중심에 위치할 뿐만 아니라 비교적 작은 군도 내부에 세계의 다양한 혼종성hybridity을 갖게 된 곳이다. 마르티니크섬 태생의 시인이자 작가, 사상가인 에두아르 글리상이 일찍이 지적했듯이 이 '군도성'은 '대륙성'에 대응한 독자적인 '세계성'globality을 체현하고 있다.[19] 글리상이야말로 이 군도세계에서 역사적으로 발생한 '혼합'amalgamation이라는 공죄를 가장 정면으로 파고든 사상가라고 말할 수 있다. 또한 그는 이 '복수화'를 미래세계로의 움직임으로 긍정했다. 지금까지 '대문자의 인류사'를 지배해 온 '대륙적 사고'='체계적 사고'는 '우리의 작렬, 우리의 역사, 우리의 비할 바 없이 웅장하고 화려한 방황에는 더 이상 유효하지 않다' 이제 대륙적 사고가 아닌 '열도적' 사고, 혹은 '군도적' 사고가 '우리에게 여러 바다를 연다.'[20] 아프리카에서 강제로 포획되어 북미에 도달한 노예들은 뜻밖에도 '여러 바다'와 '여러 대하'를 경험해 버렸지만, 그 세계화globalization의 결과를 살아가는 세계시민이어야 할 우리 모두에게 있어서 그 역사적 전체성과 지리적 전체성은 (서양의 일원적 지배에 의한) 동질성homogeneity이 아니라 다종다양성multiplicity으로 열려 있어야 한다. 서인도제도의 활동가 및 지식인들은 북아메리카 대륙의 흑인들에게 군도적 사고의 가벼움, 유연함, 복수성, 혼합성이라는 열매를 가져다주었다. 산업화의 과정에서 미국 남부에서 북부로 이주한 북미 대륙의 흑인들에게 그들과의 만

---

19. エドゥアール・グリッサン, 『全一世界論』, 恒川邦夫訳, 東京・みすず書房, 2000年. Édouard Glissant, *Traité du tout-monde*, Poétique IV, Paris : Éditions Gallimard 1997 참조.
20. エドゥアール・グリッサン, 『全一世界論』, p. 27.

남은 전 세계를 향한 다종다양함으로의 가능성을 현실에서 획득하는 계기였다.

『에티오피아 깃발을 휘날리며』 _Holding Aloft the Banner of Ethiopia_ 라는 제목으로 카리브해역 계통의 급진주의자들에 대한 흥미로운 연구서를 쓴 윈스턴 제임스 Winston James 를 참조하면, 위에서 언급한 지리철학적 요소가 '할렘 르네상스'의 형성 속에서 다음과 같이 나타났음을 알 수 있다. 첫째, 백인인구가 오히려 소수인 나라에서 온 사람의 '다수자 의식.' 둘째, '과거의 정치적·조직적 경험.' 셋째, '여행과 이동의 경험.' 넷째, 특히 영국령에서 온 사람의 경우 '미국에서는 (대영제국의 신민으로서) 정치적으로 보호받는다는 입장.' 다섯째, '기독교와 교회제도에 대한 관여의 희박함.' 여섯째, '아프로 아메리칸은 얻을 수 없었던 교육과 직업의 특혜.'[21] 이것들은 토박이 미국 흑인을 제외하고 서인도제도에서 뉴욕으로 이주해 온 흑인활동가에게만 허락된 특권이었다. 어떤 의미에서 그것은 카리브계의 '계급성'/'외국인성'이었다. 하지만 그들의 개입은 아프로 아메리칸의 혁명적 자기역능화 self-empowerment 에 결정적인 계기를 안겨주었다.

1차 세계대전으로 말미암아, 자메이카, 트리니다드, 영국령 온두라스(지금의 벨리즈) 등 영국령의 각지에서는 많은 젊은이들이 영국 국기 '유니온 잭'을 들고 대열에 맞춰 영국으로 향했다. 대영제국의 신민이라는 의식 아래 정열적으로 전쟁에 지원하기 위해서였다. 그러나 그들을 기다리고 있었던 건 기대와 전혀 다른 잔혹한 차별대우

---

21. Winston James, _Holding Aloft the Banner of Ethiopia_, London, New York : Verso, 1998, p. 50.

였다. 비록 적이라 할지라도 같은 백인을 흑인의 손에 죽게 하는 것은 **도덕적이지 못하다**는 이유로 영국 정부는 그들을 전쟁터에 내보내지 않았다. 대신 잡역부로 소와 말처럼 혹사시켰으며, 음식이나 위생에서도 이루 말할 수 없이 끔찍한 대우를 일삼았다. 너무나도 굴욕적인 처사에 군대 내부에서 계속적으로 반역이 발생했고, 그것이 다시 현지의 독립운동에 불을 붙였다. 뒤에 독립운동을 한 사람들 중에는 이 당시의 종군경험자가 압도적으로 많았다고 전해진다. 이것이 20세기 초반 카리브해역 전체의 혁명적 추세를 단번에 가속화했다. 이러한 배경에서 어떤 이들은 본국에서 추방되고, 어떤 이들은 보다 큰 가능성을 보고서 차례로 뉴욕=할렘으로 건너왔다.

휴버트 해리슨Hubert Harrison(1900), 시릴 브릭스Cyrill Briggs(1905), 리처드 무어Richard B. Moore(1909), W. A. 도밍고Domingo(1910), 클로드 맥케이(1912), 오토 위스우드Otto Huiswoud(1913), 마커스 가비(1916)가 차례로 뉴욕에 도착했다. 그들은 미국에서 흑인 동포들이 겪는 인종차별을 포함한 참상에 크게 충격을 받았다. 이와 반대로 카리브해역을 여행한 아프로 아메리칸들은 그곳에서 이상향paradise에 가까운 '유토피아'를 발견했다. 특히 자메이카는 동경의 대상이었다. 자메이카를 여행한 후, 랭스턴 휴즈는 자나 깨나 '자메이카, 자메이카', '나의 새로운 연인, 자메이카!'라고 노래했다. 47세의 듀 보이스가 자메이카에서 본 것은 이율배반이었다. 그는 태어나서 처음으로 '인종분리'를 넘어 살아가는 경험을 했지만 동시에 '믿기 힘든 빈곤'에 경악했다. 그러나 '온갖 직종에 종사하는 흑인'을 볼 수 있었던 것은 전반적으로 희망적인 발견이었다. 이처럼 대조적인 관계성 속에서 카리브 선풍은 할렘에 여러 가지 다른 종류의 바람을 일으켰다. 다음은 그중 몇 개의 짧은 전기이다.

　휴버트 해리슨1883~1927은 1883년 세인트 크로이섬St. Croix에서 태어났다. 1900년 뉴욕에 도착한 후, 호텔 벨보이, 메신저, 엘리베이터 조작인 등 많은 서비스 노동을 전전하며 독학했다. 1909년에 사회당에 가입하고, 할렘 길거리에서 활발하게 연설을 했다 (그 후 연설의 명수가 되어 젊은 대소설가 헨리 밀러에게 커다란 감명을 주었다고 한다). 1914년 사회당의 인종차별에 반대하여 외눈의 노동운동조직자 윌리엄 '빅빌'Big Bill 헤이우드William Haywood가 통솔하는 〈세계산업노동자조합〉(IWW 혹은 〈워블리즈〉)에 참가했다. (경탄할 만한 이 노동조합운동에 대해서는 『뉴욕열전』에서 이미 언급했지만) 해리슨은 '인종의 분리를 넘어선 노동운동의 가능성'에 공감했다. 〈워블리즈〉가 조직한, 1913년 뉴저지주 패터슨Paterson시의 역사적인 방적노동자들의 파업에도 참가했다 (덧붙이자면 클로드 맥케이 또한 〈워블리즈〉의 멤버로 일생 동안 빅빌 헤이우드를 존경했다.)[22] 해리슨이 벌인 활동의 특수성은, 그가 한편으로는 혁명적 사회주의에 영향을 주고 다른 한편으로는 마커스 가비 같은 인종우선주의적인 흑인 민족주의에도 영향을 준 것에서 찾을 수 있다. 급진적인 사회주의자로서 후일 침대차 짐꾼porter조합을 조직하여 과감하게 미국 정부에 대항한 A. 필립 랜돌프A. Philip Randolph, 1889~1979는 휴버트 해리슨을 일컬어 '할렘 급진주의의 아버지'라고 했다. 해리슨은 랜돌프가 만든 『메신저』The Messenger지誌에 참여하였으며 마커스 가비가 이끈

---

22. 이와 관련하여 말하면, 당시 카리브계의 〈워블리즈〉 참가자는 펜실베니아주 필라델피아시에 집중되어 있었다.

〈UNIA〉의 『니그로 월드』*The Negro World* 지誌의 편집에도 관여했다.

　　노동운동과 인종운동이라는 이 '쌍두마차'는 어떤 의미에서 모든 흑인 좌익활동가의 모델이 되었다. 해리슨은 원리적인 민족주의자는 아니었다. 노동조합이나 혁명정당에서조차 인종차별이 만연했던 이 특수한 나라에서, 그의 '흑인 민족주의'는 이를테면 흑인 급진주의자가 불가피하게 선택해야 했던 '최후의 수단'이었다. 그것은 계급이라는 '보편적인 기준'이 공허하게 들리는 현실 상황에서 어쩔 수 없이 도입해야 했던 '소수자 원리'였다. 시릴 브릭스나 클로드 맥케이 등의 젊은 급진주의자들이 바로 '흑인 민족주의자이면서 공산주의자'가 된 선례였다. 그러나 마커스 가비가 할렘에 도착 후, 해리슨의 영향력은 내리막길을 탔다.

　　나의 세대에 마커스 가비는 뭐니뭐니 해도 버닝 스피어Burning Spear 나 버니 웨일러Bunny Wailer 등, 라스타파리언Rastafarian계 레게음악을 통해 알려졌다. 멧돼지처럼 위풍당당한 그의 얼굴은 한번 보면 잊을 수 없다. 그는 1887년 자메이카의 세인트 앤즈 베이St Ann's Bay에서 태어났다. 1910년에 코스타리카로 건너가 바나나 플랜테이션 농원의 작업시간관리자time keeper로 일했다. 당시, 흑인의 열악한 노동조건을 생생하게 경험한 그는 이를 변혁할 것을 결의했다. 그 후 중남미 각지를 돌아 1914년 자메이카로 돌아왔다. 그리고 〈UNIA〉을 결성했다. 그 취지는 '세계 속의 아프리카계 인민을 대통합하여 그들을 위한 나라와 정부를 세운다'는 것이었다. 그는 미국의 부커 T. 워싱턴 Booker T. Washington, 1856~1915과 편지 왕래를 시작했으며 그 영향으로 1916년에 미국으로 건너왔다. 그 후엔 〈UNIA〉의 조직 활동을 확대시켜, 1920년까지 미국뿐만 아니라 세계 40개국에 1,100개의 지부를 가진 대조직으로 성장시켰다. 같은 해 8월, 할렘에서 한 달에 걸친 대규모의 퍼레이드를 개최했다(이것이 바로 앞서 언급한 '매일 퍼레이드가 열리는 거리 할렘'이라는 전형적 사고의 출처였다). 그의 열렬한 지지자였던 사진가 제임스 반 데 지James Van Der Zee, 1886~1983가 촬영한 유명한 퍼레이드 사진이 남아 있다. 퍼레이드의 출발은 기병을 포함한 군대조직 〈세계 아프리카군단〉Universal African Legion의 보무당당한 행진이었고 〈세계 아프리카 흑십자 간호부단〉Universal African Black Cross Nurses이 질서 정연하게 그 뒤를 따랐다.

앞서 기술했듯이 이 조직의 지도자 대다수는 1차 세계대전에 참전했다가 그 불공평한 처사에 반기를 들었던 사람들이었다. 또한 이 운동이 세계로 전파되는 데에 중요한 역할을 맡았던 것은 흑인 선원이나 수병들이다. 마커스 가비는 흑인 기업black enterprise의 설립을 중시 여겨, 해운회사 블랙 스타 라인Black Star Line과 세계적 기업인 니그로 팩토리즈 코포레이션The Negro Factories Corporation을 일으켜 세웠다. 뉴욕에서는 '유니버설 레스토랑'The Universal Restaurants이나 '유니버설 식료잡화점'The Universal Grocery Stores 등의 체인점이 건립되었다. 이러한 흐름은 아프리카계 미국 인민들에게 커다란 꿈을 주었으며 저소득자들조차 이러한 기업의 주주가 되었다. 이는 어디까지나 노동자를 대상으로 고안된 기획이었지만 다음에 기술하는 혁명조직 〈아프리카 의형제단〉African Blood Brotherhood이 그러했듯이 '계급정치'는 일절 거부했다. 요컨대 '인종'이라는 '한 마리 말이 끄는 마차'였다. 그러나 이 운동은 미국 역사상 처음으로 '흑인 민족주의'에 대한 대중적인 지지를 획득했다. 가비는 유대인의 시온주의 운동으로부터 큰 영향을 받았었다. 〈UNIA〉의 〈세계 아프리카군단〉은 팔레스타인에서 결성된 유대인 방위조직 〈유대인 군단〉Jewish Legion을 모델로 삼았다고 일컬어진다. 다만 흔히 알려진 것과 달리 〈UNIA〉가 흑인 전체를 대이동시키고자 하는 아프리카 회귀운동은 아니었다. 강력한 아프리카 국가의 형성을 목적으로 삼았지만 집단적 이주 보다는 오히려 선민적 이주를 계획하고 있었다. 예를 들면 라이베리아Liberia의 인프라 구축을 원조하고 수만 명의 흑인 이민자를 라이베리아로 보내기 위한 안을 다듬고 있었다.

놀라운 것은 가비가 그의 최대 적이어야 할 KKK단과 접촉하고 있었다는 점이다. 1922년에는 KKK단의 최고지도자인 에드워드 클라크Edward Clarke를 할렘으로 초대해서 회담을 갖기도 했는데, 당시 '애당초 〈UNIA〉가 인종 간의 결혼을 추진하는 일은 없을 것이다. 그러므로 클랜도 〈UNIA〉를 공격할 필요가 없다'는 합의를 얻어 냈다. 가비의 경우, 미국은 백인이 세운 나라이기 때문에 이 나라를 백인이 소유하는 것에 불평하지 않겠다고 단언했다.[23] 클랜에 대해서도 그들이야말로 위선 없이 자신들을 주장하기 때문에 우리 인종에 있어서 차라리 더 나은 벗이라고 발언했다.[24] 이러한 주장은 당연하게도 각계의 폭풍우 같은 비판을 불러일으켰다. 심지어 같은 해 〈UNIA〉

---

23. Judith Stein, *The World of Marcus Garvey*, London : Louisiana state University Press, 1986, p. 154; Dean E. Robinson, *Black Nationalism in American Politics and Thought*, Cambridge University Press, 2001, p. 30 "이 나라는 백인의 나라입니다. 그들이 발견하고 정복했습니다. 그들이 이 나라를 자기 것으로 하고 싶어 한다고 해서 우리가 그들을 탓할 수는 없습니다. 내가 흑인이라는 이유로 남부의 백인이 나를 〈짐 크로우 법〉으로 차별한다고 해도 난 화나지 않습니다. 내가 노면 전차나 철도를 지은 것이 아니기 때문입니다. 여러분의 편리를 위해 백인이 지은 것입니다. 만약 백인이 지정해 주는 자리가 싫다면, 나는 걸어가야 합니다."

24. 같은 책, p. 31.

의 전국 대회에서는 가비의 권위주의에 반대하는 여성 단체의 조반造反운동이 일어나기도 했다. 세인트루이스의 빅토리아 터너Victoria Turner 부인이 여성을 대표해 5개 조항의 요구서를 제출했다. 그러나 이 때 가비는 모습을 드러내지 않았다고 전해진다. 이즈음부터 〈UNIA〉의 내리막길이 시작되었다. 최대의 계기는 회계부실로 인한 블랙 스타 라인의 경영부진이었다. 덧붙여 벌써부터 가비를 감시하고 있던 FBI가 드디어 개입하여 (블랙 스타 라인의 주식 판매와 관련해) '우편물 위조'로 그를 기소하였다. 1925년, 가비는 애틀랜타 형무소에 구류되었고 1927년 자메이카로 국외 추방되었다.

그 후 〈UNIA〉는 세계적으로 영향력을 넓혀나갔다. 〈UNIA〉가 와해된 지 어림잡아 20년 후인 제 2차 세계대전 직후, 아프리카나 카리브해역에서 탈식민지운동을 추진하던 지도자들은 모두 이 운동이 그들에게 커다란 영향을 주었다고 강조했다. 특히 유명한 가나의 콰메 은크루마Kwame Nkrumah, 1909~72는 그가 받은 긍정적인 영향에 대해 다음과 같이 진지하게 말하고 있다. 헤겔, 맑스, 엥겔스, 레닌 등을 읽었고 그들로부터 커다란 영향을 받은 것은 분명하지만 '그러나 내가 공부한 모든 문헌들 중에서, 그 어떤 것보다 강하게 나의 정열에 불을 붙인 것은 1923년에 출판된 『마커스 가비의 철학과 의견』이었다.'25

시릴 브릭스1888~1966는 네비스Nevis섬에서 태어났다. 그의 아버지는 백인 농원관리인이었다. 그는 1905년에 할렘에 도착했다. 거의 백인으로 보일 정도의 흰 피부를 갖고 있었고, 그것이 어떤 불화를 일

---

25. Winston James, *Holding Aloft the Banner of Ethiopia*, p. 137.

미국 공산당의 할렘지부가 있던 건물 (125번가와 말콤X 대로의 교차로)

으킬 수도 있다는 것을 알고 있었음에도 불구하고 그는 흑인으로서의 자의식을 굳게 지키며 행동했다. 그는 '성난 금발의 흑인'angry blonde negro이라 불렸다. 1912년, 지금까지도 영향력을 자랑하고 있는 흑인을 위한 신문 『암스테르담 뉴스』*The Amsterdam News*의 편집위원이 되었으며, 이후에는 잡지 『크루세이더』*The Crusader*를 창간하였다. 자유시장 내부에서의 아프리카 경제와 각 식민지의 독립에 대한 호소를 편집의 기조로 삼았으며, 사회당에서 주의회 의원에 필립 랜돌프가 출마했을 때 그를 지지했다. 1919년에는 이 잡지를 모체로 하여 〈아프리카 의형제단〉을 설립하였는데, 이 명칭의 모델이 된 것은

1916년 아일랜드의 〈페니언 아일랜드 공화국 형제단〉The Fenian Irish Republican Brotherhood에 의한 부활절 폭동이었다. 미국 각지에서 일어나고 있는 흑인을 겨냥한 집단 린치 사건의 대책으로 자기방위를 위한 군사노선을 취했으며, 흑인의 자기고양을 주안점으로 삼았다. 비밀결사라는 입장에서 뉴욕에 최고회의를 두고 (카리브해역을 포함한) 북미 전국에 부서를 배치했다. 중심 멤버들 중 다수가 카리브해역, 서인도제도 출신자들이었다. 혼혈 '8세'였던 시릴 브릭스를 필두로 오토 위스우드, W. A. 도밍고 등, 초창기부터 참가했던 많은 멤버들이 백인과 흑인의 혼혈(물라토mulato)이었다. 그 외 자메이카 출신의 클로드 맥케이나 아프로 아메리칸 해리 헤이우드Harry Haywood 등, 훗날 미국 흑인의 입장을 대표해 코민테른에 출석했던 공산주의자들이 이 그룹에서 출발했다. 구성원은 늘 3천 명 이하로 비교적 소수였지만 많은 영향력을 행사했다. 미국 공산당이 할렘에 진출하도록 하는 안내인이 되어, 흑인세계에 볼셰비키적 맑스주의가 침투하는 데 선구적인 역할을 했다. 브릭스는 어느 시점까지는 가비의 〈UNIA〉와 손을 잡고, 『크루세이더』 지誌를 통해 〈UNIA〉와 〈아프리카 의형제단〉 모두에 흑인 대중이 참가할 것을 호소했지만, 가비의 회계부실 사건과 KKK단과의 접촉을 계기로 결별한다. 〈UNIA〉와 마찬가지로 '흑인국가'를 세운다는 지향성을 견지했지만 그것은 '혁명적 방법'에 의한 것이어야 한다고 주장했다.

클로드 맥케이는 자메이카 빈농의 자식으로 태어났다. 유년시절부터, 그의 선조가 마다가스카르에서 노예로 연행되어 온 것, 그 과정에서 가족 모두가 뿔뿔이 팔려나간 후 각자 스스로 목숨을 끊는 방식으로 **저항운동**을 했다는 것을 배웠고, 그것이 그의 일생의 지향을 결정했다. 1912년에 출판된 그의 첫 시집『자메이카의 노래』*Songs of Jamaica*는 전부 영어와 서아프리카의 언어가 혼합된 자메이카 현지어(파트와patois)로 쓰인 작품이었다. 시와 소설을 본업으로 삼았지만 정치에서도 급진주의자의 입장에서 활발하게 활동했다. 다종다양한 인물 및 그룹과 관계를 맺으며 영국과 미국을 오갔고 코민테른에도 출석하였으며 그 후 세계 곳곳을 여행했다. 뉴욕에서는 흑인 커뮤니티뿐만 아니라 〈워블리즈〉는 물론 그리니치빌리지의 맥스 이스트맨 Max Eastman과 같은 유대인계 급진주의자들과도 교류했다. 가비의 흑인 민족주의에도, 공민권 운동(NAACP)에도 완전히 동의하지 않았으며, 브릭스 같은 공산주의자들과 행보를 함께 했지만 공산당과도 일정한 거리를 두었다.

젊은 시절, 듀 보이스의 신봉자였던 맥케이는 특히 듀 보이스가 저술한『흑인 민중의 혼』으로부터 깊은 영향을 받았지만,[26] 이미 말했듯이 맥케이의 소설『할렘으로의 귀향』은 듀 보이스로부터 '구역질이 난다'는 혹평을 받았다. 흑인의 자의식과 사회적 지위 향상을 목표로 하고 있던 지도자들에게 있어서, 도시의 흑인 하층계급을 이상화하지 않고 그들의 입장에서 그린 그들의 일상은 도덕적인 후퇴로 비춰졌던 것이다. 맥케이는 이에 대해 반론하지 않았다. 현대의 우리가 이 작품의 근저에서 읽어낼 수 있는 것은 할렘의 도시공간을 중심으로 퍼져나간 흑인 하층계급의 삶의 네트워크에 대한 거대한 긍정의 정신이다. 그는 깊은 내면에서 '흑인 민족주의자'로서의 신념을 갖고 있었다고 여겨지지만 정치운동과 문학의 문맥에서는 백인세계와

---

26. W. E. B. Du Bois, *The Souls of Black Folk*.

관계 맺기를 주저하지 않았다. 그의 언어세계에는, 흑인이라는 인종의 특수한 **역사적 경험**의 중심으로 향하는 회로와 지구적인 스케일의 지리철학적geo-philosophical인 **공간적 경험**으로 향하는 회로가 동시에 존재하고 있었다. 개인적으로는 이러한 양의성 때문에 맥케이가 대단히 현대적인 작가/시인이라고 생각한다. 그의 만년은 불행했으며 시카고에서 병마에 시달리다 고독하게 죽어갔다.

윈스턴 제임스는 그의 책 『에티오피아 깃발을 휘날리며』에서 백인의 억압에 대한 투쟁에 있어, '미국 흑인'과 '카리브 흑인' 사이에 전술적인 차이가 있음을 환기시켰다.[27] 카리브 흑인의 대다수는 이미 활동가로서 여기에 왔다는 목적의식을 가지고 있었으며 미국 백인의 절대적인 권력을 깔보는 측면이 있었다. 이러한 측면은 7장의 첫 부분에 열거했던 몇 가지 특권과 더불어 한편에서는 미국 흑인에게 '낙천적인 계기'를 주고 그들의 운동을 크게 활성화했지만 절박한 국면에서는 방해가 되었다. 제임스에 의하면 양자의 차이는 이를테면 안토니오 그람시Antonio Gramsci의 '기동전(=war of movement)'과 '진지전(=war of position)'의 차이에 대응한다.[28] 전자에 대응하는 것이 카리브 흑인의 자세이며 후자에 대응하는 것은 미국 흑인의 자세다. 화려하고 정면공격적인 카리브 흑인의 투쟁정신과 비교했을 때 미국 흑인의 태도는 보다 '평범하고, 점진적이며 누적적'인 진지전에 상응했으며 그것은 '사회·정치적인 참호전'이기도 했다. 이것은 대략적인

---

27. Winston James, *Holding Aloft the Banner of Ethiopia*, pp. 187~88.
28. 같은 책, p. 187. Antonio Gramsci, *Selections from Prison Notebooks*, edited and translated by Quintin Hoare and Geoffrey Nowell Smith, New York : International Publishers, 1971. pp. 238~9.

성질의 분류/변별로서 확실히 유효한 참조 개념이지만 어떤 종류의 투쟁이라도 실제로는 언제나 두 가지 성향을 모두 가질 수밖에 없다. 실제로 미국에 체재하는 기간이 길어질수록 카리브계의 활동가들도 아프로 아메리칸적인 '흑인 민족주의'와 그 전술에 동화되는 경향이 나타났다. 클로드 맥케이처럼 이동하며 활동을 계속했던 단독자는 그 노마드적인 존재성을 계속해서 유지할 수 있었을지도 모르지만, 위에서 언급한 브릭스의 경우처럼 자기정체성/동일성까지 고쳐가는 형태로 '흑인이 되어' 현지에 동화한 예도 있었다.

말콤X와 흑인 민족주의

나는 노래를 엮는다,
단단한 갈색의 가지들에
혹은 무심한 환희에 젖은 머리들에
흔들리는 물들의 노래를.
나의 노래는 촉촉한 검은 입술에
흠뻑 젖은 달콤함을 지닌다.
찬송이, 잊혀진 옛 밴조[29]의 노래들을
벗 삼은 그 곳에서
방종함은 그대에게 말하리
내가 종족의 가슴 속을 노래한다는 것을
슬픔이 속삭이는 동안
내가 어느 영혼의 외침이라는 것을 ……

— 그웬돌린 베넷[30]

---

29. [옮긴이] 밴조(banjo)는 일찍이 서아프리카에서 노예와 함께 건너온 악기로써 당시 흑인들에게 흑인음악과 깊은 연관이 있는 악기로 여겨지고 있었다.

30. 그웬돌린 베넷(Gwendolyn Bennett), "Song"의 1절.

〈아프리카 의형제단〉에 결집한 카리브 선풍을 매개했던 미국 공산당과 아프로 아메리칸의 연대는, 인종적인 측면에서는 흑인과 유대인의 연대였다고 말할 수 있다. 또한 유대계가 백인 진보주의적 운동 내부의 중개자로서 흑인과 다른 인종(이탈리아계, 아일랜드계 등)을 이어주었다고도 말할 수 있다. 확실히 **이스라엘 건국 이전**의 대다수 유대인은 뉴욕에서 마찬가지로 영토 없는 백성인 흑인에 대해 공감대를 갖고 있었다. 흑인들 또한 유대인에 대해 깊은 공감대를 가지고 있었다. 이러한 토지 없는 백성의 공감대가 그 급진적인 표현으로서 국가 없는 국제주의internationalism라는 공산주의의 형태를 취했다고도 볼 수 있다. 또한— 가비에게서 이미 보았지만— 이에 대응하듯이, 흑인 민족주의의 문맥에서도 흑인은 이집트에서의 헤브라인처럼 아주 오래전부터 유대 백성이 겪어온 고생과 투쟁의 일화에 커다란 감명을 받고 의식적으로 그에 동화하였다.

　유대 백성 또한 고난의 역사를 살아 온 사람들이다. 유럽의 중세·근세사는 유대인에 대한 증오의 역사였다고도 말할 수 있다. 그들은

I am weaving a song of waters,
Shaken from firm, brown limbs,
Or heads thrown back in irrelevant mirth.
My song has the lush sweetness
Of moist, dark lips
Where hymns keep company
With old forgotten banjo songs.
Abandon tells you
That I sing the heart of a race
While sadness whispers
That I am the cry of a soul ……

The Portable Harlem Renaissance Reader, edited by David Levering Lewis, Penguin Books, 1994, pp. 221~2.

그리스도를 배신하고 살해한 장본인 취급을 당했으며, 탁월한 통상 및 장사 수완 때문에 여러 도시에서 시기의 눈길을 받았다. 그들의 종교 의식에 대한 엄격함은 비웃음을 샀으며, 권력을 둘러싼 각종 음모설에 줄곧 연루되었다. 비잔틴에서 박해를 받았고 십자군에 의해 학살되었으며, 영국(1290년), 프랑스(1306년), 스페인(1492년), 포르투갈(1497년), 프랑크푸르트(1614년), 그리고 빈(1670년) 등 각지에서 추방되었다. 우크라이나(1648, 1768년)와 오데사(1871년), 그리고 1881년 이후 러시아 전체(특히 키예프, 1903년)에서 대량학살pogrom 시대를 경험했다. 그들은 1881년에서 1924년 사이에 집중적으로 미국으로 이주했다. 그 이민자의 자식들은 뉴욕의 지식인층을 형성하였으며 (아나키스트와 공산주의자 쌍방을 포함하여) 뉴욕에서 혁명적 좌익운동의 중핵을 맡았다. 이러한 배경에서, 대략 1910년부터 1967년까지 유대인과 흑인 연합의 시대가 계속되었다. 요컨대 왕년의 뉴욕 좌익 급진주의의 황금시대였다.

흑인 민족주의는 그것의 급진성에 발맞춰 **노예 시절 주인의 종교**였던 기독교로부터 이반해 가는 경향을 가지고 있었다. 이 또한, 혹은 이것이야말로 (많은 기독교 사제가 포함된) 공민권 운동과 흑인 민족주의를 가르는 커다란 요인이었다. 기독교로부터 떨어져 나온 그들이 향한 곳은 비기독교적인 다른 종교들이었다. 예를 들어 20세기 초반에 카리브해역과 미국에서는 '차라리 유대인이 되어 버리자' 라고 주장하는 흑인집단이 출현했다. 뉴욕에서는 〈할렘의 검은 유대인〉The Black Jews of Harlem 같은 그룹이 그런 흐름을 이끌고 있었다. 그들은 스스로를 에티오피아로부터 온 시바여왕의 자손으로 간주하며 '니그로'라는 호칭을 거부했다.[31] 그 다음으로 많았던 것은 이슬람

교 계통이다. 1913년, 뉴저지주 뉴와크시에서 티모시 드류Timothy Drew
가 창립한 〈미국 무어인 과학사원〉The Moorish Science Temple of America
은 흑인 전체를 '아시아인의 일종'으로 간주하고 이슬람교야말로 그
들의 진정한 종교라고 주장했다.[32] 그러나 미국의 각 대도시의 게토
에 현대의 흑인 민족주의를 가장 강력하게 전파한 것은 역시 〈이슬
람국가운동〉Nation of Islam(이하 〈NOI〉)이었다.

　〈NOI〉는 1930년에 월러스 파드 무하마드Wallace D. Fard Muhammad
에 의해 창립된 것으로 알려져 있다. 이 반半 신화적 인물이 돌연 행
방불명 된 후, 그 제자 엘리야 무하마드Elija Muhammad, 1897~1975가 전
도를 개시하였다. 무하마드에 의하면 창립자는 실제로 신의 화신이
었다. 〈NOI〉의 기본 신념은 다음과 같다. 아프로 아메리칸은 자신들
의 고유한 문화/언어/종교를 빼앗기고 이식된 민중이다. 기독교는
그들을 참을성 많고 경건하며 관대한 '엉클 톰'과 같은 자기소거적 존
재로 만들어 버리는 마약opiate이다. 게다가 흑인민중은 (당시 인종분
리 정책을 편) 공교육에 의해 백인의 지배적 사상을 주입당하고 있
다. 이러한 신념 위에서 〈NOI〉는 독자적인 교육기관인 이슬람 대학
University of Islam을 전미 교육지구에 확대시켰다. 이는 처음부터 미국
당국과의 대립으로 이어졌다. 1934년 디트로이트에서 경찰이 〈NOI〉
의 학교를 급습하여 12명의 교원을 체포했다. 이 사건은 멤버들의 대
중적 항의 행동으로 번졌다. 종교조직 중에서는 〈NOI〉만이 도시의
흑인 문제, 즉 실업, 마약, 열악한 교육, 경찰의 폭력, 빈곤이 소용돌이

---

31. 사이버 링크 http://religiousmovements.lib.virginia.edu/nrms/blackjews.htm.
32. 사이버 링크 http://www.rotten.com/library/religion/moorish_science_temple_
　　of_america/.

치는 게토 문제에 진지하게 대결했음을 인정해야만 한다. 역사적으로는 엘리야 무하마드가 성서 + 코란의 뜻풀이로 이 종교를 퍼뜨린 반면, 후에 참가한 말콤X는 정치/경제/문화적인 방법으로 〈NOI〉를 대중화했다. 말콤X의 눈부신 성공이 엘리야 무하마드에게 위협으로 여겨지게 되면서 이는 결국 말콤X의 추방, 독립, 암살로 귀결되었다.

말콤 리틀Malcolm Little은 1925년 네브라스카주 오마하에서 태어났다. 양친 모두 가비의 〈UNIA〉의 조직원이었다. 아버지의 죽음에 이어 어머니와 이별한 후 (의모 혹은 의부의) 누이를 찾아 보스턴으로 이주하였다. 10대의 말콤은 1940년대 보스턴과 뉴욕의 게토 씬에 흠뻑 빠졌다. 그것이 유명한 『자서전』에서 밝힌 자기혐오 시기의 시작이었다. 머리카락을 인공적으로 '직모'conk로 만들고, '거리의 힙스터 hipster (혹은 hep cat)'가 되었다. 현재 활약하고 있는 역사가 로빈 켈리는 (당시 흑인 대중문화에 대한 랠프 엘리슨Ralph Ellison의 평가에 따라) 말콤 자신의 자기혐오에도 불구하고 굳이 이 시기에서 긍정적인 계기를 찾아낸다.[33] 흑인노동자 계급의 하위문화 속에 몸담은 그의 경험은 말콤 자신이 주장하거나 사람들이 믿는 것처럼 '정치적인 의식형성으로의 우회로가 아니라, 그의 급진화에 있어 피해갈 수 없는 본질적인 요소였다.'[34] 말콤 스스로에게 있어서는 눈앞에 존재한 게토가 생애 최대의 문제였기 때문에 거리를 두고 인지할 수 없었던 것 같다. 하지만 보다 큰 관점에서, 그리고 오늘날의 관점에서 볼 때 그것은 '인종적 반역'이며 '착한 노동자가 되는 것에 대한 거부'였다.

---

33. Robin D. G. Kelley, *Race Rebels*, New York : The Free Press, 1994, 7장을 참조.
34. Dean E. Robinson, *Black Nationalism in American Politics and Thought*, p. 41.

때는 2차 세계대전 중, 도시 흑인 문화 내에 급진적인 반역성이 싹트고 있었다.

1940년, 노동운동가 A. 필립 랜돌프는 고용과 군대에서의 인종차별에 항의하며 7월 1일 워싱턴에서 5만 명 규모의 데모를 계획하고 공표하였다. 데모가 일어나기 일주일 전에 루즈벨트는 돌연 그때까지 취하고 있던 '상관없다'는 강행자세를 허물고 특별명령을 발포하여 군사산업에서의 고용차별을 철폐시켰다. 한편 1943년 할렘에서는 경찰의 폭거에 기인한 폭동이 발발하였다. 찰리 파커Charlie Parker, 텔로니우스 몽크Thelonious Monk, 디지 길레스피Dizzy Gillespie와 젊은 마일스 데이비스Miles Davis 등에 의해 비밥35이 형성되던 시대였다. 16세의 말콤은 보스턴의 로즈랜드 볼룸Roseland Ballroom이나 할렘의 사보이 볼룸Savoy Ballroom에 출몰했다. 물론 주트 수트36 차림새였다. 보스턴에서는 구두를 닦았고, 1942년 뉴욕으로 이주한 후에는 『할렘으로

---

35. [옮긴이] bebop : 1940년대에 시작되어 현대 재즈음악에 큰 영향을 준 재즈 스타일이다. 이전까지 주류였던 스윙(Swing)이 춤추기에 좋은 부드럽고 경쾌한 리듬과 규칙적인 곡조로 대중적인 인기를 끌었던 것과 달리 복잡하고 빠른 리듬과 멜로디와 즉흥연주가 특징이다. 클래식이라 불리는 유럽 음악 외의 음악이 처음으로 미학적인 감상의 대상으로 인정받게 됨과 동시에 사회적, 정치적 의미와 영향력을 갖기 시작했다는 의미에서 음악사에 근본적인 단절을 가져 왔다.

36. [옮긴이] Zoot Suit : 높은 허리선에 아래로 갈수록 통이 좁아지는 풍성한 바지와 무릎까지 오는 길이의, 어깨에 두툼한 패드를 넣은 긴 코트를 한 쌍으로 하는 양복을 일컫는다. 머릿기름을 발라 머리를 넘긴 남성들이 주트 수트를 입고 밝고 화려한 색상의 넥타이, 챙 넓은 모자, 매우 긴 시계 체인으로 치장한 스타일이 1930~1940년대 할렘의 맥시코계 미국인과 흑인들 사이에서 유행했다. 2차 세계대전 기간에 정부가 남성복에 사용되는 순모의 양을 제한하면서 주트 수트를 비애국적이고 불법적인 것으로 간주하자 1943년 미국의 여러 도시에서 폭동이 일어나기도 했다. 과도하리만큼 장식적인 주트 슈트는, 절제성을 강조하며 장식을 거세한 서구의 전통적인 남성 복식에 대항하는 상징물이자 엘리트 문화에 저항하는 대안적인 하위문화의 스타일이었다고 여겨진다.

의 귀향』의 제이크처럼 잠시 철도Yankee Clipper Rail Line에서 샌드위치를 팔았으며 그 후에는 (춤추는 웨이터로 유명한 할렘의 스몰즈 파라다이스Small's Paradise 클럽에서) 웨이터를 하고 있었다. 그리고 머지않아 범죄의 세계에 입문해 마약매매, 도박, 포주, 공갈, 강도 등을 일삼았다. 덧붙이자면, 훗날 말콤이 암살되기 닷새 전에 그는 1964년의 할렘폭동을 보도한 주류 언론이 그 참가자들을 '건달, 범죄자, 도둑'으로 매도한 것에 분노하며 항의했다. 그가 사적소유라는 지배적 사상에 근거한 범죄 규정이 사회관계의 본질을 은폐하고 있다고 믿게 된 것은 틀림없이 이 시기의 일이다. 그러나 그것과 별개의 차원에서도 그는 거리의 '범죄자들'에 대해서 본성적인 공감을 품고 있었던 것은 아닐까? 로빈 켈리는, 말콤X의 게토 체험과, 힙합세대의 젊은이들에게 절대적인 말콤X의 인기 사이에서 본질적인 연관성을 보고 있다.

형무소에 들어간 후 '사탄'이라는 별명을 얻을 만큼 신과 성서를 매도하던 말콤은, 형 레지날드Reginald에게서 〈NOI〉에 가입할 것을 권유하는 편지를 받았다. 그는 이를 계기로 엘리야 무하마드의 가르침에 감화된다. 1940년대에 〈NOI〉는 흑인 하층계급 사이에서 착실히 그 기반을 굳혀 가고 있었다. 무하마드는 현혹된 흑인을 '니그로'라고 불렀으며, 올바르게 인도된 흑인인 '블랙'과 구별했다. 반통합주의, 자기방위, 흑인자본주의, 인종적 자긍심 등에 호소하는 그의 주장에 말콤은 전면적으로 동조했다. 그리하여 이제 이슬람교도 '말콤X'가 된 그는 연설과 조직화에 천부적인 재능을 드러내며 놀랄 만한 속도로 〈NOI〉를 대중화시켜 나갔다. 신문 『무하마드 스피크스』 *Muhammad Speaks*를 창간하였는데 이는 선전과 자금조달에 커다란 공

'말콤X 전'을 개최하고 있는 숌버그흑인문화연구센터

헌을 했다. 기업의 경우, 세탁소, 레스토랑, 헤어살롱, 그리고 은행까지도 창업했다. 그 결과 〈NOI〉의 자산은 마침내 8천만~1억 달러에 이르렀다. 또 이슬람 대학은 많은 주에서 공식 교육기관으로서 인정받았다. 한편에서는 흑인의 자기방위를 주장하는 〈NOI〉 소속 무장 조직인 〈이슬람의 열매〉Fruit of Islam, FOI가 이따금씩 경찰과 충돌을 빚었다.

〈NOI〉에서 파시즘적인 요소를 발견하는 사람들도 많이 있다. 〈NOI〉는 흑인의 우월성을 내세우는 형태로 인종race과 민족nation을 연결하였으며 민주주의와 거리가 먼 독재적인 체제를 바탕으로 하고 있었다. 가부장적인 가족을 모델로 여성의 존엄성을 중시하였지만 여성의 역할은 결국 남성의 보호 아래에서 가정을 지키는 것으로 정해졌다. 무하마드에게 있어 피임은 죄악이었다. 또한 많은 종교단체가 그러하듯이 경제적인 부분에서는 그다지 부유하지 않은 정열적인 멤버의 무료봉사에 의존하는 경우가 많았다. 묵시록이나 신의 심판을 가장 중시했던 무하마드는 반정치주의자이자 반공산주의자였다. 그는 말콤X가 카스트로와 회담을 가졌을 때 이에 격분했었다.

말콤X는 〈NOI〉에 '계급' 혹은 '전투적 계급성'을 새겨 넣었다. 공민권 운동과 대조적인 입장에서 흑인 룸펜프롤레타리아의 목소리가 되었다. 그의 유명한 연설에 사용된 비유인 '가사노예'house negro와 '농업노예'field negro의 차이에서 드러나듯이, 이 천재적인 연설가는 도시 게토의 커뮤니티(='농업노예')의 이해관계를 잘 표현할 수 있는 언어를 창출했다. 그것이야말로 그가 〈NOI〉에 개입했던 진짜 동기였다고 생각된다. 따라서 그는 점차 종교에서 정치로 향해 나아갔다. 〈NOI〉 내부에서부터 말콤X의 미묘한 투쟁이 시작되었다. 1964년에 일시적 발언정지 처분을 받고 나서는 결국 독립을 결정한다. 그는 〈NOI〉가, 근본적으로 전투적인 흑인 청년들을 다수 포함하고 있음에도 불구하고 '어떤 행동도 일으키려 하지 않는 조직의 검열 때문에 움직일 수 없다'[37]고 오랫동안 느껴 왔다. 그러다가 마침내 그 불만을 분출한 것이다. 그 후 암살되기까지 1년 정도의 짧은 기간 동안 그는 지금까지도 말로는 다 할 수 없는 가능성을 간

---

37. Malcolm X, *Malcolm X : The Last Speeches*, edited by Bruce Perry, New York : Pathfinder Press, 1989, p. 122.

직한 많은 기획을 남겼다.

1964년 3월, 그는 무슬림 모스크 사Muslim Mosque, Inc를 창설하고 수니파에 접근하였다. 그러나 같은 해 6월에, 이번에는 〈아프로 아메리칸 통일 기구〉The Organization of Afro-American Unity(이하 〈OAAU〉)를 결성하였다. 그는 이러한 두 단계의, 혹은 이중의 조직화를 통해 우선 인종과 이슬람, 더 나아가 종교와 정치의 어긋남을 창출하였으며 이를 새로운 세계적 활동global activism을 위한 비약의 토대로 삼았다. 〈OAAU〉의 기본방침은 첫째, 아프리카계 민중의 통일. 둘째, 자기방위의 장려. 셋째, 흑인 아이들이 자신들의 정체성/동일성을 발견하고 자존심을 획득하도록 하는 교육. 넷째, 흑인이 스스로의 생활과 관계된 정치/경제/사회적 결정을 내릴 수 있도록 하는 자기통제기구였다. 이것이 말콤X의 독자적인 '흑인 민족주의'이다.[38] 또한 그는 이 조직을 중심으로, 게토 흑인의 거주조건 개선을 위한 세입자 파업rent strike을 시도했다. 죽기 직전 그의 사상은 분명 '자본주의와 인종차별'의 필연적 관계에 대한 인식 위에서 '흑인 민족주의'와 사회주의의 결합으로 나아가고 있었다. 더욱이 그는 아프로 아메리칸의 지역투쟁이 보다 큰 세계 속의 반식민지 투쟁과 연결되어 있다는 관점을 확립하고 그러한 선상에서 '범아프리카주의'를 지향했다.[39]

역사가 매닝 마라블Manning Marable이 지적하듯, 말콤을 통해 마침내 우리가 인식할 수 있게 된 것은 '흑인 민족주의'가 최종적으로 단일한 정치 이데올로기가 아니라는 것이다.[40] 그것은 미국 내부에서

---

38. Malcolm X, *By Any Means Necessary*, edited by George Breitman, New York : Pathfinder Press, 1970을 참조.
39. Malcolm X, *Malcolm X : The Last Speeches*, 3부 참조.

뿐 아니라, 집합적 이산diaspora을 강요받은 아프리카인 전체의 문맥 속에서, 인종적/계급적 지배에 저항하고 싸우는 모든 흑인의 투쟁의 역동성에서, 문화/경제/정치적인 모든 입장의 스펙트럼을 통째로 가리키고 있다.41 그러한 의미에서 볼 때, 말콤X가 인생 최후에 '흑인 민족주의'를 버리고 '통합주의'integrationism를 향해 갔다는 통상적인 해석에는 오류가 있다. 그렇게 단순한 것이 아니다. 오히려 그는 '흑인 민족주의'의 가능성을 그 극점까지 파고들어감으로써 필연적으로 '세계=범아프리카주의'와 만난 것이다.

덧붙이자면, 뉴욕 지역에서의 연합이 붕괴된 후 흑인과 유대인의 관계는 곤란한 관계로 변했다. 1991년 여름 브룩클린 크라운 하이츠 Crown Heights에서 일어난 인종 폭동에서 볼 수 있듯이 예전의 공감대는 더 이상 남아 있지 않다. 이스라엘 건국 및 미국인이라는 국민의식의 강화 속에서 '좌익 유대계 지식인'이라는 '집단적 존재'는 소실되었다. 그리고 종교적으로 엄격한 정통파 유대인은 동포와의 강력한 세계적 연대를 축으로 오로지 통상/상업에만 힘을 다하고 있다. 그들은 뉴욕 5구의 몇 지역에서 흑인이나 라틴계와 인접한 커뮤니티에 살고 있지만 흑인이나 라틴계 모두와 극히 냉랭한 관계를 유지하고 있다. 한편 종교적 엄격함을 버리고 보다 '미국 시민화'된 유대인들은 뉴욕에서 많은 경우 변호사, 의사, 학자, 기업가 등, 중상류계급에 속한다. 그러나 지금도 영토 없는 민중인 흑인은 대부분 여전히 하층계급에 속해있다. 이런 상황에서 특히 유대인들과 이웃한 지구의 흑인

---

40. Manning Marable, *On Malcolm X — His Message and Meaning*, Open Media, Pamphlet #22, 1992.
41. 같은 책.

커뮤니티 안에서는 분명히 '반유대주의'가 만연해 있다. 그러나, 철학자 코넬 웨스트Cornel West에 의하면 궁극적으로 '반유대주의'는 흑인의 유대인을 향한 반감이 아니라, 오히려 그들 안에 있는 '반백인주의'의 집중적 표현이다.[42] 빈곤한 흑인 커뮤니티에서는 유대인이 여전히 백인을 대표하고 있을지도 모른다. 다만 예전과 달리 긍정적인 것이 아니라 부정적인 의미에서.

흑인 신체black body의 힘

부자는
시바의 사원을 짓는다
우리 가난한 자들은
무엇을 할까?

나의 다리는 기둥
몸통은 성당
머리는 돔
신을 위한 것

들어라, 강이 만나는 곳의 왕이여
짓는 것은 무너진다
하지만
움직이는 것은 지속된다

— 라마누잔(Ramanujan)[43]

---

42. Cornel West, *Race Matters*, New York : Vintage Books, 1993, 6장을 참조.
43. Victor Turner, *Drama, Fields, and Metaphors*, Ithaca and London : Cornell University Press, 1974, p. 281.

흑인문화는 계승되어 왔다. 타율성과 자율성 사이에서 늘 요동치며……. 한편에서는 할렘 르네상스에서 구축된 생산의 퀄리티를 계승하고 다른 한편에서는 '집단개념group concept으로서의 흑인문화 negro culture'를 향해, 계승된 것을 과감히 해체/재편해 나아갔다. 흑인 커뮤니티 내부에서 그것은 언제나 대중화, 민중화 혹은 민족화라는 방향성을 가졌다. 뉴욕 흑인의 정치/문화가 부쩍 활성화된 것은 역시 1960년대, 남부로부터 불어온 공민권 운동의 뜨거운 바람에 의한 것이었지만, 여기에는 공민권 운동에 만족하지 않는 블랙 파워, 흑인 민족주의의 대두 또한 있었다. 소설가 제임스 볼드윈James Arthur Baldwin, 1924~87과 재즈연주가 찰스 밍거스Charles Mingus, 1922~79, 이 양대 거장은 탁월한 퀄리티의 작품들로 할렘 르네상스에서 구축된 문화유산을 차세대에 전하는 역할을 담당했다고 말할 수 있다. 그러나 그들의 영향을 받은 젊은 세대의 문학가와 음악가들은 보다 급진적인 민족주의로 나아갔다. 더할 나위 없는 참상을 드러내는 흑인의 도시적 현실과 정면으로 대결한 말콤X나 〈NOI〉 같은 운동의 충격이 컸다. 여기에는 '계급성'이 깃들어 있었다. 가령 공민권 운동에 찬동하는 사람들과 비교해 볼 때, 〈NOI〉에 정열적으로 참가한 사람들은 분명 하층 흑인들이었다. 그것이 게토의 현실이었다. 따라서 젊은 운동가=문화 생산자들이 급진주의를 관철시키려 한다면, 자신의 계급적 출신성분을 '자기부정'하고 게토의 현실에서부터 출발할 수밖에 없었다. 요컨대 '하방'下放이었다.

(훗날 아미리 바라카Amiri Baraka로 개명한) 르로이 존즈Leroy Jones는 우선 뛰어난 시인/극작가/음악평론가로 인정받아야 할 존재이지만 (대단히 흥미롭게도) 어지러울 정도로 여러 번 진로를 바꾸며,

1960년대 세대의 '흑인 급진주의 지식인'으로 자리매김하는 것의 어려움을 몸소 체현한 인물이다. 그는 비트닉의 영향을 받은 시인으로 출발했지만 혁명 직후의 쿠바를 방문한 후 거기서 받은 충격으로 크게 변했다. 그리니치빌리지의 백인 전위세계에서 점점 멀어진 그는, 이후 허드슨 강 건너편에 있는 뉴저지주의 뉴와크시와 뉴욕의 할렘, 이 두 곳의 흑인 게토에서 조직 활동을 벌였다. 뉴와크에서는 모택동주의의 영향을 받아 커뮤니티 운동을 일으켰으며, 할렘에서는 〈흑인예술극장학교〉The Black Arts Theater and School라는 길거리 연극운동을 조직하였다. 모택동주의, 블랙 무슬림, 흑인 민족주의, 아프리카 중심주의, 맑스주의를 차례로 편력했지만 매번 진지했다. 그의 정신은 책상 앞이나 교단 위에서 고민하고 있지 않았다. 그는 언제나 상황과 격렬하게 맞부딪쳤다. 그리하여 어디까지나 '집단개념으로서의 흑인문화'를 찾고자 하는 지향 속에서 진로를 바꾸어 나갔다.

바라카가 전면적으로 평가한 음악=운동은 〈라스트 포엣츠〉The Last Poets이다. 이들은 '공민권 운동 시대의 래퍼', 혹은 무엇보다도 '랩의 원조'로서 게토의 흑인들에겐 아직도 외경의 대상이다. 〈라스트 포엣츠〉는 1960년대 후반 할렘의 길거리에 나타난 '시인=음악가=활동가' 그룹이었다. 멤버 모두가, 남아프리카공화국의 인종차별정책apartheid을 피해 할렘에 체재하며 흑인작가워크샵Black Writers Workshop에서 교편을 잡은 시인 윌리Keorapetse "Willie" Kgositsile의 제자들이었다. 윌리 선생님은 본국으로 돌아가기 직전, 그들에게 이런 말을 남겼다.

시간의 자궁 속에서 '그 때'가 부화할 때, 예술화藝術話는 통용되지 않는다. 들려오는 시詩는 원흉의 골수를 꿰뚫는 창끝뿐이다. …… 따라서

우리야말로 세계의 '마지막 시인'이다.[44]

　그들은 이 '마지막 시인'이라는 개념에 대해 계속해서 생각하다가 이 그룹을 결성하게 되었다. 그들은— 미국이 흑인 남성에게 무엇을 해 왔는가? 그와 동시에 그들은 자기 자신에 대해 무엇을 해 왔는가? — 라는 지극히 냉엄한 질문을 던지며, 억압받아 온 자의 역사를 리듬에 담아 읊조렸다. 그들의 초기 '시=음악'은 '이야기=노래'에 타악기를 더했을 뿐인 지극히 단순한 구성이었지만, 이것이야말로 현재 세계를 석권하고 있는 랩음악의 전형 중에 하나로 손꼽는다. 이 '이야기=노래' 스타일은 분명히 거리에서 지나가는 사람을 향해 호소하는 '연설'oration에서 온 것이다. 따라서 그들의 '시=노래'에는 늘 상황의 긴급성이 실려 있었다. 처음 두 장의 레코드— 〈라스트 포엣츠〉(1970), 〈디스 이즈 매드니스〉This is Madness (1971) — 는 선전도 아무것도 없이 순식간에 백만 장이나 팔렸다. 멤버들은 각각— 〈전미 비폭력 학생 조정위원회〉The Students Non-Violent Coordinating Committee, SNCC, 〈민주사회를 위한 학생연합〉The Students for Democratic Society, SDS, 〈블랙팬더당〉Black Panthers 등— 당시의 전투적 운동에 관련되어 있었고, 거의 모두가 어느 시점에서 유치소나 교도소에 갇힌 적이 있다.

　마지막 시인에서 '마지막'last이 의미하는 것은 무엇인가? 여기엔 미국에서 '맨 끝'에 위치하는 흑인이라는 의미와, 창을 손에 쥐기 전에 '마지막 시'를 읊는 시인이라는 의미가 겹쳐 있다. 동시에 그것은 그들의 문제의식의 형상figure이기도 했다. 그것은 '극한의 상황 속에

---

44. 사이버 링크 http://www.math.buffalo.edu/~sww/LAST-POETS/last_poets0.html.

서 시를 읊는다'는 것은 무엇을 의미하는가라는 물음, 또 '시를 가지고 상황과 관계한다'는 결의를 포함하고 있었다. 급진적인 시는 사건의 뒤ex post facto에 따라 오는 설화나 해설이 아니라 영원히 사건의 앞ex ante facto에 있는 시 혹은 출전 '전야의 시'여야만 한다는 사상을 담고 있었다. 따라서 그들에게 있어서 '시=노래'는 사회적 사건이었다.

할렘을 토대로 한 흑인문화에서 분명한 것은 할렘 르네상스로부터 1960년대까지 '운동으로서의 할렘'이 이어져 왔다는 사실이다. 하지만 이 '문화=운동'의 흐름에는 '비연속성' 또한 잉태되어 있었다. 그것은 특히 도시공간과 관계된 신체성의 차원에서 나타난다. 이미 말했듯이 할렘 르네상스의 신체는 각종 파티를 돌아다니는 신체였다. 흑인 부르주아 주최의 살롱에서부터 '렌트 파티', 그리고 퀴어 공간으로 나아갔다. 그곳에서는 성적 다수성multiplicity이 실험되고 있었다. 그들이 할렘의 도시공간을 소유하지는 않았지만, 그곳에는 늘 '댄디즘'과 '우아함', '세련됨'이 있었다. 그것은 지리적으로 센트럴 할렘과 슈거힐이라는 지역적 차이에 조응하고 있다.

이에 반해 1960년대 도시(게토)와 관계하는 신체에 우아함, 댄디즘, 세련됨 따위는 없었다. 오히려 그러한 세련됨을 의식적으로 배제하는 것으로부터 출발했다. 1960년대의 신체는 거리에서 '노동하는 신체', '폭동을 일으키는 신체'와 한없이 같이 하고, 그러한 신체를 향해 공감대를 호소하며 조직하는 신체였다. 전자에서 후자로의 이행이 반드시 빈곤화를 의미하는 것은 아니다. 거기엔 오히려 도시공간에 존재하면서도 그것을 소유하지 않은 자들, 혹은 공간의 소유로부터 점점 더 멀어져 가는 자들이, 제도나 물질적인 것의 도움을 의식적으로 배제하고 자신의 신체 안에 역사/전통/문화를 끼워 넣어 이동하고 전파하는 기술을 한층 더 풍요롭게 발전시키려 했던 흔적이 있다.

어쨌거나, 그러한 비연속성을 사이에 둔 채로 할렘의 흑인문화는 계승되어 왔다. 그 '문화=신체=혼'은 할렘 르네상스에서 시작해 1960년대의 힙합으로 계승되었다. 그 주된 유산은 무엇보다도 점점 더 자율적 영역으로서 그 강도가 높아지는 '수행적 신체'peformative body로 나타나고 있다. 그러한 신체를 만났을 때 '경외하는 마음'이 들지 않을 자가 과연 있을까?

흑인 철학자 코넬 웨스트는 흑인의 성black sexuality에 대해 짤막한 논문을 썼다. 그 제재에 직접 접근해서 분석하기보다는 그 터부성에 대해 고찰했다. '성sex에 대해 말하지 않은 채 인종에 대해서 숨김없이 말할 수 없다는 것은 누구라도 알고 있다.'[45] 현대 흑인 인종에 대해 말할 때 흑인의 성에 대해 말하는 것은 필수다. 그럼에도 불구하고 이 주제는 완강히 금기시되어 있다. 그러나 다른 한편, 흑인의 신체성은 특히 '음악'을 중심으로 전 세계의 청소년에게 실로 막대한 영향을 끼치고 있다. 그들은 주로 신체 몸짓과 패션(=퍼포먼스성)을 통해 흑인의 신체성 및 섹슈얼리티를 자신들 각각의 문화(=신체) 속에 도입하고 있다.

웨스트에게 있어서 흑인 남성의 신체성은 다음과 같은 것이다. '대부분의 젊은 흑인 남성에게 있어서 힘이란 자신의 신체를 시공간에서 형식화함으로써 자신 고유의 존재성을 표현하고 타자에게 공포를 불러일으킬 만한 방법을 쟁취하는 것이다.'[46] 요컨대 흑인 남성의

---

45. Cornel West, *Race Matters*, p. 120.

아프로 펑크(Afro Punk)의 블록파티(밴드 : No Surrender; 브룩클린, 클린턴힐; 2007년 7월).

'신체 몸짓=퍼포먼스성'은 무엇보다도 거리에서의 힘의 표현이다.

그것에 반해 흑인 여성의 성=신체성은 다음과 같이 말해진다. '(미국에서) 여성미의 이상은 신화적으로 백인 여성과 연관된 밝은 피부색과 부드러움을 귀하게 여기고, 흑인 여성과 연관된 풍요로운 자태는 경시해 왔다. …… 자신감을 가지기 위한 고투, 진정으로 사랑 받고 싶다고 간절히 바라는 실존적 고뇌, 이러한 상황에서 흑인 아이를 낳아 키우는 사회적 부담이, 대부분의 흑인 남성이나 다른 모든 미국인이 알 수 없는 영혼의 힘을 흑인 여성 안에 키우고 있다'[47] —

---

46. 같은 책, p. 128.
47. 같은 책, p. 130.

이것이 흑인 여성의 '신체=성性=혼魂'의 힘이다.

이 두 모델 안에 흑인의 고난의 역사성이 새겨져 있다. 이 두 개의 섹슈얼리티에 할렘 르네상스에서 시도된 도시적 실험으로서의 '성적 다양성'이 더해져, '운동체로서의 할렘,' 거리의 '집합신체'mass corporeality를 조성하고 있다. 그것이 '할렘의 힘'의 본질이다.

이 책의 기획자인 나도, 이 책을 읽는 독자 대부분도 흑인은 아닐 것이다. 하지만 흑인 신체의 섹슈얼리티와 퍼포먼스성의 문제는 타인의 문제가 아니다. 한편에서는, 전 세계의 청소년들처럼 우리 또한 음악으로 대표되는 흑인문화를 통해 흑인의 신체성=섹슈얼리티를 왕성히 배우고 있다. 다른 한편에서 보다 절박하게는, 오늘날 우리들 도시민중 전체가 '공간의 소유'로부터 멀어져 가고 있다는 문제가 있다. 거리에서의 개발 및 구축의 규모는 점점 더 거대해지고 있으며, 동시에 그것을 관리하는 권력의 압박과 폭거는 심해진다. 이에 반해 도시공간에서 우리들의 신체는 한없이 덧없는 일과적인 것이 되었다. 우리들의 신체가 덧없으면 덧없을수록, 바로 그렇기 때문에 그 일과성에 머물 수 있는 힘을 개발해야만 한다. '짓는 것은 무너진다. 하지만 움직이는 것은 지속된다'는 힘을 말이다.

그것이야말로 우리가 '할렘 운동체'의 힘에서 배울 수 있는 것이다. '운동으로서의 할렘'이 '장소로서의 할렘'과 일치하는 일은 결코 없다. 그 두개의 할렘은 늘 서로 불안정한 관계를 가지면서도, 그 속에서 어떻게든 '흑인노예 자손의 신체성'을 북돋아 왔다.

8장

동아시아 이민론

세계화(globalization)는 모순을 잉태한 공간이다. 그것은 쟁의와 내적 차이화, 그리고 계속적인 경계넘기(越境)에 의해 특징지어진다. 세계도시(global city)는 이 조건의 문장(紋章)이다.
— 사스키아 사센[1]

서문 : '세계도시'에서의 이민의 장소

'세계화'라는, 근래 사용하지 않을 수 없는 이 말을 하고 나면 항상 어딘지 모르게 개운치 않은 뒷맛이 남는다. 이 말의 여운에 늘 말로는 부족한 것, 해결 불가능한 것이 남아 있기 때문이다. 이 말은 틀림없이 '인류 형성'의 불가피한 방향성을 지시하고 있지만, 거기에는

---

1. Saskia Sassen, "Analytic Borderland," included in *Re-Presenting The City*, edited by Anthony D. King, New York : New York University Press, 1996, p. 191.

너무나도 심한 모순과 비참함이 북적거리고 있다. 대도시metropolis는 그 **하나의 동일한** '세계교류'globalization가 **우선적으로** 구체적인 형태를 취하는 무대로 간주되지만 세계화라는 사건은 정신이 아찔해질 정도로 동떨어진 설화를 이야기하고 있다. 그 한쪽 끝에서는 이제 '장소' 따위는 문제가 아니라는 듯이 전지구적인 커뮤니케이션이나 공동프로젝트, 그것을 가능케 하는 테크놀로지가 있으며, 다른 한쪽 끝에서는 바로 '이 장소'를 둘러싼 수많은 격렬한 싸움과 비참한 사건들이 소용돌이치고 있다. 메트로폴리스에서 우리는 모두 이러한 양 극단을 살아가고 있다.

오늘날 맨하튼을 중심으로 한 뉴욕의 비즈니스 지구에는, 19세기에 설정된 (수평운동의) 바둑판 모양의 시가지 블록의 토대 위에서 그 '본질'을 거듭 순화시킨 듯한 유리와 금속, 합성소재의 기하학적 건축이 자못 중성적이고도 비장소non-place적인 면모를 갈고 닦아 어디까지건 (수직으로) 상승하려 한다. 그곳에는 세계를 뛰어다니며 활약하는 엘리트들이 세계자본주의를 조작/관리한다. 동시에 그들은 예술/건축/패션/디자인/고급 음식 등 고급문화를 누리고 지지하는 사람들이기도 하다. 이 세계도시의 얼굴은 '장소의 소실'='정보의 이동'='세계적 동시성' 등 온갖 '진보적인 것'을 대표하고 있다. 그리고 그것 이외의 것들은 모두 '융합된 타자성'amalgamated 'other' 2으로 간주된다. 그것들은 거리에 편재하는 것, 즉 언어를 빼앗긴 채 분주하게 돌아다니는 비공식/비정규 노동자들, 시와 경찰에 쫓겨 다니는 노점상들, 따뜻한 맨홀 뚜껑 위에 멈추어 서 있는 노숙자들, 값싼 이국 정

---

2. 같은 책, p. 192.

서를 파는 이민자들이며, '후진적'인 것, 결국은 유기되어 버려져야 할 것들을 대표한다.

맨하튼에서는 '세계경제'의 진전과 더불어 일어난 젠트리피케이션, 정보자본주의가 취하는 물질적 양상으로서의 젠트리피케이션에 의해 각지에 흩어져 있는 이민/노동자 커뮤니티의 붕괴가 확실히 진행되고 있다. 그러나 이것이 소수자 노동자의 소멸을 의미하는 것은 아니다. 상급 관리직과 비정규직 하급 노동자라는 계급의 양극화 현상에 의해 여성, 흑인, 이민자(소수자)로 구성된 비정규직 노동자의 수는 오히려 늘어나고 있다. 그러나 그들 대부분은 맨하튼 밖에 거주하는 통근자들이며, 거리/치마타적 존재인 그들은 시각적 표상의 기호목록에서 제외됨으로써, 점점 더, 있어도 보이지 않는/이야기될 수 없는 존재가 되고 있다. 이러한 현상들이 세계도시, 혹은 사스키아 사센이 말하는 '세계도시'가 안고 있는 문제의 중추를 이룬다. 여기서는 하나의 동일한 '세계화' 안에 '공식경제'와 '비공식경제'가 섞여 '가시적인 영역'과 '비가시적인 영역'을 형성하고 있다. 즉 최종적으로는 이들이 '자본'과 '이민'이라는 '하나의 동일한 세계화'의 두 가지 내용에 대응한다.

지금까지 반복해서 지적했듯이 뉴욕은 늘 이민의 수도였다. 뉴욕은 세계민중의 세계화를 상징하는 도시이며, 동시에 (탈)식민지적 도시였다. 세계민중에 의해 만들어졌으며 또 그들을 — 많은 경우, 이상적인 조건과는 거리가 멀었을지라도 — 수용해 왔다. 하지만 사정이 바뀌고 있다. 맨하튼섬은 자신을 물질적으로 형성했으며 지금도 매일 계속해서 만들고 있는 '이민의 집합신체'를 수용하는 것을 멈추고, 그들을 문화표상의 세계로부터 내쫓고 문을 걸어 잠근 채 점점 더 이민을 '덧없는 것'으로 만들고 있다. 이러한 경향은 무엇보다도 오늘날 미국이 건국 당시부터 반복해 온 자기모순적인 '이민정책'의 강화로 나타나고 있다. 미국은 **하나밖에 모르는 바보처럼** 정세가 변화할 때마다 그들의 경제적 발전에 많든 적든 늘 필요한 '비공식/비정규' 노동력을 제공해 온 이민을 '국민'의 일자리를 **빼앗아** 간다고 비난하고 국경 수비와 이민자 고용 규제를 강화했다가, 또 상황이 달라지면 모든 걸 망각해 버린 것처럼 그 정책을 완화시키곤 했다.

이민에 대한 미국의 '정치적 담론'은 그 근저에서부터 오류와 기만이 가득한 겉치레로 꾸며져 있다. 그 담론에는 민중의 이동의 필연성에 대한 곡해와 자신의 출신에 대한 의도적 망각이 깃들어 있다. 미국은 자신이 인구과잉, 빈곤, 불황, 정치적 불안정 등 경제적/정치적 위기로부터 도망 오는 이민을 **친절한 마음으로 받아들이고 있다**고 여기고 있다. 또한, 투자에 의한 경제원조와 발전을 돕기 위한 기술원조로 해당국의 위기를 완화시키면 이민이 감소할 것이라고 추정한다. 그러나 대부분의 경우 이는 역효과를 불러일으킬 뿐이다. 물론 다양한 위기가 이민의 주요 원인이기도 하지만 그것만은 아니다. 오히려 경제적 상승上昇이 상승相乘작용을 일으켜 이민이 증가한 사례도 있다. 무엇보다도, 애당초 대부분의 '위기'는 미국의 군사/경제적 압력에 의해 생긴 것이다. 근원적인 의미에서 볼 때 현재의 '이민'은 미국의 힘과 접촉함으로써 촉발된 운동이다. 따라서 미국은 자신의 군사/경제적 존재의 측면에서 이민을 받아들여야만 할 의무가 있다.[3]

---

3. Saskia Sassen, *Globalization and Its Discontents*, New York : The New Press, 1998, 3장을 참조.

나는 거기에 '구조적 의무(=불가피성)'에 더해진 '윤리적 의무'가 있다고 생각한다. 선주민으로부터 대지를 탈취하고 그곳에 입식한 강탈자라는 출신과, 그 이후에도 이민에 의해서만 구성되어 온 국민성을 직시한다면, 계속되는 '세계이민운동'을 부정할 근거는 무너져 버릴 것이다. 미국은 그 본질에서부터 세계이민운동 그 이상도 그 이하도 아니다.

보다 나은 생활을 찾아 이동하는 것은 원래 인류 전체의 '절대정의'이다. 이것을 부정하는 것은 '인류의 교통운동'을 부정하는 것이다. 그것은 태고부터 항상 존재해 온 '강대한 추세'이다. 이 추세는 대부분의 인류에게 마찬가지이다. 국가와 자본이 이러한 추세를 쫓아 그곳에 기생하며 그것을 통제해 온 것이지 그 반대가 아니다. 국민국가는 그 사실을 망각하도록 만들기 위한 장치이다.

재작년에 하원을 통과한 〈센센브레너 법〉HR4437(2005년)은 불법이민을 '중죄'felon로 인정하는 광신적인 법이다. 여기에는 그 밑바닥에서부터 '비현실성' 혹은 '기만'이 깃들어 있다. '세계도시' 뉴욕의 사례가 분명히 보여 주듯이, 오늘날의 신자유주의 경제는 그 토대부터, 미국인은 물론 '합법적인 이민자들조차 꺼려할 법한 비공식적 노동에 의해 지탱되고 있다. 그러한 '노동자'를 범죄자로 만드는 것은 어떻게 생각해도 (그 법이 주장하는 것처럼) '그들의 노동' 자체를 이 나라에서 내보내기 위한 것은 아니다. 요점은 오히려 계급의 양분화를 극한까지 첨예화시킴으로써 끝없이 '노예'에 가까운 '이민=비공식 노동자=범죄자'라는 인식과 현실을 생산하는 것이다. 동시에 수많은 실패와 추태로 위기에 닥친 현 정권의 존재의의를 '내셔널리즘'으로서 (특히 교외에 살며 석유 경제의 인질이 된) 백인 노동자계급에게 재

차이나타운의 독특한 혼잡

차 호소함으로써 그들의 지지를 다시 확보하는 것이다. 오늘 '세계도
시'에서 '이민노동자=비공식노동자'의 위치는 일찍이 존재한 적 없던
위기를 맞고 있다. 앞으로의 '세계정치'와 '세계계급투쟁'의 한 축이
거기에 존재한다.

    이것을 전제로 8장에서 우리는 뉴욕에서 '동아시아 이민'과 기타
'아시아 이민'의 특수한 위상을 탐사해 보고자 한다. '동아시아 이민'
이라는 카테고리가 선험적으로 어떤 본질을 공유하며 존재하고 있는
것은 아니다. 그것은 어디까지나 **일단** 구성된 카테고리이다. 그러나
동아시아 이민은 '이민사회 뉴욕' 내부에서 주요 인종인 백인과 주요

소수자인 흑인/라틴계 사이에 끼인, 혹은 그 주변에 위치하는 '특수한 소수자'라는 위치를 할당받아 공유하고 있다. 동시에 주어진 카테고리에 대해, 때로는 그 카테고리 내부에서의 차이로 인해 주체적으로 자신의 카테고리를 형성하고자 한다. '세계도시'에서 이민의 '정체성/동일성'은 그러한 양방향의 규정 사이에서 계쟁이 발생하는 장소이다.

중국, 조선, 일본 동아시아 3국은 뉴욕을 무대로 독자적인 드라마를 형성해 왔다. 가령 일찍이 중국계 이민과 조선계 이민 모두 '반일제'라는 이름 하에서 독자적인 자기조직화를 이룬 시기가 있었다. 이러한 조직화는 그들에 대한 미국 사회의 동정으로 귀결되었지만, 한편에서는 서해안을 중심으로 일본계 이민이 오직 그 출신 때문에, 자신과 아무 관계없는 본국(혹은 이국)의 행위에 대해 책임을 져야 한다는 의미로 자산을 몰수당하고 강제수용소에 격리되었다.

결국 '동아시아 이민'이라는 카테고리에는 이 도시를 물질적으로 형성하는 '서로 다른 가격체계=자본주의'와 '특수한 생산 형태'가 관련되어 있다. 그것들은 분명 사센이 말하는 도시공간에 관한 '분석적 경계'analytic borderland의 일부분을 형성하고 있다.[4]

동아시아 이민의 중개성mediation에 대해서

나는 공민권 운동과 흑인해방 운동 양쪽에 몸담았다. 두 운동은 완전히 달랐다. 킹 목사는 우리 모두가 주류를 향해 가기를 바라고 있었다. 그에 비해 말콤은 우리가 주류로부터 거리

---

4. Saskia Sassen, "Analytic Borderland," 같은 책 참조.

를 두고 미국의 지배권으로부터 탈출해야 한다고 생각하고 있었다. 말콤이 내셔널리즘에 대해 말할 때, 그는 그 자신의, 즉 흑인의 독립과 주권과 네이션에 대해 말하고 있었다. 따라서 그 둘은 완전히 달랐다. 그러나 이 두 운동이 함께 있어 좋았다. 그 차이점이 분명했기 때문에 사람들은 어느 쪽을 따라갈지 선택할 수 있었다.
— 유리 코치야마(Yuri Kochiyama)[5]

내가 이 땅에 이주했던 1980년 초반에는, 길을 걷고 있노라면 자주 멸시에 찬 목소리들이 나를 향해 '치노'chino라든지 '친'chin이라고 외쳤다. 솔직히 말하면 처음에는 화가 많이 났었다. 여기에는 우선 미국에서 양극을 형성하는 백인과 흑인, (다음으로 라틴계), 그리고 어디에도 속하지 않는 '아시아계'라는 굴절된 위상이 있었다. 지배적인 백인들로부터는 그들에 종속되는 한 비교적 우호적인 대접을 받지만, 피지배적인 흑인 및 라틴계로부터는 상황에 따라 하대를 당하기도 한다. 또 하나, 당시는 몽골계의 아시아인이라면 누구나 '중국인'으로 간주되었다. 실제로 당시 거리에서 아시아의 기호라고는 방탄유리로 격리된 채 요금과 음식을 주고받는 중국집 밖에 없었다. 무엇보다 뉴욕의 어느 지구와도 다른 차이나타운의 독자적인 존재성은 그 누구도 부정하려 들지 않는 것이었다. 하지만 그 후 '아시아의 존재'는 대중적인 표상 속에서 점점 더 세분화되어 갔다. 식료/잡화점(한국계), 신문/잡지 가판대(인도계), 무술영화(중국계), 택시운전사(파키스탄계), 네일샵(한국계), 비즈니스맨(일본계), 스시가게(일본, 중국, 기타), 아니메/코믹(일본), 가정부(필리핀계) 등. 물론 아직까지 존재의 강도에서 질적으로나 양적으로 중국계에 필적하는 나라는 없다. 그러나 계속해서 확장되는 중국계 이민에 대해서는 『뉴욕열전』

---

5. 사이버 링크 http://rwor.org/a/v20/980-89/986/yuri.htm.

에서 「차이나타운의 수수께끼」라는 제목으로 분석했으므로, 아래에
서는 그 외의 다른 동아시아인의 뉴욕에서의 위상을 문제로 삼겠다.

사회학자 잔 린Jan Lin은 미국의 인종적 계급관계에 대해 다음과
같이 말했다. '미국 사회 형성에 있어서 백인의 경제적/문화적 헤게
모니는 아프리카계 미국인을 (5분의 3만큼의 자격만 가진 시민으로
규정하여) 노예상태로 몰아넣고, 선주민을 (피지배민족으로 취급해)
강제로 이주시키고, 아시아인을 (시민권 자격이 없다고) 배척하고,
라틴계를 강제 추방시키거나 준식민지적 외지인 노동자semi-colonial
guest worker의 지위에 두는 법적장치를 통해서 달성되었다.'6 그리고
이 나라에서 우리는 지금까지도 기본적으로 이러한 틀 안에서 살아
가고 있다. 그 사정이 다소 개선되었다고는 해도 그것은 지배자의 선
의나 예정된 자연적/필연적 인류의 발전에 의해서가 아니라, 어디까
지나 소수자들 각각의 끝없는 투쟁에 의한 것이었다. 그것 외에 역사
를 움직이는 힘은 아무것도 없다.

이러한 전체적인 배치 속에서 '모델 소수자'라는 동아시아 이민의
위상은 도대체 무엇을 의미하는 것일까? 여기에는 어떠한 역사성이
새겨져 있는 것일까? 이 개념이 최초에 사용된 것은 사회통계학자
윌리엄 피터슨William Petersen에 의해서라고 한다. 그는 아시아계 미국
인과 유대계 미국인을, 일찍이 소외되어 있었지만 현재 성공하고 있
는 예로서 '모델 소수자'라 칭하고 '문제적인 소수자'(=흑인/히스패
닉)와 구별했다. 이처럼 너무나도 단순한 전형적 카테고리가 형성된

---

6. Jan Lin, *Reconstructing Chinatown : Ethnic Enclave, Global Change*, Minneapolis :
   University of Minnesota Press, 1998, p. 20.

배경에는 사실 자본주의 경제와 사회주의 경제 중 어느 쪽이 더 좋으냐는, 한때 귀 따갑게 들어야 했던 논의가 있었다. 자본주의에서 자유경쟁은 (빈곤한 아프로 아메리칸에게서 볼 수 있듯이) 불평등으로 귀결된다. 그러나 동아시아 이민의 예를 보면 그들의 '우수함'에 의해 이러한 불평등을 뒤집는 것이 가능하지 않냐는 반동적이고 위험한 결론이 시사되고 있었다. 이것은 '반차별 투쟁'에 대한 안티테제로서 제기된 '차별적 개념'이기도 했다.

그 논의의 반동성에 대해서는 잠시 제쳐 놓더라도, 이러한 논의가 동아시아 이민에게 도움이 되었을까? 대답은 '아니!'라는 것이다. 그것은 어디까지나 백인 중심의 이 나라의 지배체제를 유지하는 데 편리한 위치에 동아시아인을 밀어 넣기 위한 표상이었다. 이는 미국에서 그들에게 할당된 사회적 위치와 관계가 있을지언정, 아시아 이민 자신의 본성과는 아무런 관계도 없다. 언뜻 보면, 흑인이 전형적으로 '폭력적'이라든지 '성적 과잉'이라는 식으로 여겨지며 '문제적인 소수자' 취급을 당하는 반면에 동아시아인은 높이 평가되고 있는 것 같지만 실은 여기에도 구멍이 있다. 동아시아인들은 머리가 좋지만 지나치게 두뇌형이기 때문에 신체적 역동성은 부족하다고 여겨진다. 좀 더 확실히 말하자면 남성의 경우, 성적으로 약한 '중성적' 혹은 '여성적'인 이미지가 부여된다. 요컨대 동아시아인에게 주어진 '모델 소수자'라는 표상에는 결정적인 올가미가 있다. 최후에 이상적인 존재로 군림하는 것은 여전히 서양 백인[7]이라는 것이다. 그들이야말로 이

---

7. [옮긴이] Caucasian : 원래는 캅카스 혹은 코카사스(현재 아르메니아, 아제르바이잔, 그루지야, 터키, 이란, 러시아, 등이 인접) 지역에 기원을 둔 인종을 뜻하는 말. 주로 유럽인과 연결된 백인 우월주의적 사고에서 생긴 범주지만 인도나 북아프리카 등의 민족

상적으로, 두뇌형인 동시에 신체적이다.

그러나 이러한 이미지에, 단순히 픽션이라고만 말하기 어려운 어딘지 모르게 생생한 현실성이 있는 까닭은 무엇일까? 그 까닭은 그것이 인종에 대한 진실이기 때문이 아니라 이러한 논의가 이 나라의 '인종=계급'에 근거한 사회형성과 일치하고 있기 때문이다. 이번 장에서는 '동아시아 모델 소수자'의 사회적 존재성을 한국계와 일본계를 예로 들어 고찰해 보고자 한다.

한국계 이민은 뉴욕 여러 지역에 두루 걸쳐 살고 있다. 차이나타운처럼 단단한 집합지역을 형성하는 대신에 그들의 활동은 모든 뉴욕 지구에 흩어져 있다. 뉴욕 5구의 채소가게/식료품점, 생선가게, 세탁소, 경우에 따라서는 술집, 그리고 요즘 점점 더 증가하고 있는 네일살롱들은 개인경영인 경우가 많다. 차이나타운에 가까운 의미의 집합지역으로는 5애비뉴와 브로드웨이 사이, 30~35번가 주변에 이른바 코리아타운(혹은 브로드웨이 코리아 비즈니스 지구)이 있다. 이곳에는 레스토랑, 서점, 의류 및 장식품가게, 가발가게, 그리고 은행까지 포함된 한국계 비즈니스가 집중되어 있다. 이들의 거주구역은 퀸즈의 플러싱Flushing, 잭슨하이츠Jackon Heights, 엘름허스트Elmhurst, 또 허드슨 강을 서쪽으로 건넌 뉴저지주의 버겐Bergen 카운티 등에

도 포함되어 있으므로 반드시 하얀 피부를 가진 인종만을 의미하는 말은 아니다. 현재 자연과학에서는 더 이상 사용되지 않는 이 용어가 미국 사회에서는 백인이라는 의미로 쓰이고 있으며 여기에 약간 부정적인 뉘앙스가 포함된 경우도 있다. '인종' 개념은 삶 속에 녹아 있는 문화·사회적인 표상으로서 현재의 생물인류학이나 인구유전학인 관점에서 유전자를 포함한 형질적 특징으로 규정하는 집단(인구)과는 엄밀히 구별되어야 한다. 과학과 인문학 양자에 있어 '인종' 개념의 전제나 사고방식에 대한 성찰이 필수적이다.

있다. 이들 거주구역 근처에는 반드시 한국계 기독교 교회가 다수 있다. 또한 경제적으로 성공한 사람들은 다음 단계로서 교외로 이주해 간다.

미국에서 조선계 이민의 역사는 대략 다음과 같다. 1903~1905년 사이에 약 1만 명의 이민이 주로 종교적인 자유와 보다 나은 삶을 찾아 하와이와 캘리포니아로 이주했다. 그들 대부분은 사탕수수농장에서 일했다. 1905년 일본 정부는 하와이에 사는 일본 이민의 일자리를 보호한다는 명목 아래 조선인을 미국으로 보내지 못하게 조선 정부에 압력을 가했다.[8] 그러나 그 후에도 1924년까지, 약 2천 명의 한국인이 하와이와 캘리포니아로 이주했다. 그중 소수가 뉴욕으로 건너왔다. 대부분은 기독교인, 학생, 정치적 망명자 등의 지식층으로 조선반도에서 반일운동을 펼치던 사람들이었다. 그 후 뉴욕 한인 교회가 설립되고 이것이 미국에서 조선계 반일운동의 거점이 되었다. 그중에는 콜롬비아 대학에 다니던 학생들이 있었는데 그들은 독립 후에 본국으로 돌아가 국가적 지도자가 된다. 이민의 흐름은 6·25 전쟁 직후에 다시 시작되지만 그들은 유학생의 신분으로 미국에 와서는 졸업한 후에도 미국에 머물렀다. 이 세대가 기독교 교회, 한국어 신문 『뉴욕한인협회』*The Korean Association of New York* 등을 설립했으며 현재 재미한국인의 지도자층이다. 또한 6·25 전쟁 발발 이후, 1950년부터 1964년까지 한국에서 미군 병사와 결혼한 여성들 1만5천 명 정도가 미국으로 건너왔다.

---

8. Pyong Gap Min, "Koreans : An Institutionally Complete Community", included in *New Immigrants in New York*, edited by Nancy Foner, New York : Columbia University Press, 2001, p. 175.

1965년 이민법이 개정된 후부터 본격적으로 이민이 증가하기 시작했다. 필리핀과 더불어 한국은 경제/군사/정치적으로 미국과 관계가 깊었기 때문에 주요한 이민 수출국가가 되었다. 1960년대와 1970년대에 뉴욕과 뉴저지의 의료산업이 크게 확대되면서 한국계, 필리핀계와 더불어 인도계 사람들이 이곳에 취업하기 위해 다수 귀화하였다. 1970년대에는 유대계와 이탈리아계가 대부분 운영하던 식료품점이나 다른 소매점을 한국계 이민이 사들여 영업을 이어갔다. 한국계 커뮤니티에는 경제적인 원조나 비즈니스 투자에 대한 원조 등을 목적으로 한 '계'가 존재하고 있었다. 또한 동일 민족 비즈니스의 튼튼한 연합조직 (〈한인상공인협회〉, 〈한인수산인협회〉, 〈한인세탁협회〉 등)이 형성되었다. 이민을 하는 사람들은 상점을 경영할 목적으로 가족 전부가 이주하는 경우가 많았다. 그 때문에 이들 커뮤니티의 상호부조 조직이나 직종별 상호부조 조직은 필수불가결한 것이 되었다.

'중개자 소수자'middleman minorities라 불리는 경제/사회적 역할이 존재한다.[9] 중세 유럽의 유대인, 아시아 각 지역에 있는 중국인 화교, 아프리카에 있는 인도인들처럼 지배사회의 생산품을 피지배 소수자 커뮤니티에 공급하는 상인들이다. 그들은 어떤 의미에서 사회의 양극을 연결하면서 통상하는 사회적/계급적인 중개자이기도 하다. 그 때문에 양극 간의 계급적 대립을 완충시키는 주요한 역할을 하지만 반대로 양쪽의 알력 싸움에 끼어버릴 때도 많다. 유대인이나 이탈리아인들이 교외로 나가면서 그 자리에 흑인이 거주하기 시작한 많은

---

9. 같은 책, p. 183.

지구에서, 소매점을 인수한 한국계 이민들이 그러한 역할을 담당하게 되었다. 한국계 이민들이 '모델 소수자'로 칭찬받으며 '중개자 소수자'라는 곤란한 직책 또한 인수하게 되었던 것이다. 이 때문에, 또한 이 역할의 어려움에 대한 증거로 1979년 이후 흑인지구에서 한국인들은 특히 많은 인종대립을 경험해 왔다. 상품 보이콧으로부터 점포 파괴까지 다양한 사례가 있었지만, 뉴욕의 경우 1988년과 1990년에 주로 브룩클린 플랫부시Flatbush에서 흑인계 주민에 의한 대규모의 조직적 상품 보이콧이 일어났다. (그 알력의 상황은 몇 개의 홈보이[10] 영화에 그려져 있는 대로이다). 하지만 자주 간과되는 것은 한국계 이민들이 흑인 커뮤니티뿐만 아니라 백인 상품공급자와도 대립하고 있었다는 점이다. 그들의 동업자 조직은 특히 브롱크스의 헌츠포인트Hunts point에 위치한 거대한 도매시장에서 벌어진 동아시아 소매점에 대한 인종차별적 대우에 대해 스스로 보이콧과 데모를 감행했다.[11] 여기에는 양극과의 차이를 모두 갖고, 경우에 따라서는 양자와 대립할 수밖에 없는 동아시아인의 위치가 체현되고 있다.

1990년의 인구조사에서 뉴욕 5구의 한국계 이민은 13만 4,180명으로 집계되었다. 1990년 이후에는 이전처럼 보다 나은 경제생활을 찾아서 오는 것이 아니라, 한 단계 위의 목표, 즉 자식을 위해 보다 나은 교육을 찾아 미국으로 건너오게 되었다고 일컬어진다. 한국계 이민의 지위 또한 큰 폭으로 향상했다. 하지만 오늘날엔 더욱 가난한 계급의 이민들 또한 다시 눈에 띈다. 한국 음식점에서 일하고 있는

---

10. [옮긴이] homeboy는 게토와 같은 빈민가의 흑인과 라틴계의 젊은 남성들 사이에서 서로를 지칭하는 말로, 홈보이 무비는 그러한 문화를 배경으로 하는 영화 장르이다.
11. 같은 책, p. 184.

많은 웨이터, 웨이트리스들. 네일살롱에서 서양인의 손톱을 다듬고 있는 동아시아 여성들을 보면, 역시 우리 동아시아인은 틀림없는 소수자라고 생각하지 않을 수 없다(덧붙이자면 네일살롱은 극히 최근 번성하기 시작한 인기 서비스업인데 여기에서는 손톱 발톱의 매니큐어뿐만 아니라 제모, 체모의 정비, 화장까지도 다루고 있다. 또한, 여성뿐만 아니라 남성 손님도 증가하고 있다. 이처럼 타자의 신체를 돌보는 것은 또 다른 의미에서 '모델 소수자'에 상응하는 '정동적 노동'이다).

뉴욕에 있는 중국계나 한국계에 비해, 일본인은 동족 커뮤니티의 형성성이 가장 약한 그룹이다. 일본계 기업으로부터 파견되어 온 주재원, 일본 레스토랑, 피아노 바, 클럽에서 일하는 사람들, 개인으로 건너 와서 취업한 디자이너나 미용사, 어떻게든 먹고 살고 있는 예술가, 그리고 학생들이 있다. 이들은 각자가 극히 개인주의적인 기반을 가지고 생활하고 있다. 2000년 인구조사에서 집계된 뉴욕의 일본인은 고작 2만6천여 명 정도였다. 중국인이나 한국인 같은 집합지역은 물론 상호부조 조직조차 없다. 이스트빌리지 9번가의 3애비뉴와 2애비뉴 사이에 일본 레스토랑이나 식료품점이 모여 있는 블록이 하나 있지만, 그 크기나 집중도에 있어서 차이나타운이나 코리아타운과는 비교가 안 된다. 집합성이라는 의미에서는 일, 학교, 교우 관계의 지극히 느슨한 네트워크가 존재하는 정도가 아닐까? 뉴욕의 일본계에 역사적 조직으로서 존속하고 있는 것은 20세기 초반에 결성된 〈뉴욕일본인협회〉Japanese American Association of New York뿐일 것이다.[12] 이것

---

12. [옮긴이] 이 단체의 일어명은 〈ニューヨーク日系人会〉이다. 요컨대 日系, nikkei라는

네일살롱에서 일하는 아시아계 여성들

은 문화교류나 노인들을 위한 원조 사업을 해 온 중요한 조직이지만, 서해안에서 닛케이인의 공민권 획득과 강제수용소문제를 둘러싸고 싸워 온 다른 여러 조직들 같은 전투성은 없다.

　뉴욕의 일본인이 안고 있는 가장 가시적인 문제는 '비자=노동문제'이다. 기업에서도 레스토랑에서도, 일본에서 부임해 온 정사원과 현지에서 채용된 고용인들 사이에 커다란 틈이 있다. 일본에서 부임해 온 사람들은 이미 어떤 형태의 체재/노동허가를 가지고 있지만 현지에서 채용된 사람들은 개인적으로 비자나 시민권이 없는 경우, 그

명칭은 미국에서 일본계 이민을 가리키는 말인 Japanese American과 같은 의미로 쓰인다.

것을 직장을 통해 신청하는 수밖에 없다. 이런 경우 그에 대한 부채로 과중한 노동을 강요받는 경우가 많다고 들었다. 그러나 이러한 노동문제는 현지의 노동조직이 좀처럼 문제 삼지 않으며, 무엇보다도 본인들 스스로가 결단을 내리기 힘들다. (일본이라는 국가와 공동체의 멍에로부터 자유로워지는 동시에 그 보호를 거절한다는 양의적 의미의 문턱을 넘어서기 위해서는 커다란 결의가 필요하다. 요컨대 이것은 나 개인의 문제이기도 하다.) 현지에서 채용된 사람들은 개인적으로 예술가나 뮤지션, 배우, 디자이너를 목표로 하는 경우가 많으며, 고단한 노동현장의 문제를 개개인의 장래 희망이라는 이름으로, 혹은 자신의 생계를 위한 것이 아닌 **본래 활동이라는** 이름으로 상쇄시키려고 노력하며 살아가고 있다. 이는 일본인 노동자 조합의 조직화가 압도적으로 부재한 이유이다. 중국인과는 또 다른 의미에서 뉴욕의 일본인에겐 사회로 들어가지 않는 체류자sojourner라는 뉘앙스가 강하다. 중국인의 목적이 가능한 한 돈을 많이 모아 본국으로 돌아가는 것이라면, 일본인의 경우엔 가능한 한 문화 활동에서 성공해서 돈을 모아 왕래할 수 있게 되길 바라고 있다.

그러한 의미에서 캘리포니아의 닛케이 이민사회와 뉴욕의 일본인 이민사회 사이에는 결정적인 차이가 있다. 전자의 역사는 다른 동아시아 이민의 역사와 발맞추고 있다. 그 흐름은 혼슈뿐만 아니라 큐슈나 오키나와로부터 온 이민 또한 많이 포함하고 있었다. 일본 국가, 일본 국민이라기보다는 동아시아 전체의 부분으로서, 일본군도에서 생겨난 이민의 흐름이다. 그들은 먼저 하와이와 캘리포니아에서 사탕수수나 과일재배에 종사했다. 그들의 고단한 역사를 보면 새삼 경악하게 된다. 1913년 캘리포니아주는 일본인 농민의 성공을 시기하는 백인 농민들의 이익을 대표해 일본인이 토지를 구입할 수 없도록 하는 〈캘리포니아재류외국인토지법〉을 제정했다. 또한 1924년의 이민법은 일본으로부터의 이민을 완전히 금지했다. 진주만 공격 후, 1942년 루즈벨트는 〈대통령직령 9066〉을 발동해 하와이를 제외한 모든 지역에서 (12만 명의) 닛케이 이민의 자산, 비즈니스, 직업을 몰수하고 그들을 강제수용소에 감금했다. 더욱 경악할 만한 것은, 놀랍게도 1983년까지 그 잘못을 인정하지 않다가 1988년에 이르러서야 사죄와 함께 (한 사람당 2만 달러라는 극히 적은 금액의) 배상금을 지급했다는 점이다. 이것은 미국 정부의 자발적인 반성이나 선의, 혹은 일본 정부의 압력에 의해 일어난 것이 아니라 (미국 정부와 일본 정부는 부끄러운 줄 알아라!) 어디까지나 〈닛케이 미국시민연맹〉 같은 공민권 조직이 벌인 오랜 투쟁의 결과였다.[13] (덧붙이자면 이 닛케이 운동은 일본 자동차산업의 진출에 대한 반감이 강하던 1980년대 초반 디트로이트에서 일본인으로 오인 받은 중국인 청년이 살해당하는 사건이 일어난 이래 환태평양 아시아 이민 모두의 공민권을 지키는 운동으로 방향을 전환했다.)

유감스럽지만 이러한 '닛케이 이민의 투쟁'과 그 전통이 뉴욕에서는 뿌리를 내리지 못했다. 하지만 그것을 뉴욕에서, 그것도 흑인 커뮤니티에 이식시키려고 한 극히 드문 예가 존재한다. 그것이 유리 코치야마이다. 1922년 캘리포니아 해안의 작은 마을 샌페드로San Pedro에서 태어난 그녀 역시 강제수용소를 경험했다. 그 후 1960년,

---

13. 사이버 링크 http://www.jacl.org/ 및 http://en.wikipedia.org/wiki/Japanese_American_Citizens_League.

최초의 닛케이 부대 442보병대의 참가자였던 남편과 더불어 뉴욕으로 이주하였는데 그것이 다름 아닌 할렘이었다. 그녀는 그곳에서 지역의 커뮤니티 운동에 관여하는 한편 공민권 운동에도 참여했다. 그녀는 닛케이의 역사, 그 특수성을 중요시하면서도 그것을 흑인의 역사와 가까운 것으로 인식하고 모든 소수자의 연합을 믿었다. 그녀는 말콤X와 가까워졌고 그가 〈NOI〉와 분리한 후 결성한 〈아프로 아메리칸 통일 기구〉 Organization for Afro-American Unity에 가입하였다. 말콤X가 오듀본 볼룸Audubon Ballroom에서 저격 당했을 때, 그는 그녀에게 안겨 숨을 거두었다고 한다. 그 후에도 그녀는 계속해서 소수자의 싸움에 참가하였으며, 1977년에는 푸에르토리코 독립파가 벌인 9시간 동안의 '자유의 여신상 점거'에 참가했다. 그 후 전 세계의 소수자 해방운동과 연대하는데, 최근에는 무미아 아부-자말Mumia Abu-Jamal의 지원에 관여하고 있다. 그녀는 어느 인터뷰에서 마틴 루터 킹 목사보다 말콤X의 관점이 최종적인 '핵심을 찌르고 있다'on target고 말했다.14 하지만 실제로 그녀는 공민권 운동과 흑인해방운동 양쪽 모두에 참여하고 있었다. 닛케이라는 출신 및 경험과 '보편적 소수자'에 대한 신념이 그녀로 하여금 유동적인 자리에 서 있도록 했을 것이다. 나는 그녀의 운동 형태를 보면서, 백인도 흑인도 아닌 동아시아인의 '중개자'mediator로서의 역할이 생산적으로 기능한 예가 아닐까 생각한다.

아쉽지만 현재 뉴욕의 일본계 이민사회에서 코치야마의 투쟁사는 그다지 영향력을 가지고 있지 않다. 많은 젊은 일본인들의 주요

---

14. 사이버 링크 http://rwor.org/a/v20/980-89/986/yuri.htm.

무대는 예술이나 인디 록 같은 국제적인 문화 씬이며, 그러한 맥락에서 주요 관심사항이 되어 온 것은 뉴욕 혹은 서양세계에서 생산된 '일본의 표상'이다. 서양은 '일본'을, 자기 스스로에게 질렸을 때 때때로 끄집어내서 사용하는 '이형異形의 감성'으로 삼아왔다. 그것은 서양에 존재하지 않고 또 흑인이나 다른 어떠한 소수 문화에도 존재한 적이 없는 '이상한 집착=일탈'을 체현하고 있다. 1980년대 '일본'이라는 기호는 묘하게 오래되고 묘하게 새로운 '포스트모던'의 한 전형이 되었다. 최근에는 '오타쿠'라는 존재개념이 관심의 대상되고 있다. 여기에는 '일탈한 존재양태가 새로운 도시적 생산의 전위前衛가 된다'는 자못 편리한 시나리오가 준비되어 있다. 뉴욕에서 '오타쿠'는 일본에서 형성된 현실과 미묘한 관계를 가지면서도 그것과는 별개인, 미국인의 상념 속의 구축물이 되어 버렸다. 또한 진보적인 문화 씬에 참여하고자 하는 일본인 이민은 대부분의 경우 스스로가 그 영역에 깊숙이 들어가 서양세계의 구축물이 마치 일본인의 본질인양 그것을 연기한다. 여기에는 간문화적인inter-cultural 전이에 의한 공범관계가 있으며 그것이 오늘의 글로벌 문화생산에 하나의 전형이 되고 있다.

동아시아 이민의 위상은 애매함을 가지고 있지만 분명 하나의 '분석적 경계'를 형성하고 있다. '요리', '중개자', '보디 케어', 그리고 '미'이다. 그것은 뉴욕이라는 미국의 '세계도시'에서 '정동의 생산'이라는 영역에 속한다. 이것들이야말로 '모델 소수자'에 걸맞은 지극히 중요하지만 동시에 그리 '긴급/중대'하지는 않은 생산영역이다. 즉 그것은 '가장 책임 있는 지배적 남성'이 맡아야 하는 정치, 군사, 경제의 통제나 지휘가 아니다. 또 그 지배에 직접 도전하는 투쟁도 아니다.

이 '세계도시' 내부의 '정동적 노동'의 영역에는 보다 신체적인 카테고리가 존재하고 있다. 가정부, 청소부, 보모, 현지처, 그리고 매춘이다. 현재 그러한 영역은 지구의 남반구global south에서 온 외지 여성 노동자들이 담당하고 있다. 인종적으로 그녀들은 '동아시아'의 카테고리를 살짝 포함하면서 그것을 넘어 버리지만, 직종 혹은 사회적 역할로서 '모델 소수자의 역할'의 극한을 보여준다고 간주할 수 있다. 아래에서는 '세계도시'에서 그녀들이 갖는 위상에 대해 한 번 생각해 보고 싶다.

보이지 않는 글로벌 가사노동자들domestic worker

그것이 지역적(local)인 문제였을 때 페미니스트들이 비판한 가사노동의 분업 형태는, 은유적으로 말하면 이제 전 지구적(global)인 것이 되어 버렸다.
— 바바라 에렌라이히·알리 러셀 혹실드[15]

그들의 집에서 '가사노동의 정치'는 젠더의 정치일 뿐만 아니라 인종과 계급의 정치가 되고 있다. 그리고 이것은(모든 미국인이라고는 말하지는 않겠지만) 그 지도적 엘리트가 피하고 싶은 화제이다.
— 바바라 에렌라이히[16]

다음에 나오는 짧은 에피소드는 기본적으로 지어낸 것이므로 실재하는 특정 개인과는 관계없다. 하지만 '사라'라는 이 허구의 주인공은 실재 인물들 몇몇인가를 합성한 것이기 때문에 완전히 허황된 이야기라고 말할 수도 없다. 그녀는 지극히 뉴욕적인 존재 중의 한 타

---

15. *Global Women*, edited by Barbara Ehrenreich and Arlie Russell Hochschild, New York : A Metropolitan/Owl Book, 2002, foreword, p. 12.
16. Barbara Ehrenreich, "Maid to Order," 같은 책, p. 91.

입이다.

사라는 현재 55세로 어느 정도 이름이 알려진 존경받는 개념 예술가이다. 현학적인 미술이론지의 편집위원이며 뉴욕 소재의 유명한 미술학교에서 교편을 잡고 있다. 그녀의 작품은 페미니즘의 관점에서 대중의 시각표상과 미술제도 내의 남성중심주의를 비판하는 이지적인 내용을 담은 것이 많다. 남편인 프랭크는 65세로 아이비리그에 속하는 어느 대학의 프랑스문학과 주임교수다. 그 역시 존경받는 인물로서 고도로 문학이론적인 조작을 글로벌한 인권문제나 NGO의 실천에 연결 지으려 하고 있다. 그들은 오랫동안 예술 그리고 이론의 세계에서 진보적인 뉴욕의 얼굴이 되어 왔다. 정치적으로는 온건한 반전파이며 동해안에서 열리는 대규모 반전 데모에는 가능한 한 참가하고 있다. 교직이외에도 바쁘게 세계 이곳저곳을 돌아다닐 때가 많다. 그들에게는 현재 대학생인 자식이 있는데 최근 캐나다의 한 대학으로 유학가기 전까지 필리핀 출신의 보모 겸 가정부인 가브리엘라(60세)의 손에서 자랐다. 이 부부는 업타운의 리버사이드 강변로에 커다란 아파트를 가지고 있으며, 그 외에도 코네티컷주에는 별장이, 파리에는 아담한 아파트가 있다. 뉴욕의 아파트는 일주일에 한 번 가브리엘라의 사촌인 핑키가 와서 청소를 한다. 가브리엘라는 이제 그들의 아들을 돌볼 필요가 없지만 그들이 매달 여는 만찬회를 준비하고, 코멧이라 불리는 개를 돌보거나, 빨래 및 일상적인 장보기 등을 하느라 거의 풀타임으로 일하고 있다. 고용주의 아파트에 그녀 개인의 방이 있지만 강 건너 뉴저지주의 저지시에 있는 작은 아파트에는 현재 은퇴한 나이 많은 남편이 기다리고 있다. 사라는 매주 쇼핑, 네일살롱, 헤어살롱에 다니는 것을 즐긴다. 그녀는 패션에 관심이 많아

1980년대부터 일본 디자이너 레이 카와쿠보Rei Kawakubo의 브랜드 '꼼 데 가르송' 옷을 수집해 왔다. 네일살롱의 경우 한국계, 헤어살롱은 일본계가 운영하는 곳을 다니고 있다.

에피소드는 여기까지이다. 현재 맨하튼에서 가장 많이 존재하면서도 가장 비가시적인 노동이 바로 가사노동이다. 이 노동은 대부분 지구의 남반구에서 온 외지 노동자가 담당하고 있다. 현재 미국에서 72퍼센트의 여성이 일하고 있으며, 그녀들이 할 수 없는 가사노동을 제3세계의 여성들이 맡아서 하고 있다. 1960년대 이후 미국에서는 점점 더 많은 여성들이 사회 주류적인 직장에 진출했다. 페미니즘 투쟁의 영향으로 인해 한 때 통계적으로 남성들의 가사노동량이 늘어났지만, 1990년대 후반부터는 신자유주의 글로벌 경제의 영향 하에 도시의 전반적인 기능이 활성화하면서 남자건 여자건 엘리트 전부가 자신의 커리어에 모든 활력을 집중하고 가사노동을 포기하기 시작했다. 이러한 현상은 1960년대 이후 큰 폭으로 확대되어 온, 부의 지구 북반구로의 집중과 기본적인 보조를 맞춘다.

바바라 에렌라이히와 알리 러셀 혹쉴드가 편찬한 『글로벌 우먼』이라는 주목할 만한 책에서 시사하는 가사노동에 관한 몇 가지 논점들을 살펴보기로 한다.[17] 이 문제는 결국 선진국의 페미니즘 문제와 미묘하게 얽혀있으며, 최종적으로는 남성 전체의 중대한 무책임을 묻지 않을 수 없다. 이는 특히 (병, 노령, 신체장애 등의 이유 없이도) 가사노동자에게 의지하고 있는 뉴욕의 진보파 엘리트가 가장 건드리고 싶어 하지 않는 문제 중 하나이다.

17. 같은 책.

1960년대부터 1970년대까지 페미니즘 이론은 '가사노동'에 대해 두드러진 공헌을 했다. 그리고 그 주된 방향성으로 남녀평등을 문제 삼고 이를 위해 노력했다. 가사노동자의 고용에 대해서는, 1980년경에 이미 흑인 레즈비언 시인인 오드레 로드Audre Lorde가 특히 흑인이나 기타 소수 인종의 가정부를 고용하는 것을 격렬하게 반대했다. 그러한 비판의 영향으로 1965년부터 1995년까지 남성의 가사노동 시간이 240퍼센트 증가하였고, 그 결과 그들의 노동량은 주당 1.7시간이 되었다. 그 동안 여성의 가사노동량은 7퍼센트 감소했으며 그 결과 여성의 가사노동량은 주당 6.7시간이 되었다. (결국 남자들은 가사노동을 했다고 해도 제대로 하고 있지는 않았던 것이다!) 그리고 1999년에 들어오며 전미의 가사노동은 그 14~18퍼센트를 이민노동자에게 의뢰하게 되었다. 이후 그 양은 점점 증가하는 추세다. 요컨대 오늘날 북미의 가정이란 자본주의의 외부이기는커녕 글로벌 자본주의가 이미 그 내부 구석구석까지 직접 침입한 곳이 되었다. 적어도 유복한 가정에서는 그렇다. 여기에는 중대한 함축이 있다. 요컨대 선진국의 국민들에게서 스스로의 신체를 구사하는 '정동의 생산'이라는 영역이 지워지고 있다는 점이다. 공교롭게도 그와 동시에 '가사노동의 정치'는 그다지 문제화되지 않게 되어 버렸다. 그럼에도 불구하고 '세계도시' 뉴욕의 가정 내에서는 이제 젠더 정치의 전투뿐만 아니라 인권과 계급의 정치, 세계 계급투쟁이 여전히 벌어지고 있다.

뉴욕에서 가사노동 혹은 가정부 노동의 역사는 그것이 최하층의 노동임을 확실히 알려준다. 19세기 후반에 (영국계와 네덜란드계의) 부유한 가정의 가사노동을 담당한 것은 아일랜드계와 독일계 이민 여성이었다. 그러나 머지않아 공장노동이 증가하고 그녀들의 노동은 그쪽으로 이행하였다. 대신에 남부에서 이주해 온 흑인 여성들이 가사노동을 위해 고용되었다. 1940년대까지 가정부의 60퍼센트를 담당한 것은 흑인 여성들이다. 또한 흥미롭게도 서해안에서 가정부 노동은 역사적으로 닛케이 여성의 일이었으며 현재는 라틴계가 주로 가정부 노동을 맡아서 하고 있다. 현재 뉴욕의 가정부 노동을 맡고 있는 것은 카리브계가 대다수이지만, 필리핀인, 콜롬비아인, 스리랑카인등이 뒤를 잇고 있다. 1990년대에는 가사노동의 고용량 증가로 이민 여성(외지 돈벌이) 노동자의 수가 남성 이민 노동자의 수를 웃돌게 되었다.

가사노동에 종사하는 여성 대부분은 본국에 있는 자기 아이들을 남에게 맡기고 다른 사람의 아이를 돌본다는 지극히 복잡한 입장에 처해 있다. 그에 기인하는 정신적 스트레스는 예사롭지 않다. 또 고용주와의 사이에서는 복합적인 감정이 뒤섞인 계급관계가 형성된다. 아이를 돌보는 경우엔 돌보는 아이에 대한 사랑이 싹터버리지만, 부모를 배려해서 아이들이 자신을 지나치게 따르지 않도록 신경을 써야 한다. 또 고용주는 편리를 위해 그녀들에게 정식 직업범위를 넘어서는 일을 부탁하는 경향이 있다. 애완견 돌보기라든지, 다림질, 장보기, 파티 시중, 환자의 병간호 등. 이러한 일은 몸과 마음에 과도한 노동이 되는 경향이 많다. 그녀들의 위치는 매우 양의적이다. 고용주들은 때로 하인을 부리듯이 그녀들을 혹사시키고 어떤 때는 친구처럼 그녀들에게 의존한다.[18] 그녀들은 고용주의 모든 것을 알게 되지

---

18. 아카데미상을 받은 영화 〈크래쉬〉(Crash, 2004년)에는 샌드라 블록이 분하는 매우 까다로운 부유한 가정의 젊은 아내가 어떤 계기로 평소 심술궂게 대하던 가정부에게 감정이입하는 장면이 있었다. 이는 대부분의 사람들이 말하는 것처럼 감동적인 장면

만 고용주는 그녀에 대해 무엇 한 가지도 모른다. 관심도 없다. 이러한 노동은 고용주의 정동문제 일반을 해결하는 것으로서, '순수한 일의 영역'을 훨씬 넘어선 일이다. 즉 이러한 노동은 진정한 '사랑의 생산'이며 '돌봄의 생산'이다. 하지만 그처럼 존경받아야 하는 **중요한 노동**이 사회/경제적으로 최하층에 자리매김 된다는 점에 근본적인 문제가 깃들어 있다.

　가사노동자의 임금은 압도적으로 낮다. 1998년에 그들은 일주일에 평균 223달러의 임금을 받았는데, 이 금액으로 3인 가족을 부양한다고 했을 때 일주일 평균 '빈곤선'poverty line보다도 23달러가 적다. 그럼에도 대부분의 이주 여성 노동자는 본국의 가족에게 돈을 보내기까지 한다. 여기에는 세계화에 의한 지구의 남반구와 북부의 화폐가치=노동가치의 막대한 격차가 개재해 있다. 뉴욕 주재의 필리핀 이주 여성 노동자들은, 본국에서 의사가 받는 월급과 대략 비슷한 금액을 '보모일'로 모은다고 일컬어진다. 대부분은 본국에 자신의 아이들을 위한 보모를 고용하고 있다. 그녀들은 본국에서 가정 문제로 시달린 경우가 많다고 한다. 직장을 잃은 남편의 폭력, 술, 도박 등의 문제에 전통적으로 극단적인 종속을 강요당하는 아내나 젊은 여성의 입장이 더해져, 그곳으로부터 벗어난다는 의미에서도 여성의 이주노동이 활발히 일어나고 있다. 이를 '필리핀식 이혼'이라고 부르기도 한다.[19]

　외지 여성노동자에 의한 가사노동에서 최악의 사례가 일어나는

이 아니다. 더없이 불쾌한 장면이다. 자신의 정신적인 사정에 따라 타자에 대해 이러한 양면적인 대응이 허용된다는 것이야말로 지배다!

19. 같은 책, foreword, p. 11.

곳은 놀랍게도 외교관이나 국제기관에서 일하는 관리의 가정 등의 최상류계급이다. 오늘날 유명한 이야기지만 IMF나 세계은행World Bank은 발전도상국에게 국민을 위한 기본적인 사회적 서비스를 삭제할 것, 화폐의 가치를 낮출 것, 임금을 동결할 것 등의 국내적 조건을 강요하면서 발전도상국에 대한 대부를 실시해 왔다. 동시에 초국적 기업의 입장에서 자본, 노동력, 상품이 쉽게 국경을 넘나들도록 만드는 법령에 관심을 집중해 왔다. 그 (작은) 부분으로서 미국 국무성은 특정 외국인에게 미국 체류권과 노동허가를 주는 특별 비자를 발행하고 있다. 그것은 외교관, 국제기관 (IMF, 세계은행, 유엔)의 관리와 해외에서 활동하는 미국 관료들이 자신의 가정에서 고용하는 외국인에게 지급된다. 이런 상태에서, 미국으로 건너온 가사노동자는, 비자의 발행을 담당하는 고용주가 어떤 터무니없는 요구를 해도 거부할 수 없다. 다른 일자리를 찾는 것은 불가능하며 따로 의지할 만한 관계도 없다. 이 속에서 문제가 생겨 그녀들에 대한 폭력사태, 감금까지 이르는 사례가 여러 건 일어나고 있다.[20]

몸소 겪은 경험을 토대로 미국 하층 여성노동자의 생활에 대한 흥미로운 책『니클 앤 다임드』[21]를 쓴 에렌라이히는, 파출부에 대한 에세이「주문 가정부」Maid to Order를 쓰기위해서 새로운 타입의 파출부 알선 기업 (메리메이드Merry Maid, 몰리메이즈Molly Maids, 더메이즈 인터내셔널The Maids International 등)에 취직해서 연구했다. 이들 기업은 고용주와 노동자의 관계를 비개인화하고 가정부 노동을 시스템화

20. Joy M. Zarembka, "America's Dirty Work : Migrant Maids and Modern-Day Slavery", included in *Global Women*.
21. Barbara Ehrenreich, *Nickel and Dimed*, New York : Metropolitan Books, 2001.

한다. 주 40시간에 2백 달러의 급여, 자동차로 출퇴근, 시스템화된 청소방법 등등, 이것은 가사노동의 '공장화', '테일러주의화'라고도 불린다. 급여는 개인적으로 고용되는 것보다 압도적으로 적지만 고용주와 개인적인 관계를 맺을 필요성은 전혀 없다. 이 같은 가사노동의 기업화야말로 앞으로의 경향일지도 모른다.[22] 그리고 이러한 기업화는 틀림없이 그것에 의존하는 인구를 확대해 갈 것이다.

에렌라이히가 경고하고 있듯이 이러한 경향은 미국의 중상류계급의 아이들을 어느 측면에서 점점 더 무능한 자로 만들 것이다. 타자와의 '정동'을 매개로 한 관계에서 무능한 것은 말할 것도 없으며 스스로의 생활 관리에 있어서도 불능상태가 될 것이다. 이러한 경향은 '다른 사람의 도움이 없으면 자신들이 배출한 쓰레기 퇴적물에 의해 질식해 버릴 듯한 젊은 세대를 키우고 있다.'[23] 그것은 어쩌면 지배의 형태가 완성에 가까워져 그 정점이 자기붕괴를 향해 가는 징조일지도 모른다. 하지만 어차피 그런 무능한 자들을 돕고 계속해서 포용하는 노동의 비참함은 계속될 것이다. 그럼에도 이 '세계도시'에서 우리는 '가사노동'뿐만 아니라 우리가 누리는 거의 모든 생산물과 서비스가 타자의 눈물에 의해 생산되는 사태를 살아가고 있다. 그 눈물의 커다란 흐름은 지구 남반구의 이민노동자의 눈물, 혹은 그녀들의 동포의 눈물로부터 시작되고 있다.

---

22. 그 극단적인 예는 맨하튼을 본거지로 한 신생 기업 Cross It Off Your List이다. 이 기업은 집 정리나 사무실 정리, 이사, 세탁소에서 세탁물 찾기, 애완동물 돌보기, 장보기, 저녁식사 배달, 크리스마스 선물 쇼핑까지 다양한 개인 서비스를 제공하는 기업이다. 사이버링크 http://www.crossitoffyourlist.com/indexflash.html.
23. Barbara Ehrenreich, "Maid to Order," included in *Global Women*, p. 100.

맺음말 : 아시아(소수자) 집합에 대해서

우린 반(反)백인이 아니라, 반(反)억압이야!
— 보비 씰(Bobby Seale), 〈블랙팬더당〉의 공동창시자[24]

앞에서 잠시 '동아시아의 문제'로부터 일탈했지만 이를 통해 〈닛케이 미국시민연맹〉이나 코치야마의 궤적을 쫓아 살펴 본 닛케이와 동아시아인이라는 틀에서부터 미국의 모든 아시아인, 더 나아가 모든 소수자의 위상에 대해 생각하는 지점으로 이행하고 있다. 물론 아시아이든 소수자이든, 그것이 무언가 선험적인 본질을 가지고 존재하는 것은 아니다. 그러나 서양 중심의 이 세계에서 우리 비서양인 각각의 출신은 날마다 사회적/역사적 구성물로서 재생산되고 있다. 그 '소수적 위치'를 수동적으로 누리는 것을 멈추고, 반대로 스스로 선택하고, 뒤틀고, 변형하면서 그것을 극히 전술적인 방법론적 개념, 혹은 행동양식으로 바꾸는 것도 가능하다. 그것이 많은 문화생산/사회운동과 연결되어 왔다.

서양계 다수자와 아시아인 혹은 소수자라는 관계의 축은 (앞에서도 언급했듯이) 후자(우리)는 서양의 것을 구석구석까지 알고 있지만 그들은 후자(우리)를 모른다는 것, 게다가 본질적으로 관심이 없다는 것이었다. 관심이 있다면 그들의 코드에 조응하는 경우뿐이다. 또한 지배자로서의 서양인의 의식의 특징이란 그 비대칭성에 철저히 무관심하다는 것이다. 그러나 동시에 그것은 소수자(우리)가 지배자

---

24. 사이버 링크 http://illegalvoices.org/freq/questions_about_list_membership_and_exclusion/top_questions.html에서 인용.

를 '포용'하고 있는 **세계 구조**이기도 하다. 물론 가사노동자의 예에서 아주 명백해지듯이 그 '포용'은 힘의 상징일지언정 승리의 상징은 아니다. 혹은 '정동의 전략'에서 백전백승하면서도 지배관계에서는 백전백패를 하고 있는 셈이다. 그것이야말로 소수자, 그리고 특히 그중에서도 '모델 소수자'라는 분에 넘치는 자리를 차지하라는 말씀을 받든 (우리) '아시아인' 대부분의 존재양태가 아닐까?

1990년 뉴욕에 〈고질라〉 Godzilla라는 아시안 아메리칸 예술가조직이 발족했다. 그 멤버 대부분은 미국에서 태어난 2세, 3세들로, 아시아 각국에서 태어난 이민 혹은 일시적 체류자들은 그다지 참가하지 않았다. 특히 닛케이 이민의 경우 '예술은 국제적'이라는 상념이 강해 아시아적 정체성/동일성에 관심을 가진 사람은 거의 없었다. 그때 (내가 뉴욕에 온 때와 대략 같은 시기에 일본에서 온) 미츠오 토시다Mitsuo Toshida라는 화가는 예외였다. 그만이 이 운동에 적극적으로 관여했다. 그는 다른 일본인들이 동아시아인 혹은 아시아인이라는 연대의식을 발전시키지 않은 채 '추상적인 세계인'인 것처럼 행동하는 것에 크게 비판적이었다. 동시에 그는 서해안의 '닛케이 미국인의 역사성'에 크게 관심을 가졌다. 그는 〈고질라〉와의 관계에 대해 다음과 같이 적고 있다.

1985년 뉴욕의 미술대학을 졸업하고 작가로서 활동하기 시작했지만 서양 전위미술사의 문맥에서 활동하고 있다는 것에 어려움을 느끼고 있었다. 세계 공통성을 구가하는 듯한 예술이 실은 서양적 가치의 세계 확장이었던 것이 자명했기 때문이다. 하지만 그에 대한 대안을 알지 못했다. 이에 주류 아트씬으로부터 떨어져 나와, 점차 지역 중심의 갤러리나 그것에 관련된 예술가들의 작품을 접하게 되면서 미술에서의 주류(서양 중심주의)를 상대화할 수 있게 되었다. 또한 극히 의식적인 소수자의 예술적 조류가 형성되고 있다는 것을 알게 되었다. 그러한 상황에서 〈고질라〉라는 이름을 단 아시아계 예술가들의 상호부조 조직이 1990년대 초에 탄생하였고 나 또한 그 결성에 참가했다. 그때까지 아시아계의 예술가(국제파는 별개로)는 주류로부터 간단히 무시되는 존재였지만, 조직화함으로써 정보교환이나 단체교섭이라는 카드를 가질 수 있게 되었다. 한 예로, 〈고질라〉 대표 14명이 휘트니 미술관장과 직접 만나 비엔날레의 작가선출 기준과 그 문제점에 대해 항의를 한 일이 있다. 그 외에도 많은 아시아계 작가의 전시회 출품에 대한 지원이나 월례회의, 뉴스레터 발행 등과 같은 활동을 벌였다. 그 후 1990년대 중반에서 후반에 걸쳐, 다문화주의라는 문맥에서 〈고질라〉의 활동이 어느 정도 예술계의 주목을 받게 되었다. 이에 뉴욕의 미술계 자체가 소수자 작가들을 거둬들여 상품화해 나갔지만 그 과정에서 오히려 조직으로서의 집합력은 약해졌다. 그 후 세계화의 영향도 있겠지만, 문화적 차이가 상품화되면서 초기의 〈고질라〉가 가진 소수자의 연대운동이라는 정치적인 의미는 희박해지고 활동은 끝을 향했다.[25]

통상 예술은 정치활동과는 분리되어 있다. 그리고 상식적으로는 이와 같은 운동에 관여하지 않고 추상적인 '국제인'을 연기하면서 미묘하게 (서양 중심의) 예술이 자기에게 요청하는 것을 공급하는 편이 성공하기에 빠르다고 여겨진다. 하지만 이 그룹에 관여하고 있던 예술가들은 '아시아적 표상'과 '아시아적 스테레오타입'을 군이 의도적

25. 이 언급은 특별히 이 논문을 위해 쓰였다. 토시다 미츠오(土志田ミツオ)씨에게 감사드린다.

으로 연기하는 동시에 그것을 비판하는 '1인 2역'을 연기하고 있었다. 지금도 그렇지만, 당시 예술계에서도 다양한 표상을 구가하는 것 보다는 '중성적인 형식성'을 견지하는 쪽이 더 멋있게 보였다. 거기서 '아시아적 표상'을 강조하는 것은 화려한 클럽 파티에 냄새나는 쌀겨 장아찌를 싸들고 시골서 올라온 '엄마'를 모시고 가는 것과 같은 느낌이었다. 예술이 국제적인 것은 당연하다. 그것이야말로 서양의 세계 확장이라는 역사성의 증거이므로. 아시아계 예술가는 서양의 예술을 알고 있다. 하지만 그들이 알고 있는 것은 그것만이 아니다. 그들은 '쓸데없는 것=그들의 출신에 얽힌 역사와 문화'까지 좋든 싫든 이미 알고 있다. 그들로서는 그것을 무시하는 것도 가능하다. 하지만 동시에 **어디까지나 전략적으로** 그들의 특수성을 서양적인 지식과 감수성의 범위 밖에 설정하고 서양세계를 향해 그것을 들이댈 수도 있다. 〈고질라〉는 그러한 시도였다.

이와 반대로 이후 예술계에서는 다양한 문화표상이 요청되었다. 그러한 단계에서는 서양의 기대와 소수자의 자기표출 사이에서 다양함을 보다 풍부하게 흥정하는 것이 가능하게 되었다. 그것은 세계화의 다음 단계에 대응하는 일이었다. 그러나 1990년대 초반부터 중반에 걸쳐 이 그룹이 굳이 주류에 코드화되지 않을 법한 타자성을 들이대면서, 그럼으로써 성공한 예술가집단으로 남지 않고 이러한 형태로 사라져 갔다는 것에는 커다란 역사적 의의가 있다.

방법적으로 '소수성'을 결합시킬 필요성은 북미의 아나키즘 운동에도 존재했다. 그러한 필요에서 등장한 것이 〈고질라〉가 출범했던 때로부터 대략 10년 후에 결성된 〈유색인종아나키스트〉Anarchist People of Color, APOC이다. 중심조직 없이 전미에 퍼진 이 연합체의 결성은,

'키메라의 깃발' 미츠오 토시다의 회화작품(1999년)

당시 아나키스트라고 하면 10대 백인 펑크족이라는 이미지가 너무 강해서 유색인종의 존재성이 약했던 것에 기인한다. 그때까지의 아나키스트 연합조직에는 그와 같은 차이에 관한 감수성이 부재했으며 아무튼 소수자가 개입하기 어려운 측면을 가지고 있었다. 그리하여 이 운동이 발족했지만 아나키즘을 '정체성/동일성의 정치'라는 문제에 연결해 버리는 것은 아닌가라는 당연한 비판이 따라오면서 논쟁이 시작되었다. 그러나 결과적으로 이 조직은 글로벌한 신자유주의에 대한 저항운동global justice movement에 많은 흑인, 라틴계, 아시아인을 참가시키는 계기를 만들었으며, 그러한 실천적인 공헌에 의해 높이 평가되고 있다.26

우리가 글로벌한 세계에 살고 있는 것은 자명하다. 그러나 이미 충분히 보아 왔듯이 세계화가 되면 될수록 모두가 '국제인'이 되어 똑같이 행복해지는 것이 아니라, 갈수록 인종, 언어, 문화 등의 출신에 얽힌 존재의 특수성이 사회적 계급구성의 요인으로 도입되고 있다. 특히 뉴욕 같은 '세계도시'에서 스스로의 존재성은 이미 언제나 그러한 기호에 의해 표시되고 있다. 이에 맞서는 한 가지 방법은 물론 (대부분의 유색인종이 일상적으로 그러하듯이) 그런 것이 없는 것처럼 행동하는 것이다. 그러나 그렇게 할 수만은 없는 상황이 종종 도래한다.

---

26. 사이버 링크 http://www.illegalvocies.org/.

9장

라틴계 주변의 소우주, 혹은 엘 바리오에 대해

이제는 라틴 아메리카계의 모든 민중이 북미 도시의 죽은 공간에 빛을 다시 밝히는 발전기 (dynamo)가 되었다. 미국의 도시공간을 재활성화할 필요성에 대해 도시계획자나 건축가들 은 각자 추상적인 논의를 계속하고 있을 뿐, 라틴계와 아시아계 이민들이 이미 그것을 장대 한 스케일로 실천하고 있다는 것에 대한 인식은 거의 없다.
— 마이크 데이비스[1]

들어가며 : 신체에 의한 건축, 혹은 '리듬'에 대해

도시의 구축, 혹은 보다 넓은 의미에서 도시의 생성을 파악하기 위해서는 우리의 관점을 그 '공간적 표상'으로부터 도시를 형성하는 '사회적 과정'으로 전환시켜야만 한다. 우리의 도시에 대한 인식/지각

---

1. Mike Davis, *Magical Urbanism*, London, New York : Verso, 2000, p. 67.

을 '동결된 스펙터클'로부터 보다 '유체적인 퍼포먼스'의 방향으로 향하게 해야 한다. 그것은 이른바, '건축'으로부터 '집합신체'로, '고체적 구축'으로부터 '유체적 구축'으로 사고방식을 전환하는 것이다. 그 첫 번째 과정은 대략 '공간'으로부터 '시간'으로의 인식론적 전환일 것이다.

도시적 시간은, 발터 벤야민Walter Benjamin의 실험적인 대작『파사주론』[1]의 '역사철학적 도시분석'에서 거시적macro 관점으로 고찰한 주제였다. 또한 도시적 시간에 대해 보다 미시적micro인 관점을 제기하고 있다고 여겨지는 것은 앙리 르페브르 최후의 저작『리듬 분석의 원리』이다.[2] 이 철학자는 그것을 자신의 생애에 걸쳐 써 내려간『일상생활비판』의 제4(마지막)권에 위치지운 동시에『공간의 생산』의 완결편으로 간주했다고 알려져 있다.[3] 그러나 이 도시의 철학자가 마지막까지 붙들고 있던 것은 사실 '시간론'이었다. 그것도 도시적 일상생활에서의 시공간적 복합체를 파악하는 것이었다. 거기서 등장한 것이 '리듬'이라는 개념이다.

르페브르는 '리듬분석'을 통해 '집이나 거리, 그리고 마을의 목소리를 들을 수 있다'고 말한다. 그 과정에서 안내역을 맡은 것이 우리의 '신체'다. 그것은 도시를 구성하는 생물적/심리적/사회적 리듬이

---

1. ヴァルター・ベンヤミン,『パッサージュ論』全五卷, 今村仁司, 三島憲一ほか訳, 東京・岩波現代文庫, 1993~95年 [발터 벤야민,『아케이드 프로젝트 1~6』, 조형준 옮김, 새물결, 2008] 또 이에 관해서는『뉴욕열전』(갈무리, 2010) 에필로그를 참조.
2. Henri Lefebvre, *Rhythmanalysis*. 본서의 주요부를 형성하는 "Elements of Rhythmanalysis"의 불어 원전은 *Élements de rhythmanalyse*, Éditions Syllepse, Paris, 1992.
3. 같은 책, Stuart Elden의 해설에 의함.

교차하는 중계점인 동시에 리듬분석의 측정기metronome이기도 했다. 우리의 '신체'는 도시를 경험하는 주체이며, 동시에 그 경험을 측정하는 기구이기도 하다. 이 연장선상에서 멜로디, 하모니, 리듬이라는 '음=개념'을 도입하고, 계산과 측정을 통해 주로 수적으로 고찰되던 시간인식을 가능한 한 비균등화시키려 했다. 그리하여 '리듬간의 평등'isorhythmia, '다양한 리듬의 합성'polyrhythmia, '서로 다른 리듬 간의 항쟁'arrhythmia '다양한 리듬의 연합'eurhythmia 4 등 리듬양태를 몇 개의 범주로 나눔으로써, 서로 다른 시간성으로 나타나는 도시의 '사회적 과정'을 리듬으로 고찰하기 위한 기초를 마련했다. 이러한 관점은 본서에서 문제로 삼아 온 '도시'에 대한 관점의 전환에 중대한 열쇠를 던져주고 있다고 생각한다. 즉 도시적 시간을 역동적으로 포착하는 관점에서 다시 한 번 '도시공간'에 접근하는 것 ─ 이것에 의해서만 도시적 구축/생성에 대한 보다 유체적인 관점이 가능해지는 건 아닐까?

자, 마침내 이어지는 마지막 장의 주제는 오늘날 맨하튼에서 (그리고 할렘 전체에서) 틀림없이 가장 활력이 넘치는 거리를 형성하고 있는 '이스트할렘' 혹은 '스패니쉬 할렘,' 또 다른 이름으로는 ─ 스페인어로 '동네'를 의미하는 ─ '엘 바리오'El Barrio이다. 이곳의 공간체험이야말로 반드시 다루어야 할 미래의 과제로서의 '세계도시의 리듬분석'으로 들어가는 입구를 가리켜 줄지도 모른다.

2000년 뉴욕 인구조사에서 라티노latino 혹은 히스패닉hispanic이라 불리는 주민의 인구는 약 286만 명으로 집계되었다. 뉴욕 전체 인구 중 거의 30퍼센트를 차지한다. 그 면면은 푸에르토리코, 쿠바, 칠레,

---

4. 같은 책, 결론부, pp. 67~8.

콜롬비아, 에콰도르, 페루, 베네수엘라, 멕시코 등 중남미 각국에서 온 이민과 그들의 후예들이다. 그들은 많든 적든 미국 안에서 비슷하게 소수적인 사회적 위치에 속해 있으며 기본적으로 스페인어를 공유하고 있기 때문에, 뉴욕(미국)에서 만나 다른 어느 곳에서도 일어나기 힘들어 보이는— 차이와 모순을 포함한— 특이한 교류interaction를 실현하고 그 결과 실제로 풍부한 혼합문화를 형성해 왔다. 현대 세계도시에 대한 사색자 마이크 데이비스는 『마술적 도시주의』에서 미국에서 라틴계 이민이 갖는 사회적 위치의 특이성을 분석하면서 동시에 그들이 형성해 온 거리의 문화를 칭송하고 있다.[5] 기본적으로 미국에서 만들어진 인종적 담론은 현재까지도 흑백의 이항대립에 의해 지배되고 있으며, 아시아계도 라틴계도 그러한 색깔 분리의 도식 안에서 불가피한 위치에 놓여 있다. 이러한 인종적 담론 속에서 그들은 각각 '비가시성'으로서 존재한다. 하지만 아시아계의 비가시성과 라틴계의 비가시성은 전혀 다르다. 그리고 바로 이런 '비가시성'의 내용, 혹은 '시각적 표상의 빈곤'이야말로 '리듬분석'으로만 접근할 수 있는 도시의 '사회성'과 같은 뜻이라는 것이 나의 생각이다.

첫 부분에 인용한 데이비스의 말처럼 라틴계와 중국계 이민이 활기차게 교류하는 거리야말로 죽음에 임박한 북미 도시를 구하고 있다. 그 명백한 사실을 도시계획가나 건축가들은 확실히 인정하지 않고 있다. 어째서일까? 도시형성의 본질에 대한 이러한 인식이 도시계획이나 건축의 담론, 혹은 넓은 의미의 '구축의 담론'에서 빠져 있다는 것은 이 담론들이 여전히 서구중심주의적인 미국 권력과 암묵적

---

5. Mike Davis, *Magical Urbanism*, p. 9.

으로 공모하고 있다는 증거이다. 하지만 여기서 우리가 더욱 관심을 기울인 것은 뉴욕에서 차이나타운이 거리를 활성화하는 방식과 엘 바리오가 거리를 활성화하는 방식이 다르다는 점이다. 전자에서 거리를 활성화하는 것은 (기본적으로 다른 경제를 사는) 무수의 사람들과 물품의 '밀집'의 힘이고, 후자는 오히려 (반드시 가시적인 것은 아닌) 수행적인 공간의 사용, 거리에서의 유희성이 풍부한 교류를 통해 거리 활성화에 공헌하고 있다. 이것이 앞으로 서술할 내용의 주조음을 이룬다.

무엇보다도, 라틴계의 사람들은 세계에 자랑할 만한 문자 그대로의 '리듬문화'를 가지고 있다. 아시다시피 그 전형은 뉴욕에서 발전한 살사다. 살사야말로 뉴욕에서 다양한 라틴계 문화의 혼합을 구현했다. 살사는 1940~50년대에 도입된 아프리카, 즉 쿠바계 재즈 리듬에 푸에르토리코 현지에서 발전해 온 사회비판과 축제음악plena의 전통이 섞이며 형성되었다고 한다. 거기에는 물론 서로 다른 버전들이 있다. 쿠바인 가수 셀리아 크루즈Celia Cruz, 푸에르토리코인 트롬본 연주자인 윌리 콜론Willie Colón, 파나마인 가수겸 연주자인 루벤 블레이즈Rubén Blades, 도미니카인 프로듀서 조니 파체코Johnny Pacheco. 어쩌면 이토록 훌륭하고 기적적인 만남인가. 나에게 있어서 살사를 듣는 기쁨은 엘 바리오를 방문하고 다양한 민중문화의 독특한 교류와 혼합을 체험하는 기쁨과 한없이 가깝다. 하지만 잊어서는 안 될 것은 이것을 양성한 역사성이다. 이러한 혼합은 원래 서양세계에 의한 노예무역과 식민지경험이라는 슬픈 역사의 사생아였다. 그 의미에서 엘 바리오의 힘은 —『뉴욕열전』에서 분석한 브루클린 카리브계 이민의 거주 구역이 그렇듯이 — 마르티니크 출신의 철학자이자 시인인 에두아르

글리상이 말한 '크레올화', 즉 불행한 역사성 안에서 새로운 관계성의 공간을 여는 '혼합의 사상'과 호응하고 있다.[6] 결론적으로 여기엔 '슬픔의 역사를 힘으로 바꾸는 장치'인 민중문화의 힘과 그 수수께끼가 깃들어 있다.

엘 바리오 소사 小史

이곳에 모인 사람들은 늘 〈저편〉에서, 저 넓은 세상에서 온 사람들이다. 그들은 자신이 끌고 온 깨지기 쉬운 지식을 제공하겠다는 결심을 하고 왔다. 이 깨지기 쉬운 지식은 거만한 과학이 아니다. [하지만 그것을 통해] 우리는 우리가 하나의 흔적(trace)을 더듬어 가고 있다는 것을 감지한다.
— 에두아르 글리상[7]

　　현재 시내에서 라틴계 인구는 대략 6개의 거주구역을 형성하고 있다. 맨하튼의 최북부에 위치한 워싱턴하이츠, 이스트할렘(엘 바리오), 다운타운의 로이사이더Loisaida, 브롱크스의 맘보 시티, 퀸즈의 코로나와 잭슨하이츠, 그리고 브룩클린의 선셋파크이다. 이들 커뮤니티의 집합성은 각각 그 시대도 출신도 다르다. 이들의 역사는 정말로 다양한 '흔적'trace과 그 흔적들이 교차하는 이야기이다. 여기에서는 '이스트할렘'의 역사를 중심으로 이야기를 풀어가 보자.
　　초기에 뉴욕으로 이민해 온 서인도제도 라틴계에는 쿠바의 시인 겸 저널리스트인 호세 마르티José Martí, 1853~95나 푸에르토리코의 교

---

6. Édouard Glissant, Traité du Tout-Monde, Poétique IV. 일어판, エドゥアール・グリッサン, 『全一世界論』, 恒川邦夫訳, 東京・みすず書房, 2000年.
7. 같은 책, p. 13. 대괄호 안은 이 책의 저자 이와사부로 코소가 첨가한 부분임.

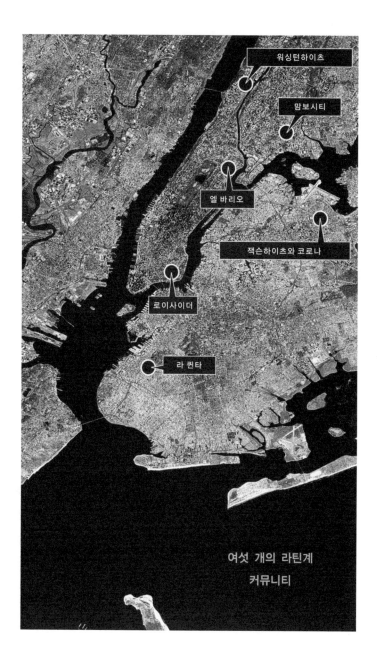

여섯 개의 라틴계
커뮤니티

워싱턴하이츠

맘보시티

엘 바리오

잭슨하이츠와 코로나

로이사이더

라 퀸타

육가 에우헤니오 마리아 데 호스토스Eugenio Maria de Hostos, 1839~1903등 주요 독립운동가들이 포함되어 있었다. 그들 대부분은 정치적인 이유로 망명했다. 그리고 뉴욕시에 쿠바/푸에르토리코 연합인 〈안틸제도인〉Dos Antillas이라는 거점을 세우고 스페인으로부터의 독립운동에 매진한다. 이는 동시에 북미에서 라틴계 이민의 간민족적인inter-ethnic 조직화를 담당하게 된다. 참가집단 중에서 가장 큰 영향력을 가졌던 것은 당시 대다수가 종사했던 담배제조업의 노동자 조합인 〈담배노동자연합〉Tabaqueros이었다. 이것이 '대중위원회'(1893년)를 결성하고, 조금씩이지만 뉴욕시정에도 그 영향력을 확대해 간다.

1900년경, 카리브제도에서 온 라틴계이민 7천5백 명 정도가 주로 브루클린의 레드훅Red Hook 및 (로이사이더의 전신인) 맨하튼의 로어이스트사이드나 첼시에 거주구를 만들었다. 하지만 이후 현재의 이스트할렘으로 주요 거주구역이 이동했다. 원래 이곳은 아일랜드계나 이탈리아계 이민이 점유하고 있었지만 유럽계 이민들이 차례로 떠나가면서 그 자리에 푸에르토리코계 주민이 증가했다. 이미 여러 번 다루었던 ― 이민에서 국민으로 즉, 슬럼주민에서 교외주민으로 ― 라는 패턴이다. 그 후에도 얼마간은 담배제조업 노동자가 그들의 주된 직종이었다.

1898년 스페인-미국 전쟁에서 스페인이 미국에 항복한 후, 뉴욕 라틴계 주민의 대다수를 점하는 푸에르토리코계 이민의 사회적 위치가 크게 변한다. 요컨대 1917년에 통과된 〈존스 법안〉Jones Act에 의해 시민권을 얻은 시점까지 그들의 입장은 허공에 매달려 있었다. 독립 국민도 미국인도 아니었다. 시민권이 없는 속국인 대우를 받았다. 그러다 20세기 초반부터 할렘의 라틴계 거주구역을 푸에르토리코계가 점유하게 된다. 1926년까지 남북으로 90번가에서 116번가, 동서로는 1애비뉴에서 5애비뉴까지 아우르는 하나의 구역과, 남북으로 110번가에서 125번가, 동서로는 5애비뉴에서 맨하튼애비뉴에 이르는 또 하나의 구역이 엘 바리오가 되었다. 그들 커뮤니티 내부에 다양한 상호부조기구가 조직되고 스페인어로 쓰인 각종 신문이 배포되면서, 문화와 커뮤니티의 유대관계가 소중하게 유지되었다. 어떤 의미에서는 그것이 현재까지 계속되고 있는데 이는 거리에서 **미묘하게 가시적**이다. 20세기 중반에 엘 바리오는 급격한 인구증가를 맞게 된다. 1940년부터 1970년 사이에 6만1천 명에서 81만7천7백 명으로 증가한다. 1946년부터 1964년 사이에는 푸에르토리코 현지의 5분의 2나 되는 인구가 뉴욕이나 동해안 지역의 다른 도시로 이주했다고 일컬어진다.

1958년에 공식적으로 '푸에르토리코인의 날'이 지정되고, 동시에 지역의 푸에르토리코계 지도자가 시정에 관여하기 시작한다. '푸에르토리코인의 날'은 매년 6월의 두 번째 일요일이다. 푸에르토리코인들이 중심이 되어 5애비뉴를 행진하고, 각지에서 블록파티나 문화적인 행사가 개최된다. 하지만 이 축제가 언제나 평화롭게 끝나는 것만은 아니다. 주최측으로부터 공식적으로 퍼레이드에 초대받는 〈라틴 킹스〉Latin Kings라는 청년 그룹의 경우 뉴욕 시경에서는 '갱단'으로 지목되고 있다. 2000년 이후에는 부당한 집단체포 등의 사건이 다발하면서, 시경과 푸에르토리코계의 젊은 민중 사이의 대립이 긴장감을 불러일으키고 있다.[8]

---

8. 『뉴욕열전』(갈무리, 2010)에서도 몇 번인가 말했듯이 젊은이들의 '무리/도당'은 경우

'행동하는 빈자의 정원'(로어이스트사이드). 하얀 작은 집(Casita)에는 푸에르토리코의 혁명가 페드로 알비즈 캄포스의 사진이 걸려 있다.

푸에르토리코 독립투쟁Lucha por la Independencia Puertoriqueña은 19세기 중반부터 현재까지 다양한 형태로 — 폭력적으로 또는 비폭력적으로 — 계승되어 왔다. 1898년 이전에는 스페인으로부터의 독립이며, 그 이후에는 미국으로부터의 독립이다. 20세기 초반 급진적인 독립운동을 주도했던 푸에르토리코 국민당의 창설자 중의 한 사람인 페

에 따라서는 갱이 되기도 하고, 커뮤니티 활동가 그룹이 되기도 하며, 또 힙합과 같은 문화집단이 될 수도 있다. 이 미묘한 역동성을 이해하지 못한다면 도시적인 집합신체의 혁명성/능산성은 결코 볼 수 없을 것이다.

드로 알비즈 캄포스Pedro Albizu Campos, 1891~1965는 지금까지도 이스트 할렘이나 로이사이더의 영웅이다. 그 후 1950년대에 국민당은 무장 투쟁노선으로 나아가 심지어 미국 대통령 해리 트루먼Harry Truman, 1945~53의 암살을 기도하기도 했다(하유야봉기The Jayuya Uprising라고 불린다). 또한 1954년에는 미국 의회를 공격해 여러 명의 정치가에게 부상을 입혔다. 한편, 1946년에 결성된 푸에르토리코 독립당은 선거 와 같은 합법적인 방법에 주안점을 두고 있는데, 이것이 현재의 주류 파이다.

미국의 대중매체에 푸에르토리코 즉 엘 바리오라는 표상이 등장 한 것은 1950년대 후반부터 1960년대 초반의 일이다. 예를 들어 대중 음악의 영역에서는 필 스펙터Phil Spector의 제작으로 벤 킹Ben King이 노래한 〈스패니쉬 할렘〉(1960년)이 선풍적인 인기를 끌었지만 여기 에 도시 슬럼의 황폐함은 그려져 있지 않았다. 이 노래는 가난하지만 이국적인 근린공간을 오히려 로맨틱하게 부르고 있다. 비슷한 시기 에 만들어진 (일본에서도 유명한) 뮤지컬/영화 〈웨스트사이드스토 리〉에 등장한, 백인계 갱단에 대항하는 푸에르토리코계 갱단은 어디 까지나 '미국'을 사랑할 수 없는 타자로서 그려져 있다.

1960년대 이후 취업난이나 생활공간의 황폐화 등, 빈곤과의 싸움 이 시작된다. 운 나쁘게도, 라틴계 이민 증가가 뉴욕시의 탈산업화와 동시에 일어난 것이다. 『뉴욕열전』에서도 소개한 〈영 로즈〉Young Lords(젊은 군주들)를 시작으로 〈푸에르토리코 사회당〉PSP, 〈엘꼬미 테〉El Comité(위원회), 〈푸에르토리코학생동맹〉 등 이민 제2세대의 전 투적 그룹이 활약하기 시작한 것 또한 이 무렵부터이다. 이스트할렘 과 로어이스트사이드에 거주하는 뉴욕의 푸에르토리코인들은 왕성해진 커뮤니티 운동의 맥락에서 스스로를 (뉴욕의 푸에르토리코인임을 강조하는) 뉴요리칸Nuyoricans 이라고 불렀으며, 실제로 그렇게 불리게 되었다.

라틴계 음악 중에서 미국 음악에 빠르게 영향을 미친 것은 쿠바계이다. 1940년대에 마치토Machito, 1912~84의 아프로-쿠바 재즈가 뉴욕에 진출하여 디지 길레스피Dizzy Gillespie 등에게 영향을 준 것은 유명하다. 쿠바계 이민의 전성기는 1959년부터 1962년 사이였다. 카스트로에 의한 쿠바혁명의 영향으로, 혁명전의 지배층 중 대략 15만5천 명이 미국으로 망명했다. 그 다수는 플로리다에 정착했지만 그 외대부분은 뉴욕으로 건너왔다. 쿠바혁명은 북미의 좌익세력을 크게고무시켰다. 하지만 쿠바계 이민사회의 주류파는 그 출신으로 인해보수/반동적이라 일컬어진다. 그 후 이민의 큰 파도가 밀어닥친 건1980년대 후반부터 1990년대 전반이다. 5천 명 정도가 뉴욕으로 이주했다. 이 당시, 이전부터 민족 산업으로 번창했던 쿠바의 담배산업이 폐업하게 되면서 많은 사람들이 본국에서 일자리를 잃었다. 현재쿠바계 이민은 맨하튼 최북단의 워싱턴하이츠와 퀸즈의 잭슨하이츠지구에 거주구를 이루고 있다.

뉴욕에서 라틴계 인구 제2위를 자랑하는 도미니카 공화국계 이민은 1961년에 본국의 정변을 계기로 증대되기 시작했다. 이 인구는워싱턴하이츠와 퀸즈의 코로나 지구에 커뮤니티를 이루었다. 1980년대에는 소규모 비즈니스를 시작할 목적으로 많은 사람들이 건너왔으며 1990년대 초반에는 뉴욕시 대부분의 식료 및 잡화점bodega을 소유하게 되었다. 콜롬비아계 이민은 1950년대의 참혹한 내전을 계기로증가하여 퀸즈의 잭슨하이츠에 커뮤니티를 이루었다. 콜롬비아계 이민의 흐름은 1990년대까지 계속되었다. 에콰도르계 이민은 1990년 대 이후부터 시내에서 점차 눈에 띄기 시작했다. 지하철에서 하얀 블라우스에 금팔찌와 금목걸이를 한 여성들을 보게 된다면, 직물공예로 알려진 오타발로Otavalo 지역에서 온 원주민일 가능성이 많다.

1990년대에 들어서 이스트할렘과 뉴욕 전역에 압도적으로 증가하고 있는 것은 멕시코계 이민이다. 이후 계속 증가하고 있는데 그 면면은 — 푸에블라Puebla주 남부, 오하카Oaxaca주 북부, 게레로Guerrero주 동부 등의 — 원주민을 포함하여 복수의 다양한 정체성/동일성을 가지고 있다. 그들은 이스트할렘뿐만 아니라 퀸즈의 코로나와 잭슨하이츠 그리고 브룩클린의 선셋 파크에까지 이주하고 있다. 이 그룹은 뉴욕(미국)에서 가장 신참 이민으로, 아직 정치적 대의representation나 표상이 이루어지지 않았고 그들만의 언어를 충분히 형성하지 못하고 있다. 그러나 에필로그에서 말하겠지만, 그들이야말로 국경을 넘나드는 세계민중 정치의 가능성의 중심일 것이다.

7장「할렘전」에서 다루었듯이, 할렘의 형성을 고찰하는 데 있어서 미국 흑인뿐만 아니라, 그 지역으로 이주해 운동체로서의 '지역 생성'에 엄청난 공헌을 한 (라틴계를 포함한) 카리브해역에서 온 이민의 역할을 무시할 수 없다. 특히 뉴욕의 구축/생성을 고찰하는 데 있어 흑인과 라틴계 상호관계의 중요성은 강조하지 않을 수 없다. 피부색이라는 의미에서 카리브해역계의 사람들은 — 흰색, 황색, 오렌지색, 적색, 갈색. 흑색 등 — 다종다양하다. 아프리카계와 원주민의 피가 주류를 이루며 다양한 편차로 혼합된 비백인이라는 사실에서부터, 미국 흑인과 사회적으로 소수적인 위치를 공유하고 있지만 거기에는 미묘한 차이가 있다. 순수 흑인이 아니라는 점에서 경우에 따라서는 백인과 동일시되어 버리는 경우도 있다. 또 외국인(혹은 외국계)이라는 이점도 있다. 하지만 이들은 미국에서 역사적으로 흑인이 쟁취한 정치력을 가지고 있지는 않다. 이는 푸에르토리코계가 다수파인 할렘에서도 마찬가지로, 대의정치에서 그들의 영향력은 흑인과 비교했을 때 여전히 압도적으로 약하다.

미국 흑인과의 관계성에서 흥미로운 행보를 보인 두 명의 대표적인 푸에르토리코계 활동가를 소개하겠다. 이들은 '인종정치'라는 의미에서 대조적인 방향으로 나아갔다.[9] 그 갈림길은 '도시 내부의 도시' 할렘에 있었으며, 그들의 방향성은 두 가지의 할렘 즉 흑인 할렘(센트럴 할렘+슈거힐)과 이스트할렘(엘 바리오)의 공간적 분절화 및 역사형성과 중첩되어 있었다.

그중 한 사람은, 현재 뉴욕시립도서관의 할렘분관인 아프로 아메리칸의 자료관으로 세계적으로 유명한 '숌버그흑인문화리서치센터'Schomburg Center for Research in Black Culture를 창설한 아르투로 숌버그 Arturo Schomburg, 1874~1938이다(7장 309쪽의 사진을 참조). 그는 1891년에 뉴욕에 도착했다. 그 후 필생의 사업으로 미국의 아프리카계 민중의 역사에 대한 자료를 수집하기 시작했다. 독학으로 흑인의 역사 연구가 + 자료수집가로서 확실한 인류적 공헌을 하였다. 이 땅에서 인종차별을 받은 경험에서 자신을 아프로보린퀘뇨afroborinqueño 10(= 아프로-푸에르토리칸)라 불렀으며, 1892년에는 앞서 언급한 쿠바/푸

---

9. Winston James, *Holding Aloft the Banner of Ethiopia*, pp. 195~231을 참조.
10. [옮긴이] 보린퀘뇨(borinqueño)는 푸에르토리코인들이 스스로를 일컫는 말이며 푸에르토리코의 선주민 Taíno 말로 푸에르토리코 섬을 가리키는 보리켄(Boriken)에서 파생되었다. Boriken은 용감하고 고귀한 군주의 위대한 땅이라는 의미이다.

에르토리코계의 혁명적 내셔널리스트 운동 〈안틸제도인〉의 기관지 창간에 관여했다. 오랜 노력 끝에 1911년, 저널리스트이자 연설가인 존 에드워드 브루스John Edward Bruce, 1856~1924와 함께 '니그로사 연구회' 창설에 참가한다. 이후 듀 보이스, 휴버트 해리슨, 제임스 월덴 존슨, 알렌 로크 등 쟁쟁한 할렘 지식인들이 그들의 저작활동에 있어 숌버그의 지식/정보/자료의 은혜를 입었다. 그는 흑인계 푸에르토리코인이었지만 범아프리카주의자, 흑인 민족주의자로서 생을 마감하고자 했다. 사진을 보면 그의 얼굴은 순수 흑인이라기보다는 오히려 라틴계에 가깝다. 그러나 7장에서 언급한 시릴 브릭스와 같은 의미에서, 그는 스스로 선택하여 '흑인이 된' 것이었다.11 그는 푸에르토리코인이라는 자기의식조차 버리고 아프로 아메리칸과 동일화했다. 아프로 아메리칸 여성과 결혼하였으며, 푸에르토리코계의 이스트할렘이 아닌 산후안힐이나 센트럴 할렘의 아프로 아메리칸 거주구역에서 살았다. 그는 가비를 존경했지만 〈UNIA〉에는 참가하지 않았고 혁명적인 급진주의자였지만 공산당에 가맹하지 않았다. 자료수집가로서 자신의 임무를 분별한 이 신중함에는 오히려 상쾌한 면모마저 있다. 그의 열정은 삼각무역의 영향 아래 노예가 되어 신대륙에 팔려온 모든 아프리카계 민중과 그 자손에 대한 모든 자료를 수집하는 것이었다. 여기에는 흑인 민족주의가 글로벌한 스케일에서 상정한 '하나의 인

---

11. 우리는 특정한 '타인종이 되기'라는 가능성의 문제에 대해서 생각해 보아야만 한다. 생각건대 이것은 훌륭한 가능성이다. 하지만 지금 그것은 일방통행이다. 사람은 열세 인종이 될 수 있지만 그 반대는 불가능하다. 예를 들면 제도적으로 타인종이 백인이 되는 것은 생각할 수 없다. 이에 대해 거의 백인으로 밖에 보이지 않는 브릭스와 라틴계로 밖에 보이지 않는 존 버그는 평생 '흑인'으로 살았다.

종=블랙'과 그 장대한 단결이라는, 인류사상 가장 중요한 '유토피아 충동'의 하나가 숨 쉬고 있다.

헤수스 콜론Jesús Colón, 1901~74은 숌버그와 대조적이었다. 그는 국제적 사회주의자로서 브룩클린과 이스트할렘의 푸에르토리코인 커뮤니티에 공헌하였고, 어디까지나 푸에르토리코 내셔널리스트로서 생을 마감했다. 푸에르토리코 본토의 담배산업은 스페인-미국 전쟁(1898년) 이후 미국 기업이 독점적으로 장악하게 되었다. 그러한 상황에서 푸에르토리코와 쿠바 양국의 〈담배노동자조합〉은 더욱더 강력해져 갔다. 양국의 노동자 급진주의라는 전통은 결과적으로 이 조합에 의해 만들어졌다고 일컬어진다. 이 조합이 관여하고 있는 직장에서는 노동시간 중에 '읽어주는 사람=라렉투라la lectura'를 불러 책이나 현대의 여러 사건에 대한 논평을 읽게 했다. 덕분에 노동자들은 문맹일지라도 역사적 지식과 현대의 정보에 정통하고, 다양한 문제에 대해 격렬히 논쟁을 벌일 수 있었다(지식과 정보공유에 대한 이러한 정열은 축제음악 '플레나'plena의 정열과도 관련이 있지 않을까). 콜론은 그러한 환경에서 자라 유소년기부터 격렬한 조합투쟁을 경험하였으며, 또 '읽어주는 사람'을 통해 맑스나 졸라의 저작과 접했다. 1915년에 〈푸에르토리코 사회당〉을 설립한 것도 이 조합이었다. 콜론은 1918년에 뉴욕으로 건너온다. 먼저 사회당원이 되었지만 1933년에는 공산당에 가입했다. 〈푸에르토리코인노동자연맹〉의 의장을 지냈으며 『데일리 워커』, 『메인스트림』, 『워커』 등 공산당계의 신문과 잡지에 칼럼을 실었다. 1947년에는 노동운동, 특히 〈국제노동자단〉IWO의 스페인어계 그룹(19만 명)을 지도한다. 1950년대의 이른바 맥카시즘=빨갱이사냥의 시대에 워싱턴의 '반미분자활동조사위원회'

에서 조사받지만, 그는 '기본적 인권이나 기타 권리를 인민으로부터 탈취하려는 이러한 위원회에는 협력하지 않는다'며 기필코 발언을 거부했다. 그는 뉴욕의 푸에르토리코인 커뮤니티에서 '뉴요리칸 운동의 아버지'로 불리고 있다.

푸에르토리코인은 흑인과 마찬가지로 할렘에서 고유의 커뮤니티를 형성한 소수자였다. 그러나 그들의 자의식은 아프로 아메리칸과 확실히 다르다. 흑백간의 스펙트럼에 따라 동포 내부에서 입장의 강약이 존재하고 있는 것도 사실이다. 그러나 유럽계 지배계급에 대면할 때 그들은 실제로 섬으로서 존재하는 영토성을 토대로, 흑인도 백인도 아닌 '푸에르토리코인'이라는 국민의식을 강조한다. 그것이 독립을 향한 집합적 의지 속에서 구체화되어 간다. 이러한 의미에서 콜론의 활동은, 인종보다 '계급과 국민성'에 근거한 푸에르토리코인의 의식을 반영하고 있었다. 이러한 의식은 이스트할렘의 커뮤니티에서 다양한 유형의 공공공간의 형성으로 표현된다.

미국에서 소수인종은 미국 국민성nationality에 대해 두 가지의 다른 요인을 가지고 있다. 인종과 민족성ethnicity이다. 그들 각각의 '소수성'의 내용은 이들 두 요인의 상호작용에서 결정된다. 인종은 배타적 카테고리이며 그 계층서열적인 자리매김은 대단히 단순명료하지만 민족성은 ― 서양과의 관계에서 소수자적인 위치를 가지면서 ― 각기 다른 포괄성을 양성해 간다. 그것은 문화의 힘과도 관계된다. 그러한 의미에서 센트럴 할렘과 이스트할렘, 요컨대 아프로 아메리칸계와 라틴계는 미국 국민성에 대해서 각각 다른 형태로 소수적인 위치를 살아가고 있다. 그곳에서 비극이 태어나는 한편 또 다른 힘이 깃들어 있었다.

116번 가

렉싱턴애비뉴

엘 바리오 혹은
이스트할렘

엘 바리오 소요逍遙

116번가
현란 속의 마르케타
책은 필요 없다
우리의 문화도
우리의 역사도
이 거리에 있다
......

— 윌리 페르도모[12]

　지하철 6호선의 96번가 지하철역 부근(372쪽의 지도에서 ①)에
서부터 북쪽으로 올라가 보자. 여기서부터 남서쪽으로 5애비뉴를 따
라 백인 부유계급의 고급주택들이 늘어서 있다. 북쪽에서는 렉싱턴
애비뉴를 따라 이스트할렘이 펼쳐진다. 100번가를 넘어가면 급경사
의 언덕(=오르막길과 내리막길)이 분수령을 넘은 것을 알려준다. 이
두 지역의 차이는 매우 심하다. 센트럴파크의 동쪽을 남북으로 지나
가는 5애비뉴를 따라 나란히 선 건축물들은 대단히 아름답고 그 시
각적인 훌륭함은 이스트할렘의 빈곤함을 더욱 두드러지게 한다. 하
지만 이 시각적인 빈곤함 안에 라틴계 커뮤니티가 거리에서 만드는
사회적 관계형성의 풍성함, 고체적 구축에 대응하는 유체적 구축, 혹
은 '공간형식의 유토피아'에 대응하는 '사회적 과정의 유토피아'가 숨
쉬고 있다. 이 동네(=엘 바리오)에는 우선 옛날부터 있었던 집합주택
풍의 임대아파트가 많이 남아 있으며 식료잡화점bodega에는 대낮부

---

12. Willie Perdomo, "Reflections on the Metro North, Winter 1990", included in
Aloud-Voices from the Nuyorican Poets Café, edited by Miguel Algarin and Bob
Holman, New York : An Owl Book, 1994, p. 116.

보타니카의 쇼윈도

터 근처 주민들이 삼삼오오 모여든다. 이러한, 주민들의 집합신체의 거리에서의 현전 — 이것 자체가 도시적인 부wealth인 것이다. 소매점은 지금도 대부분 가족에 의해 경영되는 형태이며 체인점이 아니다. 날씨가 좋은 계절의 휴일에는 사람들이 커뮤니티 정원이나 공터에 모여 파티 준비를 한다(가령 103번가와 렉싱턴 애비뉴에 있는 모데스토플로레스Modesto Flores 가든(372쪽의 지도에서 ②)에서는 늘 근린공간을 위한 집회, 시 낭독, 퍼포먼스, 파티가 열린다). 여름에는 가로변에 테이블을 내놓고 도미노게임에 열중인 그룹도 있다. 이 지구에는 이발소와 헤어살롱이 몹시 많다 — 생각해 보면 이러한 가게들도 사람들이 모여 이야기를 나누는 장소이다. 작은 교회들과 지역민 회원제인 각종 소셜클럽(사교클럽)도 눈에 띈다. 두세 블록에 하나씩,

'보타니카'botanica라 불리는 '혼합주의적 천주교'syncretic Catholicism의 의례용구 — 인형, 성상, 부적, 허브, 향, 물약 — 를 파는 약간 섬뜩한 가게가 눈에 들어온다.

이 모든 장소들은 각기 다른 집합의 방법론을 보여 주고 있다. 이러한 다양한 공통공간의 형성방식들은 푸에르토리코계 이민이 지닌 풍요로운 전통의 증거이다. 센트럴 할렘(즉 흑인 할렘)에서 점차 없어지고 있는 거리를 구축하는 기술이, 기쁘게도 이 동네에는 여전히 살아있다.

렉싱턴 애비뉴를 따라 줄지어 선 건물 벽면에는 다양한 벽화가 지역의 역사를 엮고 있다. 거리 자체가 미술관에 들어가지 않는 민중적 예술의 전시장이다. 작품으로는 민담으로부터 커뮤니티의 역사적 설화, 민족적 영웅의 초상화도 많다. 사실주의적인 구상화에서 보다 추상화된 모자이크화까지 다양한 스타일이 폭넓게 존재한다. 엘 바리오의 역사를 그린 〈이스트할렘의 영혼〉The Sprit of East Harlem(372쪽의 지도에서 ③)은 103번가와 렉싱턴 남쪽의 벽을 차지하고 있다. 이 벽화는 1973년에 행크 프러싱Hank Prussing에 의해 제작되었고 1998년에 매니 베가Manny Vega에 의해 복구되었다. 단숨에 북상해서 109번가와 렉싱턴 애비뉴 부근으로 가면, 여기엔 〈푸에르토리칸 콜렉티브〉Puerto Rican Collective라는 공동제작 그룹이 그린 푸에르토리코의 여성혁명가 롤리타 레브론Lolita Lebrón, 1919~2010의 초상화가 있다. 이것은 현재 색이 바래 있어 아마도 곧 다시 그려질 것이다. 다시 파크 애비뉴 위쪽을 달리는 메트로 노스 철도의, 돌담으로 만들어진 고가철도 반대쪽을 남하하면 나오는 106번가에는, 공립학교의 운동장을 빌린 '그라피티 명예의 전당'Graffiti Hall of Fame(372쪽의 지도에서 ④)이

〈이스트할렘의 영혼〉

있다. 이것은 시내에서 보기 드문 그라피티의 합법적인 현장site이다(또 6장 267쪽의 사진을 참조).

똑같은 민중예술이라 해도, 벽화와 그라피티에는 커다란 차이가 있다. 벽화는 구상회화의 전통에 따라 제작되는 경우가 많다. 대부분의 경우 지역 커뮤니티를 위한 것으로 합의를 바탕으로 제작된다. 소수자 커뮤니티의 정체성/동일성을 표현하거나 내셔널리즘을 구가하는 것이 많다. 반면 그라피티는 기본적으로 주변의 합의를 필요로 하지 않는 게릴라적인 행위이다. 표현방법에 있어서도 사람들에게 널리 이해되는 것을 목표로 삼지 않는다. 그것은 오히려 특정의 관중

(동료)을 향하거나, 혹은 새로운 관중(동료)을 생산하는 것을 목표로 삼는다. 그러나 그라피티의 전통이 정착함에 따라 지역공동체가 이 것을 지지하고 경우에 따라서는 실천자에게 제작을 의뢰하는 경우도 증가하고 있다. 지역상점의 선전에 그라피티를 이용하기도 하고 혹은 '그라피티 명예의 전당'처럼 작품의 쇼케이스를 위한 시설도 있다. 최근에는 벽화와 그라피티 모두 지역의 활성화, 혹은 관광사업을 위한 전략에 끌려들어가는 경향조차 보인다.[13]

뮤제오 델 바리오El Museo del Barrio(=동네 미술관)는 5애비뉴와 104번가에 있다(372쪽의 지도에서 ⑤). 분수령의 반대쪽이다. 뉴욕에서 유일하게 라틴계 예술을 전시하는 시설이다. 그것은 시립미술관 옆에 위치하고 있다. 압도적으로 부유하고 깨끗한 5애비뉴를 따라 남하하면 메트로폴리탄 미술관이나 구겐하임미술관 등이 있다. 이곳은 '뮤지엄 마일(미술관길)'Museum Mile이라는 이름이 붙어 있으며 시의 예술구역으로 지정되어 있다. 뮤제오 델 바리오가 말 그대로의 동네(엘 바리오)에서 이곳(예술구역)으로 이동하는 과정에는, 대립을 포함한 순탄치 않은 역사가 있었다.

뮤제오 델 바리오는 1969년에 푸에르토리코인 커뮤니티의 예술 전시시설 및 교육기관으로 출발했다. 처음에는 104번가와 렉싱턴 애비뉴 주변의 몇 군데에 흩어져 있었다. 1977년 엘 바리오의 **경계를 넘어서** 지금의 장소로 이동하고 뉴욕시의 문화시설협회에 가입한다. 이후 점차 뉴욕의 푸에르토리코계 이민의 예술전시 조직 및 모든 푸에

---

13. 엘 바리오와 젠트리피케이션의 관계에 대해서는 Arlene Dávila, *Barrio Dreams*, Berkeley, Los Angeles, London : University of California Press, 2004를 참조하길.

메트로 노스 철도의 고가선로 아래에서 보이는 '그라피티 명예의 전당' 입구 벽

르토리코인을 위한 미술관에서, 뉴욕의 라틴아메리카계 그리고 세계적인 라틴아메리카 전체의 미술관으로 그 영역을 확대해 왔다.

2002년에는 커뮤니티 외부에서 디렉터(멕시코인 줄리안 주가자고이시아Julián Zugazagoitia)를 선출했다. 이 변화가 1990년대에 커다란 논쟁의 대상이 된다. 특히 푸에르토리코계 커뮤니티 위원회로부터 격렬한 비판을 받았다. 비판자들이 보기엔 지금까지 오직 자신들의 공동체의 역능화empowerment를 위해 존재해 온 특수한 조직이 그 사명을 버리고 엘리트주의와 예술계의 세계화에 얽매이는 것으로 여겨진 것이다. 그러나 새로운 흐름을 옹호하는 사람들은 미국 전체에서 소수자의 위치에 있는 라틴계가 하나의 문맥으로 통합되는 것이 라틴계 전체의 역능화를 위해 좋은 일이라고 여겼다. 이러한 대립은 점차 다인종화되고 있는 이스트할렘 지구 라틴계 커뮤니티 안의 모순을 체현하고 있다. 라틴계 이민의 세계화는 8장에서 언급한 〈고질라〉의 종말과 같은 문맥에서 일어난 사건이었다. 또 다른 측면에서 이러한 추세는 벽화와 그라피티가 그러했듯이, 문화산업이 민족적 표현을 잠식해 온 젠트리피케이션과도 관련되어 있다.

여기서 우리는 다시 북상한다. '그라피티 명예의 전당'이 있는 106번가를 따라 동쪽으로 향하면 파크 애비뉴와 렉싱턴 애비뉴 사이의 남쪽에 성세실리아성당이 있다(372쪽의 지도에서 ⑥). 1883년에 지어진 이 성당은 일찍이 아일랜드계 커뮤니티에 봉사하였고 이탈리아계, 그리고 푸에르토리코계를 거쳐, 현재는 멕시코계 민중에게도 봉사하고 있다. 이스트할렘에 역사적으로 거주해 온 카톨릭계 민중을 거두어들이고 있는 것이다.

다음으로 렉싱턴 애비뉴에서 북상하면 나타나는 111번가의 모퉁이에는 제1스페인 합동 감리교회가 있다(372쪽의 지도에서 ⑦). 『뉴욕열전』에서는, 1970년대의 푸에르토리코계 젊은이들의 — 흑인들의 〈블랙팬더당〉에 상당하는 — 급진적인 민족/커뮤니티 운동 〈영 로즈〉(젊은 군주들)에 대한 설명을 위해 이 교회를 사진과 함께 실었다. 그들은 푸에르토리코계 커뮤니티의 위기가 한창이었을 때, 지역민중의 공동체에 봉사해야 할 교회가 그 역할을 다하고 있지 않다는 비판에서 이 교회를 몇 번이나 점거하고 자신들의 활동본부로 삼았다.

이후 시간이 흘러 이라크반전운동이 한창이었던 2003년 3월에 시인 반전그룹(〈생활보호의 시인〉 Welfare Poet과 〈뉴요리칸 시운동〉 Nuyorican Poetry Movement)이 이곳을 다시 일시 점거하고 반전집회(및 시 낭독회)를 열었다. 그 당시, 이전 〈영 로즈〉의 '스쾃터'(점거자) 중 일부도 이 집회에 참가했다고 한다.

이곳에서 다시 북상하면 나타나는 116번가는 19세기 후반부터 푸에르토리코계 이민에 있어서 역사적인 변화가인 라마르퀘타La Marqueta(372쪽의 지도에서 ⑧)이다. 아쉽게도 체인점이 늘어나면서 예전의 모습은 점점 없어지고 있다. 앞에서 인용한 현대시인 페르도모가 노래하듯이 마르퀘타로 상징되는 엘 바리오의 거리야말로 자신들을 보리쿠아스[14]라 부르는 푸에르토리코 이민자들이 스스로의 역사와 문화를 새겨 온 장소였다. 그것이야말로 그들이 쓴 최고의 책이다. 본국의 주류문화로부터도 미국의 주류문화로부터도 차이화된, 이중의 소수자 '보리쿠아스'Boricuas가 스스로의 역사와 문화, 즉 자신의 정체성/동일성을 도시공간에 새긴 것은 그것이 기쁨의 형태를 취하든 힘겨운 싸움의 형태를 취하든 무엇보다도 '투쟁'이었다. 특히 개발이 모든 것에 앞서 우선시되는 (그리드와 같은) 프로그램에 구동된 뉴욕에서 그것은 어디까지나 일시적인 구축이 될 수밖에 없었다. 말하자면, (가령 메트로폴리탄미술관처럼) 고체로서 영속하는 것을 목표로 하는 항상적인 공간구축과는 대조적이다. 이 끝없고도 덧없는 일과성의 실천은, 민중의 사회관계의 활성화 및 재생과 더불어 부수

---

14. [옮긴이] Boricuas는 보린퀘뇨(Boriqueño)와 같은 뜻이다. Boricua의 복수형이다. 각주 11을 참조.

사빠띠스따 부사령관 마르코스의 벽화

어도, 부수어도 다시 활성화되고 어디서나 재생되는 거리의 유체적
인 구축이다. 우리는 그것을 ― 본다고 하기보다는 ― 메토로놈화한 신
체와 더불어 리듬이 되어 지각하는 것이다.

　현재 마르퀘타에 뚜렷한 또 하나의 결정적인 변화는 멕시코계 이
민의 진출이다. 특히 3애비뉴로부터 동쪽으로 멕시코계 식료품점, 토
산물가게, 레스토랑, 음악/DVD가게들이 북적거린다. 그들은 한결같
이 멕시코 국기풍의 디자인으로 민족색을 강조하고 있다. 아리조나
와 텍사스에 걸쳐 있는 사막의 국경지대를 목숨 걸고 넘어 온 혈혈단
신의 고독한 이민노동자들이 고향에 전화를 걸기 위한, 혹은 어렵게

번 돈을 고향에 송금하기 위한, '장거리 전화가게'들이나 '송금가게'들이 이곳에 늘어서 있다.

주말 밤, 이 주변의 레스토랑이나 댄스홀의 떠들썩함에는 독특한 감동이 깃들어 있다. 주중에는 뉴욕의 여러 지역에서 레스토랑의 설거지나 잔반 처리, 식료잡화점의 허드렛일, 일용직 등 요컨대 온갖 산업의 최하층에서 말없이 노동에 종사하고 있던 무비자, 무등록 이민이 여기서 처음으로 말이 통하는 동료와 만난다. 서로를 표현하고 노래하고 춤추며 떠드는 것 — 그것이 여기서 처음으로 가능한 것이다. 평소 무언의 사람들이 이곳에서는 언어를 가지고 있다. 예를 들어 117번가와 3애비뉴의 북동쪽의 모퉁이 부근에는 사빠띠스따 부사령관 마르코스의 대형 벽화가 있다(372쪽의 지도에서 ⑨). 리카르도 프랑코Ricardo Franco에 의해 그려진 이 가로의 벽화에는 멕시코 깃발, 과달루페Guadalupe의 성모, 아즈텍의 상징 등 역사적/민족적 기호가 마르코스의 초상과 그의 주장 '다수의 세계가 공존할 수 있는 세계'Un mundo donde quepan mucho mundos를 꾸미고 있다. 마르코스라는 현대 세계혁명의 '무명의 영웅'은 이민 젊은이들에게 있어서 민족적인 자긍심까지 보증하고 있는 듯하다.

여기서부터 북서쪽으로는 대체적으로 흑인 할렘인 센트럴 할렘과 슈거힐이 펼쳐진다. 이곳은 또 다른 형태의 비공식 경제의 세계다. 노란색의 공식 택시 대신에 '집시 캡(무면허 택시)'Gypsy Cab이 돌아다니고 가격을 흥정하는 방법을 아는 지역민들만이 이 택시를 편히 사용할 수 있다. 요즘에는 서아프리카계(가나, 니제르, 세네갈, 기니아, 말리, 나이지리아)의 이민이 증가하는데 그들 대부분은 뉴욕 각지, 특히 관광명소의 길거리에서 중국산 짝퉁 브랜드 상품 등을 판매한다. 흑인 할렘과 아프리카의 관계 — 역사적으로 중요한 이 주제에 대해서는 이후 다른 기회에 고찰해 보자.

맺음말 : 비재非在의 커뮤니티

여러 측면에서 뉴욕시 설계의 모형(母型)을 만든 것은 알곤킨족이었다.
— 에반 T. 프리차드[15]

지금까지 다양한 주제를 통해 보아 왔듯이 뉴욕은 자신의 과거
— 요컨대 민중의 존재 흔적 — 을 자신의 도시적 정체성/동일성 구축에
도입하지 않는 도시이다. 개발로 과거를 말소하든지 다른 장소에서
정신적인 기원을 계속 구한다. 거기에 존속하고 있는 것은 민중의 역
사와 문화가 아니라 개발에 의해 주도되고 정치적 역학에 의해 취사
선택되는 건조물들뿐이다. 그러한 의미에서, 뉴욕에서 고고학이나
발굴조사와 같은 주제만큼 이질적인 것은 없다. 그러나 바로 그 때문
에, 특히 '도시공간의 형성'을 고찰하는 데 있어 고고학이라는 개념은
신선한 관점을 제공할지도 모른다. 바꿔 말하자면, 우리에게 필요한
것은 반드시 현전하는 가시적인 고체의 형태가 아닌 시간의 층, 흔적
에 대한 상상력이다(가능하다면 언젠가 그것을 '리듬분석'과 연동시
켜 생각해 보고 싶다).
예를 들어 『뉴욕열전』에서 문제로 삼았던, 브로드웨이의 시청 가

15. Evan T. Pritchard, *Native New Yorkers*, San Francisco, Tulsa : Council Oak Books, 2002, p. 4.

까이 있는 18세기의 아프리카인 노예의 집단 묘지터, 퀸즈의 식민지 농장, 입식 초기에 글로벌한 인종의 교류를 실현시킨 맨하튼 남부의 술집, 19세기의 브룩클린 중류계급의 가옥, 그리고 근·현대의 수많은 민중 투쟁의 시공간과 그 흔적들. 그러나 이 비가시적인 과거의 탐사는 결국 아메리카 인디언 혹은 아메리카 선주민의 존재의 흔적에 도달할 수밖에 없다. 스테이턴섬의 8천 년 전 거주지터, 17세기 브롱크스의 공동체 유적, 그리고 무엇보다 지금도 이곳에서 아메리카 선주민 보호구역을 둘러싼 투쟁이 계속되고 있다는 사실. 생각건대 고고학과 걸맞지 않는 도시 뉴욕에서 현존하는 모든 것들 중에서 가장 고고학적으로 — 즉 오로지 지금은 존재하지 않는 비가시적인 과거로서 — 존재하고 있는 것은 아메리카 인디언이다. 이를테면 뉴욕 도시 공간 형성에서 뚜렷하게 가시적인 집합으로서 역사를 각인해 온 비율이 높은 인종/민족과 그것이 낮은 인종/민족 간의 스펙트럼을 상정해 보자. 거기서 최대수의 장소에 위치하고 있는 것은 서양 백인이다. 그리고 그 끝, '제로 지점', 혹은 '존재하지 않는 커뮤니티'에 위치하고 있는 것은 다름 아닌 아메리카 인디언이다. 요컨대 이 고고학적 대상은 발굴해야 할 유적조차도 이미 파괴되어 있다.

이미 몇 차례 언급했듯이 1524년 이 곳에 도래한 최초의 서양인 항해사 죠반니 다 베라짜노는 이 땅의 높은 인구밀도와 고도로 발전한 (사회적/산업적) 문명에 대해 기록하고 있다.[16] 하지만 그러한 과거에 대한 말소=단절이 조작되었고, 조작된 결과가 현재 계승되고

---

16. Lawrence Wroth, *The Voyages of Giovanni da Verrazzano 1524~1528*, New Haven : CT : Yale University Press, 1970, p. 19.

있다. 서양인의 입식 이후, 아메리카 인디언과 그들의 커뮤니티는 토지와 문화를 빼앗기고 축소당하면서도 존속하고 있다. 하지만 그것은 현존하지 않는, 비가시적인 과거가 되었다는 관념이 널리 퍼져 있다. 거기서 적지 않은 역할을 맡고 있는 것은 더없이 '빈곤한 고고학'이다. 예를 들어 뉴욕의 맨하튼 남단 배터리공원 근처에는 '국립아메리카인디언박물관'이 있다.[17] 미국 전역에 이와 비슷한 아메리카 인디언 박물관과 미술관이 산재해 있다. 이 박물관 조직은, 이들을 통하지 않고서는 좀처럼 아메리카 인디언과 관련된 사실에 접할 수 없다는 의미에서 중요한 것임에 틀림없다. 그러나 위에서 말한 의미에서 그것들은 많든 적든 문제적이다. 그것은 한편에서 박물관으로서 아메리카 인디언의 문물을 전시함으로써 인디언의 존재 자체가 과거의 것인 양 표상하고 있으며, 동시에 인디언의 현대 공예품이나 미술 작품을 전시함으로서 그들의 현존이 오로지 미적 영역에만 관계되는 듯한 환상을 퍼뜨리고 있다.

믹맥Micmac족(알곤킨계)의 자손이며 아메리카 선주민의 역사를 연구하는 학자 에반 T. 프리차드는 『토박이 뉴요커들』*Native New Yorkers*이라는 대작에서 앞의 조작에 정면으로 도전한다. 그는 믿기 어려울 정도의 열정으로, 인터뷰 조사를 통해 책에 남아 있지 않은 토지의 명칭이나 민간전승을 채집했으며 그 성과로 네덜란드인 입식 이후의 역사가 말소하고자 했던, 선주민이 구축한 문명이 뉴욕 도시 형성에 끼친 결정적인 영향을 밝혀낸다.[18] 요컨대 현대 뉴욕 도시공

---

17. 사이버 링크 http://www.nmai.si.edu/subpage.cfm?subpage=visitor&second=ny&third=hours.
18. Evan T. Pritchard, *Native New Yorkers*.

간 사용의 다양한 측면에 새겨져 있는, 알곤킨어계 먼시Munsee족의 공간사용의 흔적을 지적하고 있는 것이다. 그가 강조하는 것은 '단절'이 아닌 '계속'이다. 그 계속성은 지명의 계승에 한정되지 않는다. 이미 말했지만 브로드웨이의 능선을 따라 만들어진 좁은 길의 (주요 간선도로로까지 포함하는) 교통로로의 발전, 각 종족이 합의했던 집회장의 도시시장으로의 발전, 그리고 용수 사용의 계승까지 포함하고 있다. 현재의 도시와 그것을 지탱하는 네트워크 설계의 '모형(매트릭스)' 자체가 선주민의 유산이었다. 이런 관점에서 볼 때는 당연한 사실이지만 처음 네덜란드인이 이 땅에 기지를 꾸민 것은 모피포획 및 포경이라는 양대 사업을 갖추고 있는 선주민과 통상하기 위해서였다. 그리고는 점차 그것들을 빼앗아 점유해 갔다.

프리차드의 작업에는, 무시되어 온 자기 동족의 역사적 역할을 정통으로서 인지하려 하는 비판적인 의지가 관철되어 있다. 하지만 그것만이 아니다. 그것과 동시에 그의 작업은 도시형성의 본질에 관한 지극히 중대한 관점을 제공하고 있다. 요컨대 그것은 — 고체로서 가시화되어 있는 건조물 중심의 사고, 즉 건물의 신축과 같은 단절만을 인지하는 사고를 넘어서 — '신체에 의한 공간의 구축'이라는 연속성을 가시화하고자 한다. 거기서 드러나는 것은 죽어버린 과거의 공간이 아니라 아직도 계승되고 있는 유산인 도시형성의 유체적 본질이다.

네덜란드인 입식 이전, 대략 1300년부터 1600년 사이에 뉴욕과 그 근교에는 대략 8만 명 이상의 알곤킨어족이 생활하고 있었다. 뉴욕 시내는 그중에서도 주로 먼시족의 영역이었다. 그들은 동족의 지리적 영역에 대해 인식했지만 토지를 소유한다는 사상을 갖고 있지는 않았다. 정주형의 마을도 있었지만 대부분의 마을들이 계절에 따라 이동하고 있었다. 그들에게 있어 같은 작물을 같은 장소에서 계속 재배하는 것은 어머니 대지에 대한 모독이었다. 당시 맨하튼은 지금과 같은 평지가 아니라 — 센트럴파크의 일부분에 자위적으로 남겨져 있듯이 — 대부분 기복이 심하고 바위가 많은 곳이었다. 그러한 이유 때문에 거주구역의 대부분은 주위의 네 구역에 집중되어 있었다. 맨하튼은 주로 여러 종족이 공유한 수렵장, 합의장, 그리고 성지였다.

1626년, 식민지총독 피터 미뉴이트Peter Minuit가 먼시족에게 60길더 상당의 물품을 주고 맨하튼을 사들였다고 전해진다. 하지만 확실한 자료가 없는 관계로 최근에는 이것을 역사적 사실로 간주하지 않는다. 하여간 거기서 일어난 확실한 사실은 토지를 소유하고 매매하는 자본주의가, 대지와 교류하는 존재양태를 압도하며 아메리카 전역을 침식해 갔다는 것이다. 이 땅에 입식한 네덜란드인이 최초로 했던 일은 벽을 세우는 것이었다. (물론 이것이 나중에 그리드의 형성=맨하튼주의로 전개되어 간다). '벽을 세우는 것' — 이와 같은 '공간적 테러리즘'이야말로 선주민에 대한 '문화적 집단학살genocide'의 첫 걸음이었다.[19] 거기서부터 먼시족과 인디언 일반의 고난의 역사가 시작된다. 하지만, 통상 얘기되듯이 그 이후 먼시족이 전염병, 빈곤, 알코올중독 등의 영향으로 절멸하게 된 것은 아니라고 프리차드는 말한다. 바로 그 때부터 인디언 일부 그룹의 '서진'The Way West이 시작되었다. 집단이주exodus였다. 그들은 도착한 곳마다 적당한 땅에 마을, 즉 거주구역을 지었다. 그러나 매번 그 뒤를 쫓듯 서양인들이 들이닥

---

19. 여기서 우리는 이스라엘이 팔레스타인 거주구역에 세운 벽과 미국이 멕시코 국경지대에 세운 벽을 상기할 수밖에 없다.

쳤고 그 때마다 맨하튼에서와 똑같은 협정 파기와 폭력으로 마을이 유린되었다. 하지만 여기서 중요한 것은 서양인의 '위대한 서진' 전에 그들의 서진이 있었으며, 훗날 서양인이 세웠다고 알려진 도시의 여러 장소를 설정하고 그것들을 잇는 통로를 만든 것이 바로 그들이었다는 사실이다. 아메리카의 여러 도시와 교통 네트워크의 모형을 만든 것은 인디언이었다.

도시의 원형은 건물이 아니다. 프롤로그에서 말했듯이 '도시의 원형=신전'으로 간주하는 것은 가장 원시적인 '공간형식의 유토피아'를 지향하는 것이다. 건물은 변변치 못한 덮개나 작은 집이어도 상관없다. 중요한 것은 신체와 대지의 유기적 관계성이다. 그것은 건물처럼 물리적으로 남지는 않지만, 어떤 장소가 자연환경 속에서 살아가는 인간 집단의 거주지로 선정됨으로써, 그리고 그러한 장소와 인간의 몸부림 간의 관계에 의해 흔적을 남길 수밖에 없다.

아메리카 인디언은 벽지의 거주구역에서 하염없이 토산물을 만들며 알코올중독이 되거나, 때로는 신이 나서 도박장으로 돈을 버는 소수부족이 아니다. 박물관이나 미술관에만 존재하는 유적이나 미적 대상도 아니다. 우선 의외로 다수의 인디언들이 다른 인종의 커뮤니티에 침투하여 백인, 흑인, 그 외 인종과 혼혈해 갔다. 실제 내가 아는 미국인들 중에는— 백인이건 흑인이건— 그 선조 중에 인디언이 있는 사람이 몇 명이나 있다. 또 각지의 인디언 커뮤니티의 대부분은 어떠한 형태로든 기업이나 정부에 대항해 토지를 둘러싼 투쟁을 계속하고 있다. 뉴욕주 북부에도 다수의 계쟁지가 존재하고 있다.

독립전쟁 후 1784년에 (6개의 부족이 모여 만든) 미국 북동부 최대의 인디언 연합인 〈이로쿼이연합〉The Iroquois Confederacy과 미합중국 사이에 토지를 둘러싼 교섭이 시작되었다. 유명한 이야기지만 이후 다양한 형태로 무수한 조약파기가 이루어진다. 그 결과 인디언 커뮤니티는 생존을 위해 점점 더 많은 거주구역의 토지를 미국인과 그들의 기업에 빌려줄 수밖에 없게 된다. 1889년에는 80퍼센트의 토지가 그런 식으로 임대되었다.

시간이 흘러 1968년에는, 미국의 이러한 부당한 대우를 시정하고 그들의 정통한 권리를 정면으로 주장하기 위해 마침내 〈아메리카 인디언 운동〉American Indian Movement, AIM이 발족된다. 이들은 1969년의 유명한 '알카트라즈-레드파워무브먼트'Alcatraz-Red Power Movement를 시초로 미국 각지의 여러 곳에서 '점거투쟁'을 전개한다. 역사적으로 미국이 파기해 온 조약의 올바른 수행을 요구하는 직접행동이었다. 1974년 미국 대법원에서 처음으로, 아메리카 인디언이 재판을 통해 부당하게 탈취당한 토지의 회복을 요구하는 것이 인가되었다. 이후 법정투쟁이 다발하지만 실제로는 대부분의 재판에서 다양한 이유로 소송 자체가 취하되었다. 1992년에는 콜럼버스의 아메리카대륙 발견 5백주년을 기념하는 퍼레이드가 각지에서 개최되는 것과 관련해, 남북 아메리카대륙을 관통하는 인디언 연합의 반대운동이 펼쳐졌다.

우리가 알아야만 할 것은 아메리카 전역에서 여전히 아메리카 인디언과 미국 정부 사이의 토지를 둘러싼 투쟁이 무수히 벌어지고 있다는 사실이다. 아메리카 선주민은 현존하고 있다. 그들은 계속해서 투쟁하고 있다.[20] 이 항쟁이 의미하는 것은, 궁극적으로는 소유하는

---

20. Ward Churchill, *Since Predator Cane*, Edinburgh, Oakland, West Virginia : AK Press, 1995. 같은 저자의 *Acts of Rebellion — The Ward Churchill Reader*, New York, London : Routledge, 2003 등 참조.

것이 불가능한 '대지'와, 소유로부터 출현한 '영토' 사이의 투쟁에 결말이 지어지지 않았다는 것이다. 또한 그것은 인간의 신체와 장소 사이에 유체적인 관계성으로 존재하는 구축과, 소유된 건조물에 다양한 가치를 부여하고 공간의 상품화를 추진하는 구축 사이의 투쟁에 최종 결말이 지어지지 않고 있다는 것이기도 하다.

뉴욕에서 천의 아메리카로

도시는 길(route)의 상관물이다. 도시는 단지 유통과 순환의 함수로만 존재한다; 도시는 순환 위의 뚜렷한 점이며 순환을 창조하고 순환에 의해 창조된다. 그것은 진입과 퇴장에 의해 정의된다; 무언가가 도시로 진입해야 하고 도시 바깥으로 퇴장되어야 한다. 그것은 주파수/빈도를 부과한다. 그것은 불활적인 것과 살아있는 것(혹은 인간적인 것)의 양극화를 초래한다; 그것은 지평선(수평선)들을 따라 종별적(특정한) 장소를 경유하기 위해 필럼(phylum)/계통(系統), 흐름을 야기한다. 그것은 횡단-일관성(trans-consistance)이라는 현상, 하나의 네트워크(reseau)인데, 왜냐하면 도시는 근본적으로 다른 도시들과 접촉하고 있기 때문이다.
— 들뢰즈·가타리[1]

천의 아메리카

9장에서 방문한 이스트할렘 110번가는 유명한 맘보음악 대가의 이름을 따서 '티토 푸엔테 길'Tito Puente Way이라 불린다. 그 이름은 이 땅의 역사를 말해 주고 있다. 하지만 현재 멕시코인 거주구로 점점 변하고 있는 이 주변에 언젠가는 멕시코인들이 사랑하는 사람들의 이름이 나타날 것이다. 나는 그것을 기쁘게 기다리고 있을 것이다.

세계도시에는 늘 그곳에 거주하는 이민과 관계된 '이국의 이름'이 흩어져 있다. 인명 대신에 지명 자체가 붙은 경우도 많다. 마치 도시와 도시가 서로 이름 ─ 즉 지령地靈, genius loci ─ 을 교환하고 있는 것 같아 나에게는 흥미롭다. 도시는 결국 다른 도시와, 민중 그리고 그 문화를 교환하고 있다. 다른 관점으로 말하자면, 인류사 속에서는 온갖 종류의 인간들이 각각 다른 이유에서, 다른 방법을 이용해 이동해 왔다는 것이다. 모든 민족, 모든 인종, 혹은 어떤 집합성이라도 결과적으로는 서로 제각각의 속도로 이동해 왔다. 인류는 사람들의 지표地表 위의 이동, 그리고 그 결과로서 생기는 교류의 별명이다. 도시는 그 이동이 집중화된 특이점이다. 요컨대 도시의 내실 혹은 그 장소성이란 것은 다른 도시/다른 장소의 지령들이 혼합되는 한 방법이기도 하다. 따라서 어느 도시건 다른 도시(땅)에 대한 추모, 사랑, 그리고 동경으로 가득 차 있다. 도시란 다른 땅에 대한 사랑의 장소이다. 이러한 의미에서 도시는 지구적인 그물망network을 형성하는 운동을 가리킨다.

지금까지 보아 왔듯이 '이민도시' 뉴욕은 도시의 이러한 본질을 전형적으로 체현하고 있다. 그러나 그곳에 또 하나의 요인이 불가피하게 개입하고 있다. 그것은 미국이라는 국가다. 도시의 본래의 기능, 요컨대 '민중'이나 '사물'의 출입 혹은 교통의 결절점으로서의 활동을

---

1. ジル・ドゥルーズ／フェリックス・ガタリ, 『千のプラトー』, p. 489 [질 들뢰즈·펠릭스 가타리, 『천의 고원』, 제2권, 219~220쪽. 이해를 돕기 위해 일본어판을 참조하여 '계통'이란 말을 덧붙였다 ─ 옮긴이].

국가가 통제하고 있다. 들뢰즈·가타리가 '횡단-일관성의 현상'이라 지칭한 도시는 동시에 '내-일관성의 현상' 혹은 '지층화에 의해 작동하는, 말하자면 수평선들을 깊이의 차원으로 가로지르는 수직적, 위계적 집계를 형성하는'[2] 운동으로서의 '국가'에 포위되어 있는 것이다. 예를 들어 미국은 다양한 차원에서 뉴욕을 그 주변의 교외(전원)와 공명시키려 하고 있다. 그 결과 뉴욕에 도착하는 이민은 고참에서 신참 순으로 부를 축적하고, 사회적 지위를 얻게 되면 교외로 이주하며, 그 과정에서 미국 국민이 되어 왔다. 이러한 과정 속에서 그들은 세계 그물망 형성 운동으로서의 도시적 기억을 망각한다. 그리고는 자신의 선조가 지나온 도시의 슬럼을 혐오하고, 신참 이민이 국민의 일자리를 빼앗는다며 혐오한다. 그러한 의미에서 미국 국민은 결국 자기를 망각한 이민(세계민중)에 지나지 않는다. 미국과 뉴욕의 관계는 이렇게 뒤틀려 있다.

요즈음 미국에서 혐오의 대상이자 비판의 대상은 점점 증가하고 있는 멕시코 이민이다. 1994년 〈북미자유무역협정〉NAFTA은 멕시코(와 그 외 중·남미 여러 나라)의 경제에 커다란 영향을 끼쳤다. 그것은 특히 전통적인 산업에 의존해 온 지역경제와 생활 형태를 파괴했다. 같은 해 남서부 치아빠스 지역에서 사빠띠스따가 봉기하여 산 크리스토발 데 라스 카사스San Cristóbal de las Casas의 시청을 점거한 것은 상징적인 사건이었다. 이 무렵부터 멕시코로부터의 이민노동자가 늘어나기 시작했다. 동시에 뉴욕시에서는 도시 주민의 계급적 양극화

---

2. 같은 책, p. 489. [문장의 매끄러운 흐름을 위해 한국어판 『천의 고원』의 인용문을 조금 바꾸어 실었다 ― 옮긴이].

가 심해지고 있었다. 앵글로 색슨＋유대계를 중심으로 한 지적/전문적 엘리트와 대부분 유색인종인 비숙련노동자들이다. 이것은 글로벌한 분업화이기도 했다. 이후 가족을 부양하기 위해 목숨을 걸고 멕시코 국경을 넘어 일을 찾아오는 사람들이 증가했다. 1997년 한 해 동안 아리조나주 투산시 근방의 미국 국경 경비대는 25만 명의 무등록 입국자를 확인했다. 미국과 멕시코 국경 전체에서는 대략 130만 명에 달했다. 그중 150여 명은 목숨을 잃었다.[3] 2005년에는 사망자수가 무려 5백 명으로 상승했다. 사인은 물 부족으로 인한 심장발작이나 탈수 등의 자연사가 많지만 살인인 경우도 있다고 한다.

미국의 이민정책은 본질적인 미결정성을 안고 있다. 이미 몇 번이나 말해 왔기 때문에 여기서 그 역사적 경위는 상세히 설명하지 않겠지만, 기본적으로 그것은 노동력 수요의 증감과 무관하지 않다. 요컨대 경제와 정치 상황에 따라 댐의 수량을 조정하듯이 이민의 유입량을 조정해 왔다. 유입량을 증가시키고 싶을 때는 특별사면으로 대량의 불법체류자를 합법화하고 감소해도 좋을 때는 광신적인 의원이나 민간단체를 중심으로 유난스럽게 이민의 폐해를 늘어놓으며 이민에 대한 일반 국민의 혐오를 선동해 왔다. 어차피 미국 경제는 늘 저임금으로 일하는 이민노동자를 일정부분 필요로 하고 있다.

여기에는 미국 경제 혹은 미국이라는 확장적 국가의 존재 그 자체가 품고 있는 역설적인 역학이 관계되어 있다. 만약 고참 이민(=미국 시민)이 각종 비공식/비정규 노동이나 저임금의 서비스노동에 종

---

3. Wayne Cornelius, "Death at the Border : The Efficacy and Unintended Consequences of US Immigration Control Policy", *Population and Development Review 27*, No.4 (2001) : 661~85.

사한다면 — 건전한 시민사회나 복지국가를 만들기 위해서는 그것이야말로 이상적인 상황이겠지만 — 그러한 직종의 최저 임금이 전반적으로 올라갈 것이다. 그것은 다시 각종 산업의 생산과 소비 그리고 이윤율의 저하를 불러일으킬 것이며, 결과적으로 국민 전체 고용율의 저하로 귀결될 것이다. 바꿔 말하면, 미국은 지금까지 시장의 정규 임금 이하로 노동허가 없는 이민을 고용하여 생산과 유통경비를 낮게 유지함으로써 합법적인(=미국 시민의) 임금경제 영역의 일자리를 계속 만들어 낼 수 있었던 것이다. 다른 한편, 이러한 확장경제를 순조롭게 운영하기 위해서는 — 그것이 지구 남반구의 지역경제를 파괴하고 다수의 비참함으로 귀결한다 해도 — 어떻게 해서든 자국의 기업을 세계로 진출시키기 위한 국제정치를 강행하지 않으면 안 된다. 물론 이것은 다시 이민을 양산한다.

지구의 남반구에 실질적인 경제원조를 하고 있는 것은 다름 아닌 이민노동자들 자신이다. 그들은 이스트할렘 116번가의 여행대리점=송금가게에 매번 5퍼센트의 이자를 지불하면서 매주 혹은 매달 자국에 있는 가족에게 돈을 부친다. 2003년의 통계에 의하면 멕시코인 노동자가 송금한 연간 총액은 140억 달러였다. 라틴계 전체에서는 3백억 달러. 그러나 세계은행이나 미주개발은행이 라틴 국가들에 내준 (이후 해당국의 국민경제에 커다란 부담을 지우게 되는) '이자가 딸린' '융자'의 총액은 130억 달러도 되지 않는다.

이러한 멕시코 이민은 이제 도시 중심부에만 집중하지 않고 (가정부일이나 일용 건설노동직을 구해서) 교외로, (농업 하청노동을 위해) 시골로 진출하고 있다.[4] 이민의 존재는 이미 도시 풍경에 한정되지 않는다. 바꿔 말하자면, 국민이 되기 이전에 그곳에서 어떤 차별적인 취급을 받는다 할지라도 이들은 보수적인 지역으로 이주할 수밖에 없다. 이러한 상황에서 자경단vigilante의 전통이 회귀하고 있다. 세계적으로 유명한 인종차별 폭력집단으로 KKK단이 있지만 이것은 빙산의 일각에 불과할 뿐이다. 노예경제에 의존해 있던 남부뿐만 아니라 개척자 정신이 넘치는 캘리포니아 등 서부에도 성격이 다른 무수한 인종차별 그룹이 존재해 왔다. 예를 들어 서부극에 자주 나오는 유명한 집단으로 1850년대에 설립된 핑커튼Pinkerton이 있다. 이러한 사설 무장집단들은 (링컨을 포함한) 유력 정치가의 보디가드나 경비 등의 보안사업에 종사하는 동시에, 기업을 위해 노동조합의 파업을 파괴하는 것 등을 주요한 업무로 했다. 여기에 관계된 사람들의 기질은 지금도 예전과 다름없이 미국적인 보수주의를 대표하는 백인지상주의, 소수인종차별주의, 기독교원리주의이다.

다른 한편 19세기 후반부터 20세기 초반에 〈세계산업노동자조합〉(IWW 혹은 〈워블리즈〉)이 '이민의 대지'인 미국을 체현하는 '하나의 대규모 조합'으로 출발했다. 백인 숙련공 중심주의를 가지고 타인종 노동자를 배척하는 운동조차 감행했던 미국 노동조직의 양상 ─ 특히 〈미국노동연맹〉American Federation of Labor, AFL ─ 에 대항하여 1905년에 시카고에서 결성되었다. 이후엔 시민/이민, 숙련/비숙련, 정주/이주, 성별, 인종 등 어떤 것도 묻지 않은 '전 노동자'의 조직화를 감행했다. 이를테면 캘리포니아 각지에서, 다른 모든 조직에 의해 거절당하거나 차별받았던 중국인, 일본인, 멕시코인 노동자와 함

---

4. Russell Leigh Sharman, *The Tenants of East Harlem*, Berkeley, Los Angeles, London : University of California Press, 2006.

께 그들의 노동현장에서 직접행동을 중심으로 운동을 개시했다. 1903년 옥스나드Oxnard의 사탕수수 농장에서는 〈일본-멕시코노동자협회〉The Japanese-Mexican Labor Association가 미국 사상 최초의 복합인종 투쟁으로 노동쟁의를 주도했다. 〈워블리즈〉는 이 운동을 크게 고조시켜 함께 투쟁을 벌였다. 또 멕시코로부터 망명해 온 아나키스트 활동가 리카르도 플로레스 마곤Ricardo Flores Magón, 1874~1922과 더불어 멕시코인 이민노동자의 조직화에도 관여했다. 국경을 아랑곳하지 않는 이들의 빛나는 공동투쟁에 대응해 온갖 잔인한 방법으로 이들을 무너뜨리려 한 것이 바로 핑커튼과 KKK단이었다.5

시간은 날개를 단 듯 지나 2005년에 이르렀고, 이민노동자에 대한 미국 보수파의 공격이 시작되었다. 12월에는 노동허가가 없는 이민노동자와 그들을 고용한 기업 모두를 중대하게 처벌하는 이른바 〈HR4437〉(센센브레너법)이 하원을 통과했다. 상원을 통과하는 순간 이 법이 집행된다는 위기적 상황이 그때까지 '잠자고 있던 무언의 거인' 즉 거대한 이민 민중을 깨웠다. 부모들뿐만 아니라 가족 전원이 이에 일어섰다. 중학생, 고등학생의 아이들은 수업보이콧을 감행했다. 다음 해 2006년 5월 1일의 메이데이는 역사상 최대의 동원수를 자랑했다. 150만 명의 이민노동자들이 전미 2백 개의 도시를 압도했다. 이후 미국에서 이민운동은 노동운동의 의미에서도 인권운동의 의미에서도 최대의 흐름이 되어 왔다.

이에 대해 싸움을 걸어 온 것이 핑커튼의 후예인 '미니트맨 프로

---

5. Mike Davis, "What is a Vigilante Man? — White Violence in California History," included in *No One is Illegal*, Chicago : Haymarket Books, 2006을 참조.

'이민 공동체들 출동!'(Immigrant Communities in Action!) (2006년, 이민 메이데이 집회)

멕시코 혁명가 리카르도 플로레스 마곤의 초상. '국경 없는 세상' (2006년, 이민 메이데이 집회)

젝트'Minuteman Project이다. 이들은 멕시코 국경을 넘어오는 이민을 폭력적으로 쫓아내거나 이민노동자가 일하는 각지의 노동현장에서 방해공작을 벌이고 있다. 이러한 운동을 구동하는 것은 분명 편협한 '경제적 자기이익'과 '타인종에 대한 혐오'의 합체이다. 일반적으로 이러한 그룹은 백인소수파를 중심으로 조직되고 있다고 여겨진다. 하지만 마이크 데이비스의 연구에 의하면, 이것이 단순히 일부 광신주의자들의 행동만은 아니다. 이는 미국의 정치사에서 늘 중요한 역할을 담당해 왔다. 놀랍게도 캘리포니아 주지사 아놀드 슈왈츠제네거나 CNN의 주요 뉴스 앵커 중의 한 사람인 루 돕즈Lou Dobbs 등의 유력자들이 모두 '미니트맨'을 높이 평가하고 있고, 국경 경비대도 공식적으로 '미니트맨'을 추천하고 있다. 이와 같은 그룹의 조직화는 역사적으로 백인 하층계급에 의해서가 아니라, 지역의 정치적 지도자와 유력기업이 주선하고 이에 경찰이 동조하는 원리로 이루어져 왔다.6

큰 문맥에서 요즘의 이민 배척 추세는 확실히 '9·11' 이후 부시 정권이 추진해 온 '공포'를 토대로 한 애국과 타자배척의 정치에 의해 양성되고 있다. 브룩클린 대학에서 학생들을 가르치는 정치학자 코리 로빈Corey Robin에 따르면, '공포'를 바탕으로 한 폭력에 의한 통제는 단순히 '9·11' 이후에 생긴 것이라기보다 언제나 미국적 정치를 근본적으로 지탱해 온 원리였다. 무엇보다도 '공포'는 **국가에 의한 정치**의 기본원리이다. 서구적인 '정치적 상상력'을 근본적으로 자극해 온 것은 언제나 '긍정적인 계기'가 아니라 대재앙, 대학살 등 '최악의 사태'이다. '우리는 선善은 알지 못할지언정 악惡을 틀림없이 알고 있다' —

---

6. Mike Davis, *Magical Urbanism* 을 참조.

이것이 폭력에 의한 통치의 기본정신이다. 그리고 이러한 억압적 통치의 도구로서의 '공포'가 가장 전형적으로 나타나는 것은 다른 어느 곳도 아닌, '자유'를 과시하는 현대 미국이다. 로빈은 이 미국풍 공포 정치'가, 어떻게 미국에 있어 본질적인 헌법이나 자유시장까지 통제해 왔는지에 대해 세세하게 분석하고 있다. 이것은 과연 어디로부터 온 것인가?

그것은 바로 어디나 있는 평범한 '직장'이다. 미국에서 가장 드러내놓고 얘기할 수 없는 장소인 직장이야말로 '자유의 나라 미국'이라는 신화와 가장 거리가 먼 '억압과 공포가 지배하는 장소'이다. 요컨대, 이민국가인 미국 내부에서 직종을 둘러싼 이민 그룹간의 가장 격렬한 대립이 존재하고 있는 곳은 바로 노동현장이다. 흑인 활동가이자 사상가인 W. E. B. 듀 보이스가 생전에 줄곧 강조하였듯이, 노예해방의 상징으로 여겨지는 남북전쟁 이후에도 흑인의 평등이 실현되지 못한 것은 무엇보다도 직장에서의 '공포' 혹은 '공포'를 매개로 한 인종관계 때문이었다. 20세기 초반 철학자 존 듀이는, 미국의 민주주의는 만약 그것이 직장에까지 확장되지 않는다면 결코 실현되지 않을 것이라고 냉엄하게 예견했다. 미국에서 '민주주의'의 어려움은 이 이민국가의 '공공권'의 부재와 관계되어 있다. 직장에서 구가되어 온 '자연경제 철학'이나 '개인주의'야말로 산업 및 통상의 법에 대한 믿기 어려운 월권을 간과하는 구실이 되고 있다. 그리하여 관리자의 '사유재산'private property이 늘 공통의 '부'wealth를 착취해 왔다.[7]

---

7. John Dewey, *The Public and Its Problem*, New York : Henry Holt and Company, 1927, chap. 3.

미국적인 '자유'는 결국 '비즈니스의 자유'이다. 그 기원은 피터 미뉴이트가 60길더를 주고 먼시족으로부터 맨하튼을 사들였다는 수상쩍은 주장에서 볼 수 있을 것이다. 그것은 상대가 존재하지 않는 '일방적인 거래'이다. 이후 미국은 이러한 자유를 원리로 삼아 국가를 건설하고 확장해 왔다. 그것이 제대로 안 될 때면 어김없이 폭력에 호소했다. 그리하여 공적인 정치와 사설무장집단이 미국에서는 본성적으로 변함없는 친분관계를 유지해 온 것이다. 미국은 전 세계에 자기의 분신을 확장시키면서 가능한 한 세계의 부를 자기 내부로 도입해 왔다. 그리고 그 과정에서 전 세계에 대립, 모순, 위기를 생산하고 확대해 왔다. 그때마다 일어나는 새로운 이민의 파도를 삼켜버리고 노동력으로 삼아 왔다. 따라서 미국의 부의 내실은 어디까지나 이민해 오는 세계민중이었다. 각각 고유의 위기, 대립 혹은 모순, 욕망, 꿈을 안은 세계민중이었다. 만약 미국이라는 국가에 어딘가 특별한 점이 있다면, 그것은 미국이 자신 안에 세계화의 대립 혹은 모순들을 고스란히 안고 있다는 점일 것이다. 그것이야말로 이 나라의 부의 원천이다. 그렇기 때문에 강국이 되려고 하든 부국이 되려고 하든 이 나라는 자기의 본질인 — 역사적으로는 선주민, 노예, 다양한 이민들 사이, 즉 — 세계민중 사이의 서열과 모순과 분단을 끌어안고 있으며 거기서부터 자유로워질 수 없다. 세계적인 분업의 상황이 이 나라에 내재화되어 있다. 그것이 가장 적나라하게 나타나는 것이 직장의 관계이다. 미국에서 직장은 세계계급투쟁의 전장戰場인 것이다.

듀이나 로빈의 기대에도 불구하고 미국에서 이상적인 시민사회, 복지국가를 구축하는 것은 너무나도 먼 희망인 듯하다. 그것은 세계시민사회, 세계복지국가를 구축한다는 것과 같은 뜻일지도 모른다.

미국을 국민국가 단위에서 완벽한 통일체로 만들려고 시도하는 정치가에게 있어서는 어두운 전망이다. 게다가 눈앞에는 7년간의 부시 정권 통치의 결과로 정착해 버린 다양한 제도의 보수반동화와 황폐화가 거대하게 가로놓여져 있다. 〈유엔인권선언〉, 〈제네바협정〉, 〈교토의정서〉 등, 수많은 국제협정에 대한 방약무인한 무시, 카트리나 폭풍 등 재해에 대한 부실한 대응, 법을 무시하고 일어나는 수많은 이면공작, 결착이 끊이지 않는 난전에 세계를 끌어들인 인류적 책임. 이 나라의 정치적 앞날은 너무나도 어둡다.

그러나 현대 미국에서 가장 중요한 비평가 중의 한 사람인 레베카 솔닛Rebecca Solnit이 누차 강조하듯, 전체 상황의 변화에 있어 실제로는 일방적인 절망도 일방적인 희망도 있을 수 없다. 악화해 가는 사태 속에는 반드시 긍정적인 요소가 깃들어 있다. 전체 상황 속에서 원리적인 불가능성을 발견하고 비관적인 관측만을 내세워 말하는 심각한 논의 또한 현실과 관계없는 픽션에 불과할 때가 많다. 특히, 우리가 학제적인 논의의 차원에 머무르는 것이 아니라 실천을 목적으로 한다면 폐허에서 자라는 잡초로부터 출발해야만 할 것이다. 그 전망은 무엇인가?

그것은 공식적인 정치와 정책이 실패한 틈에서 피어난 무수한 형태의 '비공식 정치'들이다. 현존하는 정부의 전복을 목표로 하는 것이 아니라, 그곳에 틀림없이 존재하는 국가를 무시하듯 — 또 국가라는 것이 필수불가결한지 아닌지를 결정하기 이전에 — 각지에서 각 영역에서 **자율을 원리로 삼아 일어나는 무수한 소운동군**이다(그것이야말로 내가 뉴욕에 관해 쓴 두 책의 주제다). 이러한 의미에서 특히 북미 여러 운동에 영감을 주는 원천은 남미의 여러 운동들이다. 미국의 군사정책이 이라크를 주시하고 있을 동안, 경제적으로 큰 타격을 입어 자본주의의 빈사상태에 빠진 남미 각지의 도시 커뮤니티, 농장, 공장에서는 몇 개의 대안적인 정치나 자율권이 일어섰다. 어쩌면 그것들이야말로, 우리가 알고 있는 현재의 제도 — 자본주의와 국가의 특수한 합체 — 로부터 가장 멀리 떨어져 존재하는 대안을 가리킨다. 중요한 것은 북미의 운동군과 남미의 운동군이 — 이민 운동을 통해서 혹은 다른 관계성에서 — 횡적인 유대를 형성하는 한편 유럽이나 아시아의 운동체와도 관계를 구축하기 시작했다는 점이다. 뉴욕에 거주하는 우리는 지금 다시 남미와의 유대가 절실하다는 것을 배우고 있다. 현재 진행형의 운동을 참고하는 의미에서도, 북미에 도달한 세계민중의 역사를 배우고 그것을 뒤집어 바로 거기서부터 역류하기 위해서도.

오늘날의 북미는 카리브, 중미, 남미가 없었다면 존재하지 않았다. 오늘날의 남북 아메리카 대륙(신대륙)은 아프리카 없이는 존재하지 않았다. 그것이 우리 세계민중사의 시간적 계기였다. 다시 에두아르 글리상으로 돌아가면, 지금 우리는 인류사에서 가장 불행한 노예무역의 비극을 응시하고 있지만 동시에 그것에 의해서만 가능하게 된 '무한 혼합'의 생산도 응시하고 있다.

아메리카 각지로 끌려온 이들 아프리카인들은 '광대한 물의 퇴적'을 넘어 그들의 신, 그들의 관습, 그들의 언어의 흔적을 지니고 살아왔다. 식민지 지배자의 가책 없는 무질서에 대항하고 자신들이 견뎌낸 고난과 결합시킴으로써, 그들은 그런 여러 가지 흔적들을 풍요롭게 만드는 천부적인 재능을 가지고 있었다. 그것은 종합synthèse보다 훌륭한, 상대의 의표를 찌르는 합력résultante을 창출함으로써 이루어졌다.[8]

아프리카인들은 아프리카 → 남미 → 카리브해역 → 중미 → 북미라는 긴 여정 속에서 그들이 자기 신체 안에 가지고 온 '퍼포먼스(=흔적)'를 각지 사람들의 '퍼포먼스(=흔적)'와 합체시켜 왔다. 이 '클레올화' 혹은 '무한 혼합'의 가능성이야말로 그 역사의 과정에 합류해 온 다른 사람들 — 원주민, 노예, 이민, 식민자 — 즉 전全 인류의 '합력'合力의 가능성을 보여준다. 어쩌면 그것만이 근대국가의 굴레를 깨고 마침내 출현할지도 모르는 '인류의 생산'의 가능성을 시사하고 있을지도 모른다.

지금까지 우리가 뉴욕의 거리에서 보고자 한 것은 다름 아닌 그 가능성이다. 『뉴욕열전 — 저항의 도시공간 뉴욕 이야기』에 이어 이 책, 『유체도시를 구축하라! — 건축, 예술, 이민을 통한, 움직이는 신체, 뉴욕의 생성』에서 읽어 온 것은 바로 이러한 '흔적', 즉 '슬픔의 역사'를 역류하기 위한 '기쁨의 출발점'이었다.

유체도시

여기에는 커다란 장애가 놓여 있다. 전 세계에서 모여 든 이민은 일정한 부를 모으면 도시거주구에서 교외로 이동해 나가고 그 과정에서 미국 국민이 된다. 그것이 미국사의 축도縮圖이다. 뉴욕은 그 입구였다. 요컨대 '교외생활'이 세계민중의 역사적 여정에 최종도달점으로서 존재하고 있다. 지구 남반구의 주민, 예컨대 아프리카에서 팔

---

8. Édouard Glissant, *Traité du Tout-Monde*.

세계산업노동자연맹(IWW)의 깃발 (2006년 이민 메이데이 집회)

가족을 동반한 집회 참가자들 (2006년 이민 메이데이 집회)

려온 노예의 후손인 브라질 빈민촌 파벨라^{favela} 주민이, 뉴욕의 슬럼을 통과하여 최종적으로는 잔디가 깔린 교외의 단독 주택에서 생을 다한다. 이것이 현대에서 '생애의 이상'을 체현해 버리고 있다. 물론 그것이 이상이 되는 이유는 공감하고 이해할 수 있다. 그렇기 때문에 여기에는 어려운 문제가 있다.

미국은 너무나도 아름다운 '짝퉁 파라다이스'를 교외에 구축해 버렸다. 그것은 사람이 살아가기 위해 늘 필요로 하는 원동력으로서의 정동— 용기, 헌신, 창조력, 정열 — 을 결국 무용지물로 만들어 버리는 세계이다. 그곳에 도달한 사람들의 경우에는 — 일도 여가도 이상도, 즉 — 삶이 동결된다. 그것은 종교적 의무로서의 영리추구, 즉 프로테스탄티즘이 동결되어 미적 대상으로 승화해 버린 미술관과 같은 것이다. 이것이야말로 미국 권력이 꿈꾼 '공간형식의 유토피아'의 완성형태가 되었다. 물질적으로는 이러한 생활 형태가 미국의 반동세력이 호소하는 '자유'라든지 '민주주의'의 토대가 되었다. 게다가 현재 미국에서 발명된 이 생활가치의 이데올로기는 자국으로 세계민중을 끌어당길 뿐만 아니라 중국이나 인도를 포함하는 세계의 주요국으로 번지고 있다. 이리하여 이러한 생활형태의 확대야말로 지구환경을 계속 파괴하고 있는, 석유를 바탕으로 한 경제개발과 군사적 세계전략을 구동시키고 있는 원흉이다.

어쩌면 미래의 유토피아 기획의 최대 과제는 이것에 대한 대안을 구축하는 것일 것이다. 그것은 본서의 역할은 아니다. 지금 여기서 유일하게 할 수 있는 말은 — 다시 한 번 솔닛에 의하면 — 정직한 의미에서의 '파라다이스'는 도달할 수 있는 장소가 아니라 그곳으로 향하는 여정 자체라는 것이다. 그것이 우리가 생각하는 정통의 '유토피아

지향'이다. 따라서 본 기획(책)은 유토피아란 공간형식으로 기획되고 실현할 수 있는 것이 아니라는 것, 오히려 '사회적 과정'이라는 점을 강조해 왔다. 그리고 세계민중의 역사적 여정의 '역류'라고 말할 때 내가 전하고 싶은 것은, 지금까지 기술해 온 도시에 가득 차 있는 세계민중의 역사적 여정의 '흔적'을 부富로 공유하고 그 흔적들을 다시 따라 가는 것에 의해 장래 거기로부터 '교외주민화=국민화'에 대한 대안적인 '유토피아 기획'을 볼 수 있게 될지도 모른다는 것이다.

『무질서의 활용』*The Uses of Disorder* (1970)에서 리처드 세넷은, 본질적으로 '아나키스트적인 시스템으로서의 도시'를 긍정하고 현대도시의 조성에 있어 '탈질서'disorder의 중요성을 지적하고 있다. 그는 맑스(의 1844년 초고)를 인용하면서 '혁명 이후의 세계에서 자유롭기 위해서는 질서의 필요성을 넘어서야만 한다'[9]고 지적하고 있다. '질서의 필요성을 넘어서다'라는 표현은 심오한 뜻을 품고 있다. 여기서 세넷이 대면하고 있는 것은 1968년 세계혁명 이후의 시대이며 1960년대에 세계의 사회주의 세력이 직면하고 있던 국가건설이라는 목표와 현대도시의 아나키스트적인 '사회적 과정' 사이의 어긋남이다. 여기서 그가 주시하고 있는 것은 다양한 이유로 전 세계의 지방공동체로부터 탈출해 온 세계민중이 집합하는 윤택한 메트로폴리스에서의 도시사회 형성이다. 이 사회는 이미 유기적인 전통적 공동체(=gemeinschaft)와는 다르다. 그것은 무수한 고독한 개인들의 공생공간인 거대도시이며, 그 안에서 다시 새로운 타입의 공동사회,

---

9. Rebecca Solnit, *Hope in the Dark-Untold Histories, Wild Possibilities*, New York: Nation Books, 2006, p. 85.

연합, 그물망을 형성할 수 있는가라는 도전이다. 거기서 무엇보다 우선적으로 요구되는 것은 격렬히 일어나는 계급적·인종적 대립을 회피하지 않고, 그것에 직면하면서 그것을 통해 '질서보다 풍요로운 것' 즉 '탈질서와 다양성을 배우는' 것이다. 그것은 현대 도시사회에서의 '노예 혹은 자유'라는 주체적 선택과 연결된다. 세넷은 이를, 교외의 삶을 선택함으로써 혼돈을 배제한 안전한 가치관의 노예가 될 것인가 아니면 대도시의 탈질서와 고향상실을 긍정적으로 받아들이고 통제 불가능한 도시환경에서 경험의 풍부함을 쟁취해 나아갈 것인가로 표현하고 있다.

그는 또한 이를 '성숙하는 것' 혹은 '사춘기로부터 성인成人으로 이행하는 것'에 비유하고 있다. 인간이 성인이 되기 위해서는 — 교외에서의 고립을 선택하는 대신 — 도시 고유의 탈질서, 복잡함, 고독을 경험하고 그곳에서 인간으로서 긍정적인 가치를 찾아내는 것이 필요하다. 요컨대 탈질서의 영역을 증가시키는 것이야말로 — '순진무구함'에서 기인하는 폭력성에서 벗어나 — **성인成人이 되기** 위해 필요한 것이다. 이 교육적인 담론은 개인의 성장뿐만 아니라 '인간과 그 사회의 성장' 그 자체를 시사하고 있다. 그를 위해 필수적인 것은 민중 안에서 자율적으로 구성되는 거리 사회로부터 출발하여 그것을 어디까지나 풍요롭고 강력하게 성장시켜 나가는 운동 이외에는 없다.

이제 우리는 마침내 '인간의 생산'의 선행성을 인식하고 있다. 그것은 서양 중심주의적인 '인간주의'가 아니라 지구적인 규모의 '사회적 인간'의 생산이다. 이것이야말로 다종다양한 인간이 밀집하고 공생하는 현대도시에서 '인간의 사회적 성숙'을 통해 엿볼 수 있는 미래의 단계일 것이다. 뉴욕이라는 도시의 역사적 경험에 무언가 배울 만한 것이 있다면 그것은 전통적인 공동체로부터 탈출한 세계민중의 밀집적 공생이, 새로운 도시적 환경 속에서 미국 권력에 대항하면서 어떻게 자율적인 사회적 관계의 그물망을 형성해 왔는가 하는 것이다. 새로운 사회를 만드는 운동이 모델로 삼을 만한 관계성, 그리고 그것이 싹 틀 수 있었던 대지 모두를 여기서 볼 수 있다.

'인간의 생산'은 현대 액티비즘 출현의 필연성에 깊이 관련되어 있다. 이 새로운 추세가 종래의 좌익운동과는 확실히 다른 성질을 가지고 있다고 한다면 그것이 목표로 하는 것이 — 새로운 정치형태나 국가운영의 방법이 아니라 — '인간의 사회적 관계'를 성숙시키는 방법이라는 것이다. 그것이야말로 현대 액티비즘이 다양한 영역에서 집중적으로 실천하고 경험하며 배우기 시작하고 있는 것이다. 세계 각지의 전통적인 공동체나 아나키스트적인 운동이 다양하게 북돋아 온 직접 민주주의적 '합의형성'이 현대운동가들 사이에서 가장 중시되며 널리 실천되고 있다는 점에서도 이러한 추세는 분명히 드러난다.

우리는 이러한 실천의 향상과 확대에 의해서만 현대적인 '사회적 과정의 유토피아 기획'을 풍요롭게 해 나갈 수 있을 것이다. 그 과정의 어느 지점에서, 동결된 스펙터클이 부서져 녹아내려 강이 되어 흘러나갈 것이다. 혹은 음악을 연주하며 춤추기 시작할 것이다.

유체도시를 구축하라!

『유체도시를 구축하라! ─ 건축, 예술, 이민을 통한, 움직이는 신체, 뉴욕의 생성』는, 먼저 출판된 『뉴욕열전 ─ 저항의 도시공간 뉴욕이야기』과 같이 『현대사상』지誌에 연재해 온 시리즈에 글을 보태 뉴욕도시론으로서 정리한 책이다. 이 두 권을 연결된 것으로 간주할 수도 있지만 각기 다른 작품으로 여기고 싶다. 두 권이 완성된 것에 대해서는 정말, 정말로 행운이었다고 느끼고 있다. 스스로가 살고 사랑하는 거리에 대해 이만큼 집중적으로 사고할 수 있는 계기는 내 개인의 생애에서 이번이 최초이자 최후가 될 것이며 일반적으로도 대단히 드문 일이 아닐까 싶다.

이 책이 실현되도록 전력을 다해 준 세이도출판부靑土出版部의 니시타테 이찌로西舘一郎 씨에게 먼저 감사드린다. 또 『현대사상』에 연재를 할 수 있는 토대를 만들어 준 이케가미 요시히코池上善彦 씨에게도 다시 한 번 감사의 말을 전하고 싶다.

누구보다도 나 스스로가 잘 알고 있지만, 나는 지식인, 활동가, 또 한 사람의 인간으로서 대단한 사람이 아니다. 그런 내가 이런 책을 쓸 수 있었다는 것은 존경하고 동경하는 친구들과 동지들 덕분이다. 지적으로는 어피니티 그룹 〈소문자 에이〉small "a"의 사람들, 『VOL』

편집위원들로부터 기운을 받았다. 행동에 대한 정열은 〈세계산업노동자조합〉 뉴욕 지부(650)와 〈No! G8 Japan〉의 여러분들로부터도 얻었다. 마지막으로 언제나 곁에 있는 주디 가이브의 이해심과 따뜻함 속에서 나는 지금까지 살아올 수 있었다.

2007년 7월 20일, 뉴욕 첼시에서

이와사부로 코소

:: 옮긴이 후기

　우리는 2005년도에 〈연구공간 수유+너머〉에서 만났고, 2006년 엔 또 다른 친구들과 함께 진보적 번역모임 〈서울리다리티〉Seoulidarity 를 결성했다. '대추리와 새만금, 한미FTA 등 당시 한국 사회에서 활발하게 진행된 공공성을 둘러싼 투쟁을 해외에 알리고, 해외 비주류 미디어의 목소리를 한국 사람들에게 전하자!' 라는 멋진 취지에서였 다. 북미대륙, 일본열도, 한반도 등 다양한 태생과 언어로 회의는 언제나 대혼란이었지만.

　물론 이런 기특한 마음가짐을 주로 공유한 것은 (당시 모임이 열렸던 〈문화연대〉의) 작은 온돌방 바닥에 퍼질러 앉아 맥주와 과자를 먹으면서, 혹은 종로3가 뒷골목에서 고기를 굽고 소주에 취하면서이긴 한데, 아무렴 어때랴. 술에 취한 따끈한 마음으로, '좋아! 매달 홍대 까페에서 영어 자막을 입힌 한국 인디다큐 상영회를 열자!'라든지, 'G8을 반대하는 거리 문화제를 열자!' 등의 재미난 아이디어들이 나오고 실천되기도 했던 것이다.

　그러던 중 한 명이 중국으로 이주노동을 떠나고 다른 두 명은 아이가 생기는 바람에 (게다가 다른 멤버들도 콜롬비아와 캐나다를 포함한 여러 지역으로 흩어지면서, 하지메의 표현을 빌자면), 우리들의 즐거웠던 삼류활동가로서의 생명은 일단 끊어지고 말았다. 물론 우리들 각자가 생각만큼 호락호락하지 않은 일상을 꾸려나가는 동안에도 자본에 의한 개발은 세계 어디서건 계속되었으며, 그 공간을 지키기 위한 싸움 또한 계속되고 있었다.

한국의 높으신 분들이 4대강을 파헤치고, 강정마을에 해군기지를 건설하기로 결정하면서 다시 싸움이 시작되었다. 대부분의 투쟁이 그렇듯이 인터넷 포털에서 소비되는 정보의 홍수에 묻혀 콜트/콜텍과 재능교육 해직 노동자들의 싸움은 힘겹게 지속되었다. 쌍용자동차에서는 처절한 점거 투쟁으로 얻어낸 '노사합의'가 회사에 의해 무시당했다. 결국 열아홉 명의 노동자와 가족들이 목숨을 잃었으며, 텐트 농성이 혹한 속에서 계속되고 있다. 홍대 인디음악 씬을 뜨겁게 달군 두리반 투쟁은 다행히 새로운 보금자리를 찾았다. 영도조선소의 고공 크레인 위에서 이 땅의 공공성이라는 것이 얼마나 위태로운지 온 몸으로 보여준 김진숙 위원은 희망버스와 트위터에 올라탄 전국적인 '외부세력'의 환호 속에 동지들의 품에 안겼다. 그러나 대부분의 투쟁은 여전히 현재 진행형이다.

2011년 3월 11일, 일본의 토호쿠 지역에서 일어난 지진의 여파로 후쿠시마 제1원자력발전소가 폭발했다. 하늘과 바다 그리고 지상의 모든 곳에 대량의 방사능 물질이 방출되었다. 일류대를 졸업하신 일본 관료들과 탐욕스런 기업가, 정치인들이 함께 만들어 낸 국제적 참사로는 2차 세계대전 이래 최고라고 할 수 있을 것이다. 전쟁과 원전 모두 한없이 무책임하고 파렴치한 인간들이 만들어낸 재앙이지만, 원전사고의 영향력은 그 물질적 지속성이 훨씬 강력하다. 국경 따윈

가뿐히 넘어, 앞으로 10만년 정도는 지구상의 모든 생명체에 영향을 끼칠 것이다. (참고로 신석기 시대는 불과 1만 년 전에 시작되었다.) 핵산업을 전면적으로 없애기 위해 일본에서는 주부를 중심으로 (수십 년간 침묵했던) 대중들이 일어서고 있다. 아이들, 미래의 아이들, 그리고 무수한 생명을 지키기 위해 정부와 거대언론의 정보조작에 맞선 사람들은 스스로의 손에 방사능관측기를 들었다. 문부성과 경제산업성(한국의 교육과학기술부와 지식경제부에 해당)을 포위하고 점거하는 운동도 계속되고 있다.

중국 대련선 소박한 풍경의 바닷가와 자그마한 어촌 마을, 복닥거리던 재래시장들이 계속해서 부서지고 그 자리에 고층 아파트와 고급 맨션들이 들어서고 있다. 끝도 없이 이어진 공사 현장에 가득한 것은, 그 곳에는 결코 살 수 없을 농민공들이다. 농민들의 공유지를 투기꾼들에게 헐값에 팔아넘긴 지방관리나 부동산 투기로 망가진 시골마을에 관한 기사들이 간간히 신문에 실리고, 집과 땅을 빼앗긴 사람들의 피눈물을 기록한 혈방지도血房地圖(강제철거 중 사망, 부상 등 사건이 발생한 곳들을 네티즌들이 표시해서 만든 지도)가 대륙을 촘촘히 채워가고 있다. 얼마 전, 중국 남부의 어촌마을 우칸촌烏坎村에서는 정부의 부당한 강제토지수용에 맞서 노인부터 아이까지 주민 모두가 삶의 공간을 지켜내기 위한 싸움을 시작했다. 식량과 물, 통신선이 끊긴 상태로 계속된 바리케이트 투쟁 끝에, 중국 정부는 주민의 요구를 모두 받아들이고 마을사람들이 직접 뽑은 촌장을 대표로 인정했다.

강과 바다, 그리고 땅 위의 모든 곳에서 투쟁이 계속되고 있다. 문제는 우리가 이 끝없는 투쟁의 리스트를 마주할 때마다 그 모든 행간에 의문을 던지는 냉소적인 시대에 살고 있다는 점이다. '그래서 당신은 무엇을 했나? 지금 할 수 있는 게 있기는 한가? 도대체 어쩌라는 것인가?' 라는 의문들. 그러나 그림자처럼 떨쳐낼 수 없는 이 모든 회의와 의문은 결국 완벽한 것, 혹은 절대성에 대한 서글픈 짝사랑에 기대어 있을 뿐이다. 이러한 짝사랑, 미래에 대한 환상으로 번쩍이는 건물의 아름다움에 대한 맹신, 완벽한 구축물에 대한 욕망이 사람들이 오래 살고 있던 거리와 집들, 그 사이에 켜켜이 쌓인 고즈넉한 이야기들을 한 치의 망설임도 없이 부숴 버린다.

이 책의 저자 이와사부로 코소 씨는, 위와 같은 냉소주의적/절대주의적 세계관에 근본적인 문제제기를 던진다. 자본과 국가에 의해 개발되고 건설되는 견고한 건축 뒤에는 '공간형식의 유토피아'라는 몽상이 있으며 그 반대편에는 민중의 삶과 저항을 뒷받침하는 '사회적 과정의 유토피아'가 있다. 얼핏 볼 때, 사회적 과정의 유토피아는 일시적이며 덧없이 사라지는 것만 같다. 하지만 저자는 거듭 강조한다. 그것이야말로 더욱 근본적인 것, 삶이자 교통이며 도시 그 자체이라고. '공간 형식의 유토피아'는 언제나 전자에 기생하고 있을 뿐이라고.

자연과 삶을 대대적으로 훼손하는 자본과 국가에 의한 개발. 그들은 엄청난 돈과 자원을 투입해 건축물을 짓고, 강을 파헤쳐 만든 인공적인 '생태공원'을 완벽한 것이라 믿는다. 그러나 이는 매순간 움직이고 변화하며 생성하는 삶의 다양성을 부정하면서 만들어진 신기루에 불과하다. 다행히도 각각의 장소에 모여든 사람들, 혹은 그 장소에서 오래 살고 있던 사람들이 끈덕지게 그 공간에 달라붙어 다양한 활동을 만든다. 그런 순간순간에 비로소 공공공간이 만들어진다. 그것은 결국 자신이 살고 있는 동네, 사람들이 함께 사는 거리를 지키기 위한 투쟁이기도 하다.

영원불변한 것은 없다. 일회적인 것, 계속해서 만들어지는 차이만이 영원하다. 언제나 되돌아오는 일회성의 힘으로만 지속되는 우리의 삶에 대한 긍정적인 몽상, 그 몽상이 구축해갈 완성태가 없는 유토피아, 늘 새롭게 시작하는 놀이로 가득한 영구혁명에로의 힘찬 초대장으로서 이 책을 독자 여러분께 소개한다.

『유체도시를 구축하라!』를 한국어로 옮기기 시작한 건 2011년 1월이다. 정확히 1년이 걸린 셈이다. 이 책의 저자 사부 코소 씨는 뉴욕에 오랫동안 살고 있는 일본인이며, 그의 글 속에는 영어와 일본어 그리고 다양한 사고와 개념들을 매개하는 한자가 마구 충돌하고 있다. 한국어와 영어와 일어를 각기 다른 수준에서 사용하는 비균질적인 번역팀의 작업이 사부 코소 씨의 비균질적이고 힘찬 언어를 옮기는 데 조금쯤 도움이 되었기를 희망한다. 현재 캐나다, 미국, 중국, 남미 등 각지에서 활동하고 있는 〈서울리다리티〉의 친구들과 이 결과물을 나누고 싶다. 마지막으로 책이 나오기까지 도움을 주신 갈무리 출판사의 오정민 님과 김정연 님께 감사드린다.

2012년 1월
〈서울리다리티〉의 소랑, 디디, 하지메

:: 인명 찾아보기

:: 본문에 참고한 이미지 출처

49쪽 : https://www.flickr.com/photos/barmony/6202573101/

137쪽 : https://www.flickr.com/photos/shankbone/6193972512/

271쪽 : https://www.flickr.com/photos/cybercritic/6270065164/

뒤표지 안쪽 : https://www.flickr.com/photos/slapers/7843068278/

:: 용어 찾아보기